Klaus Rainer Röhl
Fünf Finger sind keine Faust

Mit einem Nachwort von
Jochen Steffen

Kiepenheuer & Witsch

Klaus Rainer Röhl

FÜNF FINGER SIND KEINE FAUST

Bildnachweis

Foto Corleis, Hamburg Abb. 6; Foto Inge Peters, Hamburg
Abb. 12; G. P. Reichelt, Hamburg Abb. 18, 21, 22; Robokfoto,
Hamburg Abb. 16, 17; Günter Zint, Hamburg Abb. 14, 15.

© 1974 by Verlag Kiepenheuer & Witsch Köln
Schutzumschlag und Einband Hannes Jähn
Printed in Germany 1974
ISBN 3 462 01002 6

Inhalt

2 »Macht kaputt, was Euch kaputt macht!«

»Bloß eins: Röhl (SPD?). Das hat er ... aber gut geheimgehalten. Fast so gut wie zuvor seine 8jährige Mitgliedschaft
in der (illegalen) KPD.«

> Aus einem Leserbrief des Bremer Häusermaklers
> und Kommunisten Dr. Klaus Hübotter anläßlich
> des Konkurses von KONKRET an den *Spiegel*.

Ich habe die Behauptung im *Spiegel* nicht dementiert.
Jawohl. Ich war acht Jahre lang, vom Herbst 1956 bis
zum Mai 1964, Mitglied der Kommunistischen Partei
Deutschlands (KPD), die 1956 vom Bundesverfassungs-
gericht verboten wurde. Ich trat in die Kommunistische
Partei ein, nachdem sie illegal geworden war, aus Protest gegen eben dieses Parteiverbot, das ich auch heute
noch für unsinnig halte.

Ich war kein einfaches Mitglied. Als Herausgeber der
Studentenzeitung KONKRET, die im Jahre 1955 unter
dem Namen *Studentenkurier* in Hamburg gegründet
wurde, hatte ich von Anfang an Beziehungen zu Kommunisten und erhielt von Ihnen Geldspenden, ohne die
der Druck der Zeitung nicht hätte finanziert werden
können. Anfangs wurde ich über die Herkunft der Spenden im unklaren gelassen, aber sehr bald erfuhr ich, daß
diese Gelder direkt aus der DDR kamen. Eine Gegenleistung für diese Hilfe wurde von der Partei nicht gefordert: ich konnte die Zeitschrift ausschließlich nach meinem Willen gestalten, irgendwelche Eingriffe erfolgten
nicht. Das politische Ziel der Zeitschrift KONKRET war
die schrittweise Annäherung der beiden deutschen Teil-

staaten, wenn möglich eine Wiedervereinigung, Abbau des Antikommunismus, Verhinderung der Wiederaufrüstung, besonders der Atombewaffnung, später die Abrüstung. Entsprechend der pazifistischen Grundeinstellung der Gründer dieser Zeitschrift propagierten wir die Solidarität mit allen um ihre nationale Befreiung kämpfenden Völkern und Staaten. Abbau der Haßpropaganda, Völkerverständigung und Abrüstung waren unsere Ziele, national und international.

Als Mitglied der illegalen KPD und Herausgeber einer von dieser unterstützten Zeitschrift erlangte ich spätestens ab 1957, ganz besonders aber in den Jahren 1958 und 1959 einen erheblichen Einfluß auf die politische Entwicklung der damaligen Studentenschaft, ein Einfluß, der heute noch weiterwirkt. So konnte ich zahlreiche wichtige Persönlichkeiten der damaligen Studentenbewegung gegen atomare Aufrüstung für unsere Arbeit gewinnen und in die Partei aufnehmen, unter anderem meine spätere Frau Ulrike Marie Meinhof. Anfangs noch unter Anleitung durch »Instrukteure« der Partei, operierten wir später ab 1959 als selbständige Gruppe. Diese KONKRET-Gruppe (die ab 1958 vier Lokalausgaben druckte) beeinflußte im Jahre 1959 die gesamte Antiatombewegung und auch den SDS, den »Sozialistischen Studentenbund Deutschlands«, ebenso die Internationale der Kriegsdienstgegner. Gleichzeitig wurde KONKRET zum Vorbild für zahlreiche Studentenzeitungen, unsere Politik setzte sich in immer mehr Studentenvertretungen (Astas) durch, schließlich sogar im Verband Deutscher Studentenschaften (VDS). Schließlich hatte die KON-

KRET-Gruppe großen Anteil an der Gründung der Deutschen Friedensunion (DFU).

An einem Unrechtsbewußtsein hat es sowohl mir wie Ulrike Meinhof vollständig gefehlt, da wir stets eine eigenständige, demokratische Position einnahmen und in unserer Zeitung nie ein Hehl daraus machten, daß wir gegen jeden Terror und jede Rechtsbeugung – in Ost und West – eintreten würden. In die Partei eingetreten nach dem 22. Parteitag der KPdSU, also der Abrechnung mit dem Stalinismus, glaubten wir an die Verwirklichung eines demokratischen Sozialismus durch die bestehenden kommunistischen Parteien.

Aufkommende Zweifel wurden von uns im Interesse der Parteidisziplin, deren Notwendigkeit unter den Bedingungen der Illegalität besonders einleuchtete, unterdrückt.

Erst ab 1962 begannen Auseinandersetzungen mit der Parteispitze, die sich allmählich verschärften. Unsere bisherigen Kontaktpersonen, sämtlich aus der jüngeren Gruppe der illegalen westdeutschen FDJ-Funktionäre stammend, wurden durch ältere Funktionäre der Parteispitze ersetzt, die sowohl in kultureller als auch in politischer Hinsicht dem Stalinismus zuzurechnen waren. Man begann uns Anweisungen zu geben, denen wir uns im Interesse besseren Wissens und auch im Interesse unserer zahlreichen »bürgerlichen« Mitarbeiter widersetzten. Durch einen Reisebericht von mir unter dem Titel »DDR intim« und einem Bericht von Jürgen Holtkamp über die Lage der tschechischen Intellektuellen kam es zu einem endgültigen Bruch. Als eine Ausschaltung Jürgen Holtkamps und Klaus Rainer Röhls von der ganzen Gruppe, besonders aber von Ulrike Meinhof, abgelehnt wurde, befahl man die Einstellung der Zeitung, die durch personelle Umbesetzung nicht mehr zu disziplinieren war.

Diesem klaren Parteibefehl leisteten wir nicht Folge, sondern erklärten im Juni 1964 unseren Bruch mit der Partei. Darauf versiegten auf einen Schlag alle Geldquellen. Der Herausgeber stand über Nacht mit 40 000 Mark Schulden da. Während alle Mitarbeiter die Zeitung verließen, um eine andere Tätigkeit aufzunehmen, beschloß ich, das Unternehmen auf eigene Faust weiterzuführen, unterstützt nur von meinem Geschäftsführer und späterem Teilhaber Klaus Steffens.

Das Unternehmen gelang. Bereits im August 1964 konnten wir, nach einer Pause von nur einem Monat, unterstützt von zahlreichen Buchverlagen und anderen Inserenten, wieder mit einem neuen Heft auf den Markt kommen, die Auflage steigern und die 40 000 Mark Schulden innerhalb von einem halben Jahr abtragen. Unsere politische Grundeinstellung änderten wir nicht: KONKRET blieb weiterhin ein unabhängiges Forum für linke Autoren und Verbände in der Bundesrepublik, verpflichtet dem Antikolonialismus, der Entspannung, der Völkerverständigung, der Annäherung zwischen beiden deutschen Teilstaaten. Vor allem aber suchte KONKRET seine Unabhängigkeit von allen Parteien und Verbänden, Richtungen und Flügeln, die es sich auch in den Zeiten unserer Zugehörigkeit zur KPD bewahrt hatte, zu erhalten.

Mit dem Aufkommen der Außerparlamentarischen Opposition (APO), der Neuen Linken und ihrer verschiedenen Folgeorganisationen begann eine neue Serie von Versuchen, KONKRET unter die Kontrolle kleiner politischer Gruppen zu bringen. Unter ihnen war der Versuch meiner nunmehr geschiedenen Frau Ulrike Meinhof, die Redaktion zu erobern, nur der spektakulärste, aber keinesfalls der einzige.

Es gelang uns, alle Versuche, KONKRET politisch einseitig zu orientieren, abzuschlagen. Im Mai 1973, exakt 18 Jahre nach der Gründung, leitete ein gewisser Klaus Hübotter, der Mann, der als junger Kommunist den Start der Zeitung ermöglicht hatte, ihre vorläufige Liquidation ein. Die Einstellung der Zeitung, für die er einst die ersten 800,– Mark aufgebracht hatte, kostete ihn jetzt mehr als das Tausendfache: rund 800 000 Mark.

Ich erstatte Anzeige gegen mich selber, weil ich fest davon überzeugt bin, keine strafbare oder gar moralisch verwerfliche Handlung begangen zu haben. Nicht unsere Politik, die heute im wesentlichen durchgesetzt und Gegenstand von internationalen Verträgen ist, war verfehlt und schädlich, sondern die Politik des Kalten Krieges, des Antikommunismus und das Urteil des Bundesverfassungsgerichts, das die KPD zu einer illegalen Partei machte. Ein Parteiverbot, das die Bundesrepublik nur noch mit Spanien gemeinsam hat.

Ich breche, zehn Jahre nach meinem Austritt aus der Kommunistischen Partei, mein Schweigen und stelle mich dem Urteil der deutschen Öffentlichkeit, weil das Schicksal von KONKRET mir ein Lehrbeispiel dafür zu sein scheint, welche Gefahren dem unabhängigen Sozialisten, dem kritischen Einzelgänger, für den Demokratie und Sozialismus keine Gegensätze sind, drohen. Gruppierungen und etablierte Mächte, die kein anderes Ziel zu kennen scheinen, als Finger zu Fäusten zu ballen, Individualität und Kreativität zu brechen oder sie für sich zu vereinnahmen, bedrohen ihn, hier mit physischer und psychischer Gewalt, dort mit wirtschaftlichem Ruin, mit Boykott, mit der Auslöschung der Existenz oder mit der Auslöschung aus der Erinnerung.

Wird der kritische Einzelne zum Opfer, wird er von einer scheinheiligen liberalen Öffentlichkeit bei uns als Märtyrer bedauert – gelingt es ihm zu entkommen und zu überleben, so ist er bestenfalls ein cleveres Stehaufmännchen, der listige Igel aus dem Märchen vom Hasen und Igel, der stets vor seinem Gegner am Ziel ist.

Der vergebliche Versuch, fünf widerstrebende Finger zu einer Faust zu ballen soll hier beschrieben werden und das Ergebnis: 18 Jahre KONKRET, eine Zeitung für Einzelgänger, für kritische Einzelne. Eine Zeitung von Querköpfen für Querköpfe. Eine Ware, die ihre Käufer fand. Die Ware wird weiter geliefert werden. Nicht irgendeine Zeitung, sondern etwas ganz Spezifisches, Gegenständliches, Konkretes, oder wie der deutsche Titel lautet »DASDA!«.

Meinem Vater

»Wie gestern und morgen
sich mächtig vermischen.
Hier ein Stuhl, da ein Stuhl
Und wir immer dazwischen.

Liebliche Veilchen im März
Nicht mehr
Proletarierstaat mit Herz
Noch nicht.

Noch nicht, noch ist es nicht so weit
Denn wir leben, denn wir leben
In einer Übergangszeit.«

Kurt Tucholsky

1
»Baut auf, baut auf!«

Hamburg. Dezember 1973. Gerhofstraße, Ecke Gänsemarkt, im Herzen der City. In den Räumen der ehemaligen Zeitschrift KONKRET drängen sich die Leute wie auf dem Pariser Flohmarkt. KONKRET ist vor einigen Wochen in Konkurs gegangen. Heute ist Versteigerung. Hausfrauen mit Einkaufsnetzen, die von der Straße heraufgekommen sind, alte Leute, die auf jede Versteigerung gehen, kaum etwas erwerbend, nur mal die Atmosphäre schnuppern, viele Studenten und Schüler, ehemalige KONKRET-Redakteure, Geschäftsleute, ein paar Gläubiger. Ein buntes Gemisch. So muß es gewesen sein. In einer Ecke lehnt betont ruhig und konzentriert ein kleiner Herr um die 44. Sportlich, adrett, im unauffällig geschnittenen Anzug. Rosige Backen, die von gesundem Leben, Nichttrinken und der Abwesenheit sonstiger Ausschweifungen zeugen. Schmale, aber auffällig durchblutete Lippen und strahlende Röntgenaugen. Ein Typ, der alle sündigen Gedanken ausschließt. Ehrlich und deutsch. Ein Mann, dem man sein Geld ohne Quittung anvertrauen würde. Er starrt in die Menge, er wirkt gekränkt.

Die Menge um ihn ist vergnügt, brodelt in Gesprächen und Zurufen. Hausfrauen erstehen eine Briefwaage, ein Bündel Briefumschläge, einen Fotokopierer. Studenten haben es besonders auf alte Jahrgänge, alte Hefte von KONKRET abgesehen. Aber dann kommt der größte Posten, kommt der einsame Auftritt des ernsten Mannes im grauen Anzug. Der Konkursverwalter, Rechtsanwalt Johlke, bittet um Ruhe, fragt, ob jemand den Titel, den urheberrechtlich bedeutsamen Titel KONKRET kaufen will. Er hätte ursprünglich Herrn Röhl gehört, dieser hätte ihn aber in das Gesellschaftsvermögen eingebracht, hätte ihn »aktiviert«. Also gehöre er, wie Röhls Maobüste, das Pop-Portrait Ulrike Meinhofs und der Che Guevara zur Konkursmasse.

Es sei bisher ein Angebot gemacht worden, von dem Mitinhaber Dr. Hübotter. Jawohl, das sei rechtlich zulässig, auch die in Konkurs gehenden Gesellschafter könnten mitbieten. Der Preis, den Dr. Hübotter geboten hätte, sei 25 000 Mark.

Es sei ihm bekannt, sagte der Konkursverwalter, daß auch der Inhaber des Titels, Herr Röhl, eventuell interessiert sei. 25 000 habe der sich anheischig gemacht, aufzubringen. Die Menge wird plötzlich still. Der Konkursverwalter: Es ist zwar nicht sicher, ob Herr Röhl derzeit überhaupt Geld aufbringen kann in dieser Höhe. Immerhin – 25 000 sind geboten.

»Gut«, sagt ganz ruhig und beherrscht der kleine Mann in dem grauen Anzug, »ich biete 30 000«. Er zieht seine Kravatte zurecht, ein gestreiftes dünnes Ding, wie man es Mitte der fünfziger Jahre trug: Ich biete 30 000.

Zum ersten, zum zweiten, zum dritten. So muß es gewesen sein. So oder so ähnlich. Ich war nicht dabei. Ich wollte nicht auf meine eigene Beerdigung gehen, zur Versteigerung der Zeitung, die ich 18 Jahre geleitet hatte.

Meine Phantasie irrte sich nur in einem Punkt: Hübotter war gar nicht anwesend. Der Titel war schon einige Tage vorher an ihn gegangen. Für 30 000 DM. Das Recht, eine Zeitung, gleich welcher Art, jetzt oder eines Tages KONKRET zu nennen.

Dieses Recht hatten wir einmal im Dachgeschoß eines alten Bürohauses begründet: Peter Rühmkorf und ich. Unsere Studentenzeitung sollte umbenannt werden, damit sie auch an Nichtstudenten verkauft werden konnte. Also nicht mehr Studentenkurier, sondern ein Eigenschaftswort als Titel, das war neu. *Einfach, gegenständlich. Klar* waren die letzten Titel in der Endauswahl. KONKRET, das war von mir. Eigentlich war es von Brecht, der hatte schon »die Frage *konkret* gestellt, wessen Straße ist die Straße, wessen Welt ist die Welt?« Daß nicht schon längst einer auf diesen Titel gekommen war! Also Hübotter. Der hatte den Titel schon. Der saß schon wieder in Bremen, in seinem Maklerbüro. Er sagte allen, daß er die größte Dummheit seines Lebens gemacht hat, als er die Zeitschrift KONKRET im Mai 73 gekauft hat. Fast 1 Million hat es ihn gekostet. Er hat die Zeitung gegründet. Röhl hat sie ihm weggenommen. Dann hat er sie wieder gekauft. Und nun hat Röhl sie wieder weggenommen, ist rausgegangen aus der Zeitung. Und da hat er Konkurs gemacht, mit 800 000 DM Verlust. Und nun hat er noch einmal die Zeitung zurückgekauft. Für 30 000 den Titel. Eines Tages werde er die Zeitung vielleicht wieder aufmachen. Seine Geschäftsfreunde und Kollegen vom Maklerverband zucken die Achseln. Tüchtiger Mann, absolut zuverlässig. Aber mit dieser komischen Linkszeitung aus Hamburg. Merkwürdig, eine Marotte. Junge Kommunisten aus Hamburg sagen: der Mann soll Kommunist sein? Komisch. Ist der nicht auch Makler? Wer ist Klaus Hübotter? Dr. Klaus Hübotter ... Vor ein paar Monaten war er in der Redaktion aufgetaucht, ich hatte ihn 18 Jahre nicht gesehen. Vor 18 Jahren, da hatte es in meinem Leben einmal einen jungen Mann gegeben, der so hieß: Klaus Hübotter.

Der Film läuft 18 Jahre rückwärts, bleibt Anfang 1955 stehen. Schauplatz: Hamburg-Sternschanze, Arbeiterviertel mit Hinterhöfen. In einer der schäbigen Wohnungen, zum Hinterhof raus, haben wir zwei Zimmer mit Kochnische, ohne Bad, ohne Toilette: Der Student der Philosophie Klaus Rainer Röhl und seine Frau Bruni. Sie erwartet ein Kind. Wir haben bisher ziemlich unkonzentriert studiert, Theater gespielt, Kabarett gemacht, Literatenkeller gegründet, Lyrik vorgetragen, hektographierte Schriften hergestellt und verteilt: Immer mit einer Tendenz, einer Stoßrichtung. Gegen den Krieg. Gegen die Gewalt. Keine Wehrpflicht, kein Bruderkrieg, keine Wiederbewaffnung. Für Völkerverständigung, für Wiedervereinigung. Kabarett, Theater, Matinéen, hektographierte Blätter pausenlos gegen die Mächtigen, die Gleichgültigen. Immer gegen den Strom. Zwischendurch immer nie Geld. Kein Geld fürs Studium, kein Geld für Kleider und Essen, kein Geld für Theater, Kabarett, Lyrik und Zeitschriften. Kein Geld von zu Hause, kein Stipendium. 5 Jahre Werkstudent. Immer von der Hand in den Mund.

Eines Tages treffe ich einen jungen Jurastudenten. Er ist Kommunist, Mitglied der verbotenen FDJ, war monatelang in Untersuchungshaft. Jetzt erwartet er seinen Prozeß. Ihm droht eine längere Haftstrafe.

Wir kommen ins Gespräch. Ich sage, daß ich schon lange gern eine Zeitschrift machen würde, politisch, literarisch und massenwirksam. Er sagt, er wolle auch gerade eine Zeitschrift machen. Er suche nur noch Redakteure. Ich sage, daß ich kein Geld habe. Das, sagt er, könne er beschaffen. Nicht viel, aber es würde ausreichen. Er hat noch einen guten Mann an der Hand, einen »gesamtdeutsch« denkenden Mann, Eckardt Heimendahl. Wir machen zusammen eine Probenummer: *Das Plädoyer.* Im Februar 55 erblickt es das Licht der Welt, zusammen mit unserer Tochter Anja. Heimendahl war Chefredakteur, ich sein Stellvertreter, Hübotter beschaffte das Geld: 800,– Mark. In der Schanzenstraße 111/III. Stock links bei Bruhns wurde die Zeitung hergestellt. Sie war die Keimzelle von KONKRET.

Wir machten eine politische Zeitschrift zusammen mit einem Kommunisten. Wir waren gegen die Nato und für die Wiedervereinigung. Ich weiß nicht, ob es jüngeren Jahrgängen heute noch zu vermitteln ist, wie ungeheuerlich, wie illegal, wie James Bond-artig abenteuerlich das Unternehmen war. Damals, 1955.

Die Bundesrepublik, unter Adenauer, zwei Jahre nach dem blutigen Aufstand des 17. Juni, steht auf dem Höhepunkt des Kalten Krieges, Antikommunist zu sein ist so selbstverständlich wie gegen Kinderschänder oder Mörder zu sein. Die FDJ ist verboten, die kommunistische Partei steht vor dem Verbot, das bereits beantragt ist. An den Hochschulen der Bundesrepublik herrschen schlagende Burschenschaften und katholische Studentenverbände, der Ring christlich-demokratischer Studenten und militante Ostflüchtlinge. Sie beherrschen die Astas, die Dachverbände in Bonn. Die Studentenorganisation der Sozialdemokraten, der SDS, ist völlig unbedeutend. Er hat Mitgliederzahlen zwischen 7 und 10 Mann, kann nirgends einen Mann ins Studentenparlament schicken.

Kommunistische Hochschulgruppen gibt es in dieser kältesten Kalten-Kriegs-Zeit nicht! Nur in Hamburg, der Stadt Thälmanns, gibt es eine Gruppe, seit einiger Zeit. Mitgliedszahl 7. Und eine noch kleinere Gruppe: eine Zelle der schon illegalen FDJ, in Hannover. Mitgliedszahl 5.

Die Hannoversche Zelle verboten und aufgelöst, die Hamburger 7-Mann-Truppe gerade gegründet. Sonst weit und breit nichts, bei 140 000 Studierenden. Das ist der Stand der kommunistischen und sozialistischen Studentenbewegung in der Bundesrepublik, als KONKRET antritt, das Bewußtsein der Studenten zu verändern.

Der vom Kittchen bedrohte, Zeitungen finanzierende Hübotter, war es meine erste Begegnung mit Kommunisten? Mein erster Versuch mit dem Journalismus? War alles Zufall? Die Personen austauschbar? Nichts an der Wiege gesungen? Nichts war Zufall.

Mein Großvater, Hugo Röhl, war Zeitungsverleger und Redakteur in Bütow. In Bütow in Pommern. Seine Zeitung hieß »Bütower Anzeiger«. Ich habe ihn nicht mehr gekannt, aber er muß für das kleine Provinzstädtchen etwas Ungewöhnliches gewesen sein. Er war Alldeutscher und Freigeist. Wegen eines Artikels gegen die damals noch herrschende geistliche Schulaufsicht »Ein Pastor, wie er nicht sein soll!« (Gegen einen reaktionären Geistlichen, der den ihm unterstellten Lehrer geprügelt hatte!)

verwickelte er sich in einen endlosen Prozeß gegen die Evangelische Landeskirche, der durch alle Instanzen lief. Erst das Reichsgericht gab ihm schließlich recht – die Zeitung war durch die Kosten fast ruiniert. Er ist früh, mit 39 Jahren, auf untragische Art gestorben, ein echter Verleger: Um eine neue Zeitung zu kaufen, fuhr er nach Plön in Holstein, angelte im Plöner See und starb an einer Lungenentzündung. Nicht auszudenken, was für ein Verlagsimperium er vielleicht zusammengebracht hätte, er, dessen Lieblingssatz mein Vater, der Freimaurer, mir einbleute: »Gazetten müssen nicht genieret werden« und »Jeder muß nach seiner Fasson selig werden«.
Friedrich der Große war Freimaurer. Überhaupt Toleranz, Lessings *Nathan* und Voltaire: »Ich billige Deine Meinung nicht, werde aber jederzeit dafür eintreten, daß Du sie sagen darfst.« Und die Freimaurerhymne: »Brüder, reicht die Hand zum Bunde.«
Der Tod des Großvaters ließ die Familie verarmen. Meine Großmutter zog nach Danzig und wurde Hausdame in dem traditionsreichen Conradinum. So konnte mein Vater das Gymnasium weiter besuchen, als Freischüler, immer den Zwang im Rücken, gute Leistungen zu erbringen. Er macht sein Lehrerexamen, heiratet früh, geht aufs Land, wo 1928 sein erstes Kind geboren wird, ich, Klaus Rainer. Der Landlehrer wahrt in sich immer den Traum einer anderen als nur der Brotexistenz: Schreiben, Veröffentlichen, journalistisch wirken. Er wird einer der Hörspielautoren der ersten Stunde, als die Töne noch aus einem Detektorradio gelockt werden mußten: Draht kratzt auf Quarzstein, Landessender

Danzig und Reichssender Königsberg senden ein Hörspiel von Hansulrich Röhl.

Bald ging mein Vater in die Stadt zurück, arbeitete im Danziger Sender, schrieb Hörspiele, Kritiken für Zeitungen und Gedichte. Er war, in Danzig, später im Reich, ein bekannter Schriftsteller. Wie würde der Sohn geraten? Alle Weichen waren gestellt für eine journalistische Karriere. Das Jungchen, der Erstgeborene, Klaus Rainer schien für etwas Höheres geboren zu sein, jedenfalls wurde er von einer Großfamilie, in der er auch der erste Enkel war, so behandelt. Seine ersten Laute die originellsten, seine Witze die geistreichsten, seine Grimassen die ulkigsten, das fanden zwei Großmütter und rund sieben Tanten.

Mit 5 Jahren erstes Auftreten in der Presse und erste **Berührung mit der großen Politik. Das erste Prominenteninterview.** Des Führers Stellvertreter Rudolf Heß besucht zusammen mit dem »Stürmer«-Herausgeber Streicher den Freistaat Danzig, der jetzt, im Sommer 33, auch national-sozialistisch gewählt hat. Ich sitze mit meiner Großmutter Anna in der Strandhalle von Heubude, dem größten Danziger Seebad. Sie sagt, Jungchen, wenn du da an dem Tisch vorbeikommst, da sitzt unser Gauleiter, Albert Forster, da nimmst du den Arm hoch und sagst Heil Hitler! Ich nahm das als Aufforderung, ging sofort hin, die Obernazis zu begrüßen: Heil Hitler! Ach, wie reizend, sagte Heß, komm doch mal näher, und tätschelte mir die Wange. Ein deutscher Junge aus Danzig. Und der Reporter von der »Danziger Neuesten« zückte schon die Kamera. Am nächsten Tag war ich in der Zeitung abgebildet – von hinten.

Meine nächste Veröffentlichung erfolgte erst wieder mit 8. In der Kinderzeitung *Dideldum,* die das jüdische Schuhhaus Leiser kostenlos ausgab, wenn man Schuhe oder auch nur Schnürsenkel kaufte. Da erschien mein erstes Gedicht: Vorfrühling hieß das, glaube ich.

Mit neun Jahren war ich Jungvolkjunge und Besitzer einer Uniform. Der Krieg begann, als ich zehn war. Bei uns in Danzig begann er. Wir kletterten auf den Dachboden, um das Mündungsfeuer der »Schleswig-Holstein« zu sehen, die die polnische Festung »Westerplatte« beschoß.

Günter Grass und die Heulsuse

Meine weitere Kindheit war ein Martyrium. Als schlechter Turner (Note 5) hatte ich keine Chance, Jungvolkführer zu werden. Als Schwächling und Heulsuse wurde ich meist verprügelt, wenn ich mich draußen sehen ließ. Doch auch die Rabauken gewannen bald die Überzeugung, daß ich was »Besonderes« sei. »Dichter« war einer meiner Spitznamen. Kam ich mit meiner Milchkanne oder mit meinem Kartoffelnetz vom Anreihen, stellten sie sich mit drohenden Gebärden vor mir auf, strichen sich über die oppositionell lange Louis-Mähne und sagten zu mir: Los, dichte was, sonst gibt's auf die Schnauze. Über den Mann da, über den Baum, über das Fahrrad! Ich dichtete. Sie grölten anerkennend. Solche Demütigungen von Intellektuellen hinterließen bei mir ein heute noch anhaltendes Unbehagen gegen physischen Terror und Gewalt.

Aus Protest gegen HJ-Drill und Straßenterror gründete ich eine eigene Organisation »Wehrhafte Waffe«. Sie hatte nur drei Mitglieder, aber ich war ihr anerkannter Vorsitzender. Wir tagten vorzugsweise in dem geschützten Hinterhof und Garten unseres Mietshauses.

In der Schule wurde ich von meiner Klasse und der »B«-Klasse, Günter Grass nicht ausgenommen, bis aufs Blut gepiesackt oder regelrecht gesteinigt – mit den jeweiligen Waffen der Saison: Schneebälle mit vereistem Kern, Weidenruten im Frühjahr, Brennessel, im Herbst Kastanien und Eicheln. Es war die *ganze* 30köpfige Klasse, die an diesen jahrelangen Pogromen teilnahm. Meine einzigen Freunde, der dicke Wendt, nach mir schlechtester Turner der Klasse, und Gullatz, der beste Turner der Klasse, waren machtlos. Sie versuchten gar nicht erst, mich zu verteidigen. Biß ich die Zähne zusammen und heulte nicht, wurde ich weiter bespuckt und gepiesackt, heulte ich los, bestätigte ich ihre Erwartungen und hieß Heulsuse, »Susi«. Der beliebte Nazi-Turnlehrer Wallerand, porträtiert in Grass' *Blechtrommel*, heizte den Haß gegen den Weichling an, ließ den Angsthasen mit knallharten Schlagbällen steinigen, zur Übung.

Ich schildere diese Zeit meines Lebens so ausführlich, weil sie in mir eine solide Sympathie für geprügelte Minderheiten festlegte und einen Haß gegen terroristische Mehrheiten. So nahm ich fast selbstverständlich Partei für die Schwachen auch unter den Lehrern, so für den von den Oberschülern bis zum Wahnsinn gequälten Mathematik-

lehrer Wum, der schon zur Schulzeit meines Vaters ge-
litten hatte, der zu meiner Zeit bereits schwer verhaltens-
gestört war, dem sie grölend den Unterricht »verunsi-
cherten«, der mit einem Gummischlauch und schlechten
Noten um sich schlug, dem sie von hinten Tintenfässer
übers Jacket gossen, der mit Weinkrämpfen am Pult zu-
sammenbrach, unter dem brüllenden Gelächter der Klasse. Von daher gehen meine Sympathien an jeden Professor, der heute mit physischem und psychischem Terror
durch die Hörsäle gehetzt wird, Terror, wie ich ihn kenne, Haß gegen den Andersartigen, heute mit aufgesetz-
tem, pseudomarxistischem Überbau.
Die einsetzende Pubertät und damit die Aufwertung intellektueller Fähigkeiten beendete diese jahrelang anhal-
tende Epoche. Tonangebend wurden meine Freunde und
ich. Nun terrorisierten wir die Mehrheit, waren die BBC
hörenden Opinion-Leader.
Ab meinem 14. Lebensjahr spielte sich das ganze Leben mehr oder weniger kaserniert ab: in Lagern. Wehrertüchtigungslager. Schipplager zum Bau von Panzergräben. Erntelager zum Einbringen der Kartoffeln oder
Rüben, Flak-Lager, RAD-Lager. Aufenthalte zu Hause
nahmen in den letzten zwei Kriegsjahren, 44 und 45,
den Charakter von flüchtigen Urlauben an.
Jüngeren mag das heute schwer vorstellbar sein: unsere
unglaubliche Abhärtung, physisch wie psychisch. Harte
vormilitärische Ausbildung hatten wir alle seit dem 10.
Lebensjahr. Stundenlange Gewaltmärsche mit vollem
Gepäck in glühender Sonne, Schleifdienst auf dem Sturz-
acker den Berg hoch, dreißigmal, bis ein paar mit Herz-

beschwerden zusammenbrachen, das kannte ich mit 12, Geländemärsche, Dreck, Schlamm, Nachtmärsche, Mutproben, alles im Laufschritt.

Ab 14 lernten wir nur noch die Waffen handhaben. Mit 15 beherrschten wir: den Karabiner 98, das Schnellfeuergewehr 41, das Maschinengewehr 42, die Panzerfaust (Bazooka) und den Panzerschreck. Nichts, was uns schrecken konnte. Seit den frühsten HJ-Lagern waren wir gewöhnt, daß Freundschaften auseinandergerissen, Cliquen getrennt, Persönlichkeiten zerstört, Individualität eingeebnet wurde: Kann hier jemand Klavier spielen? Ja? Dann raus zum Scheißhaus saubermachen! Jetzt waren wir immer im Einsatz, Gemeinschaftsbaracken oder Gemeinschaftszelte, Gemeinschaftsfraß, Pakete von zu Hause aufteilend, frühe Geschlechtlichkeit nur in Form ordinärer Zoten: Na, du Wichser, woher kommt der Käse auf der Nille? Hier pumpen Sie mal 20 Sachen, den Rest können Sie mit meiner Frau machen.

Zwei, drei Erlebnisse möchte ich festhalten.

Das Kartoffellager war in einem ehemals polnischen Dorf, tief in Westpreußen. Kaum deutsche Siedler. Vielleicht muß ich noch sagen, daß keiner der 400 000 Danziger, obwohl wir mitten in einem polnischen Sprachgebiet lebten, polnisch konnte. Schwer zu sagen, wie das nun zustande kam: Wut über das elende, gebückte Schuften auf dem Kartoffelfeld, getrieben von dem erbarmungslos seine Runden ziehenden Kartoffelroder, dumpfer Haß gegen HJ und Partei, ein bißchen Erinnerung an verbotene Rundfunksendungen des BBC und Radio Moskau, jedenfalls packte uns eines Nachts der verrückte Gedanke, der polnischen Bevölkerung, die von ihren Höfen getrieben war, eine Art Solidarität zu bekunden. Irgendeiner behauptete, den Text der polnischen Nationalhymne zu kennen (es war aber die italienische), schnell dichtete ich einen Text dazu, und den grölten wir wenig später marschierend durch das Dorf, noch mal und noch mal, wie berauscht von der Gefahr und unserer Frechheit:

> Noch ist Polen nicht verloren
> Hallt es jetzt in allen Ohren
> Polen rächet Eure Schande
> Und zerschlagt die Nazibande
> Haut den Hitler aus dem Anzug
> Haltet in Berlin Einzug
> Haut dem Goebbels diesem frechen Hund
> Eins auf seinen großen Mund
> Heil Dir, Polen, Dobrze Polen
> weitam nietzko, njaktina ciwatsch sotajesk.

Am Schluß, beim Kehrreim, sollte nämlich etwas Polnisches kommen, aber wir konnten ja alle nicht polnisch. Nur einer, der hatte mal einen Sprachkursus angefangen, eine Stunde nur, und der lieh uns die Worte dobrze = gut. Und weitam nietzko – njaktina siwatsch? Sotajesk? Das heißt: »Seht das Kind! Wie heißt Du? Was ist das?« Das war 43. Fünfzehn waren wir.

Als Wachmann im KZ Stutthof

Einige Monate später hoben wir Panzergräben aus. 1944. Tiefe Panzergräben, auf der Breite des ganzen Wartegaus und Westpreußens. Wir arbeiteten in drei Stufen, so tief waren die Gräben. Eine furchtbare, KZ-ähnliche Schufterei, bei der unsere Führer wie Wachmannschaften oben standen und uns antrieben. Die Russen überwanden später dieses gigantische Hindernis in einer einzigen Minute: Sie fuhren einen T 34 in den Graben. Alle anderen Panzer fuhren darüber hin nach Deutschland.

Hier haben wir es gesehen, was später niemand gesehen haben wollte. Ungarische Jüdinnen, ein endloser, ausgemergelter Transport, zu Fuß sich hinschleppend, zerlumpt und von SS-Leuten angetrieben. Sie rasteten in der Nähe unseres Panzergrabens, wir stürzten hin, trotz Verbots, die Sensation zu sehen: den Terror, das Außergewöhnliche, Unglaubliche. Junge Frauen, kahlgeschoren. Schnell brachen sie wieder auf, wurden weitergetrieben. Als ich Weihnachten nach Hause kam, erzählte mein Vater, was er gerüchteweise erfahren hatte: Sie waren nach Ostpreußen marschiert, an die samländische Küste, und da einfach ins Meer getrieben worden, zum Ertrinken, Munition und Gas zu sparen im vorletzten Kriegsjahr, 1944.

Vorher aber sah ich noch einmal die Gewalt von ganz nah, sah ich den nackten mörderischen Terror. Sah ihn mit den Augen des noch einmal Davongekommenen. Ich war eine Woche im KZ Stutthof.

Das für Danzig zuständige Wehrertüchtigungslager war

in Bodenwinkel, auf der Frischen Nehrung, einer schmalen sandigen Landzunge, die die Ostsee von dem flachen und süßwasserhaltigen Haff abtrennt. Sechs Kilometer entfernt von Bodenwinkel liegt Stutthof, das für Westpreußen und Danzig »zuständige« KZ. Von dem Wehrertüchtigungslager weiß ich nichts mehr. Ich wurde krank ins Revier eingeliefert. Ich hatte einen Abszeß im Mastdarm. Es gab keinen Arzt, ich hatte Fieber. Am Abend führte ich, frech oder auch nur angeberisch, wilde Reden über Hitler und den Krieg, über die Partei und die Bonzen. Bekam noch in der Nacht furchtbare Angst, jetzt würde ich endgültig einkassiert. Hatte man vielleicht auch von jenem polnischen Liederabend etwas erfahren? Morgens wurden meine schlimmsten Befürchtungen bestätigt: Röhl geht ab nach Stutthof, zum SS-Arzt.

Das hätte das Ende sein können. War es aber nicht: wir hatten nur keinen Arzt, und der Abszeß mußte operiert werden. Der reizende und Vertrauen einflößende SS-Arzt schnitt das Darmfurunkel auf, machte die Wunde keimfrei und legte mich aufs Revier, alles in dem für die SS abgeteilten Bezirk des Lagers. Ich lag ein paar Tage, mußte aber dann noch stationär behandelt werden. Da befand die auf Ausnutzung jeglicher Arbeitskraft versessene Lagerbürokratie, ich müßte leichten Wachdienst tun. So war ich, 15jährig, eine Woche Wachmann im Konzentrationslager Stutthof. Den Karabiner 98 geschultert, hatte ich die Aufgabe, Lebensmittelstapel, hauptsächlich riesige Pyramiden mit Weißkohl, vor dem Zugriff halbverhungerter Häftlinge zu bewahren. Temperatur 20 Grad Kälte. Um die haushohen, angefrorenen Kohlberge schlichen, nur mit schlafanzugartigen Streifenanzügen bekleidet, vor Hunger halb verrückte Skelette herum und rissen die verfrorenen Deckblätter von dem Kohl. Mein Auftrag lautete, sofort zu schießen. Ich drehte mich zur Seite, natürlich, ich schob ihnen ganze Kohlköpfe zu, ich war zu jung, um voll zu erfassen, was hier vorging, ich hatte nicht einmal Angst.

Sah, wie Häftlinge Pelzjacken für die SS abluden, und wie einer eine Pelzjacke unter seinen Anzug schob. Wie der Wachmann ihn schlug, ohrfeigte, brutal zusammenschlug, mit dem Gewehrkolben immer auf den Liegenden, schon Gekrümmten einstieß. Ich sah, wie die Häftlinge von Kapos, mit der Aufsicht betrauten Mithäftlingen, gegeneinandergehetzt und getreten wurden. Ich sah, wie der Mensch zum Tier wurde, wenn einer seine Schaufel verschüttet hatte und dem anderen die Schaufel wegriß, weil der Verlust des Arbeitsgeräts Sabotage war und mit schlimmsten Strafen geahndet wurde.

Ich sah, ich habe gesehen, ich werde nicht vergessen. Ich sah Frauen unter unglaublich schweren Kisten zusammenbrechen, die sie im Laufschritt trugen, sah Häftlinge immer wieder, alle Minute, wenn jemand von der SS vorbeikam, die runden Käppis von den ausgemergelten Kahlköpfen reißend, alles im Laufschritt, auch das Stehen im Laufschritt, wie Marionetten. Und ich sah auch, wie sie solche Lebensbedingungen überhaupt durchhielten, wie unproduktiv Sklavenarbeit ist: wenn der Bewacher den Rücken drehte, stellten sie die Arbeit sofort und vollständig ein. Kam er wieder herbei, schaufelten sie wie Arbeiter in einem zu schnell laufenden Stummfilm der frühen Jahre, wie die Besessenen.

Ich sah noch etwas, und das war für mich das Schlimmste. Man hatte uns gesagt, KZ, ja, das gibt es. Doch da sind Mörder, Schänder, Halbverrückte, Kriminelle, Verbrecher. Eine Art Zuchthaus. Aber ich sah unter den zerfallenen, vergreisten Gesichtszügen – das waren ja Intellektuelle, wache Gesichter, menschliche Gesichter, schwache, geprügelte Menschen. Stutthof war ein Intellektuellen-KZ. Hier waren große Teile der polnischen Intelligenz, Pfarrer, Journalisten, Ärzte usw. hingebracht worden. Aber auch Deutsche. Jetzt entsann ich mich. Ach, wir haben ja alles gewußt:
Der Pfarrer W. in Danzig, Antinazi, wurde von HJ-Jungen in Zivil beim Konfirmationsunterricht gestört. Er geht heraus, vor die Kirche, verbittet sich den Lärm. Sie lärmen weiter. Er geht wieder heraus, droht ihnen Prügel an. Ein Junge geht nach Hause, zieht seine Uniform an, lärmt dann weiter. Der Pfarrer stürzt heraus und haut ihm eine herunter. Er hat einen Uniformträger beleidigt. KZ Stutthof. Er bleibt 6 Wochen, kommt zurück, predigt gegen das KZ. Wird abgeholt, geschunden, gequält, wieder entlassen. Er predigt am nächsten Sonntag gegen die KZ. Jetzt wird er ins KZ gebracht für immer. Unglaublichen Torturen ausgesetzt, darunter Elektroschocks. (Wir haben es gewußt.) Man stellte ihn danach an das Tor des KZ. Wenn die Häftlinge von der Arbeit kamen, mußte er zur Gitarre singen: Habt ihr Jesus nicht gesehen? An der Ecke soll er stehen, Zigaretten soll er drehen.
Irgendeiner hat sich das ausgedacht, damals. Wenn er heute noch lebt, wird er begnadigt sein oder freigespro-

chen oder wieder entlassen, aus Mangel an Beweisen. Können sie sich so genau erinnern? Können sie das beschwören? Er lebte und lebt unter uns, und alte Kommunisten, die ihr Leben lang im KZ waren, bekamen 12 Monate Gefängnis, nur dafür, daß sie Mitglieder der KPD waren. Das hat mich empört, später.

Vom Wehrertüchtigungslager kam ich direkt in den Arbeitsdienst nach einem kurzen Weihnachtsurlaub. Zwischendurch hatte ich mit Blutsbruder Harry Gullatz eine Anti-Hitler-Oper geschrieben mit Klavierauszug, kindisch natürlich:

Stalins Arie: Oh, ihr lieben Kommissare
Die ihr treu die ganzen Jahre
Sollt es uns denn nicht gelingen
Diesen Hitler zu bezwingen?

Teppich-Beißen kam in der Oper genauso vor wie Liebesaffären mit Eva Braun. Wir haben alles gewußt.

Wie ich fast SS-Mann wurde

Bis wir dann, Jahrgang 28/29, Jahrgang Christian Geißler und Martin Walser und Günter Grass und Peter Rühmkorf und Kempowski u. a. zum RAD kamen. Wir waren die letzte Reserve und sollten gepäppelt werden, weil wir die neuen Waffen einsetzen würden, Atomwaffen, getragen von Mittelstreckenraketen. Vorher spielte sich noch folgendes ab bei den Jüngeren, wir sahen nur zu:

»Kameraden, die Russen sind bei Dirschau durchgebrochen. Jetzt ist unsere Stunde gekommen, auf die wir so lange gewartet haben. Wir dürfen an die Front. Wer sich freiwillig meldet zum Panzerknacken – drei Schritte vor marsch marsch!« Ein Ruck. Die ganzen drei Reihen marschierten geschlossen drei Schritte vor.
Tagesspruch:

>»Und gibt man uns den Todesstoß
>Wir – machen dennoch Deutschland groß
>Wir – Kameraden – wir!«

Lied: In den Ostwind hebt die Fahnen.
Drei Schritte vor. Darauf kommen wir noch zurück.
Wir wurden aus Danzig abtransportiert, das war schon 1945. Die Soldatenlieder wurden schon romantisch. Sangen nicht mehr von Sieg und Tod, sondern von Heimat, Mägdelein, Zurückkommen.

>»Ja wenn die roten Rosen blühn
>Und alles ist vorbei
>dann werden wir uns wiedersehn
>Lebwohl mein Schatz ahoi!«

Da, wo man auf der Fahrt nach Sylt immer vorbeikommt, in Emmelsbüll, wurden wir zu Soldaten gemacht. Der Arbeitsdienst kannte nur noch Waffenausbildung. Die Waffen kannten wir alle schon, die Härte noch nicht. Ich weiß nicht, was schlimmer war, das KZ-ähnliche, sehr KZ-ähnliche Lagerleben, Demütigungen – alles im Laufschritt – ungeheueres Härtetraining, oder die von oben bewußt geförderte Kameradenerziehung, das Trennen aller Freundschaften, das nächtliche Verprügeln derjenigen, die am Tag den Sprung über den Graben, über die Eskalierwand nicht geschafft hatten: wie ich, der hier »Professor« hieß.

Der Professor hat schon wieder die ganze Einheit blamiert, komm, wir entziehen ihm heute die Butterration, sagten die »Kameraden«. Sie sägten mein Bett ein, goßen Wasser ins Bett, zwangen mich dazu, überrascht zu sein und zu lachen. Sie wollten mich auf »Vordermann« bringen. Auf Zack. Auf Trab. Sie demütigten mich auf elende Weise, beschimpften sogar mein Elternhaus, meine Mutter. Sie hielten mir die Faust unter die Nase und drohten wieder, mir auf die Schnauze zu hauen. Sie erinnerten mich an die Rabauken auf der Straße, an die Mitschüler im Conradinum und an das KZ.

Eines Tages war es soweit, wir durften an die Front. Kameraden, wonach wir uns lange gesehnt haben... usw. 250 Mann sofort an die Front. Mit Marschgepäck antreten. Nur das Nötigste mitnehmen. Keine Zivilklamotten, keine Papiere. Da wo wir jetzt hingehen... brauchen wir nichts.

Wir standen im Karré. Abzählen. 1–2–3–4–5–6–7–8–9– immer den Kopf nach links geruckt und dann, 249–250– 251. Durch. Verdammt noch mal, da hat sich einer verzählt. Nochmal durchzählen. Aber es blieb bei 251. Und ein deutscher Kommandeur, wenn 250 Mann angefordert, schickt auch nur 250 hin.

Der Lagerführer ließ rühren. Kameraden, vielleicht ist das nicht schlecht. Einer kann jetzt zurücktreten. In jeder Einheit gibt es einen Feigling, einen, der Schiß in der Hose hat, der sich nicht traut, dem Feind ins Gesicht zu sehen. Also jetzt – wenn einer nicht mit an die Front will, für Deutschland, für den Führer kämpfen – drei Schritte vor marsch marsch!

Ich liebe keine Entscheidungen. Ich bin selten zu schnellen Entschlüssen bereit. Sehr, sehr selten im Leben habe ich das Gefühl, jetzt muß etwas geschehen. Diesmal hatte ich es. Ich trat drei Schritte vor. Im Stechschritt.

Die Einheit, kurz ausgebildet und ohne jede Fronterfahrung, wurde noch bei den Kämpfen im April 1945 vor der Elbe eingesetzt. Sie wurde fast völlig aufgerieben.

Ein weiterer Aufwand war nötig, um nicht heute noch die SS-Rune unter der Achsel zu tragen. Man hatte mich, Klaus Rainer Röhl, dazu ausersehen, Führernachwuchs für die Waffen-SS zu werden. April 45 war das.

Ein paar Oberschüler und ich galten als Querulanten. Man schickte uns von jener Arbeitsdienststelle in Emmelsbüll nach Husum, nach Neumünster, schließlich nach Hamburg. Mit einem versiegelten Marschbefehl zu einer bestimmten Dienststelle, in der Nähe des Hauptbahnhofs Hamburg. Wir ahnten irgend etwas, öffneten den Marschbefehl in einer Telefonzelle am Besenbinderhof. Da stand: Hier schicken wir Ihnen 7 Mann für den Führernachwuchs der SS.

Wir schmissen das Papier in den Gully und gingen zur Wehrmachtsmeldestelle. Waren gerettet.

Kein Schuß mehr in diesem Krieg. Einmal bewachte ich noch eine dänische Brücke gegen Anschläge der Widerstandsbewegung mit dem eher ulkig klingenden Namen Modstandsbevægelsens. Es war Ausgangssperre. Wenn ich einen sehen würde, sollte ich sofort schießen. Ich sah einen. Was blieb mir übrig, als mich wieder wegzudrehen. Es war keine Sabotage. Nicht mal Pazifismus. Ich hatte einfach das Gefühl, es sei besser, sich in diesen Krieg nicht mehr einzumischen.

Für Bodenreform in Niedersachsen: 3 minus

Alle Familienmitglieder fanden sich wieder in der Knechtskammer eines kleinen niedersächsischen Dorfes zusammen. Der Freistaat Danzig war hin, vergeblich bewahrten wir noch unsere Danziger Pässe auf. Wir hatten den Krieg ja nicht angefangen. Aber die Weltgeschichte ging über den souveränen Freistaat Danzig hinweg, wir wurden den Deutschen gleichgestellt. Eine Rechtsgrundlage für die Eingemeindung Danzigs in den polnischen Staat gibt es bis heute nicht. Ich wurde bei einem winzigen Bäuerlein Knecht, ein ganzes Jahr, lernte pflügen, eggen, säen, mähen, Ernteeinbringen, Mieten ausheben, Torf stechen, Kühe melken, Ausmisten, Misthaufen bauen, alles brotlose Künste heute. Alles inzwischen mechanisiert. Säen und eggen mit der Hand kommt nur noch in schlechten Schulbüchern vor. Aber ich lernte auch den Ernst des Lebens kennen.

An einem Wochenende war Tanz, in einem größeren Dorf, 6 km entfernt. Keine Verkehrsverbindung, und ich wollte so gern mit der gleichaltrigen Bauerstochter hin, bat die Bauersfrau, mir ihr Fahrrad zu leihen. Sie war freundlich und sagte zu. Ein paar Stunden vor der Abfahrt sprach mich der Bauer an, schroff und plattdeutsch: Klaus! Das geht nicht mit dem Rad! Ich, entgeistert – warum denn nicht, es ist doch nur einmal . . . Er, der Bauer Julius aus Engelschoff bei Himmelpforten: Nä – da ward Gewohnheit von!

Logik. Härte. Konsequenz. Das Leben wollte mir Lehren erteilen, für immer. Ich habe sie in den Wind geschlagen. Ich besäße heute noch ein blühendes KONKRET, wenn ich im rechten Moment zu irgend jemand gesagt hätte: da ward Gewohnheit von. Aber ich wollte wohl nicht lernen. Das war auch konsequent.

Wieder auf der Oberschule, stürzte ich mich in eine hektische Organisationstätigkeit. Freundschaftsclubs, Schwarzmarkt, Tanzfeste, Bunte Abende, Schüleraufführungen. Es war die Fortsetzung der »Wehrhaften Waffe« mit anderen Mitteln. Ich war nur an Organisationen interessiert, in denen ich der Leiter, der spiritus rector, der »king« war. Und ich war es auch. Nachdem ich als Philotas (von Lessing) strahlend, in echten Bühnengewändern, mir einen ehemaligen SA-Dolch opfermütig in die Brust gerammt hatte, gründete ich eine Mammut-Schülerbühne für beide Stader Gymnasien, probte als Regisseur und Hauptdarsteller Sartres *Fliegen* und Shakespeares *Sommernachtstraum*, ließ Massen von Schülern und Schülerinnen pantomimisch herumhüpfen, wollte alles, machte alles, schaffte alles. Mein Berufsziel war nun nicht länger Chemiker, wie bis zum 18. Lebensjahr, sondern Dramaturg. Von meinen frühen Jugendversuchen mit Tränengas und Sprengstoff und Nitroglyzerin blieb mir nur die 1 in Chemie.

Die Politik streifte mich nur flüchtig, als Empörung über Dummheit und Ignoranz, als ich in meinem Deutschlehrer den Turnlehrer-Offizierstyp von Danzig entdeckte und bekämpfte. Ich entlarvte ihn täglich. Wies ihm Unwissenheit und mangelnde geistige Beweglichkeit, Sturheit und schlechte Vorbereitung des Unterrichts nach. Ich demütigte ihn in jeder Deutschstunde, er rächte sich in den Turnstunden. Dann kam es zum Knatsch, meinem ersten politischen und wenn man so will auch publizistischen Zusammenstoß. Es stand die Bodenreform in Niedersachsen zur Debatte, bekanntlich liebäugelte sogar die CDU mit einer Enteignung der Großgrundbesitzer. Der Reserveoffizier Tiedemann erläuterte uns das Für und Wider, es wurde deutlich, daß wir in dem folgenden Hausaufsatz die Bodenreform abzulehnen hätten. Ich schrieb einen ausführlichen, zwei ganze Hefte einnehmenden Aufsatz über die Notwendigkeit einer Bodenreform und 3 minus. Das war zuviel. Ich verlangte unverzüglich einen neuen Deutschlehrer und in die Parallelklasse überzusiedeln. Mein Vater hielt das für übertrieben, aber ein Röhl und 3 minus in Deutsch, das war auch ihm zuviel, er ging zum Direktor, ich durfte die Klasse wechseln.

Ich hörte erst später, daß mich meine jugendlichen Antipathien nicht betrogen hatten: Dieser Tiedemann ging später zur CDU und ist heute CDU-Stadtrat von Stade. Der neue Deutschlehrer »Stoffel« Reinicke, ein Weltgeist mit Vorliebe für Intellektuelle und Schriftsteller der Zwanziger Jahre, bestritt den Hauptteil des Unterrichts durch Privatunterhaltungen mit mir über Expressionismus und Neue Sachlichkeit. Stoffel Reinicke ist gestorben, Tiedemann war lange Direktor jenes Stader Athenäums und ist inzwischen pensoniert. Ihm verdanke ich noch zahlreiche Tiedemannopfer und KONKRET- Mitarbeiter, vor allen Dingen Niko Neumann, Stefan Aust und meinen Bruder Wolfgang Röhl. Und natürlich Peter Rühmkorf.

Brecht kontra Borchert: die Keimzelle von KONKRET

Erst ganz am Schluß meiner Schulzeit, 1948, lernte ich einen Schüler aus der Unterprima kennen, der für meine ganze weitere Entwicklung ausschlaggebend wurde und an allen wichtigen Stationen meines Lebens eine Rolle spielt. Peter Rühmkorf. Rühmkorf, schon früher nach Pidd Lyng, dem Rebell von Sylt, Lyngy genannt, hat ein eigenes Erinnerungsbuch geschrieben: *Die Jahre, die ihr kennt,* Rowohlt, Das Neue Buch Nr. 1, in dem er unsere Begegnung schildert. Um es kurz zu machen: Rühmkorf und seine damaligen Freunde waren Anhänger des Expressionismus, also für Borchert, für Döblin, – ich war Anhänger der Neuen Sachlichkeit, also für Brecht, für Klabund, für den damals sehr bekannten Kästner. Rühmkorf gab eine nur in Abschriften verbreitete Schülerzeitung heraus, die *Pestbeule*, ich ließ eine (einmalige) Polemik dagegen kursieren. Es ging schon um die Alternative »Klofrau von Hannover« oder Elitezeitung. In den damals, vor der Währungsreform noch blühenden Literaturzeitungen, die es freilich kaum zu kaufen gab – wir lasen sie im englischen Kulturzentrum »Die Brücke« – wurde gerade so eine Auseinandersetzung geführt, zwischen horizontaler und vertikaler Lyrik. Horizontal = breit verständlich. Vertikal = in die Tiefe lotend, esotorisch.

Rühmkorf an Röhl:

Du bist modern, da dichtest linear,
Du hast den Mut, wie Bertolt Brecht zu sprechen;
Nichts gegen Brecht, doch grämt mich dein Gebrechen:
Veräußerung von Brechtschem Inventar.

Kunst auf marsch marsch! schon ist die Linie klar:
Mein Bruder Röhl, nun richte dein GeRölle –
Fehlt auch der Wasser eigenes Gefälle
Du brauchst es gar nicht, bleibst ja linear.

Als ich Abitur machte, blieb Rühmkorf noch zwei Jahre auf der Schule. Ich versprach, in Hamburg auf der Universität auf ihn zu warten. Zusammen wollten wir dann die Welt umkrempeln. »Komm heiliger Geist, Du schöpferisch / Den Marmor unser Form zerbrich / Zerbrich das Eis in unseren Zügen . . .« solche Sprüche von Werfel waren damals nach unserem Sinn, aber auch »Unsern Söhnen sei es gesagt / Zerschlagt die Trommel / zerschlagt, zerschlagt« von Weinert. Uns interessierte schon damals eine nationale, deutsche Avantgarde in Kultur und Politik.

44

Die reeducation-Kultur, verbreitet durch englische und amerikanische Zentren, Bibliotheken, Vorträge, Clubs, durch die NEUE ZEITUNG und den NWDR, verachteten wir. Diese verblasene, schwächliche Kollektivschuld-Kultur, die keine richtige antifaschistische Bewegung war, sondern nur ein Anbiederungs- und oft genug Abfütterungsbetrieb, wie die seit einem Jahr bestehende Gruppe 47. Das sagte uns nichts. Es lockte uns nicht, wie damals Scharen junger Schüler und Studenten, zu internationalen Begegnungen und in die Existentialistenkeller von Paris. Nein, hier bei uns sollte etwas passieren, in Hamburg wollten wir zusammen »maßlos literieren und kabarettieren«.

Die Pläne schmiedeten wir auf einem einzigen, langen, nächtlichen Spaziergang.

Aber das war schon ein halbes Jahr später, nach der Währungsreform im Juni, als ich mit meiner Kasperlebühne in Rühmkorfs Dorf gastierte. In dieser Nacht schliefen wir nicht. Da gründete sich eine Freundschaft, die nie ganz persönlich werden wollte, immer an Sachen orientiert blieb, an Literatur, Politik und Gesellschaft, und die bestand, durch alle Wirrungen und Veränderungen bis heute. Kein Einerseits und kein Anderseits, alles übertrieben wir maßlos: Haß und Zuneigung. Unsere Gegner beschimpften wir als maßlose Idioten, unsere Freunde als außerordentlich, fabelhaft, außergewöhnlich gut. Oder, wie Kurt Hiller, unser erster literarischer Förderer, einmal über uns schrieb: Einige Eiffelturmlängen über allem Übrigen!

Eigentlich hätte hier schon die Zeitung KONKRET gegründet werden können. Aber jetzt war noch gar nicht daran zu denken, 48, da waren ja eben erst alle literarisch-politischen Zeitschriften eingestellt worden, weil niemand sie mehr kaufen wollte für das neue Kopfgeld, von dem jeder Westzonendeutsche 40 Mark bekam. Da kaufte man sich lieber einen Fahrradschlauch oder ein Pfund Butter und eine Tafel Schokolade oder eine Tüte frischer Kirschen, aber nicht mehr den *Horizont*, den *Ruf*, den *Ulenspiegel* und wie sie alle hießen. Und die Bauern des Alten Landes, die Besitzer der Kirschbäume, die keine Bodenreform hatten erdulden müssen dank Studienrat Tiedemann und vieler Gleichgesinnter, die auch nur 40 Mark Kopfgeld erhalten hatten am Tage X, sie fuhren einen Monat später die ersten großen Mercedeswagen, die es plötzlich wieder frei zu kaufen gab.

Auch ich hatte meine privaten Konsequenzen aus dieser Erhardtschen Marktwirtschaft gezogen. Ich wurde (die Universität hatte ohnehin Aufnahmesperre) erstmal Puppenspieler. Gewissermaßen als Praktikum für das Berufsziel Dramaturg. Ich hängte alle aufwendigen und avantgardistischen Masseninszenierungen an den Nagel und machte Geld. Ich hatte meine zweite wichtige Begegnung. Ebenfalls ein Kind aus meiner Klasse. Ich traf einen Mann, der sich anheischig machte, meine brotlosen Künste in Geld zu verwandeln, in die neue DM, für die es alles zu kaufen gab, was uns bisher gefehlt hatte.

Kurz vor der Währungsreform kam »Edu«, Eduard Künder, Danziger wie ich, mal bei mir vorbei, sah sich die Shakespeare-Inszenierung an, die schon ganz schön weit gediehen war und sagte, das hat alles keinen Zweck.

In ein paar Wochen kommt die Währungsreform, dann geht das hier alles nicht mehr. Du kannst doch Theater spielen, Regie führen – damit kann man Geld machen, viel Geld. Überall auf den Dörfern und in den Städten werden die Kinder Kasperletheater sehen wollen und Geld dafür zahlen, das neue Geld. Und das Geld brauchen wir mit niemand zu teilen, denn Kasperletheater kann man mit zwei Mann machen.

Ich machte mit. Es wurde meine erste und entscheidende Begegnung mit dem Kapitalismus. Ein Schlüsselerlebnis über die Aneignung von Mehrwert. Mit Feuereifer gingen wir an die Arbeit. Ich malte Kulissen, ich bastelte Puppen, ich schrieb das Stück, ich spielte alle Rollen, Edu spielte nur den Schupo. Dennoch machten wir Halbe-Halbe mit dem Geld. Wir besaßen zusammen nur ein Fahrrad, das fuhr Edu. Ich fuhr auf Bahnsteigkarte mit dem Zug hinterher. Nach einem halben Jahr hatten wir viel Geld verdient und waren eine im ganzen Regierungsbezirk Stade anerkannte Puppenbühne. Edu aber besaß zwei Drittel der Firma. Ich bekam nur noch ein Drittel der Einnahmen. Er stieg nacheinander in eine Buchhandlung, eine Studentenkantine, in eine Bauträgergesellschaft ein und übernahm sie. Er ist heute einer der erfolgreichsten Grundstücksmanager und Baulöwen, baut ganze Hotelketten in Irland und in der Schweiz.

Ich schwor mir, nie wieder eine Firma aus der Hand zu geben.

»Eilt sehr, da gegen den Krieg gerichtet«

Bis Rühmkorf nach Hamburg kam, 1950, hatte ich schon
zweimal bei der Studentenbühne Regie geführt, eine
Studentenbühne gespalten, einen »Arbeitskreis Progressiver Kunst« gegründet, einen Haufen guter Kumpels
aufgetan, die waren ok, literarisch interessiert, politisch
links und von Beruf waren die alle »Werkstudent«. Die
waren bereit, etwas mit uns auf die Beine zu stellen. Als
Rühmkorf nach Hamburg kam, wurde er bereits erwartet. Ich war sein Prophet. Meine eigene Lyrik und Prosa
hatte ich weggeschlossen, seit Lyngy einmal kategorisch
gesagt hatte, ich bin Schriftsteller – du bist Journalist,
Anreger, Herausgeber! Schön, das nahm ich an. Ich las
Rühmkorfs Gedichte vor, begeisterte mich und andere
dafür.

Auch ein Quartier war bereits da, ein alter abgestellter
Güterwaggon, den man mit Kanonenöfchen heizen
konnte und in dem es vier Räume gab. Hier lebte und
arbeitete, 1950, ohne Marcuse-Lektüre und Selbstbeweih-
räucherung, Deutschlands erste Kommune, Hamburg 19,
Stresemannstraße 70 war das, gegenüber der Radioröh-
renfabrik Philips Valvo. Dort lebten Dick Busse mit
wechselndem Anhang, Peter Rühmkorf, Bruni, meine
spätere Frau, Peggy Parnass und ich. Zusammen leben
und zusammen arbeiten. Von hier aus starteten wir unser erstes Projekt. Unser erstes Projekt war keine Zeitung, sondern ein Kabarett: »Die Pestbeule«.

Wir suchten noch zusätzliche Leute am schwarzen Brett
der Uni: 40–50 Kabarettisten zum sofortigen Dienstan-

tritt gesucht. Eilt sehr, da gegen den Krieg gerichtet.

Es war eine sehr düstere Angelegenheit, eher ein Myste-
rienspiel als ein Kabarett. Es war wohl das Modernste
und Beste, was es damals überhaupt auf der Bühne gab.
Ganz im Gegensatz zu den Schöpfungen der Gruppe 47
und dem damaligen Bühnenangebot, das sich fast ausschließlich von Importen aus Frankreich und Amerika
nährte, war unser Stück nicht modisch, sondern modern.
Es schwamm nicht mit dem Strom. Es schwamm entschieden gegen den Strom, wie alles Neue. Es berücksichtigte den neuesten Stand der Literatur und schöpfte
aus dem Reichtum unserer literarischen Bibel, die wir aus
der Staatsbibliothek geklaut hatten und wie einen Aug-
apfel hüteten: Soergel, Bd. II *Im Banne des Epressio-
nismus.*

Geld für einen Russenstiefel oder ein erster Bestechungsversuch

Unser Stück war schonungslos, düster, gewalttätig und
anklägerisch. Es war gegen alle und gegen alles. Nicht
nur gegen die Wiederbewaffnung, die Militärs, die Nazi-
mörder. Nicht nur die Reichen wurden angegriffen, die
Schieber, auch die Gleichgültigen, die Kleinbürger, die
Konsumenten, selbst die Arbeiter, die Russen ebenso wie
die Amis. Der General, mit Totenmaske und Khakiuni-
form, hatte folgerichtig zwei verschiedenartige Beinklei-
der: Einen Russenstiefel und einen Amischuh. Krüppelchöre waberten hinter Gazeschleiern. Schreie von Gefol-

49

terten gellten durch die Räume, Peggy Parnass, Mitglied einer 20köpfigen jüdischen Familie, von der die meisten in Auschwitz vergast worden waren, krümmte sich in KZ-Kleidung unter den pantomimischen Peitschenhieben eines SS-Mannes, während im Hintergrund Lastenträger im gleichen Rhythmus gebuckelt vorüberkeuchten. Die Lastenträger von Stutthof. Im Hintergrund sagte ich mit Überlautstärke und Hallton durch einen krächzenden Lautsprecher:

> Und ich war da und da warst auch du
> Und da hörten wir einen schrein.
> Dann banden sie ihm die Schnauze zu.
> Ich war da und da warst auch du.
> Und keiner von uns sagte nein.

Arbeiter zogen mit Transparenten herum, gegen den Krieg, ließen sich korrumpieren, reihten sich ein und folgten dem General, dem mit dem Russenstiefel und dem Amischuh. Fresserpantomimen agierten gotteslästerlich an Abendmahltischen, der Kotbrei liegt wohlig tief in den Därmen, möge Gott die Hungernden speisen und die Frierenden wärmen. In der Schlußszene überrollt eine pantomimische Masse von Maskierten den Einzelgänger, den »Unmaskierten«: *Wir sind die Masse, die Masse. Wir sind die Masse die Masse. Wir sind die Masse die Füllmasse. Wir sind die Masse die Brüllmasse. Unser sind Stadt und Straße. Wir sind die Masse die Masse.* Seltsamerweise, für die damaligen Verhältnisse ein Exotikum, taucht in den Texten hier schon das Wort *Revolution* auf. Dieses Wort hatte für uns nicht den geringsten Realitätsbezug. Es kam unmittelbar aus der Geschichte, besser aus der Literaturgeschichte, in unser Stück. Direkt aus dem »Soergel, Band II«. Es gab keine reale Basis für dieses Fremdwort »Revolution«, selbst Kommunisten hätten es damals nicht verwendet. 16 Jahre vor Rudi Dutschke nahmen wir eine Situation vorweg, die später jedermann deutlich werden würde.

Der unmaskierte Einzelgänger, der Intellektuelle trifft einen sogenannten einfachen Mann und redet ihn an:

Der Intellektuelle:

> »Du bist nur ein einfacher Mann
> An sich kein Grund, nicht zu denken.
> Du bist keiner, der sich erlauben kann,
> Den Reichen was zu schenken.
>
> Wie ist euch zu helfen?
> Auf keinen Fall doch mit der Methode
> Porzellanhund auf der Elternkommode
> und Bilder mit Elfen.
>
> Oder meint ihr, das sei eure Sternkonstellation
> Oder meint ihr, das seien göttliche Pläne
> Eure Zukunft sind Eure Zähne.
> Macht Revolution!«

Einfacher Mann (applaudiert): »Sehr richtig. Hat gut gesprochen der Kollege, unterschreib ich alles. Also ich, für meine Person, stell mir das ungefähr so vor: Erstmal 'n bißchen Unabhängigkeit, erst mal ne sichere Position, wo man nicht jeden Tag rausfliegen kann, kleines festes Einkommen, kleines eigenes Häuschen, kleinen selbständigen Garten – tscha und dann, dann können wir mal

weitersehn, dann mach ich alles mit. Bis auf dahin –
Hals und Beinbruch.«

Die Texte, die wichtigsten, besten, waren von Rühmkorf, ich führte Regie. Ich steuerte auch einige Texte bei,
ich spielte die Hauptrolle, ich erfand sogar die Musik,
die Dick Busse auf der Gitarre spielte. Wir probten pausenlos, mußten tausende Schwierigkeiten überwinden,
abgesprungene Mitspieler wieder neu besetzen, aber wir
machten weiter. Es würde ein großer Erfolg werden. Uns
fehlte nur noch ein schönes, herbes, blondes Mädchen für
die weibliche Hauptrolle, das Mädchen, das mich, den
Unmaskierten, den einsamen Einzelgänger trösten und
später verraten sollte, mit einem reichen Satten auf und
davon gehen würde: »Fleisch, verderblich, zum schnellen Gebrauch bestimmt«.

Eines Tages wehte uns so ein Mädchen ins Haus und damit der Geist der Geschichte und der Geist wehte wohin
er wollte: Nach links, immer weiter nach links. Das
Mädchen erhielt die Rolle und stand bald auf der Bühne,
schön und herb und ganz und gar unbegabt und sagte
ihren Vers auf: Christine Hübotter.

Mit ihr kamen mit einem Mal auch reichlich Statisten
ins Haus, ernste junge Leute, die von Theater nichts verstanden, aber aus politischen Gründen mitmachten und
einer von ihnen, ein gewisser Ludi Nau, ließ die Katze
auch aus dem Sack: Das sei ein so schönes, fortschrittli-
ches Stück, jede Unterstützung wert, man hätte da unter
Umständen auch Möglichkeiten, etwas Geld aufzutrei-
ben, nicht kommunistisches versteht sich, aber von der
»Nationalen Front«, sicher könnten wir doch Geld für

Kostüme und Programme und so weiter gebrauchen – aber der Russenstiefel. Der Russenstiefel, der entwerte doch das ganze Stück, der sei ja antikommunistisch, der müsse weg. Wir lehnten ab, der Russenstiefel blieb und das Geld blieb aus. So einfach ging die politische Entwicklung nun nicht. Da mußte schon mehr passieren, ehe wir den Russenstiefel wegließen.

Ob Russenstiefel oder nicht, man war auf uns aufmerksam geworden und man kümmerte sich weiter um uns, die »noch im Antikommunismus befangenen, aber doch als fortschrittlich einzuschätzenden jungen Studenten«, wie es in der etwas altklugen und herablassenden Sprache der Partei hieß. Man kümmerte sich um uns, ohne daß wir es direkt wahrnahmen. Durch Ludi Nau lernten wir seine Verlobte kennen. Eve Aćel, eine ungarische Jüdin von überbordender Schönheit, die wir leidenschaftlich liebten, voll Zorn auf den ihrer nicht würdigen Ludi. Durch sie die Familie Zamory. Zamory, Antifaschist und Emigrant, Kommunist und Staff Sergeant in der britischen Armee gegen Hitler, hatte mit sieben Mitgliedern die Kommunistische Hochschulgruppe an der Universität Hamburg gegründet, die vorläufig die einzige in der Bundesrepublik blieb.

Es gab damals eine inoffizielle kommunistische Wohnungsvermittlung. Jeder Genosse, der ein Zimmer frei hatte, gab es der Partei auf, die vermittelte es weiter. Man beschaffte Rühmkorf ein Zimmerchen bei liebenswerten Altkommunisten, Arbeiterklasse in Hamburg-Ottensen, zufällig 100 Schritt von Zamorys Wohnung entfernt.

Man lud uns zu dieser und jener Diskussion ein, zu der wir meistens nicht hingingen, aber man behielt Kontakt. Wir waren am Marxismus damals nicht interessiert, nicht mal an Politik. Wir waren Literaten und wollten literarisch wirken, die Frage stand im Raum: ändern Dichter die Welt? Wir waren so auf unser Kabarett konzentriert, daß wir das erste wichtige politische Ereignis der Nachkriegszeit verpennten: die Hamburger Studentendemonstration von 1951.

Eine Demonstration wegen einer Mark, die Schülermonatskarte wurde von 5 auf 6 Mark erhöht. Als wir hörten, daß die Studenten die Bannmeile um den Stefansplatz durchbrochen hatten, 6000 Studenten, und daß starke Polizeieinheiten mit äußerster Härte in der Menge prügelten, Studenten blutig schlugen, schwangere Studentinnen nicht schonten, kamen wir zu spät an, es war alles abgesperrt, und wir konnten nur noch erfahren, daß viele persönliche Bekannte, mit denen wir auf dem Studentenwerk täglich auf Jobs warteten – Teppichklopfen und Möbeltransporte zur Finanzierung unseres Lebens und des Russenstiefels! –, daß die als kommunistische Rädelsführer verhaftet waren.

Ach, die waren so wenig Kommunisten wie wir, die da spontan die Demonstration organisiert hatten und Transparente gemalt hatten, »Studenten fordern Schülermonatskarte«. Sie, die jetzt tagelang im Gefängnis saßen, bis massive Proteste der Studenten sie herausholten, waren so unpolitisch wie der Lautensänger Wolfram, den wir nach diesen Tagen kennenlernten, dem sogar unser Kabarett zu politisch war, um mitzumachen.

Ein Mann wie ein Baum, aber mit der Seele eines Kindes. Niemand, der wie er mit seinen großen Händen so zart die Saiten seiner alten Instrumente greifen konnte und durch die Welt fahren und singen: friundlîche lag ein rî- ter wolgemeine – in einer frouwen Arme, – ein Mann, der keiner Fliege etwas zuleide tun konnte. Aber der war mitmarschiert. Weil, billige Fahrpreise, das ging ja auch ihn an, und als er sah, wie ein Polizist auf eine kleine Studentin einschlug, konnte er etwas zuleide tun, er pack- te den Polizisten, der keine Fliege war, hob ihn nur hoch in die Luft und ließ ihn auf das Straßenpflaster donnern. Der war nun als Rädelsführer fotografiert und ange- klagt worden und als Kommunist.

Wer immer von solchen Demonstranten später wirklich Kommunist geworden ist, – tausendfach waren sie vor- her schon als vom Osten geschickt, als Kommunisten ver- ketzert und diffamiert worden. Das grobe Raster von Polizei, Regierung und Presse sah nur rot, wo junge Leu- te nicht mehr braun oder schwarz sein wollten, wo sie sich eine eigene Meinung bilden wollten, höchst differen- ziert und höchst skeptisch auch gegenüber dem Osten, der damals noch, zu Stalins Zeiten, wahrlich nicht at- traktiv war.

Lange bevor ich Kommunist wurde, wurde ich so häufig und ungerechtfertig, so absurd und bösartig Kommunist genannt, daß es mir am Ende nichts ausgemacht hätte, es wirklich zu sein: Mitglied einer geprügelten Minder- heit, die sich verstecken und verbergen mußte und die man am liebsten gelyncht hätte. Unsere *Pestbeule* nann- te sich ja auch im Untertitel »Vereinigung der KZ-An- wärter des 4. Reiches«.

Dieses Kabarett ging nun also im Februar 51 über die Bühne, mit Russenstiefel und Amischuh und Christine Hübotter. In der Aula einer Hamburger Schule, einen Bühnenraum konnten wir nicht bezahlen. Das düstere Programm wurde mit großem Beifall aufgenommen, der große Hans Henny Jahnn, von Döblin an uns empfohlen, war mit da und Weisenborn und Eggebrecht. Jahnn brachte auch drei Oberschüler mit, die das Programm begeisterte, einer hieß Hubert Fichte. Noch eine Aufführung und noch eine Aufführung und dann war Hamburg abgespielt, Gastspiele waren zu teuer, was nun?

Nun kam der Direktor von Werner Fincks *Mausefalle* und engagierte uns für zwei Wochen in das berühmte Hamburger Kabarett. Der Arme unterlag einem furchtbaren Betrug. Wir nannten uns ja Kabarett und hatten gute Kritiken: »Dem Krieg mitten ins Herz! Die haarscharf pointierten Texte treffen ins Schwarze ... Erfrischendes Rebellentum, die Nachfolge Brechts, Borcherts und anderer, vortrefflich formuliert, das Ganze kann sich sehen lassen«. Direktor Hochtritt engagierte uns also für den Urlaub von Finck, ohne das Programm gesehen zu haben. Seine Schuld.

Unter den Augen an kleinen Tischchen sitzender, festlich angezogener Pärchen im gedämpften Lampenlicht, die Wein oder Sekt tranken, rollten unsere Krüppelchöre über die Bühne, brüllten und schimpften wir ins Publikum:

Wir wolln was sehen, wo wir über lachen können
Und nicht was, wo wir über weinen müssen
Wir wollen fressen, ficken, kacken, küssen
Und Nummern schieben und danach gut pennen.

Wir schafften etwas, was noch kein Nachkriegskabarett geschafft hatte, wahrscheinlich auch kein Vorkriegskabarett: Wir leerten den Saal bis auf den letzten Platz, Abend für Abend. Erst humpelten die Kriegskrüppel und Spätheimkehrer raus, dann die Spießer, die Reichen und die Fresser. Aber wenn einer auch bis zuletzt ausharrte unter der trüben Beleuchtung und mit seiner Liebsten Händchen hielt – bei diesem letzten Vers mit Kakken und dem Küssen, den wir von Mal zu Mal wütender herausdonnerten, gingen auch die letzten. 8 Tage schafften wir, dann wurde das Gastspiel abgebrochen, wir mußten uns nach etwas Neuem umsehen.

Hier mag die Frage am Platz sein, ob wir denn nicht gelegentlich auch studierten. Ja, gelegentlich studierten wir. Wenn sich Gelegenheit ergab. Regelmäßig jobten wir, Gelegenheitsarbeiten für Studenten, besser und informativer als jedes Berufspraktikum in der DDR. Wir lebten ja alle von der Hand in den Mund, unsere Güterwagenkommune. Unsere Eltern waren nicht begütert genug, um uns monatlich Geld zu schicken, aber nicht arm genug, daß wir Stipendien hätten kriegen können. Ein begabter Kinderpsychologe mußte auf diese Weise erst einmal sechs Jahre lang jede Nacht Tanzmusik spielen, bis er an die ersten Kinder herankam.

Dick Busse arbeitete sieben Jahre lang im Hafen und anderswo, ehe er seinen Professor persönlich zu sehen bekam. Wir waren das studentische Proletariat, hatten auch durchaus Klassenbewußtsein, wir waren »Jobber«. Wir hatten nur umgefärbte Wehrmachtsklamotten an, der ganze Hörsaal A, bei der Vorlesung über Platon, war ein einziges Meer aus Khaki. Wir freuten uns, wenn wir uns mal ein richtiges Hemd leisten konnten, ein neues Jackett. Die Ahnung, daß es einmal Studenten geben würde, in unserer Generation noch, Bürgersöhnchen, die keine größere Sorge hätten, als ihren neuen Jeans durch zehnmaliges Waschen in der Waschmaschine und Beigabe von Bleichsoda und Aufsetzen von Flicken den künstlichen Eindruck von Ärmlichkeit zu geben, den durch Schmuddeligkeit zu ergänzen, daß diese Kleidermode in begüterten Vorstädten gar zur Etikette werden würde, hatten wir nicht. Daß Studentenbuden, die wir uns damals bemühten, so gemütlich wie möglich einzurichten, heute durch lose herabhängende Glühbirnen mit einem künstlichen touch von Slum und Armut versehen werden würden, das konnten wir uns nicht ausmalen: Wir *waren* arm. Wir sahen darin keine Tugend, eher eine Belastung. Also jobbten wir.

Morgens um 9.00 Uhr war auf dem Studentenwerk Auslosung. Wer später kam, hatte keine Chance. Da wurden die geeigneten Leute gesucht für den und den Job. Viele Jobber waren erfahrener und kleverer als Rühmkorf, Busse und ich. Für uns blieben meistens nur Teppichklopfen bei reichen Leuten oder Möbelpacken und Abladen im Hafen.

Einmal war ich sogar Buchhalter. Ich hatte Glück. Man

verlangte einen Mann, der gut Kopfrechnen kann und sehr gut schreiben. Ich meldete mich spontan. Ich kann nicht 12 und 13 zusammenrechnen, und ich habe eine miserable Handschrift. Aber ich brauchte das Geld, ich mußte ja immer außer meinem Lebensunterhalt noch Flugblätter, Handzettel, Plakate und andere Werbemittel für meine brotlosen Künste bezahlen. Ich wurde Lagerbuchhalter für die gesamten Ersatzteilelager von Philips. Anfangs ging alles gut, ich buchte jeden Tag Zahlen in ein dickes Buch, war zu allen nett und freundlich und kaufte einen Trockenrasierer mit Philips-Rabatt. Dann aber stimmte irgend etwas nicht. Da war eine Differenz von nur 7 Pfennigen, aber der Hauptbuchhalter sagte sehr ernst, es muß alles auf den Pfennig stimmen, sonst stimmt nichts. Es war eine Katastrophe, in die sich die zentrale Philips-Verwaltung, ALDEPHI, einschalten mußte, drei Wochen buchte ein Oberbuchhalter alles wieder um. Das zeigte mir, daß ich für den Beruf des Buchhalters nicht geeignet war. Wieder was gelernt.

Aber was hätten wir denn an der Uni schon groß lernen können? Was uns interessiert hätte, gab es nicht. Altnordisch und gotisch und mittelhochdeutsch mußten wir zwangsweise machen, um unserer »Scheine« willen. Aber sonst? Das Modernste waren noch die Kafka-Seminare von Professor Wolffheim. In seinem Freitagsseminar saß alles, was in Hamburg auf sich hielt. Auch die Etablierten, die schon im Funk und Fernsehen und bei Zeitungen mitarbeiteten und später ganz da blieben, aber davor hatten sie eben mal ein paar Semester studiert, bei Wolffheim. Der sagte mit urbaner freundlicher Süffisanz, wenn ich, naiv genug, mit Engagement kam und Tendenzkunst und Weltveränderung und Weltverbesserung: aber Röhl, das ist ja 18. Jahrhundert, was Sie da im Kopf haben, Aufklärung! Und der Hörsaal lächelte maliziös, natürlich, Aufklärung, hmhm, und ich antwortete nicht, wie ich es mir immer wieder vornahm: Ihre Überschätzung der Persönlichkeit und Ihre allesschonmaldagewesen-Schnodderigkeit und Ihr fataler Schicksals-Determinismus – das ist ja 17. Jahrhundert, das ist ja vor der Aufklärung. Aber wir verstanden uns gut mit Wolffheim, wir gehörten dazu, er war der Modernste, er machte wenigstens Kafka.

Nach zwei ganzen Jahren Kafka faßte Wolffheim das Ergebnis in dem kurzen Satz zusammen, man könnte eigentlich kaum etwas Haltbares über Kafka sagen. Es sei alles sehr kompliziert. Hochkompliziert. Das dauerte noch ziemlich ein Jahrzehnt, bis das große Kafka-Seminar in Prag stattfand, in dem Kafka als Kritiker der spätbürgerlichen Gesellschaft und was weiß ich noch alles Brauchbares entdeckt wurde, unter anderem auch von Klaus Wagenbach, der war damals noch Cheflektor bei Fischer.

Wir konzentrierten uns weiter auf unsere eigene Weltveränderung, die immer auch Selbstdarstellung war, und verwirklichten den Plan Nummer 2, einen eigenen Exi-Keller, einen Treffpunkt für Leute mit Jazz und Lyrik, das Gegenstück zu den Pariser Existentialistenkellern. In den Kolonnaden wurde er gebaut mit der Hilfe proletarischer Jazzfans, die gut mit Spitzhacke und Maurerkelle und Malerpinsel umgehen konnten und uns akzeptierten, als Trägergesellschaft, den »Arbeitskreis Progressive Kunst«. Es war ein ehemaliger Bunker, wir mußten selbst ziemlich schweißtreibend mitbauen, und an die Bunkertür pinselte Rühmkorf seine *Ode an Armstrong*.

Nach einer erfolgreichen Lyrik- und Prosalesung auf Tonnen und Colakisten gab es bald Krach mit der Arbeiterklasse. Die rauhbeinigen Jungens bemängelten, daß hier zuviel Lyrik und zu wenig Jazz gemacht würde und zu wenig Rabbatz und wiesen uns kurzerhand die Tür. Was nützte der Hinweis auf die Rechtslage, daß der Keller dem Arbeitskreis gehörte. Sie hängten ein anderes Schloß vor die Tür und erklärten uns, daß wir ordentlich was in die Schnauze bekämen, wenn wir weiter auf unserem Rechtsstandpunkt beharren würden. Die Macht kam da aus den Fäusten. Einer, Karl Heinz hieß er, der mich eigentlich ins Herz geschlossen hatte wie ein Leibwächter, war immerhin Gebietsmeister im Boxen gewesen. Wir zogen uns zurück, hatten immerhin wieder viele neue Bekannte und Anhänger gewonnen, Rühmkorf z. B. seine erste richtig schöne Freundin und die Bekanntschaft mit dem Büroboten und Lyriker Werner Riegel, der auch die Welt verändern wollte, die Literatur wie die Politik.

Mit Riegel gründeten wir eine hektographierte Zeitung: *Zwischen den Kriegen* hieß sie und meinte das auch so, so ernst wie *KZ-Anwärter des Vierten Reiches*. In gewisser Hinsicht kann man *Zwischen den Kriegen*, die auf einer alten Wäscherolle abgezogen wurde und in 150 Exemplaren verbreitet wurde, als Vorstufe zu KON-

KRET bezeichnen. Aber nur mit Einschränkungen: nach dem ersten Heft zeigte sich, daß wir doch ganz Verschiedenes wollten: Riegel und Rühmkorf eine Literaturzeitschrift, ich eine eher aktuelle Zeitschrift mit Nachrichten, mit Tagespolitik. In der auch ich hätte schreiben können, ich war schließlich kein Dichter. Ich drängte auf Zeitungspapier, richtigen Druck und hohe Auflage, war eben immer noch »horizontal«, das Geld wollte ich womöglich borgen, erjobben, es würde schon wieder reinkommen meinte ich, das würde sogar ein Geschäft.

Solchen schnöden Gedanken waren meine Dichterkollegen gänzlich abhold, es kam zur Trennung, in Freundschaft. Rühmkorf würde weiter Zeitschrift machen, ich Theater. Beides im »Arbeitskreis Progressive Kunst«. 1952 sieht also ein aufblühendes Literaturblatt, das den letzten Weltbühnen-Veteranen Kurt Hiller so begeistert, daß er seinen Wohnsitz von London nach Hamburg verlegt, dem neuen Zentrum der schönen Künste. Gleichzeitig gründe ich mit jungen Schauspielern und Eleven das Wolfgang-Borchert-Theater und inszeniere Georg Kaiser *Von Morgens bis Mitternachts*. Motto: »Besser ein einsamer Wanderer auf der Straße als Straßen leer von Wanderern!«

Ein Demonstrant wird erschossen

Die aktuelle Tagespolitik läßt uns nach wie vor kalt. Obwohl jetzt zum ersten Mal in der Westzone etwas los ist. Adenauer will mit Macht und allen Mitteln aufrüsten,

7 Jahre nach dem verlorenen Krieg wieder aufrüsten und dabei den Westzonenstaat endgültig an den Westen binden, die möglicherweise von Stalin zu bekommende Wiedervereinigung in den Wind schlagen. Dagegen kommt zum ersten Mal eine kleine, wenn auch noch zaghafte »Ohne-mich«-Bewegung zustande, die Jugend rebelliert gegen den »Generalvertrag«, und von dieser Entwicklung profitiert auch die kommunistische FDJ, sie macht Volksfrontpolitik, gewinnt Bündnispartner bei den anderen Jugendlichen und bringt mit Bussen und Zügen und Fahrrädern und Autos am 11. Mai 1952 in Essen über 100 000 Jugendliche zum Protest gegen den »Generalvertrag« zusammen.

Die ungeheure Anzahl der Demonstranten macht die Polizei nervös, die Demonstranten sind erbittert, am Tage davor hat man sie durch Straßensperren in ganz Nordrhein-Westfalen aufgehalten, sie umzudirigieren versucht, sie verprügelt und beschimpft: es kommt zu Schlägereien. Die Polizei, unsicher und auf Straßenkämpfe nicht vorbereitet, schießt: zwei Schwerverletzte bleiben auf der Straße und ein Toter: Phillip Müller, ein FDJler. Sein Name ist kaum einem Bundesdeutschen bekannt – in der DDR ist in jeder zweiten Stadt eine Schule oder ein Lehrlingsheim nach ihm benannt, dem ersten Blutopfer des Adenauer-Regimes.

Wir aber kannten seinen Namen und empörten uns. Nicht Benno Ohnesorg hieß das Signal, das uns aufweckte, das uns politisierte, sondern Phillip Müller. Wir liefen – diesmal liefen wir – zu Zamory und den anderen Genossen und sagten, *was kann man bloß tun?* Da

machten wir eine Studentenzeitung, auch sie gewisser-
weise eine Vorstufe zu KONKRET: *Der Untertan*. Dick
Busse zeichnete als Herausgeber, Rühmkorf eröffnete
den Titel mit einem Gedicht, und ich schrieb darin meinen ersten und unwiderruflich politischen Zeitungsarti-
kel; ironisch betitelt:

Haben Sie schon das Neueste gehört?

»Der Frühling ist gekommen – und das Semester hat begonnen. Das Studium generale wird in diesem Semester
ganz groß geschrieben werden, das Essen in der Mensa
wieder sehr klein geschrieben, der historische Club lädt
ein zur Maibowle, der Asta zur Astasitzung. Radieschen
werden täglich billiger, Brot und Eier täglich teurer. Wer
keine Wohnung hat, kann auch in diesem Semester so
leicht keine bekommen; dagegen kann man für nur
2000,– DM nach Indien fahren. Man kann für die Hälfte des Preises ins Theater gehn, und man kann das »Sonn-
tagsblatt«, »Die Welt«, »Die Neue Zeitung« und »Die
Zeit« bestellen und für 0,50 DM zum Friseur gehen.
Kann man mehr verlangen?? Wer gar kein Geld hat,
kann auf dem Studentenwerk solches verdienen, wenn
er Glück hat. So wird das Studentenleben immer angenehmer. Außerdem, seit die bösen Nazis fort sind, gibt
es jetzt die Freiheit, die besagt, daß jeder tun und lassen
kann, was er will.

Ende des unverbindlichen Teils. Hier nicht weiterlesen!

Und doch Ihr Lieben!

Da ist neulich etwas passiert, das allen zu denken geben müßte. Das geht nun alle an. Es wurde letzten Sonntag ein Junge von 21 Jahren auf der Straße erschossen. Letzten Sonntag in Essen war das, da nahm ein Kommando von Essener Polizisten, sonst biedere Familienväter und Junggesellen, die Pistole in die Hand und schoß scharf. Gab Feuer. Sie taten das auf höheren Befehl. Ohne höheren Befehl hätten sie das nicht gedurft.

Und jetzt werden Sie sich erinnern: Ach so, mal gehört, das war aber ein FDJler, der da erschossen wurde. Etwa so werden Sie das aussprechen, als wenn Sie sagen, ach so, da war ein Zuchthäusler, der auf der Flucht erschossen wurde. Aber nun werden Sie lachen: es war nur ein Zufall, ein reiner Zufall, daß Sie nicht selbst erschossen wurden. Denn bei der Hamburger Studentendemonstration, da waren Sie dabei. Und wie sagte da ein Polizeioffizier? Wenn Senator Danner dabei gewesen wäre, hätte er Feuerbefehl gegeben. Der entsprechende Herr ist in Essen wahrscheinlich dabei gewesen.

Daß beispielsweise die beiden Schwerverletzten keine FDJler waren, haben inzwischen auch unsere Zeitungen zugegeben (oder verschwiegen). Es wäre auch ein großer Zufall gewesen, wenn sie FDJler gewesen wären, denn von denen gibt es bekanntlich sehr wenige. Und selbst wenn auf die Zugehörigkeit zur FDJ die Todesstrafe stehen würde, so war es nicht etwa so... ach du bist FDJler. Na dann komm mal mit, stell dich mal gleich an die Wand, du wirst jetzt ohne weiteres Verfahren abgeknallt...! Nein – es schossen die uniformierten Mörder wahllos in die Ansammlung von Kindern und Jugendlichen hinein. So daß Sie oder ich, oder gar ein Angehöriger der Kampfgruppe gegen die Unmenschlichkeit (die ja gegen die FDJ ist) hätten erschossen oder verstümmelt werden können. Es war, und damit haben wir wieder den Anschluß an die Demokratie gefunden, gleiches Recht für ALLE.

Schlägt ein Mann auf der Straße seinen Hund oder sein Pferd etwas heftiger als gewöhnlich, fallen ihm weinende Naturfreunde und sentimentale Kaufleute in den Arm und alarmieren die Gesetze. Wenn irgendein siebenjähriges Mädchen im Wald überfallen und erwürgt wird, was die Morgenpost in Schlagzeilen bringt, wenn ein alter Mann seiner Frau Rattengift in die Suppe tut und dafür lebenslänglich bekommt, heulen sich Millionen Frauen vom Dienstmädchen bis zur Millionärstochter die Augen aus.

Wird ein Mann auf offener Straße erschossen, wobei der Täter vorsätzlich und bei gutem Verstande handelte, so ist das Mord. Trugen die Mörder jedoch Uniform, war ihr Verhalten gut und richtig, haben sie tadellos gearbeitet.

Aber wie könnte ein Mord, die Auslöschung des Lebens eines Menschen – diese unfaßbare Eigenschaft: Leben –, wie könnte eine solche Tat, die schon bei den primitivsten Kulturvölkern gesühnt wird, durch den Befehl eines zufällig an die Macht befindlichen Innenministers legalisiert werden???

Was die »höheren Stellen« nachträglich guthießen, keine Kirche und kein Gott kann dafür die Absolution erteilen, kein Gewissen den Mörder freisprechen.

Solange nur ein einziger Mörder frei herumläuft, solange ein einziger Mord seine gerechte Sühne nicht findet, gibt es keine Kultur, keine Humanität und keinen Fortschritt, sondern nur das alte *neandertalische* »Macht geht vor Recht-Gesetz«, solange ist dieser Staat kein Rechtsstaat!

Und nun hören Sie bitte weiter Ihre Vorlesungen über die Philosophie der Griechen, den Bau der Bauchspeicheldrüse, die Technologie des Holzes und die Rechtsprechung der alten Ägypter.

Übrigens: Im 2. Verfahren des Dortmunder Gestapoprozesses wurden alle 5 Angeklagten freigesprochen. Sie waren beschuldigt worden, am 4. 2. 1945 als Gestapobeamte bei der vorsätzlichen Tötung von 14 Gestapohäftlingen beteiligt gewesen zu sein. In der Urteilsbegründung heißt es, es sei nicht erwiesen, daß die Angeklagten die Unrechtmäßigkeit der Exekution voll erkannt hätten. (dpa, 21. 4. 1952)«

In diesem *Untertan*-Artikel war eigentlich schon die spätere KONKRET-Methode angelegt: Moralische Sachlichkeit könnte man das nennen: Neuigkeit-Appell-Montage-Agitation-Mobilisierung. Es kam noch Schnodderigkeit dazu, eine moralisierende Kodderschnäuzigkeit, wie wir sie von Tucholsky übernahmen: »Ein Arm ab / made in Stalingrad / So hat denn jeder Tote / seine persönliche Note.«

Der *Untertan* blieb ein Versuch. Niemand in dieser kommunistischen Hochschulgruppe merkte, daß hier intellektuelle Fähigkeiten brachlagen, es bedurfte erst des Genius eines Klaus Hübotter, um zu erkennen, welche nützlichen Idioten hier auf ihren Mißbrauch geradezu warteten. Der aber war noch nicht aufgetaucht. Der war schon verhaftet, saß in Untersuchungshaft oder war wieder heraus oder studierte an der Uni Jura, fleißig und korrekt und immer ein wenig über dem Durchschnitt.

Die Zamory-Leute aber waren Spießer, lebten in ihrem Ghetto, in einem künstlichen, selbstauferlegten Stalinismus, der selbst heutigen DKPlern unverständlich sein würde. Wenn einer von den sieben Aufrechten mal auf St. Pauli versackt war, wurde eine Parteisitzung darüber veranstaltet, und er wurde mit einer Rüge bestraft. Ein anderer, der Sinologe und Zyniker Sarkander, heute ein pfiffiger Gelegenheitsadvokat und Makler, hatte mal klassische chinesische Erotik an der Wand hängen, er wurde genötigt, sie während der Parteisitzungen zu entfernen.

Unsere Beziehungen zu dieser wie ein perpetuum mobile im Kreis laufenden »Avantgarde der Arbeiterklasse« blieben kühl. Wir hielten uns in den folgenden Jahren eher an die wirkliche Arbeitswelt, wo wir die Arbeiterklasse in erstaunlicher Reinkultur vorfanden – im Hamburger Hafen zum Beispiel. Dick Busse und ich arbeiteten 1953 schon so lange im Hamburger Hafen, als »Unständige«, daß wir eine Steuerkarte bekamen. Da kam der Streik. Der große, rote, von der Gewerkschaft nicht gebilligte wilde Streik der Hamburger Hafenarbeiter. Da erlebten wir zum ersten Mal, was nicht *ein* Arbeiter, sondern eine Masse von Arbeitern bedeutet, die zusammenhalten: Solidarität. Brechts bisher nur gesungenes Wort wurde plastisch: Vorwärts und nicht vergessen... Wir erlebten gleichzeitig, wie die Presse falsch berichtete, verfälschte oder einfach log. »Dat Lögenblad« nannten Arbeiter verächtlich die Hamburger Morgenpost, die die antikommunistische Arbeit allein bewältigen mußte. Die *Bild*-Zeitung gab es noch nicht, die wurde erst später aus der Taufe gehoben, und Rühmkorf und ich halfen mit dabei, verteilten Veilchensträußchen mit Gruß von *Bild* an allen U-Bahn-Stationen, die Stunde zu 2,50.

Der Streik war wie unsere Studentendemonstration. Er war spontan. Selbstgewählte Streikführer, gar nicht kommunistisch. Trotzdem wurden die Streikführer Kommunisten genannt, sie wurden diffamiert. Jetzt endlich erwachten auch die Kommunisten aus ihrem Dämmerschlaf und schlossen sich an. Nun waren die Vorwürfe berechtigt, aber nun standen die Arbeiter auf dem Schlauch, bekamen kein Streikgeld, es war ja ein wilder Streik, und nun schob die DDR tatsächlich Geld ins Land, in den Hafenkneipen zahlte die illegale Streikleitung Ostpiepen an die Arbeiter, niemand fand was dabei, warum auch, der Streik hielt durch.

Diffamierung allein zog nicht, die Schiffe mußten entladen werden, und so holte man Studenten als Streikbrecher. Und während wir mitstreikten, zogen andere Studenten auf die Schiffe und versuchten, die Winschen zu bedienen und die Lasten richtig zu stapeln. Wir dagegen standen auf dem Studentenwerk und versuchten, die Streikbrecher zurückzuhalten. Wir erreichten nicht viel, es war mehr für uns selber und die Arbeiter, es sollte das wenigstens in Ansätzen einmal dagewesen sein: Solidarität zwischen Stauer und Studiker. Der Streik wurde dann doch ausgehungert und kaputtdiffamiert, die Arbeiter behielten davon bis heute eine dumpfe Wut und wählten nacheinander den BdD, die GVP, später die DFU und die ADF und jetzt eben die DKP.

Wir hatten genug gesehen. Das Erlebnis im Hamburger Hafen machte uns völlig immun gegen die Ereignisse des 17. Juni. Wir reagierten darauf ehrlich gestanden nicht moralisch. Wir fühlten uns solidarisch mit den Arbeitern des *16. Juni,* der spontanen wilden Bauarbeiterstreiks auf der Stalinallee – die dann folgende Gemeinschaftsaktion aller westdeutschen Untergrundgruppen, aller amerikanischen Agenten und alten Nazis zusammen, die am 17. Juni stattfand, konnten wir nicht gutheißen. Nicht den illegalen Waffenbesitz, die Sprengstoffpakete und Zündsätze, die gestürmten Büros mit den ermordeten Funktionären, die aus den Hochhäusern von Leipzig geworfenen Polizisten, nicht die brennenden Warenhäuser. Die Studenten, die 1951 in Hamburg und 1952 in Essen demonstriert hatten, waren ja unbewaffnet, ebenso die Hafenarbeiter von Hamburg. War das politisch falsch? Ich habe nie verstanden, warum die Haltung der Springerzeitungen gegenüber den brennenden Warenhäusern des 17. Juni und dem Frankfurter Warenhaus, das Baader angekokelt hatte, so verschieden war. Oder doch, ich habe verstanden: die Haltung war verlogen. Wir jedenfalls hielten damals schon Gewalt gegen »Sachen und Personen« für falsch, Herr Springer, Sie anscheinend nicht.

Ich bin überzeugt, daß die Saat der Gewalt, die in der späteren Zeit, nach 1967, aufging, von Springer, Strauß und Konsorten gesät worden ist. Offenbar ist das noch niemand aufgefallen: Jedes Jahr zum 17. Juni immer wieder die Bilder und Filme von den brennenden Warenhäusern, den verbrannten Fahnen, den Transparenten und den Steinen gegen gepanzerte Wagen, dem Tränengas und den Schüssen. Das in die Tiefe gehende Bild des Steine werfenden Jungen von der Stalinallee. Das ging ins Unterbewußtsein: 1968, bei der berühmten Steinschlacht von Tegel, als Semler, Steine-Semler genannt seitdem, zum ersten Mal die Polizei angreifen ließ, wurden zum Verwechseln ähnliche Bilder geschossen. Der Mann, der eben den Stein geworfen hat, noch federnd vom Wurf und irgendwo im Tränengasnebel vage sein Gegner, ein gepanzertes Fahrzeug. Das sind Bilder, die zu denken geben.

Das Jahr 54 verbrachte ich mit Examensvorbereitungen zum Staatsexamen, mit Lyrikmatineen gegen die Wehrpflicht, mit Sozialarbeit unter Jugendlichen. Ich kam als Snob in das Arbeiterfreizeitheim, nicht im Rollkragenpulli wie andere Studenten, ich kam mit Silberstöckchen und breitem Hut und gelbem Schal. Ich war nach einer Woche Kumpel: Saß abends, nach der Freizeitbetreuung, nicht mit den anderen Soziologen und analysierte das Ergebnis, sondern saß mit den Arbeiterjungens in der Eisdiele, das wollten die. Nahm freilich auch aus ihren Reihen das schönste Mädchen zur Freundin, Renate, die Marilyn Monroe von Hamburg-Horn, das wurde mir zugebilligt, obwohl ich verheiratet war. Das fanden sie in Ordnung. Dann freilich, als meine Frau ein Kind bekam, wurde mir bedeutet, nun sei Feierabend, und eine Versammlung meiner besten Kumpels erklärte mir, ich muß mich nun entscheiden, sonst gibt es was auf die Schnauze. Ich lernte, daß die Arbeiterklasse eine Moral hat. Nicht für sich, aber von ihren Führern und Vorbildern eine Moral fordert. Zog den Schluß, daß ich als Vorbild der Arbeiterklasse ungeeignet bin. Meine Zeit im »Jugendeuropahaus« war ohnehin zu Ende, meine sozialpädagogische Tätigkeit wurde von Professor Sieverts als besonders gelungen gewürdigt und gelobt.

Jetzt ging es in die Schlußrunde, ins Examen. Das höhere Lehramt stand ins Haus. Deutsch und Geschichte, eine solide Karriere mit Frau und Kind. Da endlich, jetzt erst, schlug die kommunistische Weltbewegung zu, sozusagen in letzter Minute, und holte sich einen ihrer nützlichsten Idioten ins Haus, an die breite Brust.

Illegale Treffs auf einem Segelboot

Der das zunächst versuchte, hätte es nie geschafft: Till Meyer-Bruhns. Einen schlechteren Vertreter der Arbeiterklasse habe ich nie kennengelernt, einen ungeeigneteren Werber für die KP als diesen aus Hannover kommenden Freund Christine Hübotters. Er war – er ist – das klassische Produkt der Verbots- und Tarnzeit der Partei, der Epoche der Tarnorganisationen, der Fellowtravellers und Friedenstanten. Die Natur hatte ihn mit einem sonnigen Bernhardinerblick, das Elternhaus mit gepflegten Umgangsformen ausgestattet. Neffe eines berühmten Opernregisseurs in Ostberlin, Sohn eines Hannoverschen Regisseurs und einer bekannten Schauspielerin, wurde »Till« seit frühester Jugend gehegt und gehätschelt, und wurde während seiner schier endlosen Studienzeit bereitwillig von der Familie unterstützt. Gelegentlich war er auch einmal gezwungen zu »jobben«, so fuhr er für den »Bund der Deutschen« Wahlschilder aus oder arbeitete eben bei KONKRET. Er war ein vollendeter Plauderer. Wenn er über die Notwendigkeit der Diktatur der Arbeiterklasse schwadronierte, blieb der Blick des Gegenübers doch immer magisch gefangen vom unnachahmlichen Sitz seines maßgeschneiderten Zweireihers, den er mit dem lässigen Charme der 30er Jahre zurechtzog. Keine Friedensphrase, die nicht aus seinem Munde in gepflegtem Bühnenhochdeutsch herauskam, keine Tür, die beim Herannahen eines weiblichen Wesens nicht automatisch seine Hand anzog – er war unwiderstehlich: eine wandelnde Reklame gegen den Kommunismus. Er war nie beleidigt, wenn man ihm das sagte, höchstens bekümmert, gab es nie auf, mich zum Friedenslager zu bekehren.

Durch ihn wurde ich eines Tages mit Klaus Hübotter bekannt, dem Bruder von Christine Hübotter.

Klaus Hübotter kam, ein Mitglied der FDJ, das seinen Prozeß erwartete, er studierte damals Jura. Er sah mir erst einmal tief in die Augen. Ein Typ wie aus einem Buch von Arthur Koestler, da gibt es auch so einen gläubigen jungen Mann, dessen außergewöhnlich strahlender Blick sich später als Folge einer Augenkrankheit herausstellt.

Sein Äußeres signalisierte im Gegensatz zu Till auffällige Schlichtheit und Verachtung alles Irdischen. Sein durchdringender Blick analysierte mich sofort als bürgerlichen Hallodri, unmoralisch, zynisch und haltlos, aber brauchbar. Er eröffnete mir unumwunden, die Zeit sei nun reif für eine fortschrittliche Studentenzeitung. Auch ich wollte schon immer eine gründen, sagte ich, leider hätte ich kein Geld. Das Geld, sagte er mir, das sei nicht so wichtig, das finde sich schon, die Zeitung sei viel wichtiger und die Notwendigkeit des Kampfes für Verständigung und Wiedervereinigung.

Man beachte die noble Gesinnung. Er sagte nicht: am Geld soll es nicht liegen, das habe ich. Sondern: Geld ist doch nicht so wichtig. Viel später erst fand ich dieses als die Maxime der Stammgäste von Kampen wieder: Vom Geld redet man nicht, man hat es. Bei den Hochgestellten gilt die Rede vom Essen als niedrig, das macht, sie haben schon gegessen. Ach, für mich war Geld gar nicht unwichtig, es war das Einzige, was uns allen fehlte, für die Verständigung und den Frieden und die Wiedervereinigung waren wir doch längst. Und schreiben konnten wir, und Ideen hatten wir für drei Zeitungen.

Aber Hübotter verschwand erstmal wieder, sah schon überall Verfassungsschützler herumhuschen und verabredete sich mit mir zu einem neuen, nunmehr endgültig konspirativen Treff, und um den Verfassungsschutz ein Schnippchen zu schlagen, hatte er sich einen ganz besonderen Treffpunkt ausgedacht: auf einem Segelboot. Auf der Elbe war das, auf der Höhe von Blankenese, niemand würde so unser Gespräch abhören können, denn jedes Boot, das sich uns näherte, sahen wir kommen. So lernte ich bei Windstärke 5 auf der Elbe Segeln. Er *konnte* es, das sei hier einmal festgehalten, das war eine andere Welt, aus der die kamen, die hätten sich auch beim Reiten oder Tennisspielen illegal treffen können, nur nicht beim Kohleschippen im Hafen.

Aber dennoch war Hübotter ein erfreulich sachlicher und zielstrebiger Typ, wir waren rasch einig. Hübo hatte noch einen anderen »Bürgerlichen« an der Hand, Eckhart Heimendahl hieß der, ein Idealist, wie Hübo meinte, aber mit einigem Einfluß bei gesamtdeutsch denkenden Studenten, der schrieb gerade seine Doktorarbeit über Goethes Farbenlehre. Der wollte auch mitmachen, obwohl er wußte, woher der Wind wehte. Die Zeitung wurde zwischen Tennisplätzen und Segelfahrten durchgeplant und erhielt den blödsinnigen Namen *Das Plädoyer*.

Zwölf Seiten maschinenbedruckt, Schmuckfarbe rot

Heimendahl war Chefredakteur, ich Stellvertreter, es war eine ziemlich lustlose, mittelmäßige Angelegenheit, Heimendahl war tatsächlich ein Idealist, fast ein Schwärmer. Aber so idealistisch war er nun doch wieder nicht, daß ihm die »Spende« von der Nationalen Front nicht doch zu plump vorkam. Er sprang ab. Er war zuletzt Programmdirektor von Radio Bremen und ist kürzlich verstorben.

Sollten wir weiter machen? Ich machte allein weiter. Heimendahl war weg. Hübo war nicht immer anwesend, wollte sich auch gar nicht einmischen, wollte nur Geburtshelfer des Fortschritts sein, ein kommunistischer *Meiäutiker*. Ich war Chefredakteur einer eigenen, im Buchdruck gedruckten Zeitung mit einer hohen Auflage, 3000, bald 5000 Stück. Ich war frei. Unabhängig. Massenwirksam. Was sollte jetzt noch die mit der Wäschemangel abgezogene 150 Auflage von *Zwischen den Kriegen*? Ich holte Rühmkorf und Riegel aus ihren Buden, rief andere Bekannte an, wie Jürgen Corleis und Klaus Winter und Jochen Wilke und Gerhard Zenkel und auch einen dicken Studenten namens Rolf Hädrich. Dem ich noch vor zwei Monaten für meine Antikriegsmatinee in den Kammerspielen vergeblich und hartnäckig die richtige Betonung für die kurzen Brechtverse, »General, Dein Tank ist ein starker Wagen«, versucht hatte, beizubringen. Er schaffte es nicht (ich habe noch den Spickzettel mit den Betonungshilfen). Konnte ich wissen, daß der mal selber Regie führen würde und als Fernsehregisseur Karriere machen?

Jetzt schrieb Rolf Hädrich erstmal Filmkritiken für mich, und alle schrieben, was sie schon lange hatten schreiben wollen. Schreiben und eine Zeitung machen. Gebt mir ein Heer Kerls wie mich, und ich will Deutschland eine Zeitung geben, gegen die alle anderen Zeitungen Nonnenklöster sind: den Studentenkurier, später KONKRET. Die erste Ausgabe kostete genau 800,– D-Mark. Einschließlich Klischees: Rotationspapier, 12 Seiten Buchdruck. Schmuckfarbe: rot!

Preisausschreiben: Wer finanziert die neue Zeitung?

Mit einem Trick schaffte ich es, die Zeitung gleich beim ersten Mal an 24 Hochschulen zu verkaufen. Mit zwei Tricks eigentlich. Die Astas, von Burschenschaften oder Christlichen Demokraten beherrscht, würden uns nicht verkaufen, die örtlichen Studentenzeitungen auch nicht. Ich mobilisierte meine Freunde von den anderen Studentenbühnen. Jeder sollte etwas über seine Bühne berichten und – die Zeitung verkaufen. Außerdem schrieb ich allen Studentenwerken, hier sei eine neue überregionale Zeitung, die schon überall verkauft werde, nur an ihrer Hochschule noch nicht. Am Ende stimmte es: der Erstverkauf begann am 8. Mai, dem Tag der Kapitulation, an 24 Hochschulen von Kiel bis Freiburg.

Dem überregionalen Erfolg folgte die überregionale Diffamierung.

Wieder wurden wir, weiß Gott keine Kommunisten und

den verschiedensten Gruppierungen zugehörig, in Bausch und Bogen als kommunistisch bezeichnet. Geheime Rundschreiben gingen heraus. Der Hamburger Asta warnte alle Studentenvertreter und empfahl, den Verkauf zu unterbinden. Als wir ein solches Geheimschreiben des Hamburger Asta im Faksimile veröffentlichten, gab es Krach. Das Schreiben konnte nur durch Verrat an uns gelangt sein. Das Studentenparlament tagte in Permanenz, die Astavorsitzenden beschuldigten sich gegenseitig, und schließlich trat der am meisten verdächtigte 2. Vorsitzende zurück. Seine Laufbahn war damit beendet, der Verband Deutscher Studentenschaften war ein Sprungbrett in die Politik, in die Ministerialbürokratie, ins Auswärtige Amt. Frank Dahrendorf ging wieder zurück ins Studium, machte sein Doktorexamen, ist heute Staatsrat in Hamburg und kandidierte soeben für den Posten des Intendanten des NDR, erfolglos.

Der Raub der Geheimdokumente wurde nie aufgeklärt. Der Panzerschrank des Studentenwerks war nächtlich erbrochen worden. Der Einbrecher war ein Werkstudent, Schlegel, der etwas ganz anderes suchte: Material über Unterschlagungen im Studentenwerk. Zufällig fand er die uns betreffenden Geheimschreiben, er sandte sie uns per Post zu. Einige Monate später nahm er sich durch einen Revolverschuß das Leben. Da er allein lebte, wurde seine Leiche erst sechs Wochen später entdeckt, sie war kaum mehr kenntlich. Er war mit 16 zur Waffen-SS gekommen, hatte die letzten Kriegstage mitgemacht. Mit jener unauslöschlichen SS-Rune unter der Achselhöhle, der ich durch Zufall und List entgangen war, wurde er nicht fertig. Er galt als lebenslustiger Kerl, guter Kumpel, Werkstudent, mit dem wir immer viel Spaß hatten. Nur manchmal befiel ihn eine merkwürdige Traurigkeit, ja Wut. Er zog mit einem anderen Kumpel los, in Arbeiterkneipen, pöbelte Leute an, prügelte sich und wurde am Ende fürchterlich verprügelt. Auch jener Kumpan, ein gebürtiger Tscheche, und seine Frau nahmen sich später das Leben.

Wir aber feierten unser erstes Fest. Das Sommerfest des *Studentenkurier*. Hier wurde der erste Preisträger mit drei Flaschen Sekt und einer Ehrenrunde ausgezeichnet: der Preisträger des großen Preisausschreibens unserer Zeitung. Die Preisfrage: Wer finanziert den *Studentenkurier*? Wolfrum hieß der Gewinner, und die richtige Antwort lautete: Die Zeitung finanziert sich aus: 1. Verkaufserlös, 2. Werbung, 3. Spenden aus Paulskirchen- und Pazifistenkreisen, 4. aus einer guten Portion Idealismus.

Den Sekt spendete, um das Bild abzurunden, mein Kasperle-Kapitalist Edu Künder, der machte auch daraus ein Geschäft, spendete gar nicht, sondern verkaufte uns preiswert mehrere Kisten Sekt aus seiner Studentenkantine. Den tranken wir, verkauften wir, und 2000 Studenten tanzten Boogie-Woogie zu den Klängen der Studentenband von Dick Busse, der hatte sich schon aus dem politischen Leben zurückgezogen und betrieb eine Studentenkapelle, Schlagzeug, Baß und Gitarre. In vorgerückter Stunde sang er mit seiner heiseren Stimme unser Lieblingslied aus der Güterwagenzeit: Nobody knows the trouble I've seen, nobody knows but Jesus . . .

Die Frage der Finanzierung wurde seitdem nur noch zaghaft und selten gestellt, vage Vermutungen, von uns nicht genährt, aber auch nicht dementiert, machten die Runde. Paulskirchen- und Pazifistenkreise? Bestanden die Trostpreise unseres Preisausschreibens nicht aus Rowohlt-Büchern? War der alte Ernst Rowohlt nicht Vorsitzender des »Demokratischen Kulturbundes« und Ehrenpräsident der Weltfestspiele der Jugend und Studenten? Jahrelang galt der alte Rowohlt als der noble Mäzen des *Studentenkurier* und des späteren KONKRET.

Noch kurz vor seinem Tod machte mich Ernst Rowohlt scherzhaft darauf aufmerksam, daß er immer gewußt habe, daß die Leute ihm dieses zugetraut hatten und es ihm nichts ausgemacht hätte. So hätte er der guten Sache genützt und doch keinen Pfennig Geld gezahlt. Das war, als er Rühmkorf und mir sagte: paßt ein bißchen auf meinen Jungen auf, daß er sein Abitur macht und ein guter Sozialist wird. Wir haben, als mobile Einsatzreserve, zusammen mit Ernst von Salomon, zumindest erreicht, daß Harry Rowohlt sein Abitur machte, nicht gleich alles hinschmiß, den Laden später nicht verkaufte. Ob er ein guter Sozialist geworden ist, steht noch in den Sternen, er ist erst 28. Nobody knows but Jesus.

Tatsache ist, daß Ernst Rowohlt nie KONKRET finanziert hat, kaum mehr unterstützt hat als mit ein paar Anzeigen. Die holte, wie jene ersten Bücherspenden, unser neuer Anzeigenleiter Meyer-Bruhns, der ja mit den Rowohlts befreundet war, der Kommunist mit den Maßanzügen und den guten Umgangsformen. Der holte auch die anderen Anzeigen herein, Buchhandlungen und Verlage, die bald ein echtes Interesse am Inserieren hatten: der *Studentenkurier* wurde schnell größer, war bald die meistgelesene deutsche Studentenzeitung.

Warum eigentlich? Ich finde heute, die Zeitung war in ihren ersten Heften bis Ende 55 gar nicht so gut. Niemand verstand ja etwas vom Zeitungsmachen, wir lernten uns selber an, das konnte man dem Heft ansehen. Was Handsatz, Maschinensatz, Klischees und Strichätzungen sind, lernte ich von den Druckern und Setzern in Krögers kleiner Buchdruckerei in Blankenese, die über den Inhalt nur den Kopf schütteln konnten. Was seid ihr denn nu eigentlich, für die Ostzone oder was?

Das fragten sich wohl auch die Studenten an allen bundesdeutschen Hochschulen und Unis, die gerne eine klare Auskunft gehabt hätten, SPD oder KPD oder Ostzone oder Neutralitätspolitik oder was? Vielleicht machte das die Anziehungskraft dieses neuen Blattes aus, vielleicht wurde es deshalb so heftig bekämpft, bewundert und gelesen. Von »einigen Eiffelturmlängen über allen übrigen« Kurt Hillers reichte die Skala bis zur persönlichen Inkarnation des Teufels, die ein Theologiestudent in mir zu sehen glaubte, auch er einer unserer Leser!

Tatsächlich war der *Kurier* für die Verständigung mit Ostdeutschland, das hieß damals noch Wiedervereinigung, war für Verständigung überhaupt, Friedensverträge, also keine Westintegration, keine Nato und kein kostspieliger Wehrbeitrag, das alles stand aber ins Haus. Vor allen Dingen den Studenten, die sollten ja wieder Soldaten werden. Das wäre aber alles nichts weiter geworden als eines der üblichen Friedensblättchen, eine jener belanglosen, wirkungslosen Tarngrüppchen, Weltbünde für irgend etwas, Kulturbünde oder Frauenfriedensbünde, mit der streitbaren kleinen Professorin Klara Marie Faßbinder an der Spitze. Die mit der Betreuung solcher und zahlreicher anderer Friedensfreunde befaßten Funktionäre nannten sie verächtlich »Friedensklärchen« und stöhnten unter ihren Launen, ihren idealistischen Versponnenheiten und Ideen, die sie sich dennoch geduldig anhören mußten, wenn sie wieder eine Unterschrift einholen wollten für diese oder jene »spontane« Resolution.

Nein, mit diesem *Studentenkurier* war das von Anbeginn anders. Hier ließ man Leuten freie Hand, die sich an dem Vorbild Tucholskys und Ossietzkys orientierten, an der *Weltbühne* und ihrer Unabhängigkeit zwischen den linken Parteien, von Gewerkschaften und Vereinen und Inserenten.

So empfand ich es als selbstverständlich, in jede Nummer auch einen oder mehrere Artikel einzubringen, die sich kritisch mit den Zuständen im Osten beschäftigten. 1955 gab es zum Beispiel an der Universität Greifswald einen Studentenstreik gegen die Umwandlung der Medizinischen Fakultät in eine Militärakademie. Es gab in jedem Monat Mißstände in der DDR oder im Ostblock. In KONKRET wurden sie beschrieben und kritisiert. Das führte zu dauernden Auseinandersetzungen und brachte mir im Osten den bleibenden Ruf der Unzuverlässigkeit ein und im Westen den zu Recht bestehenden Ruf der Unabhängigkeit. Am Ende akzeptierte man diese Haltung. Wir konnten die Zeitung frei gestalten, Hübotter tauchte immer nur kurz auf, betrieb weiter sein Versteckspiel mit den Verfassungsschutzorganen, brachte neues Geld, neue »Spenden«. Diesmal nicht von der »Nationalen Front« (die wurde wenig später verboten), er hätte das Geld woanders aufgetrieben, sagte er nur. Wir ahnten woher, aber wir nahmen das Geld und nannten es: »Spenden aus Paulskirchenkreisen, von Friedensfreunden, Pazifisten, Verlegern.« Hauptsache, wir konnten weiter eine Zeitung für Kultur und Politik machen. Außer mir hatte ja ohnehin keiner eine Ahnung und wollte auch partout nicht wissen, wie das Geld zusammenkam und wieso manchmal dieser ernstblickende Jurastudent herumsaß und mitredete, der von Journalismus keine Ahnung hatte, wie sollte er schließlich auch?

Jeder dachte sich sein Teil, aber niemand wußte irgend etwas. Weder Jochen Wilke, Jürgen und Jutta Corleis, Gerhard Zenkel, Klaus Winter und Rolf Hädrich, Werner Riegel. Am wenigsten mein Freund Rühmkorf, den ich am meisten abschirmen wollte, es war ja damals nicht ungefährlich, auch nur das Wort Verständigung zu sagen. Er erfährt von diesen Spendern Konkretes erst heute, wenn dieses Buch erscheint. Wichtig war allen, daß sie nicht redigiert wurden, daß sie schreiben konnten, was sie wollten. Und das konnten sie. Neben der Zeitung entfalteten wir eine geradezu hektische Aktivität, auf die Hübotter drängte, als ob der Teufel hinter ihm her sei: Er hatte nicht mehr viel Zeit, in einem Jahr würde das KP-Verbot kommen, da müßte das Feld bestellt sein. Dauernd wurde daher irgend etwas gegründet oder initiiert: eine neue Gesamtdeutsche Hochschulgruppe, ein Kreis der Förderer des *Studentenkuriers*, ein neues Preisausschreiben mit einem prominenten Preisrichterkollegium.

Eine traumhafte Sauf- und Liebesorgie

Kaum waren unser erstes Preisausschreiben abgeschlossen, der Sekt getrunken und die Rowohlt-Trostbände verteilt, da gab es schon das Tucholsky-Preisausschreiben für die beste Kurzgeschichte, das Jobber-Preisausschreiben, das Preisausschreiben: »Was würden Sie tun, wenn Sie Bundeskanzler wären?« Alles in einem Semester. Dazu organisierten wir auch noch Einladungen zu den Weltfestspielen der Jugend und Studenten, die gerade nach Semesterschluß in Warschau stattfanden.

Das war unsere Krönung und Belohnung nach getaner Semesterarbeit: eine Reise nach Warschau. Alle fuhren hin. Welcher Werkstudent macht nicht gerne eine kostenlose Reise nach Polen? Was sie aber dort erwartete, wußten sie nicht – Hübo wußte es und setzte seine Hoffnungen auf diese Weltfestspiele – eine traumhafte Freß-, Sauf- und Liebesorgie mit koexistentiellem Überbau, ein Superkarneval: die hübschesten Mädchen aus 55 Nationen, die zierlichsten Tänzerinnen, die sportlichsten Sportler, Schwarze, Weiße, Rote, Gelbe einigt Euch und schließt die Reihn. Ach, sie schwammen, auf der Basis außergewöhnlich guten und reichlichen Essens, jeden Tag auf des Friedens und der Liebe Wellen, abends am Ufer der Weichsel wurden in diesen zehn Tagen tausende neuer Fortschrittler gezeugt.

Freundschaft hieß die große Losung, druschba. August-nächte in Warschau waren das, und jeder konnte jedem sagen, was er wollte, über die Befreiung der Völker reden und mit der hübschen Polin aus Danzig schlafen. Von unseren vier Mitarbeitern kam mindestens einer als Mitglied der KP zurück. Ein beachtlicher Prozentsatz.

Ich selbst verbrachte die Ferien im Harz. Ich hatte keinen Appetit auf dieses Massentreffen gehabt, Ansammlungen von mehr als 15 Menschen flößten mir schon als Kind nur Unbehagen ein – Zeltlager der HJ vermied ich mit Hilfe elterlicher Krankheitsatteste. Bin auch später nie auf eines der anderen Festivals gefahren. Mit der Ausnahme Wien, da war ich Aussteller, mußte die Tucholsky-Ausstellung eröffnen. Ich hasse die Massentreffen aus einem sehr individuellen Grund. Sie sind mir zu unübersichtlich, zu sehr auf grobe Effekte aus, ich komme auf ihnen schwer zur Geltung.

Mehr nach meinem Herzen waren Treffen wie die Konferenz der Studentenzeitungsredakteure, wo ich schnell die erste Geige spielte, allerdings zunächst als linker Buhmann, und erste Intimfeindschaften schloß mit CDU-freundlichen Journalisten wie Johannes Gross und Lothar Bewerunge und Dietrich Rollmann und Adolf Theobald, damals noch Redakteur der Kölner Studentenzeitung *Perspektiven*. Bald wurde er dazu ausersehen, mit Hilfe des Bundesverbandes der Industrie eine Gegenzeitung gegen den aufblühenden *Studentenkurier* zu schaffen.

Sie hieß *Student im Bild* und erwies sich als politisch wirkungslos gegen uns. Sie wurde aber der Grundstein zu seiner Karriere. Nach seinen Erfahrungen mit *Student im Bild* gründete er *Twen,* diesmal mit vielen Annoncen der Mieder-Industrie. Auch *Twen* kann man als eine Art Gegenzeitung zu dem späteren KONKRET ansehen, weniger die nächste Gründung des erfolgreichen Diplomvolkswirts. *Capital.* Sein bisher jüngster Versuch, das kränkelnde *Jasmin* neu zu gestalten, scheiterte, als andere das gesunde KONKRET zu Tode kurierten: Ende 73.

»Wir wollen die Macht, sonst nichts!«

Ich blieb also im Harz und machte mich an meine Staatsexamensarbeit »Christian Weise oder vom Spätbarock zur Frühaufklärung«, das Philosophikum hatte ich schon vor der Hübo-Zeit gemacht. Jetzt würde ich bald ein junger Referendar sein, der die Lehrfächer Deutsch und Geschichte geben würde. Während sich meine Kumpels in Warschau am süffigen Wein des Friedens, des Fortschritts und des Kommunismus betranken – d. h. an dem, was dem flüchtigen Fellowtravellerblick als Kommunismus erscheinen mochte – und sich reihenweise um ihren kritischen Verstand brachten, sagte ich meinem vorwurfsvoll schweigenden Friedensfreund Hübotter in Hahnenklee im Oberharz für immer Lebewohl. Ich wollte aussteigen.
Die Sache wurde mir zu ernsthaft, zu endgültig. Es war

zu befürchten, daß die Zeitung ihre Unabhängigkeit nicht ewig würde halten können. Eines Tages würden die Geldgeber Rechte fordern. Aus mit dem »Unabhängigen Forum für die Linke«. Aus mit Tucholsky und Ossietzky. Ich hätte selber Kommunist werden müssen, um mich damit abzufinden. Daran aber war gar nicht zu denken. Was ich bisher erlebt hatte, machte mir wenig Hoffnung auf eine schöne neue Welt. Wenn ich mir die Bürgersöhnchen Till Meyer-Bruhns und Klaus Hübotter ansah, die sich mir als Vertreter der Partei darstellten, sah ich schwarz. Nicht rot. Schließlich war der 17. Juni noch nicht lange vorbei, und man munkelte, daß auch Brecht nicht ganz glücklich dabei gewesen sei.

Ich sagte Hübo also, daß ich demnächst ausscheiden wolle. Andere könnten ja weitermachen. Er beschwor mich, zu bleiben. Er schmeichelte mir, nur ich könne so eine Zeitung machen. Ich könne meine eigene, unabhängige Linie fortführen. Ich brauchte mir nie mehr Sorgen um meine Zukunft zu machen. Alles gesichert. Aufgehoben im großen Friedenslager, das schon ein Drittel der Welt beherrschte, bald mehr. Nichts an seinen Worten überzeugte mich. Ich fuhr nach Hause mit dem Entschluß, aufzuhören. Die nächste Ausgabe würde ohnehin erst im November erscheinen.

Doch es kam anders. Hübotter wurde verhaftet. Andere Leute erhielten den Auftrag, mit mir Kontakt aufzunehmen. Es kam der Genosse B.

B. erinnerte mich stark an meinen Freund Gullatz aus der Schule, den besten Turner unserer Klasse. B. war Kleinbauernsohn und hatte den Klassenkampf auf einem kleinen Dorf in Niedersachsen gelernt. Anschließend als Kriegsgefangener in Rußland. Er machte keine Phrasen, er verstand nichts von Zeitungsmachen, aber was von Politik, er erklärte mir meine eigene Lage als Kleinbürger. Er vertraute mir voll. Er redete nicht herum, vermied diese ganzen Phrasen von Friedensfreunden und Bündnispolitik und Annäherung und Verständigung und breiter nationaler Front gegen die Kriegstreiber. Er sagte, sinngemäß, eine Aufzeichnung darüber gibt es natürlich nicht, wir wollen die Macht. Wir, die Kommunisten. Die Ehrlichkeit imponierte mir, die Offenheit reizte mich, der Text leuchtete mir mehr ein als alles zuvor. B. sagte, Wiedervereinigung gibt's nicht, liegt gar nicht drin. Natürlich, ein sozialistisches Gesamtdeutschland, das wird es geben, alles andere ist Quatsch. So etwa war die Formulierung. Er sagte, selbstverständlich sind wir für eine Demokratie, solange wir in der Minderheit sind. Wenn wir die Mehrheit haben, sind wir für die Diktatur, alles andere ist Stuß. Er sagte, die Gutsbesitzer und die Fabrikherren und die Bankherren und ihre Anhänger, die buchten wir ein in der DDR, klar. Und die buchten uns Kommunisten hier in der Bundesrepublik ein, klar. Er sagte, wenn er am Bahnhof steht und sieht die Züge mit den Flüchtlingen, damals waren⁻da sehr viele Großbauern aus der DDR bei, dann freut er sich. Weil er daran denkt, wie die ihn im Dorf gedeckelt haben, sein Leben lang, ihn und seinen Vater und seinen Großvater. Er erzählte mir, wie sie den Hamburger Aufstand damals zusammengeschossen haben und die Aufstände in München und Thüringen und Sachsen, immer wieder die

Arbeiter zusammengeschossen, mit Maschinengewehren, Arbeiter, die meist unbewaffnet waren oder schlecht bewaffnet und schlecht geführt, denn die waren ja oft nicht einmal kriegserfahren. Die anderen, die sich ergeben haben, in die Keller geschleppt und umgebracht. Wie Karl und Rosa.

Rosa war für Menschlichkeit und gegen Terror, dafür haben sie sie umgebracht. Von den Nazis ganz zu schweigen, die die Kommunisten und andere Oppositionelle zu Tausenden umgebracht haben. Krupp und Stinnes und Thyssen haben dabei ihre Profite gesteigert, Milliardenprofite.

Jetzt aber sind die Arbeiter auch bewaffnet: in der DDR. Soldaten und Soldaten sind eben nicht das gleiche, es kommt darauf an, auf welcher Seite der Barrikade man steht.

Auf welcher Seite stand ich? Es wurden lange Gespräche, lange Nächte hindurch, es waren Gespräche schon unter Freunden. Ich liebte das Vertrauen, das mir, dem Kleinbürgersohn, entgegengebracht wurde, und er, Siegfried B., mochte keine heimlichen Treffs und halben Sachen, er sagte bald: ich nehme dich mit zur Partei.

Wer aber ist die Partei? Sitzt sie in einem Haus mit Telefonen? Die Partei saß in einem Haus in Ostberlin. Sie war immer noch vorsichtig genug, auch in Ostberlin, mich nicht in dieses Haus, in die paar schäbigen, kleinen Büroräume zu bitten, in denen sie damals residierte, kurz vor dem KPD-Verbot, in der Nähe der Friedrichstraße.

Eine illegale Wohnung in Ostberlin

Das Treffen fand in einer sogenannten konspirativen Wohnung statt. Auch in Ostberlin durfte uns ja niemand beobachten. Im Gegenteil, dort wimmelten vor der Mauer eher mehr Agenten des Verfassungsschutzes herum als im Westen, dazu Leute von der »Kampfgruppe gegen Unmenschlichkeit«, der »Gruppe freiheitlicher Juristen«, vor allem aber, für uns besonders zuständig, die Agenten des SPD-Ostbüros und des Gesamtdeutschen Referats des VDS, der Dachorganisation aller Studenten. Spangenberg hieß der Leiter dieses in Westberlin sitzenden und mit einem Sonderetat ausgestatteten Büros, das von der SPD Informationen und vom Gesamtdeutschen Ministerium Gelder bezog. Die beobachteten natürlich jede Ostreise, die haben uns wahrscheinlich auch schon sehr früh geortet und registriert. Dennoch mußte man sich sichern: konspiratives Treffen also. Spangenberg ist heute gar nicht mehr ein so fanatischer Gegner des Ostens, das war damals wohl mehr beruflich. Heute ist er Bevollmächtigter der Bundesregierung in Berlin. Für unsere Zeitung war er damals ein Buhmann, schlimmer als Strauß, ein bezahlter Antikommunist. Vermutlich hat er uns bezahlte Prokommunisten genannt. Wahrscheinlich war beides falsch. Kein Kausalzusammenhang.
Eine konspirative Wohnung, das sieht so aus: Irgendwo ein großes Gebäude mitten in der Stadt, Bürohaus mit vielen Firmen, ein Postgebäude, wo viele Leute aus und ein gehen. Wir biegen um die Ecke, gehen hinein, gehen eine Treppe höher als die Büros, kommen an einen

Gang, mit mehreren Türen. Gehen an eine Tür, ohne Namensschild, ohne irgend etwas. Die Tür wird geöffnet. Dahinter ist eine Wohnung. Eine wenig benutzte, spießig und unpersönlich möblierte Wohnung. Dennoch aufgeräumt, saubergemacht, mit Küche und Bad. Ein Telefon, dessen Nummer man nicht weiß, wird abgehoben, eine Nummer gewählt. Sie sind da. In solch einer Wohnung fand meine Begegnung mit der »Partei« statt. Mit einem ganz gewöhnlichen, gar nicht geheimnisvollen, unscheinbaren Mann, der heute eine unbedeutende Rolle in der DKP spielt. Richard. Er war ein echter Prolet, war lange schon in der Illegalität gewesen, immer gehetzt, jetzt ein bißchen Ruhe in Ostberlin.

Die Gespräche waren freundlich. Keine Anweisungen, keine Bevormundung. Nur praktische Zusammenarbeit. Keine Arroganz, kein bürgerliches Gehabe. Richard blieb für uns lange Zeit Kontaktmann. Ein dröhnender, biederer, imponierender Kumpel. Ein Thälmann im Kleinformat. Später kam noch einer hinzu, aber den sahen wir nur ein- oder zweimal, die Partei schickte ihn auf die Parteihochschule nach Moskau. Fünf Jahre blieb er dort, der Herbert. Herbert Mies war das, erster Sekretär der DKP seit 1973.

Ich war immer noch Sympathisant, Bündnispartner. Man beließ es dabei, versuchte niemand zu missionieren. Ich hatte nie in meinem Leben Marx oder Engels oder Lenin gelesen. Meine Gesprächspartner auch nicht. Sie hatten praktische Erfahrungen mitzuteilen. Studentenarbeit kannten sie nicht. Sie berichteten von Schwierigkeiten und Erfolgen in den großen Betrieben, bei Streikkämpfen und bei der Kleinarbeit, im Ruhrpott und anderswo. Es war die zweite Generation, Väter meist Kommunisten, im KZ umgebracht oder geschunden oder untergetaucht, und die Söhne waren selbstverständlich in die Partei gegangen, kämpften nach dem Krieg gegen Trümmer und Elend und 6 Jahre nach dem Ende des Kommunistenmörders Hitler waren sie schon wieder illegal, gejagt, verspottet, oft auch verprügelt. Entlassung von der Arbeit und Gefängnis waren ihnen selbstverständlich. Zur Theorie waren sie kaum gekommen, die Praxis langte ihnen, Kommunist zu sein.

Das waren keine zwielichtigen Typen, keine Funktionäre, die von irgendwo etwas fernlenken oder fernsteuern wollten. Man hatte bei ihnen ein gutes Gefühl. Ich vertraute ihnen, und sie vertrauten mir. Ich verlangte und erhielt Unabhängigkeit und freie Hand.

Es begann die erste Blütezeit von KONKRET, zu diesem Zeitpunkt noch *Studentenkurier* genannt. Die Zeitung, ohne jedes Herumfummeln branchenfremder Leute, war bald wie aus einem Guß. Wir hatten zu den Ideen nun auch Erfahrungen. Riegel war ganz bei uns. Riegel, Rühmkorf und ich machten unsere unabhängige Zeitung, unser »Weltbühne«, für die ich lediglich ein paar stille Mäzene gewonnen hatte.

Ab Sommersemester 56 war das Blatt mit Sicherheit die bestgemachte Studentenzeitung, auch die meist diskutierte. Die Titelbilder: Fotomontagen im besten Stil Heartfields. Ein studentischer Leitartikel von mir, von mir betreut die ersten vier politischen Seiten. Dann von Rühmkorf und Riegel abwechselnd, unter gemeinsamen Pseudonym, die politische Kolumne, der Leitartikel von »John Frieder«. Dann Diskussionsstoff die Fülle, der bald die Gemüter beschäftigte und die Gerichte: Gebärzwang durch § 218, so begann 1956 Kurt Hiller die erste Nachkriegskampagne gegen den Abtreibungsparagraphen, eine Sache, die heute noch nicht ausgestanden ist. Auslandsartikel eröffneten auf breiter Front den Kampf gegen den noch bestehenden Kolonialismus, forderten und – bewirkten Solidarität: Algerien wurde für die deutschen Studenten ein Lehrstück wie später Vietnam, Zeugnis gegen die Reedukation, der Lehre, daß freedom und democracy immer nur zählen, solange die Kasse stimmt, daß es vorbei ist mit Menschenrechten und habeas corpus-Akte, wenn es an wirtschaftliche Interessen geht. In Algerien, in Zypern wurde gefoltert und getötet, wir haben es berichtet.

Im Feuilleton begann Lyng den Kampf gegen das sich gerade etablierende Establishment. Die Gruppe 47, die eben dabei war, vom Kahlschlag zur Naturlyrik, zum unverbindlichen Muschelgemauschel und Korallengeklingele überzugehen. Engagement wurde von Hans Werner Richter bei seinen Gruppentagungen verbannt, man redete über Formen, »blieb immer am Text«, um Himmels willen nicht die Gesellschaft verändern, sie auch nur beschreiben! Während Riegel in einer Spalte »Links im Bücherschrank« die guten alten Haudegen von 1848 und 1920 wieder auftreten ließ, die zu Unrecht vergessenen, heute von Suhrkamp alle längst vermarkteten Dichter des »Besseren Deutschland«, spießte Rühmkorf in seiner bald bekannten Serie *Leslie Meiers Lyrik Schlacht-*

hof die Gummilöwen der Gruppe 47 einen nach dem anderen auf. Die auf der Wäschemangel vervielfältigten Gedichte und Essays von Riegel und Rühmkorf wurden jetzt in Buchdruck noch einmal über das Land verbreitet, die Auflage betrug schon 10 000. Erfolg stellte sich ein.

Rühmkorf widerstand allen Verlockungen des Establishments. Aber auch denen des »Friedenslagers«. Als einer der ersten Westdeutschen fuhr er schon Ende 55 für sechs Wochen nach China, sah im Vorübergehen Moskau, kam wieder zurück zu seinen altkommunistischen Wirtsleuten in die Arnoldstraße und blieb, unbeeinflußt nicht, doch unabhängig. Ein skeptischer Individualist. Die Reise nach China hatte eigentlich ich machen sollen, schlug dann aber ihn vor, mich interessierte das Ausland – damals wie heute – wenig. Auch eine zweite China-Reise schlug ich später aus, schickte einen hoffnungsvollen jungen Mitarbeiter hin, der als guter Sozialist zurückkam, sich aber als ungetreuer Eckart entpuppte und die Zeitung verließ. Er wurde als Rebell in der *Frankfurter Rundschau* bekannt und als Vorsitzender der dju: Eckart Spoo.

Jetzt, im Frühjahr und Sommer 56, hatten wir praktischere Pläne. Das Eis des kalten Krieges war ins Schmelzen gekommen, wir profitierten davon und förderten zugleich das Tauwetter. Der *Studentenkurier* war schon bald eine der größten Uni-Zeitungen. Wir bringen die drei größten, den Frankfurter *Diskus,* das Münchner *Profil* und uns, an einen Tisch mit dem Chefredakteur des Ostberliner *Forum*, Kurt Turba und seinen Stellvertreter Ottersberg.

Deutsche an einen Tisch, ein unerhörter Vorgang. In Frankfurt trafen wir uns im Studentenhaus in der Jügelgasse, wo heute die Polizei nach Waffen suchte, dort trafen wir zusammen und einigten uns nach kurzer Zeit auf meinen Plan: einen gesamtdeutschen Artikelaustausch zu machen. Den ersten gesamtdeutschen Artikelaustausch überhaupt!

Hatte ich die Herren von drüben vorher schon gesehen? Das sind so Fragen. Unwichtig, denn der Artikelaustausch scheiterte an einfallslos sturen SED-Funktionären. Wir alle druckten den Artikel des »Forum«-Redakteurs Turba ab. Unser Gegenartikel wurde dann vom »Forum« abgelehnt, weil das Politbüro ein Veto einlegte. Ein Rückschlag für die Verständigungspolitik und ein Sieg der Abgrenzer schon damals. Kurt Turba wurde für diese und viele andere Beweise von Linientreue später Jugendsekretär beim Politbüro der SED, stand direkt unter Ulbricht, fiel noch später in Ungnade. Heute ist er »nur« noch Leiter des Berliner ADN-Büros, immerhin. Sein Stellvertreter Kurt Ottersberg, auch einmal anläßlich irgendwelcher Parteiquereleien in Ungnade, fiel dann die Treppe herauf und ist heute Leiter der Auslandsabteilung des DDR-Fernsehens.

Zu beiden behielt ich unabhängig von meinen »konspirativen« Kontakten freien Bündniskontakt und besuchte sie, die selber nicht restlos informiert waren, bei meinen Ostberlin-Besuchen, wurde als »westdeutscher Friedensfreund« mit viel Wodka und Ungarwein aufs herzlichste traktiert und erfuhr manches Wissenswerte.

Tarnorganisationen auf Vorrat

Bald gab es noch eine dritte Personengruppe, die wieder
von den beiden anderen nichts wußte und die wir bei unseren immer häufigeren Besuchen in Ostberlin gern an-
liefen, als intellektuellen Ausgleich gewissermaßen: die
Gruppe der Künstler und Schriftsteller aus den Zwanziger und Dreißiger Jahren, Künstler, die alle etwas ins
Abseits gedrückt waren von der Parteibürokratie und
die sich nach dem Tode Brechts (er starb am 14. August
56) etwas ratlos um die Akademie der Künste sammel-
ten. Arnold Zweig vor allen, dessen *Grischa* und *Junge
Frau von 1914* uns die ganze Studentenzeit als leuchten-
des Vorbild begleitet hatten, Ernst Busch, der polternde,
stahlharte und aprikosenzarte Sänger des Spanienkrie-
ges und des Klassenkampfes, John Heartfield, unerreich-
tes und tief verehrtes Vorbild unserer eigenen Fotomontagen, sein Bruder Wieland (Herzfelde), Willy Bredel
und Stefan Hermlin, Stefan Heym. Den Bildhauer und
Maler Cremer, der den Aufbauhelfer vor dem Ostberliner Rathaus gemeißelt hatte, aber auch das Buchenwald-
Denkmal, den Zeichner Klemke, den besten Plakatzeich-
ner und Buchillustrator, und viele andere. Die trafen
wir in ihren von antiken Möbeln und Spanienkriegser-
innerungen vollgestellten Privatvillen und tranken ihren guten Wodka und unseren guten Whisky, schimpften
mit ihnen auf den Stalinismus und begeisterten uns mit
ihnen für den Kommunismus, den richtigen, der siegen
würde eines Tages über alle spießigen Dumpfmacher und
Parteibürokraten. Klar, daß solche Anschlußbesuche von

unserer »Partei« nicht so gerne gesehen wurden, aber was wollten die machen, das waren ja auch Genossen und bildeten uns weiter.

Wir gingen so oft ins Berliner Ensemble, daß wir schon Stammplätze hatten, und wurden ganz trunken von Brechts Stücken und seinem Inszenierungsstil, seinem unwiederholbaren Ensemble und seinen unnachahmlichen Schauspielern, Busch und die Weigel, Ekkehard Schall und die Hurwitz und Regine Lutz und der kleine Schuby, der den Schweizerkas spielte, jetzt spielt er Tetzlaff, das Ekel. Mutter Courage sah ich 8 mal, den Galilei 6 mal, 5 mal davon mit Ernst Busch. Das war eine rauschhafte Zeit. Das lag alles an Kurt Tucholsky, dem unabhängigen Sozialisten, unserm unerreichbaren Vorbild.

Hübotter hatte nämlich noch vor seinem Verschwinden darauf gedrängt, neue Vereine zu gründen, Auffangorganisationen für den Fall, daß die Partei verboten würde, daß selbst der »Arbeitskreis Progressive Kunst« in Gefahr geriete, Tarnorganisationen auf Vorrat. Eigentlich wollten wir einen Heinrich-Heine-Kreis gründen, aber dann besannen wir uns auf unser ältestes Vorbild seit den frühen Studententagen: Kurt Tucholsky. Kurt Tucholsky hatte eine unabhängige Linkszeitung gehabt, war Rowohlt-Autor, war noch weitgehend unveröffentlicht. Und er hatte seine geschiedene Frau zur Universalerbin gemacht, die noch lebte und in Rottach-Egern mustergültig sein Erbe verwaltete, ein Kurt-Tucholsky-Archiv betrieb, Mary Tucholsky. Dorthin wallfahrtete ich nun allmonatlich, genoß die würzige Luft der bayerischen Voralpen und die nicht minder anregende Atmosphäre im Inneren des Hauses. Dort wurde die Erinnerung an Tucho wachgehalten. Nicht nur durch Tucho-Bilder, Tucho-Manuskripte, Tucho-Platten und Tonbänder, sondern durch einen nie abreißenden Strom von Besuchern aus Ost und West. Unter ihnen Ernst Busch, der dort regelmäßig seine Ferien verbrachte. Ich gewann seine Freundschaft und ungefähr gleichzeitig die Feindschaft eines jungen Aufsteigers aus Ostberlin, eines Westflüchtlings, der bald schon wieder mit dem Westen liebäugelte und seine erste Gesamtausgabe von Tucho plante. Fritz J. Raddatz.

Der Tucholskykreis wurde gegründet und veranstaltete bald die ersten Tucholsky-Ausstellungen in Hamburg, in London, in Westberlin und in Wien. Rowohlt wurde sein Ehrenpräsident und Mary Gerold-Tucholsky Ehrenmitglied, die Mitglieder waren wir.

Dieser Tucholskykreis begann sich zu verselbständigen, ein Eigenleben zu entfalten. Busch zog uns nach Ostberlin und brachte uns mit den übrigen Mitgliedern der Akademie zusammen. 1957 brachte ich den Ostberliner Busch mit der im Westen lebenden Kate Kühl in einer Veranstaltung im Hamburger Besenbinderhof zusammen und Erich Kuby hielt die Einführungsrede.

Nach Moskau und Prag ohne Ausweis und Paß

Im Sommer 1956 starb unerwartet Werner Riegel. Einer jener tragischen, banalen, sinnlosen Todesfälle, die ein gerade erst begonnenes bedeutsames Leben einfach be-

enden. Wir hatten die Julinummer angefangen zu um-
brechen, Riegel hatte das Feuilleton schon abgeliefert,
das wurde immer zuerst hergestellt. Da klagte er über
Kopfschmerzen, nimm doch ne Tablette, sagte Lyng, hab
ich schon, sagte er, hat nichts geholfen. Am Abend waren
die Schmerzen unerträglich, am nächsten Tag stand er
unter Morphium, am dritten Tag wußte er fast nichts
mehr. Man sagte ihm nicht mehr die ganze Wahrheit:
Krebs, der ganze Körper voller Metastasen. Bis zuletzt
hatte er an der neuen Zeitschriftenausgabe mitgearbeitet.
In der der Artikelaustausch erschien, in der der Gewinner des Tucholsky-Preisausschreibens veröffentlicht wurde, in der das neue Jobberpreisausschreiben angekündigt
wurde, in der wir den ersten Artikel über den Algerienkrieg brachten, – in der schrieb Rühmkorf den Gedenk-
artikel für seinen toten Freund. Am 11. Juli starb Riegel,
eine halbe Woche nach dem Tod Gottfried Benns, seines
großen Vorbilds.
Unser Kreis schmolz zusammen. Die flüchtigen Mitarbeiter der ersten Jahre gingen irgendwohin Karriere machen. Hädrich zum Beispiel hielt Fernsehkabel im Studio
Lokstedt, biß sich daran fest, bis er seine erste Regieassi-
stenz machen durfte, blieb zäh dabei und machte bald
seine ersten eigenen Filme, Anti-Ostfilme. Wilke wurde
Dramaturg, Tiedemann ging zu Adorno, Griem wurde
Filmschauspieler, Zenkel ging zur dpa, und Winter wurde, was er schon immer werden wollte, Atomwissenschaftler. Daß Hübotter, der mit Unterbrechungen (gegen
10 000 Mark Kaution) elf Monate Untersuchungshaft verbüßt hatte, am 11. Juni 56 der Prozeß in Ham-

burg gemacht wurde, nahmen wir kaum wahr, so unwichtig war er geworden.

Ich glaube, er wurde bald darauf auf freien Fuß gesetzt,
grollte noch ein wenig über die von der Partei verord-
nete Trennung von dem Objekt, für das er einmal Geld
beschafft hatte, an dem er hing. Er schien sich zu trösten.
Grollte aber in Wirklichkeit 18 Jahre lang und vermutlich so tief verletzt, daß er all seine in der Zwischenzeit
angehäuften Millionen im Jahre 1973 daransetzte, »seine« Zeitung zu erobern, sie – tot oder lebendig – wieder
in seinen Besitz zu bringen.

Ich fuhr im Sommer 56 nach Moskau. Es war meine erste
Auslandsreise, meine erste und letzte Fellowtraveller-
Tour. Nach allem Skeptizismus und aller Zurückhaltung
war ich eingefangen, betroffen. Betroffen und besoffen.
Von der Gemeinschaft der Genossen, der gemeinsamen
Sache und einer ganz unerwarteten Privatsache. Gisela
hieß sie und war illegale »Instrukteurin« der Partei. Eine
von denen, die verheizt wurden, die von Ort zu Ort
hetzten, von Parteigruppe zu Parteigruppe, um die müden und schwankenden und vom Parteibefehl abge-
schnittenen Genossen wieder aufzurichten und ihnen zu
sagen, was sie zu tun hätten: keinen Krawall, kein Wort
von Klassenkampf, sondern immer nur Säuseln von Frieden und Entspannung. Instrukteurin. Sie sah ganz anders aus. Zierlich, zerbrechlich, übernervös, launisch, verrückt, hysterisch und liebenswert. Einer von diesen 7
Kommunisten an der Hamburger Uni war ihr Mann,
Richard Hiepe.

»Nie werden wir je vergessen das Land . . .«. In Brest-

Litowsk – darüber hatte ich mein Staatsexamen bei Fischer gemacht – über Trotzki und seinen Friedensvertrag mit Ludendorff – in Brest wurden die Züge gewechselt, die Gleise wurden da breiter. Breite russische Liegewagen, bequem für wochenlange Reisen, nahmen uns auf, mich, meine Frau Bruni, Richard und Gisela Hiepe, nach jahrelangen Strapazen 14 Tage lang Erholung in der Heimat aller Werktätigen. Der Strom der Landschaft zieht endlos vorbei, schon in Polen unendlich weit, verbreitert sich immer noch mehr, Tage und Nächte, der freundliche Ober fragt: Tschai? Wir trinken den Tee mit Zuckerstücken doppelt so groß wie bei uns. Essen und schlafen. Singen, begleitet von einer dünnen Mundharmonika, singen die *Thälmannkolonne* Ernst Buschs, *die Heimat ist weit. Die Herren Generale, die haben uns verraten.* Und nächtelang über den breiten Abstand des Liegewagens hinweg nur schüchtern die Hand der Genossin. Aber wir fraßen uns mit Blicken fast auf, stürzten uns im ersten alleingelassenen Augenblick in die Arme, festgesogen aneinander gingen wir durch die 10 Tage Moskau, durch Hochdruckklima, Jubelmassen, durch U-Bahn und Lomonosswo-Universität und Bolschoiballett und Volkstanz wie durch einen Traum. Einen nie enden wollenden, aber immer als endlich erkannten Traum, immer bei vollem Bewußtsein:

Ihr fragt, wie lange sind die beiden schon beisammen?

Seit kurzem.

Und wann werden sie sich trennen?

Bald.

So scheint die Liebe Liebenden ein Halt.

Das war kein zufälliges Liebesgedicht, in irgendeiner Tonart vorgetragen oder gelesen, das war die Stimme der Weigel, die wir da hörten, in ihrem bayerischen Bühnenhochdeutsch langsam skandierend, mit schwebender Betonung. Wir hörten auch nicht irgendeine Stimme, wenn wir die *Thälmannkolonne* sangen oder *Die Herren Generale,* sondern die Stimme Ernst Buschs, die wir schon bei Zamory gehört hatten, auf den billigen, zerbrechlichen Schellackplatten mit der 78er Geschwindigkeit, da gab es noch keinen Pläne-Verlag, der die gebratenen Tauben jedem ins Ohr schob. Nicht Marx und Engels überzeugten uns, sondern Brecht und Busch überzeugten hier eine ganze Generation. In diesen frühen Adenauer-Zeiten, wo es jedem so beschissen gut ging und keine Wirtschaftskrise da war und kein Arbeitskampf und kein Spanienkrieg. Busch überzeugte uns alle.

Und einmal dann, wenn die Stunde kommt...

Allem voran aber und mehr als bezeichnend für unsere Lage, unsere edle Einfalt und unser Engagement und unsere Illusion – die *Jaramafront,* gesungen von Ernst Busch. Wer sie heute hören möchte: Pläne-Verlag, Dortmund, 22 Mark. Dieses Lied geistert durch das genialisch mißratene Buch von Christian Geißler (*Das Brot mit der Feile*) wie ein Leitmotiv. Wie sein Ruf nach Waffen, seine Angst vor Waffen. Durch diesen mißglückten Versuch, Marx und Mahler unter einen Hut zu bringen, geistert bezeichnenderweise nicht ein gesungenes Lied –

diese Zeit sang keine Lieder –, sondern eine Schallplatte, das Lied von der Jaramafront. Von der Niederlage der Guten, dem Zusammenbruch der letzten republikanischen Kampflinie vor Madrid. Wenn uns nicht unsere kritischen Instanzen, die jahrzehntelang kultivierten Sensibilitäten im Stich gelassen hätten, mich und später Geißler und noch später Fuchs und Rolv Heuer, hätten wir doch registrieren müssen: sentimental, na klar, tief pathetisch, auf jedes Mannes Tränendrüse drückend ist die Jaramafront: der gedämpfte Trommelklang, der langsam anschwellende Chor, trauermarschartig, das Lied von den letzten Toten (tief im Unterbewußtsein saß unserer Generation auch noch das Lied von den letzten Goten). Die letzten Toten der spanischen Revolution, die durften nicht sinnlos gefallen sein; weshalb die metallene Stimme Ernst Buschs beteuert: ». . . und einmal dann / wenn die Stunde kommt / wo wir alle Gespenster verjagen / wird die ganze Welt zur Jaramafront / – wie in den Februartagen!«

Niemand begriff, daß hier ja eine ganz schlimme Profetie ausgesprochen wurde, wenn man das Lied beim Wort nahm – die ganze Welt zur Jaramafront – also die ganze Welt eine Niederlage unserer Hoffnungen? Niemand außer uns wußte damals oder weiß heute, unter welchen Umständen Busch damals, von der Partei verfemt und geschnitten selbst zu seinem 70. Geburtstag, ausgeschlossen selbst von der Weigel, verbittert in seinem Häuschen saß und die Jaramaschlacht mit metallener Stimme auf West-Tonbänder sang. Weil er der technischen Qualität der Ostbänder mißtraute, an Funkbänder nicht herankam, ausgeschlossen von Fernsehen, Funk und Plattenindustrie wie heute Biermann. Da sang er uns das Lied von der Jaramaschlacht, während die offiziellen Sender »baut auf, baut auf« dudelten und »Die Partei, die Partei, die hat immer recht«.

Aber Busch und Brecht und Thälmannkolonne und Jaramaschlacht, wie tröstete das, wie hielt das Familien zusammen, Geliebte und Geliebten! Bis zum Beweis des Gegenteils natürlich, bis die Geliebte über den Deich geht, bis der Ehemann Ehebruch begeht und mit seiner neuen Geliebten wieder ins Berliner Ensemble geht und sich die Liebenden wieder an den langsamen, bayerisch gesprochenen Worten der Weigel begeistern, den Worten der Mutter: »Immerfort hört ich, / wie die Söhne die Mütter verlieren. / Aber ich behielt meinen Sohn. / Wie behielt ich ihn? / Durch die dritte Sache. / Er und ich waren zwei. / Aber die dritte, gemeinsame Sache, / gemeinsam erkämpft, war es, / die uns einte.«

Als Gisela Hiepe und ich aus Moskau nach Ostberlin zurückkamen, immer noch verliebt und keineswegs ernüchtert, war die »Partei« in der Bundesrepublik verboten. Polizisten schlossen die Parteizentralen, die Zeitungsredaktionen.

Da erklärte ich meinen Eintritt in die Partei.

Sollten wir überhaupt nach Hause fahren? Waren nicht auch vor unseren Häusern schon Polizisten? Nein, es bestand keine Gefahr. Bruni und Richard Hiepe fuhren nach Hause, aber wir klebten noch aneinander, fuhren noch nach Prag, wo Jiri Pelikan, damals strammer Stalinist, den Weltkongreß der Studenten inszenierte. Wir waren nicht angemeldet, hatten keine Unterkunft, keine Einreise, durften schon gar nicht zusammen auftreten.

Prag – die schönste deutsche Stadt

Aber die »Partei« liebte die Liebenden, unsere Partei jedenfalls, und alle Türen öffneten sich, keine Bürokratie stand hindernd im Wege. Wir waren auch nach Moskau ohne Paß und Visum, sogar ohne Ausweis gefahren, mit einem Fetzen Papier nur, das geht alles im Ostblock, die sind unbürokratischer als wir, wenn es darauf ankommt.

In Prag, in märchenhafter Hochsommerluft und märchenhafter Altstadt-Kulisse, schlossen wir Rühmkorf in die Arme, und so war die Einheitsfront wiederhergestellt, neidvoll-neidlos zog er mit uns durch die Goldene Stadt. Bis ihn eine Mandelentzündung von unserer Seite riß und er ins Revier mußte, wo er mit Jassir Arafat stritt, einem Studenten aus Palästina. Ich kann mich nicht erinnern, was für Beschlüsse auf dem Studentenkongreß gefaßt wurden. Ich weiß von dieser Reise nur zu berichten, daß Prag im Hochsommer die schönste Kulisse für Liebeserlebnisse ist. Die ganze Stadt ein einziges Museum, von romanischem Baustil bis Gotik, deutsche Gotik, slavische Gotik, ja jüdische Gotik auf dem uralten hochgetürmten Judenfriedhof von Prag, hochgetürmt von immer neuen Gräbern im eingezäunten Ghettobereich, oben, sich bedrängend, übereinandergestürzt, die Grabsteine, da gibt es das: jüdische Gotik und hebräische Schrift.

Ich sagte unserem Dolmetscher Janos den tiefsten Ausdruck meiner Zuneigung: Dies ist die schönste deutsche Stadt. Und Janos, Widerstandskämpfer gegen Hitler, nahm das nicht falsch, verstand, was ich ausdrücken wollte, Patriotismus und Liebe zu Prag und Überschwang und Ironie dritten Grades.

Eine Erinnerung ist noch geblieben, an die Art, wie die Chinesen alle ihre Beschlüsse durchsetzten. Nachts um drei, vier, wenn selbst die Russen aus den Pantinen kippten, wenn die westlichen Delegationen längst gegangen waren, standen die zierlichen, aber zähen Roten Chinesen noch wie eine Eins. Um drei erhoben sie sich wie auf ein Kommando, gingen vor die Tür, machten fast tänzerisch einige Minuten Gymnastik und marschierten topfit, geschlossen und blau uniformiert wieder in den Konferenzsaal, wo sie ihre Resolutionen durchbrachten, lächelnd.

Ich muß sagen, daß mir das schon damals ziemlich unheimlich war, aber auch imponierte. Nicht mein Fall, aber alle Achtung.

Ich verlor Gisela, die Instrukteurin, die erste emanzipierte Frau in meinem Leben, bald wieder aus den Augen. Sie tauchte wieder unter in ihr flüchtiges, unstetes, illegales Leben, wann werden sie sich trennen? Bald. Sie suchte bald darauf Ruhe in der DDR, lebt heute als Dozentin da drüben. Richard Hiepe, der alle ihre Launen, ihre Liebschaften, ihre Nervosität erduldet hatte, wurde krank vor Eifersucht, schmiß sich vor die Schienen der Straßenbahn Linie 6, die durch unsere Schanzenstraße fuhr, Bruni und ich rissen ihn zurück. So wurde er gerettet für die

Partei und die Schwabinger Boheme; gar nicht mehr zerbrechlich, sondern eher behäbig, gibt er heute die Kunstzeitschrift *Tendenzen* heraus und ist Inhaber der Neuen Galerie. Da kommen alle fortschrittlichsten Realisten heraus. Keine Straßenbahn mehr. Es wird alles halb so heiß gegessen wie gekocht.

Ein Mitarbeiter namens Gustav Heinemann

Nun waren wir also wieder zu Hause in Hamburg. Unser Alltag erwartete uns, unser schöner progressiver Alltag: die Zeitung. Die wurde immer besser, immer mehr Leute lasen sie, schrieben dafür. Wenn wir aber mal allzu politisch und beschäftigt waren, kam Wolfram mit seiner Laute vorbei, wirbelte alles durcheinander, riß Schränke auseinander, um daraus Betten zu bauen, aus dem Rest baute er Bücherborde. Er holte 10 Pfund Pferdefleisch vom Roßschlachter und 5 Pfund Zwiebeln und 5 Pfund Paprika und kochte daraus Gulasch (das ist das Rezept), und verschlang fast alles selber. Dann tranken wir den billigen Cider, Apfelwein aus England, und er sang Minnelieder oder »Innsbruck ich muß dich lassen«, und wir kramten das erste Deutschlandlied hervor, das begeisterte uns immer noch: »tugent und reine minne, / zwer die suochen wil, / der sol komen in unser lant: da ist wünne vil: / lange müeze ich leben dar inne!« Wir waren nämlich im Gegensatz zu fast allen Linken damals und auch heute noch national wie nichts Gutes.
Aber dann kam der Rückschlag, fürchterlich für frisch

konvertierte Kommunisten und auch mit Jaramafront nicht mehr richtig zu erklären: der Ungarnaufstand.

Was tun, wie kommentieren? Wir standen ratlos in der Redaktion herum. Es war sogar der erklärte Nichtkommunist, Rühmkorf, der etwas in dem Sinne sagte, daß Barrikade nicht Barrikade sei, es komme darauf an, wer vor und wer dahinter stehe. Aber dann rettete uns Mindszenty, der Kardinalprimas von Ungarn. Mit seinem offenherzigen Aufruf, die Betriebe wieder zu privatisieren. Also Bodenreform rückgängig zu machen, also im Grunde wieder Studienrat Tiedemann. Und dann die Westmächte und Israel in Ägypten. Haust du meinen Sowjet, hau ich deinen Juden.

Dennoch, niemand brachte es über sich, dazu Stellung zu nehmen. Wir wollten glaubwürdig bleiben, auch vor uns selber. Wer schrieb den Leitartikel, wer vereinbarte Unabhängigkeit und Abgewogenheit, berechtigte Empörung und Weiterbestehen auf der Verständigungspolitik: Erich Kuby. Er drückte aus, was uns bewegte, Entsetzen und Realpolitik. Wir druckten ihn nur ab. Aus der Münchner Zeitschrift *Kultur*, die wir dabei kennenlernten, die Redakteure und ihren Verleger Kurt Desch.

Die kurze antikommunistische Aufwallung blieb nur eine Episode, die den großen Trend nicht mehr aufhielt, die Zeichen der Zeit standen auf Koexistenz, gerade *nach* Ungarn. Der lange Marsch nach Helsinki, muß man heute sagen, hatte damals begonnen: Europäische Gipfelkonferenz und Abrüstung, das stand zur Debatte, das war auch nicht mehr aufzuhalten, und dafür sorgte unsere Zeitung kräftig mit.

Anfang 57, die Wahlen wurden für Herbst erwartet, erschienen bei uns die Kolumnen eines Friedenspolitikers, der mit einer eigenen kleinen Partei in den Wahlkampf zieht. Wenig aussichtsreich war die Sache, und man bedauerte den Mann, wie man heute Riemeck bedauert, war er doch einmal Innenminister gewesen. Er ging dann ein Wahlbündnis mit dem kommunistischen »Bund der Deutschen« ein, und der Wahlkampf wurde fast ganz von denen finanziert. (Aber schadet uns das? Nein.) Dr. Dr. Gustav Heinemann hieß er, und seine erste KONKRET-Kolumne hatte den Titel »Sternstunde der Menschheit«. Später beriet er Ulrike gegen Strauß, und heute sollte er doch vielleicht einmal etwas für Renate Riemeck tun. Der es später ähnlich erging, die es ehrlich meinte wie er mit Völkerverständigung und Abrüstung, die aber nicht Bundespräsident wurde, sondern im Abseits und in üblen Verhältnissen lebt, integer wie er.

Ein Anti-Ost-Artikel pro Heft

Es waren ja nicht nur er und wir, die die Zeichen der Zeit erkannten. Da waren die 18 Göttinger Professoren, die sahen, wo der Weg der Geschichte lang ging. Nur Adenauer sah die Zeichen nicht, der siegte im Herbst 57 mit überwältigender Mehrheit und marschierte in die entgegengesetzte Richtung. Nach Wehrpflicht und Nato-Bindung, die wir nicht mehr hatten aufhalten können, die die Studentenschaft noch nicht hatte aufhalten wollen, bereiten Adenauer und Strauß den letzten Schritt zur Spaltung des Landes vor, wollen die Bundesrepublik zur Speerspitze des Antikommunismus machen, wollen den letzten verheerenden Schritt: die Atombewaffnung der Bundeswehr.

Dieses Vorhaben, so mörderisch-selbstmörderisch, so geschichtsfeindlich und gegen die Interessen der Nation gerichtet, löste die erste Massenaktion der Opposition nach dem Kriege aus, Aktionen der Kirchen, Gewerkschaften, Abgeordneter, Schriftsteller und Professoren. Es mobilisierte im Mai 58 die erste politische Massenbewegung der Studenten, die Bewegung gegen die Atomwaffen, die »Antiatomausschusse«.

KONKRET wurde Organ und Organisator dieser Bewegung.

Wir waren gut gerüstet für diese Rolle, hatten im Grunde die ganzen Jahre Gewehr bei Fuß gestanden. Als Zeitung einmalig und anerkannt in der Studentenschaft, politisch alle Linken, literarisch die Avantgarde der Autoren bei uns versammelnd, verbreiterten wir unsere Basis mehr und mehr.

Im September suchen Rühmkorf und ich einen neuen Titel, weil Arno Schmidt geschrieben hat, ihr seid die beste deutsche Kulturzeitung. Warum heißt ihr *Studentenkurier*? Auch Nicht-Studenten sollen Euch kaufen. Nach vielen Analogien zu *Po Prostu* fand ich den Titel KONKRET, einen bessren find-stu nicht, die »Partei« stimmte nach irgendwelchen Bedenken schließlich zu, der Übergang ging nahtlos. Im September hatten wir, noch als *Studentenkurier*, Adenauer und Ulbricht auf eine Seite montiert, in der Mitte einen Graben zwischen der Landkarte, der hieß: Keine Experimente.

Das hatte es vor uns noch in keiner Tarnorganisation, in keiner Tarnzeitung gegeben: in jeder Nummer einen saftigen, wohlabgewogenen, keineswegs nur rhetorischen Anti-Ostartikel. Intellektuelle Redlichkeit, das war für uns kein Geschwätz, und ich ließ es mir nicht nehmen, den Antiartikel jeweils selber zu schreiben. Über Übersollidioten, über Ernteeinsätze (die ich ja noch kannte), über Kulturpolitisches, über den Wehrunwillen der ostdeutschen Studiker, der unserem gleichkam, immer und vor allem aber gegen kulturelle Barbarei, gegen Spießigkeit, den ganzen Biermann vorwegnehmend, der damals, glaube ich, erst ein paar Jahre drüben war. 1953 ging er in die DDR.

Die Kritik war natürlich systemimmanent, würde man heute sagen. Keine Kalte Kriegspropaganda. Mehr Mut zur Selbstkritik, so war das gemeint, das duldete die Partei (damals war schon Manfred Kapluck unser Bärenführer!), und sie tat gut daran: Unsere spätere Breitenwirkung wäre nicht denkbar gewesen ohne jene Ehrlichkeit. Deshalb lasen jetzt alle politischen Studenten unser Blatt, das war eben keine Tarnzeitung wie die *Andere Zeitung* oder die *Deutsche Woche* oder irgendein einfallsloses Blättchen, das war Röhls KONKRET.

Alle, die die große Studentenbewegung mitmachten, lasen damals schon seit zwei Jahren KONKRET, wie hoch man das nun immer bewerten will: alle, die dann bald zu uns stoßen sollten — Erika Runge und Hans Stern und Klaus Steffens und Otto Köhler und Jürgen Seifert und Monika Mitscherlich und Rudi Schultz und Jürgen Holtkamp und H. Magnus Enzensberger und Enno Patalas und Ulrich Gregor und Dammeyer. Auch eine junge Studentin der Pädagogik las uns: Ulrike Meinhof.

Im Herbst 57 war die Zeitung, die nun KONKRET hieß, so gewachsen, daß sie eine eigene Berliner Lokalausgabe drucken konnte. Im Winter gab es bereits vier Lokalausgaben, in Berlin, in München, in Frankfurt und in Köln. Den Kölner Redakteur, einen liebenswerten Menschen namens L., haben wir und die Zeitgeschichte aus den Augen verloren. In München war Hans Dieter Roos unser Mann, später Erika Runge, in Frankfurt Wolfram Schütte (heute FR), und in Berlin Reinhard Opitz, der kam bald nach Hamburg, so gut war der.

Den großen Aufstand gegen die Atombewaffnung der Bundeswehr hatte ich das ganze Jahr über gefordert, zum Beispiel im September 57:

»In diesen Wochen protestieren Zehntausende Studenten in aller Welt gegen die Atomrüstung. Allein in Japan ist nahezu die gesamte Studentenschaft an diesen Protesten beteiligt. Und die deutschen Studenten?

Der VDS schweigt. Kölner Studenten haben einen Aufruf gegen die Atomrüstung an alle Universitäten gesandt. In Westberlin wurden mit Erfolg Unterschriften für eine Solidaritätserklärung zum Göttinger Appell gesammelt. Die Vertretung von 140 000 deutschen Studenten schweigt sich auch dazu aus.

Bekanntlich bedeutet das Wort »unabhängig« nicht »relativistisch« oder »meinungslos«. Daher glauben wir im Sinne unserer auf fast 20 000 Menschen angestiegenen Lesergemeinde zu handeln, wenn wir uns an dieser Stelle

● solidarisch erklären mit der Aktion der Göttinger Atomforscher, mit den Erklärungen der japanischen und anderen ausländischen Forscher, mit den Appellen Albert Schweitzers und der 2000 amerikanischen Wissenschaftler, mit der Bonner Erklärung der Schriftsteller und der Warnung der 101 Professoren und dem letzten Aufruf Prof. Max Borns.

Wenn wir

● die örtlichen ASTAs, den VDS und die politischen Verbände dazu auffordern, unverzüglich nach Beginn des Winter-Semesters Vollversammlungen einzuberufen, um die Frage der Beteiligung deutscher Studenten und Absolventen an einer eventuellen atomaren Aufrüstung zu erörtern und hierüber Beschlüsse zu fassen.

Wenn wir

● die deutschen Studenten aufrufen, *während* und *nach* der Wahl das ihrer Meinung nach Geeignete zu tun, um die Gefahr einer Atomrüstung Deutschlands zu beseitigen!«

Im November 57 drängte ich nochmals:

»Schweigen die deutschen Studenten zu dem Aufruf der japanischen Studenten? Beschämt der VDS mit diesem Schweigen die Göttinger Professoren, die am 1. Oktober trotz des Wahlsieges des Dr. Adenauer erneut ihre Stimme erhoben? Nicht gegen einen imaginären und anonymen, keiner Verantwortung unterstehenden ›Atomtod‹ oder den ›schrecklichen Rüstungswettlauf der Großmächte‹, sondern konkret gegen die deutsche, westdeutsche Bewaffnung mit taktischen Atomwaffen!

Die Fragen sind gestellt. Eine Antwort wird gegeben werden müssen.«

Vier Monate später kam plötzlich die Antwort, ganz ohne unser Zutun. Ganz ohne unser Zutun?

Im März 1958 löste die SPD auf breiter Front die Bewegung »Kampf dem Atomtod« aus. Der Aufruf war unterschrieben von allem, was Namen hatte. Von Böll bis Weizsäcker, von Dehler bis Ollenhauer, Heinemann bis Mende. Sozialdemokratische Bürgermeister und Gewerkschaftsführer, Max Brauer und Luise Albertz standen neben den »Friedenspersönlichkeiten« wie Niemöller und Oberkirchenrat Kloppenburg. Der Aufruf stand auf der Titelseite der KONKRET-Märzausgabe: die, wie bestellt, die erste in jenem berühmten Riesenformat war, 40 mal 55 cm, gedruckt in einer eigenen Offsetdruckerei, die ein »Mäzen« extra für uns eingerichtet hatte, da standen neben dem Linolschnitt von Grässe (– der Tod: Düsenbomber als Peitsche über das Land schwingend –) die erstaunlichen Sätze, die wir schon immer gesagt hatten, kurz und bündig:

»Das deutsche Volk diesseits und jenseits der Zonengrenze ist im Falle eines Krieges zwischen Ost und West dem sicheren Atomtod ausgeliefert. Einen Schutz dagegen gibt es nicht. Ziel einer deutschen Politik muß deshalb die Entspannung zwischen Ost und West sein. Nur eine solche Politik dient der Sicherheit des deutschen Volkes und der nationalen Existenz eines freiheitlich-demokratischen Deutschlands.

Wir fordern Bundestag und Bundesregierung auf, den Rüstungswettlauf mit atomaren Waffen nicht mitzumachen, sondern als Beitrag zur Entspannung alle Bemühungen einer atomwaffenfreien Zone in Europa zu unterstützen.«

(So weit so gut. Aber jetzt wird es interessant. Jetzt kommt das wirklich Neue, der Appell an die außerparlamentarische Opposition:)

»Wir rufen das gesamte deutsche Volk, ohne Unterschied des Standes, der Konfession oder der Partei auf, sich einer lebensbedrohenden Rüstungspolitik zu *widersetzen* und statt dessen eine Politik der friedlichen Entwicklung zu fördern. Wir werden nicht Ruhe geben, solange der Atomtod unser Volk bedroht.«

Wir werden nicht Ruhe geben. Ach, sie gaben schon nach drei Monaten wieder Ruhe. Wie oft haben wir uns später bitter über diese leichtfertige Proklamation beklagt und unsere Konsequenzen daraus gezogen. Wie viele junge Menschen waren ein paar Monate später enttäuscht über soviel nichtswürdigen Wortbruch der prominenten Politiker und Wissenschaftler. Die Schriftsteller waren die einzigen (und die Pfarrer), die auch weiterhin nicht Ruhe gaben. Aber ein Schriftsteller, der diesen Aufruf nicht unterschrieben hatte, ein Kulturfunktionär wie man sie sonst nur in Ostblockstaaten findet, ein Politruck des Antikommunismus war es, der später die lästig gewordene Atombewegung kanalisierte, neutralisierte und schließlich einschlafen ließ: Hans Werner Richter, der damals noch mächtige Privatinhaber einer Schriftstellergruppe, der Gruppe 47. Ein Jahr später.

Dennoch, dieser Aufruf war sicherlich der Beginn einer neuen Politik, sooft sie auch noch verraten und verkauft wurde, der Ostpolitik, die einmal mit dem Friedensnobelpreis ausgezeichnet wurde, der Entspannung und Verständigung in Europa. 120 000 Mann standen auf dem Hamburger Rathausmarkt, da gab es plötzlich keine Bannmeile mehr, und neben Politikern und Gewerkschaftlern und Professoren sprach da auch der Schriftsteller Hans Henny Jahnn, unser Hans Henny, bei dem wir zu Hause aus und ein gingen.

Niemand, auch die SPD nicht, hatte mit seiner solchen Stärke der politischen Bewegung gerechnet. Auch unsere »Partei«, die illegale KPD, hatte nicht damit gerechnet, auch nicht die Dienststellen der DDR. Erst recht hatte niemand mit der eruptiven Gewalt der studentischen Bewegung gerechnet, die dann kam, die niemals Ruhe geben wollte und die die ganze Bundesrepublik, das ganze gesellschaftliche, kulturelle Leben umkrempeln sollte bis heute. Die erste Massenbewegung der Studenten wurde von den Kommunisten nicht geführt. Schlimmer, sie wurde von den Kommunisten verpennt.

Die Studentenbewegung gegen Atomrüstung (das war ja nun viel präziser als der lächerliche »Atomtod«) kam erst, als die andere schon im Abflauen war, schon wieder abgedreht werden sollte, mit einer Verspätung von zwei Monaten. Das war semesterbedingt. Im März waren die Studenten im Urlaub, beim Ferienjob. Anfang Mai begann das Semester.

In den ersten Maitagen – drei Jahre nach Gründung von KONKRET – demonstrierten spontan, locker abgesprochen, ohne Befehl, aber wie auf einen Befehl an mehr als 20 Hochschulen und Universitäten jeweils mehrere tausend Studenten gegen die Atomrüstung der Bundeswehr. Die »Antiatombewegung« wird zur ersten politischen Massenbewegung nach dem Krieg. Die jahrzehntelang funktionierenden Selbstverwaltungsorgane, von der CDU und den Burschenschaften beherrscht, verlieren über Nacht die Macht. Neue, räteähnliche Organe bilden sich spontan und übernehmen die Führung: die »Atomausschüsse«.

Dieser Vorgang, behauptete ich zwei Monate später in einem damals sehr beachteten Leitartikel »Atomausschüsse was nun?«, sei sowas wie die Bildung von Räten. Das stimmte theoretisch nicht ganz. Die Atomausschüsse wurden ja nicht von revolutionären Massen gewählt – hier taten sich einige zusammen und riefen die Massen auf. Nach der reinen Lehre des Marxismus also blanker Unsinn. Aber hat sich die Wirklichkeit der Arbeiter- und Soldatenräte eigentlich je nach der reinen Lehre gerichtet?

Eine Einzelne: Ulrike Marie Meinhof

Wir hatten damals keine Zeit für solche Fragen. Die Atomausschüsse auch nicht. Die waren plötzlich vorhanden, und zwar an allen Unis zugleich: Gegen die Atomrüstung. Die Evangelische Gemeinde, der SDS, die Liberalen, die Fachschaftsvertreter, die Studentenzeitungsredakteure, Studentenbühnenleute, junge Dozenten, Studentenpfarrer. Oder auch einfach ein Einzelner.

Oder eine Einzelne, die ging einfach hin zu so einer Sitzung und sagte, *jetzt muß man was tun!* War es noch eine hübsche, attraktive Studentin, wurde sie mir nichts dir nichts zur Sprecherin oder Vorsitzenden des Aus-

schusses gewählt. In Berlin Ilka Schnabel, in Wilhelms-
haven Monika Mitscherlich, die Tochter von Alexander
Mitscherlich, in München Erika Runge. In dem stockka-
tholischen Münster wurde eine junge Pädagogikstudentin
gewählt, die hatte schon von sich reden gemacht mit Flug-
blättern, die sie mit Jürgen Seifert herausgab, die hießen
Das Argument. Die trug ihr Haar wie die Sophie Scholl
und war auch so ernst: Ulrike Marie Meinhof.

Sie war ernst, das war das erste, was überhaupt jemand
auffiel, und wer sie länger kannte, wußte das sogar noch
zu präzisieren: Die lacht ja nie. Die lacht n i e. Sie hatte
auch nichts zu lachen, meinte sie, besonders jetzt, im An-
gesicht des Atomtods nicht, sie sah Hiroshima ziemlich
plastisch auf uns alle zukommen, sie sah alle ziemlich
vorwurfsvoll an und fragte damals schon ihre später
noch häufig wiederholte Frage: Was tut *ihr*? Ihre große
Ernsthaftigkeit, diese Abwesenheit von Lachen, manche
nannten das auch Trauer, das kam von weit her. Das
hatte eine lange Geschichte.

Die Eltern Meinhof waren ohnehin ernsthafte Leute, von
beiden Seiten her war viel Christentum in der Verwandtschaft, praktizierende Christen oder nur gläubige Laien.
Besonders bei dem Kunsthistoriker Werner Meinhof,
weniger bei Ingeborg, seiner Frau. Die hatte sich als
Schulmädchen in den Kunsterzieher verliebt, nach dem
Abitur den geliebten Mann geheiratet, ohne sich das Leben oder andere Männer auch nur angeschaut zu haben.
Das rächt sich später. Nach ein paar Jahren, die Kinder
Wienke und die zwei Jahre jüngere Ulrike sind schon
da, hat die vitale junge Frau ihr erstes großes Liebes-

erlebnis: nicht mit ihrem Mann. Es dauert sozusagen nur eine Nacht, greift aber nachhaltig in das Leben ein. Die Frau zermartert sich in Selbstvorwürfen, der Mann verfällt in Trübsal. Als er, wenig später, an Krebs stirbt, auf qualvolle Art und am Ende noch an Heilung glaubend, weil man ihm die Nerven durchgeschnitten hat, hat die kleine Ulrike möglicherweise ihre Elektraphase noch nicht abgeschlossen, sie ist fünf.

Sie nimmt den Tod gelassen auf, spielt weiter auf der Straße Ball, lacht aber wohl schon etwas weniger. Hängt ihre ganze Liebe an die Mutter, ist eine wilde Hummel, die unter den Jungen von Jena sich als Anführerin hervortut, die Schwachen beschützt und sich mit den Starken herumbalgt. Kein Baum ist zu hoch, kein Abhang im Winter zu steil, kein Nachbargarten mit Äpfeln oder Pflaumen, der nicht erstürmt wird. Fällt sie herunter und kommt mit zerschundenem Gesicht und zerschlagenen Gliedern nach Hause, heult sie nicht, ist ganz und gar keine »Susi«, beißt die Zähne zusammen und sagt kein einziges Wort.

Wächst nun in einem reinen Frauenhaushalt auf, in dem wenig Zeit für die Kinder ist, in dem immer gearbeitet wird. Denn Ingeborg Meinhof, immer noch zerknirscht und von einer großen Verwandtschaft wegen ihres Ehebruchs kaum verhüllt schuldig an dem Tod ihres Mannes gesprochen, Ingeborg Meinhof studiert nun selber, im Krieg, emanzipiert sich, holt einen Vorgang nach, der durch die Schülerliebe nur verzögert war: ihr Vater war doch der rote Schulrat von Berlin, Sozialdemokrat mit starkem Linksdrall, der hatte eine gute Genossin erziehen wollen und kein Heimchen am Herd. Sie studiert, arbeitet, kocht, wäscht, alles im Krieg unter erschwerten Umständen. Um überhaupt ein bißchen von der Mutter zu haben, holt Ulrike sie jeden Tag von der Uni ab, schiebt ihr Fahrrad neben der Mutter her und erzählt von ihrem Schultag.

An eine Wiederverheiratung wird nicht gedacht, die Männer dieser Generation sind ja auch alle im Krieg, in der Wohnung ist ein Zimmer frei, und in das zieht eines Tages eine strahlende, durch Intelligenz und Schönheit auffallende junge Studentin ein, das goldene HJ-Abzeichen noch in der Schublade, aber schon ziemlich scharfe antifaschistische Gedanken im Herzen: Renate Riemeck. Ulrike wird ihr besonderer Liebling, hat nun zwei Mütter sozusagen, zwei intelligente Frauen mit wenig Zeit.

Ingeborg Meinhof und Renate Riemeck haben sich an der Uni Jena wortlos gegen das Hitlerregime verstanden und so verbündet. In der Wohnung treffen sich gelegentlich auch andere Nazigegner. Nichts Organisiertes, sehr Gefährliches, immerhin hat man eine sehr lockere Verbindung zu einer Widerstandsgruppe bei Zeiss-Jena. Von dort gibt es Verbindungen zur Uni. Weitere Entwicklungen oder Verwicklungen verhindert das Kriegsende.

Ulrike macht eine zweite kritische Phase durch, die Pubertät. Sie ist gerade 14, da stirbt die Mutter, ebenfalls an Krebs, präziser an Unterernährung als zusätzliche Belastung nach einer Brustkrebsoperation.

Ulrike lacht noch weniger, erwirbt zu so frühem Zeitpunkt schon den Ruf, gar nicht lachen zu können. Das

Äußerste, als Waisenkind bei Pfarrersverwandten mit durchgefüttert zu werden, bleibt ihr erspart: die Riemeck, eben Dozentin geworden mit geringem Gehalt, behält beide Kinder bei sich, übernimmt die schwierige Erziehung einer Heranwachsenden, die nur 14 Jahre jünger ist als sie. In der Schule ist das Mädchen bisher nicht auffällig geworden, höchstens durch herben Liebreiz und gute Leistungen. Man lebt jetzt im Westen, in Oldenburg, und Ulrike besucht die Oberschule des katholischen Klosters, die Liebfrauenschule.

Im Jahr meines Abiturs, meiner Begegnung mit Peter Rühmkorf, unserer Pläne, die Welt zu verändern, wird Ulrike Meinhof durch »Konferenzbeschluß vom 18. März 48« in die dritte Oberschulklasse versetzt: Charakterliches Streben gut, äußere Haltung gut, geistiges Streben gut, mit dem Zusatz »träumt gern«. Gute Zensuren in allen Fächern. Unterzeichnet Schwester Maria Ambrosine, Studiendirektorin.

Die Schwestern werden später von Ulrike als die Vorform antiautoritärer Erziehung dargestellt. Kein Schimpfen, keine Angst.

Kam Ulrike zu spät in den Unterricht, fragten sie sich nur besorgt, was ihrem Liebling fehle. Die aber hatte nachts nur lange gelesen und deshalb verschlafen.

Das wird anders in Weilburg, wohin die Riemeck versetzt wird, jüngste Professorin Deutschlands. Dort stößt die stille Klosterschülerin, die immer knapp Geld hat, alles Äußere, Kleidung und Schmuck verachtet und sich für ihr Nachhilfestundengeld Bücher kauft, immerzu Bücher, da stößt Ulrike zum ersten Mal mit der Schulordnung zusammen. Mit angemaßter, lautstarker Autorität, mit Angstmachen und Einschüchterung. Dort probt sie das erste Mal (15 Jahre vor Dutschke und Teufel und Langhans) die Methode des legalen Widerstands, der Verunsicherung der Autoritäten, der Ausnützung der Konventionen zugunsten der Unterdrückten.

Es ist ein Studienrat in der Klasse, der Wissen durch Lautstärke, Autorität durch Brüllen und Einschüchterung ersetzt. Er hat Ulrike auf dem Kieker. Aber sie ihn auch. Sie bringt ihn auf Null, vor dessen Stunden die Schülerinnen sich Tage vorher graulen, ängstigen, zittern und losheulen, sie bricht den Mythos, nimmt allen die Angst: der ist ja verwundbar.

Er brüllt die Meinhof wieder einmal an. Ulrike steht auf, langsam, über sich selber erschrocken: »Herr Studienrat, ich glaube, es ist nicht üblich, mit einer Schülerin der Oberstufe so laut zu sprechen.« Der stutzt, Unverfrorenheit, brüllt mehr. Ulrike sagt in die atemlose Stille, nun schon viel sicherer: »Herr Studienrat, ich glaube, es ist *wirklich* nicht üblich, mit einer Schülerin der Oberstufe so laut zu sprechen!«

Der Studienrat läuft rot an, kriegt einen richtigen Wutanfall, verliert die Kontrolle. Da steht Ulrike zum dritten Mal auf, langsam, nimmt ihre Büchertasche und sagt: »Dann gehe ich jetzt.« Geht aus dem Unterricht. Ein Schulskandal. Sie soll von der Schule fliegen oder die Klasse verlassen, Lehrerkonferenzen werden abgehalten, die Riemeck interveniert, sie darf bleiben.

Das ist die Zeit, wo die Ulrike in der Schülermitverwaltung tätig wird, in der Europabewegung, wo die Klasse

Tanzfeste macht und Ulrike mit ihren unscheinbaren, unkleidsamen, immer nur von Verwandten geschenkten Kleidern dennoch die beliebteste Tanz- und Gesprächspartnerin wird, bei Mädchen wie bei Jungen begehrt, entschieden etwas Besonderes.

Eine erste Jugendliebe wird von der Riemeck erbarmungslos beendet, aus Angst, Ulrike könnte in ihren Leistungen abfallen, es könnte etwas »passieren« und sie das Abitur versäumen oder nur mittelmäßig machen, dann wäre es aus mit dem schon beantragten Studienfreiplatz, mit dem in Aussicht stehenden Elitestipendium, der »Studienstiftung des Deutschen Volkes«.

Es ist nur eine Jugendliebe, schwärmerisch und leidenschaftlich und heftig und ohne Arg, aber sie wird zerbrochen. Die Riemeck stellt ihr ziemlich barsch die Alternative: er oder ich. Abbruch oder du gehst aus dem Haus. Ulrike bricht ab und bleibt, beißt die Zähne zusammen, lacht nicht, hat wenig zu lachen.

Die Universität macht frei. Sie ist Studienstiftlerin, studiert in Marburg, Pädagogik und Kunst, lernt jetzt auch einen Mann kennen, aber nicht lieben, Lothar W. Dennoch verlobt sie sich mit ihm, lebt mit ihm auf einer winzigen Bude, brät mit ihm Steaks, wenn sie Geld haben, und ißt das Mensaessen, wenn sie keins haben, hat harmlose Bekannte und harmlose Vergnügungen. Lothar ist Atomwissenschaftler, tief versponnen in eine Doktorarbeit, die außer ihm überhaupt nur noch ein Professor in den USA verstehen kann. Eine Forschung von drei Jahren für 10 Seiten Doktorarbeit.

Daß Ulrike sich zunehmend für die Antiatombewegung

engagiert, ist ihm unbehaglich. Er hat nichts dagegen, ist Sympathisant, unterschreibt alle Aufrufe. Aber Ulrike ist jetzt immer die Hälfte der Zeit weg, das gefällt ihm nicht. Das Privatleben leidet. Ulrike läßt sich in jenem Antiatom-Semester in Münster einschreiben, fährt nur noch am Wochenende nach Marburg zum Verlobten, oft nicht einmal das. Sie führt lieber endlose Gespräche mit einem viel theoretisierenden SDSler namens Seifert, Jürgen Seifert. Der verehrt sie, viele verehren sie damals in Münster, aber der Verlobungsring schützt vor allen bösen Gedanken.

Daran muß man denken, wenn man viele Jahre später liest: »Prof. Jürgen Seifert verteidigte Prof. Brückner, der beschuldigt wird, Ulrike Meinhof Unterschlupf gewährt zu haben. Ohne sich mit den Zielen der Baader-Meinhof-Gruppe zu identifizieren, erklärte Prof. Seifert, daß ...« Daß er sich dann mit einer Ulrike-Verehrerin getröstet hatte, Monika Mitscherlich, der Tochter des Psychologieprofessors. Die auch aktenkundig wurde als Sympathisantin, wo sie doch nur Bekannte war.

Jürgen Seifert und Ulrike geben eine Flugblattserie heraus, die heißt *Das Argument,* die Riemeck muß dazu Geld spenden, das verteilen sie unter den Studenten. Als sich der Ausschuß bildet, wird Ulrike als attraktives Mädchen zur Sprecherin gewählt. Die brachten nun also auf Anhieb im spießig katholischen Münster, wo schon der *Spiegel* als Linksblatt galt, 5000 Studenten zu einem Schweigemarsch auf die Straße, eine kleine Sensation.

Man kann heute schwer eine solche Studentendemonstration schildern: Ernste, kurzhaarige junge Leute mit

Schlips und Kragen, die Mädchen in Rock und Bluse. Und Ulrike im olivgrünen Baumwollkleid, schön gewachsen, ein auffälliges Gesicht mit dunklen Augen, eine Kette von roten quadratischen Tonstücken um den Hals, das Haar zum Bubikopf geschnitten (siehe Foto), eine Geschwister-Scholl-Frisur, wie wir später sagten, ironisch, aber voller Bewunderung. Nach dem Gewerkschaftler, dem Pfarrer, dem Professor Hagemann hat jetzt das Wort die Sprecherin der Studentenschaft, 5000 haben sie gehört: Ulrike Marie Meinhof.

Die KONKRET-Redaktion rotierte, als sei die Oktoberrevolution angebrochen. Wir hatten kaum Zeit, zur »Einschätzung« nach Ostberlin zu fahren. Wir waren den Parteibefehlen immer um Tage voraus, wir flitzten ohne Auftrag durch die Gegend und machten alles mit schlafwandlerischer Sicherheit richtig. Kurz vor dieser großen Zeit hatte ich in Westberlin eine ganze Gruppe von zukünftigen Mitarbeitern ausfindig gemacht. SDSler mit Betonung auf Friedenspolitik: Hans Stern, Reinhard Opitz, Ilka Schnabel, Klaus Steffens und Otto Köhler. Klaus Steffens war Zweiter Vorsitzender des SDS und des Filmclubs, er wurde Filmredakteur, Hans Stern Leitartikler, Reinhard Opitz Leiter der Berlinausgabe und bald Deutschland-Redakteur. Ilka Schnabel war das Mädchen von Stern und ein Organisationstalent. Wir holten nacheinander alle ins Hauptquartier nach Hamburg, nur Otto Köhler ließen wir zurück, als Verkäufer, die KONKRET-Sammelbüchsen zu leeren. Der träumte von einer Karriere im *Spiegel*.

Reinhard Opitz war also schon da, als die Atombewegung begann, ein politisches Anpassungsgenie, ein genialer theoretischer Rhetoriker, der die Leute besoffen reden konnte. Auch schreiben, wenn man ihm genug Platz gab. Ein Mann, der eine glänzende Karriere hätte machen können, sowohl in der Gewerkschaft, in der SPD, der CDU als auch in der FDP. Unglücklicherweise aber wurde »Reini« von mir auf einen völlig falschen Dampfer gelotst – in die »Partei«. Da ist er hängengeblieben, treu, integer und absolut zuverlässig, er ist immer noch Pressereferent der DFU, wahrscheinlich so lange es diese überhaupt gibt.

Reini hatte damals seine große Zeit. Er galt als begabt, diplomatisch, politisch ernsthafter als ich. Seine Spezialität waren Friedensfreunde mit christlicher oder wissenschaftlicher Herkunft, die konnte er reihenweise zum Fortschritt bekehren. Er traf mit Ulrike zusammen und verliebte sich in sie. Die Partei sah dieses private Engagement gern. Ohne Ulrike zu kennen, sagte sie ihr aufgrund übereinstimmender Berichte eine »große politische Karriere« voraus. Opitz schien der ideale Partner für sie zu sein.

Ich kämpfte dafür an der Münchener Front, gewann die Zuneigung der dortigen Jeanne d'Arc, Erika Runge und führte auch die dem Frieden zu. Die Bindung zum Frieden blieb stabil, die Liebesgeschichte blieb flüchtig, dauerte nur einen Sommer, stand schon bald im Schatten Ulrikes. Dennoch machten wir damals natürlich so unsere Sprüche über die vielen weiblich geleiteten Atomausschüsse, die zu KONKRET übergingen, waren selbstbewußte kommunistische Schnösel und fühlten uns fast wie Engels, der auch auf dem Felde der Liebe seine Feinde besiegt hatte – bellum gerant alii, tu felix austria – nube! Dabei war fast alles ganz harmlos.

Alles klar. Wenn die Zeitung schon kein »kollektiver Organisator« geworden war, was Lenin für die »Iskra« gefordert hatte als die höchste Stufe der Wirksamkeit, so sollte sie doch sein, und war sie wohl auch schon ein »kollektiver Agitator und Propagandist«: War KONKRET nicht *die* Zeitung der Atomausschüsse? Hatten wir nicht auf unserer neuen Offsetmaschine noch vor den ersten Demonstrationen 30 000 Stück einer Sonderausgabe gedruckt und überall verteilt? Hauptbestandteil war ein umfangreiches Interview, das ich für die Münchner »Kultur« gemacht hatte und dann listig bei uns abdruckte. Ein Interview mit einem Bundestagsabgeordneten der SPD, der damals viel von sich reden machte, am 22. März große Töne spuckte im Bundestag und sich dafür den Spitznamen Schmidt-Schnauze einhandelte. Der sprach nun mit Klaus Rainer Röhl, und es wurde eines seiner vernünftigsten Interviews.

Helmut Schmidt erklärte, daß die Atomrüstung einen nationalen Nostand bedeuten würde, gegen den jeder Widerstand gerechtfertigt sei. Röhl: »Halten Sie einen Generalstreik dagegen für legitim?« Schmidt: »Die Frage möchte ich uneingeschränkt mit Ja beantworten.« Röhl: »Muß man nicht zu dem Schluß kommen, daß die SPD die Aufgabe hätte, einmal offensiv den Antikommunismus als Zweckpropaganda zu entlarven und ihm entgegenzutreten?« Schmidt: »Ja.«

Junge, ich hab Leute sich ändern sehn ... Junge, das war

manchmal schon nicht mehr schön. Aber nützt uns das? Ja. Alles nützte uns damals. Wir waren auf der Welle. Im gleichen Sonderheft hatten wir noch etwas Besonderes anzubieten: der Tucholskykreis e. V. erlaubt sich, Sie am Donnerstag, dem 24. April, zu einer Veranstaltung mit fünf Japanern einzuladen, darunter eine (gesichtsverletzte) Überlebende von Hiroshima, Yoshiko Murato. Anschließend wird ein Film über die Wirkung der Atombombe gezeigt. Der Tucholskykreis erlaubt sich. So ging das damals. Ehrenpräsident Ernst Rowohlt, Ehrenmitglied Mary Tucholsky erlauben sich einzuladen. Was hatte Tucholsky mit Hiroshima zu tun? Alles, wenn man so will. In diesem Fall nur, daß der vorbereitete Trägerkreis in Aktion trat, der eingetragene Verein.

Brautwerber für Reini und die Partei

Das war nur der Anfang. Dann kam die Bewegung. Jeden Tag eine Demonstration, ein Flugblatt, KONKRET meldete seinen Führungsanspruch an. Diesen Parteiauftrag erteilten wir uns selbst, wir hatten in diesen aufgeregten Tagen gar keine Zeit, nach Ostberlin zu fahren und Parteiaufträge zu empfangen. Die Partei staunte nur Bauklötze, stimmte bewundernd und ungläubig zu, mochte nach den Jahren der Mißerfolge an so viel Erfolg gar nicht glauben: Vom Null-Einfluß gleich auf Führungseinfluß.

Da waren aber noch Atomausschüsse, die sich unserem Einfluß entzogen, skeptische Linke, die KONKRET mißtrauten. Mit Recht, werden die Leute heute wohl sagen, Leute wie Ansgar Skriver, Manfred Rexin, Reimar Lenz, Jürgen Habermas, Eric Noharra. Schlüsselfigur dieser noch skeptischen Intellektuellen-Gruppe war eine gewisse Ulrike Meinhof in Münster, die mußte für uns gewonnen werden. Reini Opitz, der unermüdliche Reisende in Sachen Frieden, war an dieser Person gescheitert. Durch unprogrammgemäße Verliebtheit stand sein Mundwerk still, Schüchternheit machte ihn ineffizient. Ich mußte selber hin.

Ende Mai gaben die vereinigten Atomausschüsse, inzwischen in einem Hauptausschuß organisiert, einem Rat der Räte, wenn man so will einem »allrussischen Sowjet«, in Bonn eine Pressekonferenz. Ich fuhr hin, einen Stapel unserer neuen Mai-Nummer unterm Arm, im neuen Großformat. Auf dem Titel war ein Liebespärchen vor dem Hamburger Kriegerdenkmal fotografiert mit diesem blödsinnigen Spruch: *»Deutschland muß leben, und wenn wir sterben müssen!«* Dazu hatte Rühmkorf einen Gegenspruch gemacht, sein erstes und einziges politisches Gelegenheitsgedicht:

... und merkt Euch Klotz und Spruch, das habt zum Zeichen:
Was war nun Deutschland, und was wird es sein?
Was ist es, wenn nicht wir. Und unseresgleichen.
Und NEIN von unserem NEIN.

Das Titelpärchen war unsere erste fotografische Eigenproduktion, zum ersten und letzten Mal suchte ich ein

Titelmodell selber aus. Christine hieß sie, die zog mich wieder zu den werktätigen Massen. Sie arbeitete in der »Textilbranche«, als Verkäuferin. Sie, nicht Gisela, nicht Erika Runge und nicht Ulrike wurde mein Scheidungsgrund.

Jetzt, im Mai, zog ich vergnügt und verliebt und selbstbewußt in die Bonner Pressekonferenz der Atomwaffengegner.

Da sah ich Ulrike Meinhof.

Es war Abneigung auf den ersten Blick. Auf beiden Seiten. Für mich war sie der Typ: vollkommen uninteressant. Der Typ, den ich auf den Tod nicht ausstehen konnte. Gradlinig, mit tiefem, ernstem Blick, das Gegenteil von oberflächlich, voll intellektueller Redlichkeit.

Ulrike sah einen »Angeber« mit schiefem Gesicht, einen undurchsichtigen, arroganten Typ, an dem ihr nichts, aber auch nichts glaubwürdig war, so fremd war der christlichen Pazifistin unsere an Tucholsky geschulte »Ironie dritten Grades«. Ulrikes Kommentar, kurz darauf: ein grauenhafter Typ.

Wie wurde aus diesem »grauenhaften Typ« der Mann, dem die größte Zuneigung ihres Lebens galt, ihre einzige große Privat-Liebe? Von dem sie später, wenn einer ihn nicht leiden mochte, ihn nicht gleich für den »besten Menschen der Welt« hielt, nur lakonisch sagte, aber als unumstößliches Urteil über den Gesprächspartner: »Nur Qualität kann Qualität erkennen!«

Auf jener Pressekonferenz arbeiteten wir natürlich schon zusammen, erkannten durchaus schon jeder den anderen als nützlich – intellektuelle Redlichkeit und intellektuelle Finesse. Aber das Treffen hatte keinen Erfolg.

Die nächste Begegnung fand in Marburg statt. Marburg ist von bewaldeten Hügeln umgeben, irgendwo an einer Stelle mit wunderschöner Aussicht ist da ein Ausflugslokal. Da trafen Reinhard Opitz und ich mit Ulrike zusammen, um sie für die Sache des Friedens und des Fortschritts zu gewinnen. Sie war immer noch unentschieden. Ich trat als Brautwerber für Reini und für die Partei auf. Es war ja nun Juni. Hochdruckgebiet. Waldluft und ein warmer Abend. Alle Voraussetzungen für den Frieden. Ich redete wie ein Buch auf Ulrike ein, war nicht verkrampft, noch arrogant, hatte meinen großen Abend. Ich pries meinen Freund Reini und den Sozialismus in den höchsten Tönen, ich sah ihr tief in die Augen: Opitz, der prima Kerl. Ihr Jugendfreund, den sie in Jena immer beschützt hatte, hieß auch Reinhard. Opitz, der selbstlose Genosse. Ich schilderte ihr den Sozialismus als die einzige Möglichkeit, alles zu verwirklichen, was die wirklichen Christen (ich kannte schon meine Partnerin) wirklich gewollt hatten. Was die größten Denker der Antike gewollt hatten: die größten Träume der Menschheit. Vor allem der gewaltige Traum – Gerechtigkeit, er würde nur durch den Kommunismus verwirklicht werden. Und die Verständigung und die Güte, das Gegenteil von Haß.

Es wurde nicht kalt an diesem Sommerabend, es sprachen Brecht und Busch und Lenin und Christus und Mao und Platon, und im Hintergrund spielte jemand in der Musikbox immer wieder das gleiche Lied, einen Schlager, der machte uns ganz mild und wild und sensibel und schwärmerisch, das werden wir nie vergessen, das Lied.

Das war nicht die Internationale und nicht die Warshawskanka und nicht »der Osten wird rot«, sondern es war der Südwind: Hörst Du den Südwind?

Das wollen wir festhalten. Am Anfang stand nicht das Lob des Kommunismus oder die Einsicht in die Notwendigkeit und die Solidarität, sondern etwas ganz Privates, etwas Unpolitisches (und vielleicht stand deshalb auch am Ende etwas Unpolitisches), und das war in diesem besonderen Fall der amerikanische Schlager Tamy: ». . . wenn im Heimatland / alles blüht, / sind wir vereint / dann sind wir ein junges Paar / das Freudentränen weint.«

Ich hatte vielleicht bei meiner Brautwerbung des Guten zuviel getan. Es trat das ein, was man bei der Psychoanalyse »Übertragung« nennt. Ulrike hatte an dem Brautwerber mehr Gefallen gefunden als an dem Freier. Das wußten wir damals aber noch nicht, erst einmal hatte sie sich für uns entschieden, für den Fortschritt. Ein paar Monate später schleppten wir sie schon nach Ostberlin, wie eine kostbare Beute. Die Partei war hell begeistert, fühlte sich in ihrer Beurteilung bestätigt. Die hat, sagte Manfred Kapluck bewundernd, eine große politische Karriere vor sich. Eine ganz große Karriere.

Ulrike erfüllte alle Erwartungen. Sie übertraf sie. Sie legte los, als sei sie eine geschulte Kaderleiterin, sie, die keine Zeile von Marx und Lenin kannte. Wie wir, die wir kein Buch von Marx oder Lenin gelesen hatten, kaum einen Aufsatz. Aber auch unsere Genossen hatten kaum ein Buch je wirklich durchgelesen, kannten nur Bruchstücke aus Schulungsabenden. Die einzigen, die ich in diesen zwei Jahrzehnten kennengelernt habe, die wirklich gründlich Marx, Engels und Lenin studiert hatten, waren Mitglieder der antikommunistischen Studentengruppen, die sich auf die ideologische Auseinandersetzung mit den »geschulten Kommunisten« vorbereiteten. Sie trainierten für ein Schattenboxen. Es hat diese geschulten Kommunisten nie gegeben. Jedenfalls nicht in der Bundesrepublik. Hier gab es nur begabte Dilettanten. Wie Reini, wie mich, wie Ulrike.

Den Hauptausschuß der Atomwaffengegner lenkte sie von nun an zum Wohle der Menschheit. Es wurde ein bewegter Sommer, ein anstrengender Herbst. Aber gegen Ende des Jahres waren wir soweit, daß wir die größte Kraftprobe wagen konnten: die Durchsetzung der Friedenspolitik in der Studentenschaft, den Durchbruch der Vernunft. Auf dem größten und bedeutendsten Studentenkongreß würde er erfolgen: dem Kongreß der Atomwaffengegner in Westberlin Anfang 59.

Vorher war allerhand zu tun, zu argumentieren und zu manipulieren. Beides ist wichtig, wenn man politische Ziele durchsetzen will, und beides gelang uns in diesem Jahr 58. Es war eine furchtbare Hetze. Aber wir ertrugen alle Strapazen geduldig. Erstens hatten wir Erfolg, zweitens machte es uns Spaß, drittens nahmen wir wirklich an, die neue Friedens- und Verständigungspolitik bald unter Dach und Fach zu haben. Noch ein Monat, noch ein kleiner Anstoß und die kalten Krieger sind erledigt, dachten wir. Wie gütig, daß niemand in die Zukunft sehen kann. Daß es noch bis 1974 dauern würde, ehe die ersten Verträge zwischen Bonn und Ostberlin unterzeichnet würden, die Europäische Gipfelkonferenz beginnen würde, in allen Stellen der Erde Friedensschlüsse zustande kämen. Wer hätte das geahnt? Niemand hätte die Kraft gehabt, damals weiter zu machen; wer plant schon sein vierzigstes Lebensjahr, wenn er 25 ist? Damals aber: Aufbruchstimmung. Der Tuchokreis blühte. Ernst Busch sang. Immer mehr Professoren strömten in die Friedensbewegung. Während der Tucholsky-Lyrik-Preis verliehen wird – einer der Preisträger ist Andreas Okopenko – setzen wir schon den Grafik-Preis 1958 aus. Grafikpreisträger war Jürgen Beckelmann. Im Sommer erscheinen wir schon 14tägig. In der ersten Juliausgabe erscheint der erste Leitartikel von Hans Magnus Enzensberger: »Neue Vorschläge für Atomwaffengegner«. Der Offsetdruck ermöglicht neue grafische Finessen. Zu dem Oldtimer Sikorra, der schon das Bühnenbild für unser Theater gemacht hatte, kamen der Grafiker Landefeld, ein Masareelnachfahre, der Illustrator Grässe und Zie Tzaro, dessen Nonsenszeichnungen KONKRET mehr bekannt machten als meine Leitartikel.

Zie Tzaro machte auch den Umbruch und die Titelfotos. Es war ein Däne namens Vitting, er wohnte auch bei den lieben Altkommunisten Hofman in Ottensen und bei ihrer sanften Tochter Ilse, der »Ho«.

Und Grässe kam damals zu uns, der für die nächsten vier Jahre die riesigen, farbigen Titelbilder machen sollte, an die sich alle ehemaligen KONKRET-Leser mit Wehmut erinnern, Dulles und die Ledernacken und der Kolonialismus und Chruschtschow als Axt im Walde und Strauß, immer wieder Strauß, immer wieder Algerienkrieg, das brachte KONKRET. Ich hatte von Kurt Desch den Vorabdruck von Henri Allegs Buch *Die Folter* erworben, das überzeugte nun wirklich den letzten Studenten gegen den Kolonialismus, das haute sie um. Das waren nicht wenige, die KONKRET-Leser, das waren, wie bald durch eine Allensbacher Untersuchung auf Initiative des CDU-Abgeordneten Martin festgestellt wurde, ein Drittel: 33 % der Studentenschaft lasen uns regelmäßig oder häufig.

Grässe war ein Sonderfall, den hatten wir im Grunde Stalin zu verdanken, eine der Paradoxien dieser einzigen unabhängigen kommunistischen Zeitung: Grässe kam aus einem Zuchthaus der DDR.

Ein Roman für sich. Mutter Italienerin, mit 17 geht der Junge, der gut zeichnen kann, auf Tour, will seinen leiblichen Vater besuchen, der wohnt in der sowjetischen Besatzungszone. Als er schon auf dem Rückweg ist, fast die Grenze passiert hat, machen Sowjetsoldaten (wer hat vollbracht all die Taten, die uns befreit von der Fron?) sein Gepäck auf, da sind Stalinkarikaturen drin: 15 Jahre Zuchthaus wegen antisowjetischer Hetze, verhängt nach dem Besatzungsrecht, das noch gilt. Grässe versinkt hinter Zuchthausmauern mit den Träumen und dem halbfertigen Seelenleben eines 17jährigen, zeichnet wirre, sadistische, verrückte, infantile, sexuelle Phantasien auf lose Blätter. Wird nach sieben Jahren begnadigt. Der 24jährige bekommt im Westen viele tausend Mark Wiedergutmachung. Er geht ins nächste Geschäft und kauft sich eine Cowboy-Ausrüstung, zwei Knallpistolen. Der wollte auch gegen die Apokalypse eines neuen Atomkrieges etwas unternehmen, gegen Hunger, Kolonialismus, Ausbeutung. Der kam auch zu KONKRET.

Der erste Putsch

Als alles scheinbar wohlgeordnet und im Aufstreben war
– wir vor dem Berliner Studentenkongreß, wir vor neuen großen Erfolgen – da, aus heiterem Himmel kam der Putsch. Der erste (mißlungene) Putsch. Unter »Putsch« verstanden wir damals und auch heute den Versuch mehrerer oder sogar vieler Mitarbeiter, mich aus dem Blatt zu vertreiben.

Aus eigenem Interesse (weil niemand sich gerne vertreiben läßt), aber auch im wohlverstandenen Interesse der dritten gemeinsamen Sache war ich stets genötigt, diese Putsche niederzuschlagen. Für den Fall ihres Gelingens fürchtete ich das Schlimmste für die Zeitung. Mit Recht, wie anhand des letzten, endlich geglückten Putsches erwiesen ist, des Gremliza-Neuhauserputsches von 1973.

Viele Köche verderben den Brei. Ich habe nie so recht an die Kreativität von Kollektiven geglaubt. Ich habe immer den Verdacht, auch bei allen sogenannten »kreativen Teams«: einer hat die Idee und die anderen quatschen mit. Nachher war's dann eine Gemeinschaftsleistung. Dagegen hab ich was. Ich bin der Ansicht, Kreativität ist nicht unter die zu enteignenden Produktionsmittel einzureihen, auch nicht ihr Ergebnis. Auch in den Sozialistischen Ländern gilt schließlich das Urheberrecht. Niemand würde ernsthaft das Romanwerk von Lenz

136

oder Böll vergesellschaften wollen. Wieso aber ein ebenso kompliziertes Gebilde wie eine kleine literarisch-politische Zeitung, die ganz durch die Person ihres Herausgebers gebildet und getragen wird?

Dies hier war nun der erste der vielen Versuche, geistiges Eigentum zu stibitzen und Aufgebautes in Hände zu überführen, die nichts aufgebaut hatten.

Im Grunde unterschied sich dieser Putsch nicht von allen späteren, bis hin zum letzten Gremliza-Putsch. Es lag ihnen immer das gleiche Prinzip zugrunde: Einer hat etwas in Gang gebracht, was wir nicht geschafft hätten. Nun läuft das Unternehmen. Laß es uns übernehmen. Im Namen des Friedens, des Fortschritts und des Sozialismus. Die Zeitung war nun aus dem Ärgsten raus, hatte Auflage, Ansehen, Witz und Originalität und einen Stamme von Autoren. Sollte man das nicht ohne den Herausgeber weitermachen können, zumal, wenn dieser in vieler Hinsicht unbequem war?

Ich bot ja genug Anlaß zur Kritik. Ich nahm nichts richtig ernst. War immer ein bißchen verspielt, auch beim Fortschritt der Menschheit. Immer private Sachen im Kopf. Ich wollte nicht auf die Endzeit warten, traute dem Frieden nie so ganz, aß auch vor dem Endsieg schon mal ein gutes Stück Fleisch. In diesem Jahr aber war ich zum ersten Mal ernsthaft beschäftigt mit der Arbeiterklasse in Gestalt jener Verkäuferin. Ich war oft nicht im Dienst, überließ vieles Stellvertretern und dem Selbstlauf. Kam dann in letzter Minute, sah, daß alles schlecht war und wollte wenigstens das Notwendigste ändern. Das änderten die denn auch, sahen das auch ein, aber knurrten. Ich hatte die schönen Ideen, auch die kleinen Alltagsideen, hatte den Schwung, die Euphorie, die alle ansteckte, heute den, morgen den. Ich vernachlässigte Druckfehler und Satzzeichen, Korrespondenz und die liebevolle Pflege des Gewonnenen. Enzensberger wird damals zum Beispiel für immer vergrätzt worden sein. Sein erster Leitartikel bei uns erschien unter dem Namen *Ernst* Magnus Enzensberger. Ich hatte das aus dem Gedächtnis diktiert, habe aber kein Namensgedächtnis. Es war schlimmer als bei Philips Valvo. So ging es mit vielen Sachen. Grund zur Kritik, aber nicht zum Putsch, fand ich.

Dennoch wurde er mit allen Finessen eines Kaisermordes zur Zeit der römischen Soldatenkaiser geplant und ausgeführt. Es gab schließlich eine kleine Schwierigkeit. Wie setzt man den offiziellen Herausgeber einer legalen Zeitung ab, was nur unter Mitarbeit der illegalen Basis möglich ist, die nicht enttarnt werden darf? Eine komplizierte Operation.

Der sie einfädelte, sei hier als einziger nicht mit Namen genannt. Nennen wir ihn Ralf. Er war eine solche Figur, daß ich seine Identität lieber ein bißchen verschleiern will, ihn aus mehreren Personen zusammensetzen will, um ihn nicht in Teufels Küche zu bringen. Schlimm genug, daß es solche Leute damals gab, die im Zwielicht solcher halblegalen Tarntätigkeiten gediehen und nicht belangt werden konnten. Ralf, unser Geldverwalter. Wir beschuldigten ihn, erbarmungslos uns und die Partei an der Nase herumzuführen. Wenn es hart auf hart kam, wenn mal alles geprüft werden sollte, hatte er gerade die Rechnungen, die er als Quittungen ausgegeben hatte, wie wir argwöhnten, vernichten »müssen«. Hatte ein Auto des Verfassungsschutzes vor dem Haus stehen sehen und schnell alles durch die Mangel gedreht, in die Toilette gespült. Als er zu uns kam, fuhr er einen Volkswagen, der vielleicht noch 500 Mark wert war. Als er endlich (von Ulrike übrigens) entlarvt und ausgestoßen wurde, hatte er ein Haus fast abbezahlt, fuhr einen großen Wagen, einen Zweitwagen für die Freundin, ein Segelboot, und besaß eine gutgehende Firma. Ab mit Verlust.

Ralf wieselte von Mitarbeiter zu Mitarbeiter. Sprach über meine Schwächen. Deutete an, die da oben seien mit mir unzufrieden. Wiegelte die besten Kumpels auf. Deutete denen da drüben an, die Mitarbeiter seien mit mir unzufrieden. Gewann dort Zustimmung, wo meine Anti-Ostartikel Unzufriedenheit erweckt hatten, hier Zustimmung, weil man mich als proöstlich ansah, mehr Bewegungsfreiheit erwartete. Am 6. November war es dann soweit. Alles an einem Tag: Scheidung von Bruni, Trennung von der Verkäuferin nach Ablehnung, sie zu heiraten, Aufforderung der Mitarbeiter, die Führung abzugeben oder zu teilen.

Das war alles am Vormittag. Mittags saßen wir im Flugzeug nach Ostberlin, abends war das Urteil schon gefällt. Der einzige, der voll zu mir hielt, mit mir auf die Intrige schimpfte, war mein Freund Reini. Reinhard Opitz, ausersehen, mein Nachfolger zu werden. Das Tribunal war kurz. Die Mitarbeiter waren gegen mich, den Argumenten des Geldmachers Ralf wurde geglaubt.

Alles andere war den schlichten Gemütern zu kompliziert. Den Ausschlag sollte Opitz geben. Er ging hinein in die Parteisitzung als mein Freund, der die Intrige gegen mich kannte. Er kam heraus als mein Nachfolger.

Aus. Man legte mir nahe, eine Tätigkeit als freier Publizist auszuüben, mich irgendwo zu bewerben. Ich könnte übrigens für KONKRET ja weiter schreiben, gelegentlich. Ich fuhr nach Hause, wie vor den Kopf geschlagen. Aus mit dem großen Friedenslager, das mich nie im Stich lassen würde, ein Drittel der Erde und bald mehr. Noch mehr vor den Kopf geschlagen war mein Freund Opitz. Man hatte ihm gesagt, d. h. Ralf hatte gesagt, er müsse gegen mich stimmen. Das sei ein Parteiauftrag, seine Bewährung. Ich weiß, es hört sich an wie ein Hintertreppenroman, aber Intrigen sind so primitiv. Als ich nach langem Bohren herausbekam, daß Reini, obwohl Nachfolger, gegen seinen Willen gestimmt hatte, aus vermeintlicher Parteidisziplin, war ich wieder guten Mutes. Ich würde die Intrige aufdecken können durch eine einfache Gegenüberstellung. Die Partei würde, anders als in antikommunistischen Romanen und Erinnerungsbüchern, ihren Irrtum einsehen und ihren Beschluß revidieren. Sie revidierte ihren Beschluß tatsächlich. Ich dankte ihr durch langjährige Treue. Solange es irgend ging.

Ich will es nicht verschweigen: Parteibeschlüsse umzuwerfen ist schwierig. Es genügt nicht allein, recht zu haben, einer Böswilligkeit zum Opfer gefallen zu sein. Man muß schon etwas mehr anbieten können. Macht. Ich mobilisierte die Basis. Die »bürgerlichen« Mitarbeiter, die Atomausschüsse. In einer Mitarbeiterkonferenz stellte ich meine Person zur Diskussion. Die Außenbezirke standen wie ein Mann. Ilka Schnabel, Gerd Lauschke, Rudolf Schulz, Hans Stern, vor allem Ulrike Meinhof und Erika Runge retteten mich. Ich wurde rehabilitiert, vollkommen, ohne Einschränkung. Reinhard Opitz' Zeugnis gab den Ausschlag. Die Rehabilitierung hatte nur ein Loch. Jener »Ralf« wurde nicht ausgeschaltet, bestraft, »in die Elbe geworfen« oder was immer er verdient hätte. Er blieb Geldverwalter.

Was hatte »Ralf« für ein Interesse, diesen ersten Putsch zu veranstalten? Zweierlei, vollkommen voneinander getrennte Motive: 1. Als Altkommunist und Stalinist sah er mich mit Recht als Abweichler an, dessen Skeptizismus und Ironie eines Tages der Partei schaden würde. Als Geldverwalter wußte er, daß ich ihn der Riesenschwindelei (Rechnungen statt Quittungen) verdächtigte. Aus beiden Gründen wollte er mich loswerden.

Lange Zeit hieß es immer, wenn ich von den Geldgeschichten anfangen wollte: Klaus und Ralf sind wie Hund und Katze, die streiten immer. Ihr müßt euch zusammenraufen, hieß es. Räuber und Gendarm sollten nicht so viel streiten, meinten unsere biederen Kaderführer, die nicht mehr als 800 Mark verdienen durften, weil das ein Arbeitergehalt ist.

Erst Ulrike konnte Ralf viele Jahre später entlarven. Sie nahm sich Zeit. Sie verhörte ihn drei Tage lang, unter Zeugen, in der Bundesrepublik. Am Ende brach der hartgesottene Charakter unter Tränen zusammen und machte eine umfassende Aussage: alle meine Vorwürfe waren berechtigt gewesen.

Ich behielt die Zeitung, uneingeschränkt. Ich dankte der Partei durch den ersten und wahrscheinlich sogar letzten großen Erfolg, den sie nach dem Krieg in der Bundesrepublik hatte: den Studentenkongreß gegen Atomare Aufrüstung in Westberlin, 3.–4. Januar 1959.

Ich gebe zu, daß wir diesen Kongreß ein bißchen nach unseren Vorstellungen gelenkt haben, andere würden sogar sagen, manipuliert haben. Aber, wir waren völlig durch das Widerstandsrecht gedeckt, wir handelten in Notwehr: Unsere Gegner, Skriver, Rexin, Geßler hatten den direkten Auftrag der SPD, auf diesem Kongreß die KONKRET-Fraktion zu isolieren und zu schlagen. Darüber gibt es Akten. Wer könnte uns verübeln, daß wir uns wehrten? Wer übelnehmen, daß wir Erfolg hatten? Wir hatten schließlich den Wind der Geschichte im Rücken, Stern, Opitz und Ulrike, Riemeck und Kuby auf unserer Seite. Sie nur Hans Werner Richter.

Ich wirkte im stillen, war nicht mal offizieller Teilnehmer. Dennoch konnte ich sehen, wo die Schwäche des Gegners lag, wo wir angreifen mußten, und wo nicht.

Der Kongreß war von Leuten der SPD-Zentrale gut vorbereitet. Das Präsidium stand schon fest. Die Tagesordnung lag fest, das sollte das Schlimmste verhindern. Die Arbeitsgruppen lagen fest, da konnte nichts passieren, und die Schlußveranstaltung war nur noch eine Kundgebung, da konnte nichts mehr beschlossen werden. So manipuliert man einen Kongreß der Studentenbewegung. Wie wehrt man sich dagegen?

Kongreßbeginn. 318 Delegierte aller Atomwaffengegner der Bundesrepublik im Wirtschaftswissenschaftlichen

Institut der FU, Dahlem. Der Sprecher begrüßt, stellt das Präsidium vor, weist auf die Tagesordnung hin. Da meldet sich einer von uns sehr laut. Ulrike: Diese Versammlung ist souverän. Das Präsidium ist nicht gewählt, ich beantrage, daß das Präsidium gewählt wird. Nur das Präsidium kann die Tagesordnung festlegen und die Ausschüsse. Der erste Sieg. Die Versammlung erklärt sich souverän, ein Präsidium zu wählen. Wir bringen zwei von uns durch, aber noch drei neutrale »wohlwollende« Professoren.

Das Präsidium ändert die Tagesordnung, es wertet den sogenannten Hauptausschuß ab, es beschließt andere Arbeitskreise, es gibt der Vollversammlung das Recht, über die Schlußresolution zu entscheiden.

Unsere Leute besetzen fast alle Schlüsselpositionen. Zum Beispiel die Diskussionsleiter, die die Resolutionen dann spruchreif machen werden. Alles sehr demokratisch. Wir haben einen Sieg errungen über die Manipulation. Man wollte uns per Tagesordnung abwürgen. Wir wehrten uns per Tagesordnung.

Der weitere Kongreßverlauf ist schnell erzählt.

Wir wollten, ganz einfach gesagt, den Sieg, obwohl wir nicht die Mehrheit besaßen. Es gab fünf Ausschüsse. Zwei davon beschickten wir überhaupt nicht, einen hatte ich überhaupt nur erdacht, um dort potentielle Gegner zu binden. Blieben zwei Ausschüsse, der gesamtdeutsche und der internationale. Wir konzentrierten unsere besten Kräfte scheinbar im internationalen Ausschuß, banden die besten Redner der anderen in Scheingefechten. In unserem Ausschuß traten Ulrike, Erika und ich auf, Diskussionsleiterin war Ulrike. Helmut Schmidt – Starredner der SPD, verzettelte sich in langen Diskussionsgefechten mit Ulrike.

Die Entscheidung fiel im anderen Ausschuß, im Gesamtdeutschen. Wir hatten ja mehr gute Leute. Opitz und Stern brachten dort mit Hilfe von Erich Kuby eine Resolution durch, die für die damalige Zeit sensationell war. Im Jahre 1959 wurde da die Politik der Bundesregierung von 1974 vorformuliert:

Verständigung mit der DDR. Abbau der Haßpropaganda. Verhandlungen und Abkommen, nachbarschaftliche Beziehungen.

Wahrscheinlich wäre der Kongreß nicht so aufgebauscht worden – die Zeitungen berichteten eine ganze Woche lang davon –, wenn er gleichzeitig eine antikommunistische Resolution vorgelegt hätte. Das verhinderte Ulrike. Im Hauptausschuß. Wir alle schliefen in diesen zwei Tagen 24 Stunden nicht – Ulrike schlief 48 Stunden nicht. Sie erledigte den Hauptausschuß: durch Schlaflosigkeit. Erst hatte der Hauptausschuß auf ihren Antrag ein Vetorecht für jedermann beschlossen. Jetzt wandte sie das Veto an. Sie war überzeugt: jede antiöstliche, antikommunistische Resolution hätte den Kongreß verwässert, in ein vages »Gegen den Atomtod in Ost und West«. Sie legte sich krumm. Bei jeder Anti-Ostresolution ein Veto. Sie stand, 48 Stunden ohne Schlaf, wie eine Eins, ohne chinesische Gymnastik. Um 6.00 Uhr früh kippten die anderen Teilnehmer (nicht wahr, Reimar Lenz?) einfach aus den Latschen. Es gab keinen Antikommunismus. Die hatten sogar noch das Gefühl, einen Kompromiß geschlossen zu haben. Ulrike hatte die seltene Fähigkeit, äußerste Härte als Kompromiß, die extremste Aussage als Zugeständnis verkaufen zu können.

War der Kongreß kommunistisch gelenkt, unterwandert, wie es später hieß? Schließlich trennte uns nur eine S-Bahnfahrt von unseren Friedensfreunden in Ostberlin. War unsere Schlußresolution, die sensationelle, die Erich Kuby auch heute noch glaubt, mitformuliert zu haben, in Ostberlin vorgefertigt? Das sind so Fragen. Tatsache ist, der Mensch ist auch nur ein Mensch. Wir hatten keine Zeit, nach drüben zu fahren. Es wäre auch überflüssig gewesen. Wir machten das bißchen alleine. Am Morgen unseres vollständigen Sieges ging ich durch die Ausschüsse, Hörsaal für Hörsaal, rief unsere Leute heraus und verteilte Vitamintabletten, Traubenzucker und die eben erschienene Tageszeitung mit der Schlagzeile »Castro zieht in Havanna ein!«

Die Verblüffung war vollständig. Die Partei konnte den Sieg gar nicht fassen. Die Zeitungsausschnitte über KONKRET, sonst schmale Briefumschläge (wenn überhaupt), kamen schuhkartonweise ins Haus.

Die Generale an die Laternen!

Gleichzeitig siegte die KONKRET-Fraktion auch auf einem anderen Schauplatz. Im Sozialistischen Deutschen Studentenbund (SDS). Ein Sieg auf der ganzen Linie, aber frag mich nicht wie. Ein Jahrzehnt hatte der SDS am Rande der Studentenschaft ein unbedeutendes Leben

konkret

konkret - Die Unabhängige Deutsche Studentenzeitung für Kultur und Politik. Herausgegeben im Auftrage des Arbeitskreises Progressive Kunst an der Universität Hamburg, Sektion Literatur, von Claus Rainer Röhl, Hamburg. Verlag: Selbstverlag. Anschrift für Verlag und Redaktion der Deutschland-Ausgabe: Hamburg 36, Kaiser-Wilhelm-Str. 76/II. Ruf: 347233 Verantwortl. Redakteur: Cl. R. Rühl.

2
59

UNABHÄNGIGE ZEITSCHRIFT FÜR KULTUR UND POLITIK

40 Pf, Studenten 10 Pf – Postverlagsort Hamburg — 2. Januar—Ausgabe 1959

Westdeutsche Studenten fordern:
In Deutschland muß verhandelt werden
Studentenkongreß gegen Atomrüstung in Westberlin / Bonnals Politik umstritten

Propaganda

Nach dem Westberliner "Studentenkongreß gegen Atomrüstung"
Studenten stehen zu ihren Beschlüssen
Falschmeldungen der Westpresse zerstört / Kongreß – ein entscheidender Durchbruch

Aufruf zur Kapitulation
Antiatom-Agitation brachte von der deutschen Einheit nicht aus

Studenten ließen sich überfahren
Der Atomkongreß in Berlin – Ein Musterbeispiel kommunistischen Untergrundwirkens

Das Trauerspiel in der FU

Studenten für Verhandlungen
Aufsehenerregender Beschluß des Westberliner Studentenkongresses

Der Atomkongreß in Berlin

Beim "Studentenkongreß gegen Atomrüstung" gab es Krach – Unter den Teilnehmern waren
Abenteurer

Anti-Atom-Kampagne

3.–4. Januar 1959: Der Studentenkongreß gegen Atomrüstung entscheidet sich in Berlin für Verhandlungen.

Konföderations-Idee ergreift die Studenten

Niederlage der Adenauer-Leute um die SPD

Skandal in der Freien Universität
Anti-Atom-Studenten für Konföderation Bonn-Pankow

Die Studenten haben keine Schuld

Westdeutsche Studenten gegen Atomrüstung und für Verhandlungen

Sturm auf dem Studentenkongreß

In der FU ging es östlich zu

Gefährliche Dummheit

Studentenkongreß ideologisch unterwandert
Kommunisten überspielten westdeutsche Atomgegner – SPD-Abgeordneter protestierte

Im Hörsaal tobte eine **Propaganda-Schlacht**
Studenten gegen den Kommunisten auf den Leim

Westdeutsche Studenten gegen Atomrüstung und für Verhandlungen

Studenten solidarisch

Was sagt der Rektor der FU dazu?
Ein Kongreß der politischen Scharlatane
Anti-Atom-Kampagne der Studentenausschüsse landet in der trüben Universität

Studenten distanzieren sich

Fortsetzung der Hitlerei
Westdeutsche Studenten warnen vor der Atomrüstung – Verhandlungen und neue Möglichkeiten der Entspannung – Versailler?

Totengräber unserer Freiheit

CDU kritisiert Studenten
Zeitungsnahme zu dem Atom-Kongreß

Weststudenten "abgewürgt"
Kommunistengruppe in Gefecht von Anti-Atomwirren

25. März 1958: Die Regierungsparteien entscheiden sich in Bonn für Atombewaffnung.

Anti-Atomkundgebung

"Studentenkongreß" mit Linksruck und Skandal
Peinliche Entgleisungen auf dem "Kongreß gegen Atomrüstung" in Westberlin

ASTA sieht erste Diskussionsgrundlage

"Wir weigern uns, mit Adenauer unterzugehen"
Westberliner "Studentenkongreß gegen Atomrüstung" beendet – Bekenntnis Schülerhilfstag

Kundgebung gegen das Grauen

Überrollte Idealisten

Mutige Absage an die Adenauer-Politik

Hunderte Zeitungsausschnitte: Was ist mit den Studenten?

146

gefristet, ein kleiner verzagter Haufen ohne Korpsgeist und Schwung. Wirkungslos, bedeutungslos. Dennoch mußte man drin sein, wenn man in der Partei Karriere machen wollte. Helmut Schmidt kommt aus dem SDS, Ulrich Lohmar, Jochen Steffen und viele andere. Die Linie des SDS ist immer linientreu gewesen. Abweichler wurden sofort gemaßregelt. Vorstandswahlen Monate vorher mit der Partei abgesprochen. Ein Zustand, der bei den Jungsozialisten bis 1968 andauerte.

Hier tritt schon 1958 ein Wandel ein. Wieder gibt die Antiatombewegung den Ausschlag. Viele neue Genossen, wie Ulrike, waren in die Gruppen aufgenommen worden, andere, langjährige Mitarbeiter hatten die ewige Gängelung von oben satt, die manipulierten Wahlen, die Unbeweglichkeit, die den SDS zur Randgruppe hatten erstarren lassen. Ein irgendwie geartetes sozialistisches Selbstverständnis gab es nicht, es gab keine Vorstellungen von Demokratischem Sozialismus, von gesellschaftlichen Veränderungen. Die einzig herrschende Ideologie war der Antikommunismus. Diese wird im Jahre 58 plötzlich fragwürdig, trägt nicht mehr als Antwort auf die Gegenwartsfragen, die nun auf der Tagesordnung stehen. Eine ganze Generation von SDS-Führern der alten Garnitur ist gerade abgetreten, eine neue Generation schickt sich an, die Macht zu übernehmen.

Wir halfen nach Kräften dabei. Wir stürzten uns auf zwei Gruppen: eine Gruppe sozialistischer Theoretiker um Jürgen Seifert, Oskar Negt, Elmar Altvater und andere Väter der antiautoritären Bewegung. Und eine Gruppe rauhbeiniger Praktiker, heute würde man sagen »Spontis«, die überhaupt keine Ideologie haben, die nur das Parteiestablishment satt haben und an die Macht wollen, ohne im geringsten zu wissen, was sie mit der Macht anfangen sollen. Sie haben nur eine Fahne, auf die sie schwören, einen Mann, dem sie blind vertrauen. Das ist ein Diplomvolkswirt aus Österreich, Osswald Hüller. »Ossi« aber ist unser Freund. Reinhard Opitz ist ständig an seiner Seite, arbeitet für ihn Reden und Grundsatzpapiere aus, die Ossi dann durchbringt. Wenn Ossi mal nicht weiter weiß, ruft er notfalls mitten in einer Sitzung an und fragt, was er machen soll. Seine Kumpane sind wahre Prachtgesellen. Landsknechte des Fortschritts, humorig und ruppig, die lassen den Teufel tanzen. Ossi hat noch nicht genug Stimmen? Macht nichts, dann werden eben ein paar Gruppen gegründet, an Hochschulen, wo es noch keinen SDS gibt, nie einen gab. Da geht einer hin und läßt sich einschreiben, fertig ist die SDS-Gruppe. Macht zwei Delegiertenstimmen. Hat man nicht von oben jahrelang zynisch die Wahlergebnisse manipuliert? Jetzt wird mit den gleichen Mitteln dagegen manipuliert, für die gute Sache.

Ossi wird, mit den Stimmen der Theoretiker, mit großer Mehrheit zum SDS-Chef gewählt, Oktober 58. Die Erklärung, die er gleich darauf abgibt, hat Opitz mitformuliert. Bis in die tiefe Nacht feiern seine Kumpane den Sieg, lachen sich tot über die Szene, wie einer aus Ossis Hochburg Karlsruhe mal eben schnell nach Mannheim geschickt wird, um dort eine SDS-Gruppe zu gründen, wie der in der Versammlung aufgestanden ist und, schon voll des süßen Freibiers, den Arm hob und brüllte: Ossi!

Die SDS-Gruppe Mannheim steht wie *ein* Mann hinter dir!

Und noch spät in der Nacht grölt die Ossi-Fraktion immer wieder ihr neues Landsknechtslied, zur Melodie eines alten Fanfarenmarsches:

> Hoch die Generale, hoch die Generale
> Hoch die Generale von der Bundeswehr
> An die Laternenpfahle, an die Laternenpfahle
> An die Laternenpfahle von der D-D-R
>
> Wir woll'n die volle, volle, volle
> Diktatur des Prolle-, Prolle-
> Diktatur des Prolle-, Prole-tariats!

Es waren Prachtjungs. Natürlich war das pure Ironie, Bierwitze waren das. In ein paar Jahren sollten das Ernst werden. Diese hier hatten weder Sympathien für die DDR noch irgendeine Vorstellung vom Marxismus. Es waren Ossis Saufkumpane.

Ossi wurde, hochgetrieben und gewählt wie ein Soldatenkaiser in Rom, ein Jahr später mit Schimpf und Schande wieder abgewählt. Er schilderte uns seinen Abgang: »Genossen hab i g'sagt – ös gibt nur einen Sozialismus! Und dann bin i raus.«

Er ging dann in die freie Wirtschaft und spezialisierte sich auf Industrieansiedlungen. Er ist Geschäftsführer einer Siedlungsfirma, Aufsichtsratsmitglied einer anderen, Inhaber dreier weiterer Firmen. Mit seiner Hilfe werden ganze Industriebetriebe an- und umgesiedelt. Ein bedeutender Mann der Wirtschaft.

Wir wollen Frieden – auf lange Dauer ...

Wir siegten immer weiter, fuhren von Kongreß zu Kongreß, immer neue Aktivitäten, immer neue Leute. Der nächste Kongreß, zusammen mit SDS und der Internationale der Kriegdienstverweigerer und anderer Gruppen, wird ganz von KONKRET beherrscht. Er heißt »Für Demokratie – gegen Militarismus und Restauration«. Ulrike setzte dort, zum ersten Mal im Nachkriegsdeutschland, den Beschluß durch, die Oder-Neiße-Linie anzuerkennen. Eine Banalität heute, damals eine Revolution. Vergebens stemmen sich die besten Leute der SPD gegen unseren Aktivismus, wollen die Einheit mit der Partei erhalten. Wolfgang Abendroth verteidigt vor 400 Teilnehmern vergeblich das »Godesberger Programm« der SPD gegen mich. Er möge mir verzeihen, er, der heute viel weiter nach links gedrängt wurde, hatte damals recht. Wir hatten schon den Sinn für die Realitäten verloren. Wir siegten in den von uns einberufenen Kongressen und waren in der Wirklichkeit schon isoliert.

Mir wurde allmählich Angst. Noch ein Sieg und wir sind verloren. Aber es war eine schöne Zeit. Wir lernten Deutschland kennen. Die Mitarbeiter von KONKRET – wir hatten nun Korrespondenten an jeder wichtigen Hochschule – trafen sich regelmäßig zu sogenannten Korrespondenten-Konferenzen. Unsere romantischen »Ko-Konferenzen«, die wir schon bald nicht mehr missen mochten! Irgendwo, in landschaftlich schönen Gegenden mieteten wir ein ganzes Hotel, hielten Sitzungen ab, gingen spazieren, trieben Sport, abends sangen und tranken wir, Liebespärchen bildeten sich und gingen wieder auseinander. Da wurde Rudi Schultz seine Lili los und Jürgen Holtkamp ihr Mann. Stern fand seine Ilka und Reini warf sein Auge, nach Ulrike, auf eine andere. Erika und Ulrike wetteiferten um die Palme der schönsten und politisch interessantesten KONKRET-Frau. Grundsatzreferate wurden gehalten und Späße getrieben, und das Geld floß, nicht in Strömen, aber ausreichend. Wir waren eine große, harmlose, liebende Gemeinde.

Auf dem Rückweg nach Hamburg sangen wir begeistert und ironisch und vor allem ganz laut unser neues Lied:

> Wir wollen Frieden – auf lange Dauer!
> Nieder mit Strauß – Nieder mit Adenauer!
> Keine Raketen – Keine Atome!
> Wir fordern die Atomfreie Zone!
> Das ganze Deutschland stimmt mit uns ein:
> Wir wollen frei von Atomwaffen sein.

Der Text klingt primitiv. Die Vertonung war es nicht. Die war von dem berühmten DDR-Komponisten Hanns Eisler. Der Text stammte angeblich von handgemalten Transparenten, die Hamburger Hafenarbeiter bei Demonstrationen gezeigt hatten. Das sangen wir, wir waren so naiv, daß die Polizei es hätte verbieten müssen. Aber alle waren naiv damals, alle Linken. Die große Bewußtheit, aber auch die große Kälte, kam erst später.

Natürlich machten wir uns trotzdem lustig über die »atomfreie Zone«, wie sollte man denn auch nur ein Molekül bilden können ohne Atome? Wir lächelten über

diese Losungen und waren harmlos und unaggressiv wie
unsere Transparente und die Losungen des Ostermarsches. Nieder mit Strauß. Weiter nichts. Nach uns kamen
andere. Fünf Jahre später kam Rolv Heuer, damals noch
Schüler, in unsere Redaktion, kam aus Paris und brachte
einen Song auf Strauß mit, den damals die Provos, die
Vorläufer der heutigen Chaoten, sangen, der ging schon
anders: »Wir jagen Mister Strauß in ein Minenfeld hinein – am Tage der Revolution.« Zu singen nach der Melodie Glorie, Glorie Halleluja.

Federball – Turnier mit Manfred Kapluck

Darauf wären wir damals nicht gekommen, ganz besonders Ulrike nicht. Wir hatten Zorn auf die Machthaber,
aber keinen Haß. Auch der Zorn gegen das Unrecht verzerrt die Züge, unsere Züge aber waren heiter und locker,
unsere Illegalität, unsere Kämpfe machten uns Spaß.
Vor der Ko-Konferenz fuhren wir nach drüben, zu unseren illegalen Genossen. Bereiteten dort die Konferenz
vor. Beratschlagten, wen wir diesmal in die Partei aufnehmen könnten. Nachher fuhren wir wieder nach drüben, neue Mitglieder mitbringend. Auch drüben paßte
man sich dem neuen, idyllischen Stil allmählich an. Die
Treffen fanden nicht mehr in jenen trüben, unpersönli-
chen Stadtwohnungen statt. Aus »Sicherheitsgründen«
verließen wir ganz das Stadtgebiet Ostberlins, trafen
uns im DDR-Gebiet, in einer versteckten Villa in Caputh
am stillen und verschilften Schwielow-See, einem der vie-

len märkischen Seen, wo man schwimmen konnte und Bootfahren und Federball spielen und gut essen und trinken und gute, nützliche Reden über den Fortschritt der Menschheit führen. Und keiner, der unseren Manfred Kapluck, unseren »Scheppel« im Federball besiegen konnte, so einen harten Schmetterball schlug der.

Wir schlugen aber natürlich nicht nur Federbälle, wir schlugen alle Rekorde, überrundeten alle anderen Studentenzeitungen an Auflage und Wirkung, schlugen unsere Gegner, meistens rechte SPD-Leute, auf allen Veranstaltungen, in allen Verbänden und Diskussionen.

Eines Tages schlug die SPD zurück. Im September auf der nächsten Delegiertentagung wurden alle unsere Mitarbeiter aus dem SDS ausgeschlossen, die Mitgliedschaft in der SPD war schon für unvereinbar mit der Mitarbeit an KONKRET erklärt worden. Es war zu spät, der Prozeß schon zu weit fortgeschritten. Im Winter wurde der ganze SDS aus der Partei ausgeschlossen. Er sank wieder zu seiner früheren Bedeutungslosigkeit ab, seine Mitglieder liefen auseinander. Die besten Köpfe zogen sich in eine jahrelange Theoriearbeit zurück, aus der sie sechs Jahre später als außerparlamentarische Opposition, als Bestandteil der »Antiautoritären Bewegung« wieder hervortreten würden.

Heimliche Verlobung mit Ulrike

KONKRET stand vor einem Trümmerhaufen. Das ewige Herumreisen, das Organisieren und Manipulieren hatte die Zeitung ausgeblutet. Der ursprünglich großartige Kulturteil war verödet und wurde nur noch durch Jürgen Haderlev aufrechterhalten, den wir schon früh als Schreibtalent entdeckt hatten und der nun das Feuilleton machte. Rühmkorf, dem das allzu politische Management nicht mehr behagte, der auch schon langsam als Schriftsteller bekannt wurde, ging als Lektor zu Rowohlt. Aber das Feuilleton war noch das Beste am Heft. Haderlevs Buchkritik, die Literatur des besseren Deutschland, das Bücherabteil, der Literaturbrief an einen Eskimo und unzählige Sachen, die unseren guten Ruf als Literaturzeitung aufrechterhielten. Dennoch, im Herbst 59 war die Zeitung einfach nur noch schlecht. Lieblos gemacht, von unterschiedlicher Qualität, ohne rechtes Konzept. Reinis geflügeltes Wort: »Man muß erst etwas machen, um dann darüber zu schreiben«, war ad absurdum geführt.

Zum Jahreswechsel 59/60 konnte ich mich auf einer großen Konferenz aller Redakteure und freien Mitarbeiter mit der zunächst verblüffenden These durchsetzen: *»Die Hauptaufgabe der Zeitung – ist die Zeitung selbst!«*

Es begann die zweite Blütezeit von KONKRET. Ulrike übernahm die Auslandsredaktion, im Oktober 59 erschien ihr erster Leitartikel. Jürgen Holtkamp, sieben Sprachen sprechend, übernahm die studentische Auslandsredaktion, Rudolf Schultz und Erika Runge den

Studententeil, Hans Stern das Politische Buch, Haderlev das Feuilleton, Klaus Steffens die Filmredaktion, aus der er Patalas und Gregor wieder verdrängte. Nicht lange. Eines Tages sagte Ulrike sehr bestimmt zu ihm: Wir brauchen einen Geschäftsführer, einen kaufmännischen Manager, Klaus, das machst du. Klaus Steffens ließ seinen Jugendtraum vom Filmredakteur fallen und diente der Sache künftig als kaufmännischer Leiter, gegen alle anders lautenden Gerüchte stets gut und erfolgreich. Er schaffte die Voraussetzungen zu dem Plan, die Zeitung eines Tages von Zuschüssen unabhängig zu machen, eines Tages die Uni zu verlassen und in den freien Verkauf zu gehen. Diesen Plan gab es damals schon, wir wurden ja langsam älter, die Zeitung war aus dem Studentenalter heraus.

Wie man aus der Szene mit Steffens heraushören kann, wurde Ulrike bald tonangebend in der Redaktion. Sie war es ja auch, die Solidität und Ordnung in den Laden hereinbrachte, ein Archiv, Systematik; die jenen nichtsnutzigen Ralf entlarvte und entmachtete. Ihre Herrschaft machte nur vor meiner Person halt, dort war alles anders, dort war sie ganz und gar verwandelt. Sie hatte sich in den Kopf gesetzt, mich zu lieben, und dabei blieb sie.

Ich hatte inzwischen ein freundliches, sehr kameradschaftliches Verhältnis mit ihr, mochte sie gern und war ihr zugeneigt. Meine Warnungen, diese Zuneigung und unser Verhältnis nicht für Liebe zu halten, schlug sie in den Wind. Wir versuchten noch ein paarmal, voneinander loszukommen, sie fuhr für eine Examensarbeit nach Jena, ich wandte mich noch einmal der Arbeiterklasse zu, diesmal in Gestalt einer hessischen Frisöse. Das zog sich alles bis 1960 hin, aber dann hatte Ulrike mich besiegt: mit einer Unzahl feiner Gemüse, feiner Erbsen, Karotten, Spargel, Pfifferlingen und Kohlrabis, Rikibabies Kohlräbchen nannten wir die, weil Rikibaby sie so unnachahmlich fein zu kochen wußte, natürlich auch die Steaks, die dazu gehörten. Auf dieser Gemüse- und Gemütsbasis und einer sonst vollkommenen Harmonie zogen wir schließlich endgültig zusammen, verlobten uns am 13. 9. in Krögers Bierstuben und wurden ein Jahr später das, was die Partei, die ihre Leute immer gern unter der Haube sieht, schon lange gewollt hatte: ein Paar. Weihnachten 1961 heirateten wir, begleitet von Lili und Jürgen Holtkamp als Trauzeugen.

Wir spielten unseren Freunden die Hochzeitskantate, ich nahm von allen Freundinnen und allen flatterhaften Gedanken für immer Abschied, und Ulrike, die schon lange lachen konnte, viel und gerne lachte, langes offenes Haar trug und sich betont weiblich anzog, war sehr, sehr glücklich. Sie sagte allen, die es hören wollten, auch denen, die es gar nicht hören wollten: das ist jetzt mein Mann, ich habe den besten Mann der Welt, *nur Qualität kann Qualität erkennen.*

Dafür hatte sie auch gleich doppelt zu tun, denn sie wurde jetzt Chefredakteurin, ich wollte erst einmal meine Dissertation machen. Aber dann kam alles anders, ich fuhr einen Tag nach Köln, meiner Schwiegermutter Renate Riemeck eine Partei gründen helfen, einen Tag wollte ich bleiben und blieb fast ein Jahr, hängengeblie-

ben wie Odysseus, aus Mitleid. Ich wurde Wahlkampf-
leiter der DFU. Genauer gesagt, ich machte die Wahl-
werbung, weil es dort niemand konnte, weil Ulrike die
Zeitung gerade sehr gut ohne mich machen konnte, damals den unglückseligen Ruf von KONKRET begründete, ernsthaft und seriös zu sein, einen Ruf, den ich nie
angestrebt hatte. Ulrike holte jeden ins Blatt, den sie
wollte. Sie machte vor niemand und nichts halt. Abgeordnete, Kirchenfürsten, Kultusminister, Katholische
Theologieprofessoren, Verfassungsrechtler, sie hätte den
Papst selber in KONKRET schreiben lassen. Sie holte
von Masareel persönlich Grafiken und von Sartre selber Texte, sie wurde von mir bei meinen vielen Ostberliner Bekannten herumgeführt und war bald aller
Liebling.
Ernst Busch sang nur für sie, *die Hanna Cash, mein
Kind,* das blieb ihr Lieblingslied, das wollte sie immer
sein. Mehr nicht:

>»Und ob er hinkt, und ob er spinnt
>Und ob er ihr Schläge gibt
>es fragt die Hanna Cash mein Kind
>doch nur, ob sie ihn liebt.«

Die da privat, mit der ganzen Unbedingtheit, mit der
sie alles tat, nur Hanna Cash sein wollte, war in der
Redaktion eher eine Mutter Courage: eine sehr autoritäre, energische, gründliche, bei allen Schlunzbolden
und Terminverschlampern bald gefürchtete Chefredakteurin.
Das Feld war wohl bestellt. Im Februar 61 trat ich mei-

nen »Arbeitsurlaub« an – das letzte von mir verantwortete Heft war eine Lumumba-Nummer: ein knallrot umrahmter Steckbrief mit der Aufschrift *Mord*. Diese Seite klebten sich Tausende von Studenten damals auf Transparente und zogen auf die Straßen, um gegen die Ermordung Lumumbas zu protestieren. Am 5. März erscheint ein neues Impressum, verantwortliche Redakteurin: Ulrike Marie Meinhof. Ich übergab ihr eine angesehene und bereits weit verbreitete Zeitschrift, in der viele neue Autoren schrieben:

Ulrikes erster Artikel erschien im Oktober 59, Robert Neumann ist schon einen Monat vorher aufgetaucht, September 59, Jochen Ziem im Mai 59, Peter Hamm im September 59. Die Filmkritiker Gregor und Patalas, Stempel und Ripkens ab 1960, Wolfdietrich Schnurre, Karl Heinz Deschner, Hans Heinz Holz, ebenso Horst Holzer, Erich Kuby, Josef Reding, Arno Schmidt, Ernst Kreuder, Enzensberger erschienen ab 1960 regelmäßig. Ganze Kurzgeschichtenbände von Arno Schmidt sind als Einzelstücke für uns geschrieben worden und erst später gesammelt worden, wie z. B. *Kühe in Halbtrauer*. Holtkamp, der vielsprachige Auslandsredakteur, las alles, was in der dritten Welt in portugiesischer, spanischer, französischer und englischer Sprache geschrieben wurde und brachte es als »Deutschen Erstdruck« ins Heft. Pierre Mendes-France und Walter Lippmann fungieren so jahrelang als KONKRET-Kolumnisten.

Verkaufsverbote an einzelnen Unis, gelegentliche Strafanträge gegen einzelne Artikel und Redakteure machen die Zeitung bekannter. Unter der Ägide unseres liberalen und entschieden antifaschistischen Hamburger Generalstaatsanwalts Buchholtz werden die Strafanträge oft schon bei der Staatsanwaltschaft niedergeschlagen.

Der Prozeß, der Ulrike zuerst in der ganzen Bundesrepublik bekannt und populär macht, ist der gegen Franz Josef Strauß. Im Mai 61 schreibt Ulrike in einem Leitartikel *Hitler in Euch* folgende Sätze über die Bewältigung der Vergangenheit, von heute gesehen bemerkenswerte Sätze:

»Eine Revision des Antisemitismus kann sich nicht in Studienfahrten nach Israel erschöpfen, ist als Prosemitismus nur eine halbe Antwort, erfordert vielmehr die Absage an jeden politischen Terror . . .

Die Antwort auf den Nationalsozialismus in seiner Totalität muß innen- und außenpolitisch gefunden werden. Sie heißt: Freiheit für den politischen Gegner, Gewaltenteilung und Volkssouveränität, sie heißt, Versöhnung mit dem Gegner von damals, Koexistenz statt Krieg, verhandeln statt rüsten.

Wie wir unsere Eltern nach Hitler fragen, werden wir eines Tages nach Herrn Strauß gefragt werden.«

Strauß klagt. Im Juli 61 beginnen die Ermittlungen, die Staatsanwaltschaft beantragt die Eröffnung des Hauptverfahrens. Ulrikes Verteidiger, *Gustav Heinemann*, legt Widerspruch ein. Das Amtsgericht Hamburg lehnt am 18. Juni 62 die Eröffnung eines Verfahrens ab. Die Staatsanwaltschaft legt Beschwerde ein. Die nächste Instanz, das Hamburger Landgericht, bleibt bei seiner Ablehnung. Zwar liege die Gleichstellung des Bundesverteidigungsministers mit der Person Hitlers vor, aber der Angeschuldigten müßte die Rechtswohltat des § 193 (Wahrnehmung berechtigter Interessen) zugute kommen, so daß mit einer Verurteilung nicht zu rechnen sei. Die Kosten trägt die Staatskasse. Die Publicity haben wir.

Von Heinemann, dem gescheiterten Parteigründer der GVP, zu Renate Riemeck, die das gleiche Spiel mit der DFU noch einmal wiederholt: Irgend jemand hat beschlossen, noch eine neue Partei zu gründen. Wieder soll es eine Sammlung aller fortschrittlichen, friedlichen, für Verständigung und Zusammenarbeit kämpfenden Kräfte sein. Irgend jemand ist auch der Ansicht, daß sich gerade die Riemeck als Symbolfigur ganz besonders gut eignet. Sie ist gerade von ihrem Kultusminister in Nordrhein-Westfalen gemaßregelt worden. Aus politischen Gründen ist ihr die Prüfungsbefugnis entzogen worden, und 120 Professoren haben dagegen protestiert.

Ein Graf schickt 80 000 DM

Der Fall Renate Riemeck ist zweifellos der erste Fall eines Berufsverbots in der Bundesrepublik. Ihr Vergehen: sie hat unter anderem auch eine Prüfungsarbeit über Pädagogik in der DDR schreiben lassen. Die Empörung über ihre Maßregelung ist groß und erfaßt die ganze Bundesrepublik, hatte aber keinen Erfolg. Prof. Riemeck bleibt von ihren Studenten isoliert. Ein Verwaltungsgerichtsverfahren würde Jahre dauern. Die Maßregelung kommt im Juli 60. Am Ende des Jahres verläßt Frau Riemeck den Staatsdienst und wird Vorsitzende der DFU, nichtsahnend. Ein Opfer, so oder so. Eine schwere Krankheit hindert sie, das Schlimme und Schlimmste mitzuerleben: die Dummheit, die Plumpheit, den Dilettantismus, die Fahrlässigkeit, mit Politik umzugehen und die Kaltschnäuzigkeit, mit der man Menschen behandelt.

Ich hatte bisher den Fortschritt immer nur von seiner besten Seite gesehen, hatte nur Genossen kennengelernt wie Richard Kumpf und Manfred Kapluck und ein paar andere. Alle gehörten zu jener jüngeren Generation, die aus der illegalen FDJ-Arbeit kam und heute die wichtigsten Positionen in der Partei besetzt hat. Nun sah ich, es gab auch noch andere, schlimmere Typen. Die waren nicht bescheiden, blieben nicht bei ihren Leisten, waren bewußt ignorant und stolz darauf, erfolglos zu sein. Ich sah, wie es außerhalb des von mir erkämpften Freiraums KONKRET zuging: grauenhaft.

Während ich mit einer Werbefirma in Hamburg pausenlos tagte, wir unseren Grips anstrengten und tausende freiwilliger Helfer überall im Land Monate und Wochen Arbeitszeit und Gesundheit und Tage und Nächte opferten, um es diesmal zu schaffen mit der äußersten Kraftanstrengung, die DFU über die 5 %-Klausel zu hieven, oder wenigstens ihr so nahe zu kommen, daß es sich das nächste Mal lohnen würde – während für teures Geld Plakate gedruckt, Flugzettel und Prospekte gedruckt, Lautsprecherwagen ausgerüstet und Tonbänder mit Schallplatten bestückt wurden, sagten mir diese Dumpfmänner ganz kaltschnäuzig: Wir können niemals 5 % erreichen, wir wollen es auch gar nicht.

Es waren alte Leute, durch Hitlerverfolgung und erfolglose Nachkriegszeit so verbittert und resigniert, daß sie nicht die Phantasie aufbrachten, sich einen Erfolg auch nur vorzustellen. Waren sie nicht in allen Organisationen und auf allen Sektoren erfolglos geblieben? Wohin sie immer agitieren gingen, waren sie diffamiert und weggescheucht worden. Worte wie »immer mehr Menschen in der Bundesrepublik haben erkannt, daß ...« oder »die Kräfte des Friedens werden immer stärker« kamen ihnen so müde und unüberzeugt von den Lippen, daß es zum Erbarmen war.

Kein Wunder, daß ich, der ich auf meinem Sektor Erfolge, sogar durchschlagende Erfolge aufweisen konnte, mit solchen Leuten zusammenstieß und ihr Mißtrauen erregte. Ansehen, Anhang, Erfolg galt ihnen als verdächtig, sie hatten ja keinen, weder unter Intellektuellen noch unter Arbeitern. Mir wurde himmelangst und bange, wenn ich an die weitere Zukunft dachte. Tatsächlich sollten einige dieser Altstalinisten denn auch später den Bruch mit KONKRET einleiten.

Noch aber war es nicht soweit, noch nahmen wir alles mit Humor. Ich muß sagen, wir haben selten so viel gelacht wie in der DFU-Zeit. Wir nahmen den Kinderkram nun als Kinderkram. Der Galgenhumor meiner Friedensfreunde ließ in mir noch einmal den Kabarettmacher aufleben. Mit einer Schrumm-schrumm-Kapelle aus Hamburger »Friedenskreisen« produzierte ich Agitpropliedchen für Hörfunk, Schallplatte und Tonbänder. Stimmung und Niveau glichen aufs Haar meiner Laienspielgruppe im Jugendfreizeitheim, mit einem kräftigen Schuß Kasperletheater. So hieß unser Liedchen, mit dem wir die 5 %-Klausel überspringen wollten:

> Neutral zu werden wie die Schweiz
> Das wäre wohl nicht ohne Reiz
> Laß dir kein dummes Zeug erzählen:
> Wer Frieden will, muß Frieden wählen!

Ich kann nicht besonders singen, aber ich war noch der beste Sänger in dieser bierernsten Truppe. Dazu spielte der Anführer auf einer Gitarre, er konnte nur drei, vier Akkorde. Aber wir machten schön Krach und hatten unsere Freude daran. Auf der Rückseite der Schallplatte las Ulrike mit ihrer ruhigen tiefen Stimme einen Aufruf gegen Krieg und Gewalt in der Politik. Die Platte existiert noch. Man sollte sie neu auflegen, den Bleibenden und Neukonvertierten zur Mahnung. Das »wäre doch nicht ohne Reiz«.

Was sollten wir machen, als uns über unsere aussichtslose Lage lustig zu machen? Die neue Partei lebte in einem völligen Chaos. Mal war Geld da, mal keins. Die Spenden waren dann ausgeblieben. Der ehrbare Finanzverwalter aus uraltem Adel, Graf von Westphalen, wand sich vor Verlegenheit, wenn die Spenden wieder einmal auf sich warten ließen und unsere Werbefirma in Hamburg ihr Honorar von 8000 Mark verlangte. Wir setzten dem Grafen die Pistole auf die Brust, sowie das Geld da sei, müsse er die 8000 telegrafisch überweisen. Der

Ärmste verstand so wenig von Gelddingen, daß am nächsten Tag 80 000 Mark auf das Konto unserer kleinen Werbefirma eingingen, telegrafisch! Wir zahlten natürlich brav die 72 000 zurück, aber die Firma war im Ansehen der Bank mächtig gestiegen.

Mit dieser Truppe war die Wahl nicht zu gewinnen, die 5 % nicht zu erreichen. Zumal Ulbricht einen Monat vor der Wahl die Mauer hochziehen ließ, er konnte wohl nicht mehr länger warten. Da war der Ofen natürlich ganz aus. Aber da waren unsere Plakate schon gedruckt – und zum Glück auch bezahlt. »Neutral – atomwaffenfrei!« war unsere Losung und 2,2 % das Ergebnis. Als der 17. September vorbei war, waren Ulrike und ich so überarbeitet, sie von der Zeitung und ich von der DFU, daß wir erst einmal vier Wochen ausspannen mußten.

In Bulgarien taten wir das, und der dortige Lebensstandard entsetzte uns noch mehr als das Wahlergebnis. Doch die Sonne war noch schön warm und das Schwarze Meer herrlich. Auch der niederdrückenden Armut (ein leitender Redakteur von Radio Sofia 150 Lewa, eine Straßenkehrerin 80 Lewa) gewannen wir einen tröstlichen Aspekt ab: hier konnten wir sehen, wie unvergleichlich hoch der Lebensstandard in der DDR war. Ost- und Westdeutsche, behängt mit Kameras und gesegnet mit Nylonhemden und Nylonstrümpfen, unterschieden sich deutlich vom übrigen Ostblock. Wir schlossen Freundschaft mit ostdeutschen Oppositionellen und Funktionären, bulgarischen Dichtern und rumänischen Kellnern und Sängern. Allen gemeinsam war die Liebe zum guten süffigen Kadarka und die Verehrung für deutsche Zucht und Ordnung. Nachts ließ ich die ganze Korona, Ost und West, Funktionär und Regimegegner in Reih und Glied antreten und zum Klang alter Soldatenlieder exerzieren. Der sächsische Bezirkssekretär der SED sagte später, noch ganz außer Atem, zu mir: Der Rumäne hat immer nachgeklappt – beim Stillgestanden. Deutsche an einem Strand, wir waren stolz und glücklich auf unser Land. Auch Ulrike marschierte fröhlich mit, jedenfalls konnte ich keinen Anflug von Skepsis beobachten.

Illegalität und immer Angst

Will man uns unsere unschuldigen Vergnügungen übelnehmen? Dann will ich einmal sagen, daß wir hier, im tiefsten Ostblock, einmal 4 Wochen ohne Angst lebten, seit vielen Jahren zum ersten Mal. Denn unser sonstiges Leben zwischen Hamburg und Berlin war anders. Wir waren ja Illegale, ständig von einer Verhaftung bedroht, immer in Angst, immer auf dem Sprung, ständig in Erwartung des Schlimmsten. Keine Möglichkeit, auch nur einen Augenblick abzuschalten. Bis auf die wenigen Wochen Urlaub, die wenigen Tage im Ernst-Thälmann-Heim in Caputh am Schwielow-See.
Länder, die für ihre eigenen Bewohner, wenn sie auch nur ein annähernd so kritisches Verhältnis zu ihrer Partei gehabt hätten wie wir, höchst gefährliche Aufenthaltsorte gewesen wären, waren für uns Oasen der Ruhe, bedeuteten Sicherheit.

Hier konnten wir ein paar Tage lang aufatmen. Am wenigsten konnten wir das in Ostberlin. Hier besaß der bundesdeutsche Geheimdienst die meisten Agenten, hier war auch die Bevölkerung so funktionärsfeindlich und auf der Lauer, und bis zum August 61 konnte sie ja auch einfach rüber nach Westberlin. Ostberlin war für uns fast genau so unsicher wie der Westen. Deshalb die konspirativen Wohnungen, die konspirativen Treffs auch auf Ostberliner Boden, das Arbeiten in kleinen Gruppen, das Ausspähen und schnelle Hineinhuschen in Häusereingänge, die ständig wechselnden Wohnungen. Wir waren ja alle allmählich von Bildern her bekannt, hätten erkannt werden können. Vor allen Dingen mußten wir vor anderen westdeutschen Konvertiten abgesichert werden, die auch hier zur ersten Kontaktaufnahme oder zur »Einschätzung«, zur Instruktion hergebracht wurden: Ostermarschierer, Junggewerkschaftler, Falken, Naturfreunde. Unter ihnen hätte ja ohne weiteres ein Agent, ein späterer Überläufer oder nur ein Dummkopf oder Säufer sein können. Selbst am Telefon in Ostberlin sprachen wir nur verschlüsselt.

Alle diese illegalen Vorsichtsmaßregeln wurden zwar getroffen und ständig eingebleut, aber oft auch wieder in geradezu provokatorischer Weise vernachlässigt. Wenn der Hintereingang, durch den man gehen sollte, verschlossen war, ging man eben doch durch den Vordereingang. Wenn es nicht verschlüsselt zu sagen war, wurde doch am Telefon plump und unverschlüsselt geredet: Ich hab hier die Freunde aus Westdeutschland, die Studenten, du weißt schon, die haben einen ganz neuen Plan, dafür brauchen sie jetzt aber noch schnell ... das und das.

Manchmal hatte ich den Eindruck, man wollte es geradezu darauf anlegen, uns hochgehen zu lassen. Dann wurde uns auf unsere Vorhaltungen gesagt, mit einem Lachen: nun habt euch man nicht so, das bißchen Knast. Der Jupp (Angenfort) sitzt schon über zwei Jahre. Ihr kommt doch bald frei. Wenn wir dann vor Entsetzen zusammenzuckten, setzten sie treuherzig hinzu, ehrlich, für einen Kommunisten ist Knast eine gute Schule. Habt ihr etwa Schiß? Wenn wir aber weiter schauderten, sagten sie wieder lächelnd, es kommt ja nicht soweit, es passiert schon nichts.

Es passierte ja tatsächlich nichts. Obwohl (oder weil?) das Verfassungsschutzamt vermutlich vom ersten Augenblick an informiert war. Es war ja auch nicht so schwer, dahinter zu kommen. Wir gingen ziemlich plump vor, von Anfang an. Da waren diese albernen, pubertären Versteckspielchen mit Segelboottreffs und Decknamen. Oder, was uns später wahrscheinlicher schien, es gab einen zentralen Einflußagenten, der ziemlich weit oben saß. Jedenfalls: Während unsere »bürgerlichen« Mitstreiter wie Peter Rühmkorf schon mal Besuch vom Verfassungsschutz bekamen, hat dieser Verein oder sonst eine Staatsschutzbehörde nie einen Versuch unternommen, mich zu verhören oder gar »umzudrehen«. Schade, so konnte ich nie meine Standhaftigkeit gegenüber allen Bestechungsversuchen und Verlockungen des Klassenfeindes unter Beweis stellen. Hätten sie nicht einmal eine »bildhübsche« Agentin schicken können, um mich dem Fortschrittslager abspenstig zu machen? Oder eine wirklich nennenswerte Summe anbieten, wenn ich meine zersetzende Tätigkeit aufgeben würde? Nichts. Wie gerne hätte ich meine Unbestechlichkeit wenigstens getestet.

Der Klassenfeind blieb so unsichtbar, daß ich zuletzt kaum noch an seine Existenz glauben mochte. Es gab ihn aber, und er war schlimmer, als unsere naive kommunistische Phantasie ihn sich vorstellen konnte: Am Tag, an dem diese Zeilen geschrieben werden, steht er vor Gericht, Gustav Barschdorf, leitender Beamter des Hamburger Verfassungsschutzamtes bis 1964, Referat Kommunistenbekämpfung. Der war sicher für uns zuständig, der hörte vielleicht meine Telefongespräche ab, überwachte meine Kontakte, vielleicht zähneknirschend, weil er nicht mehr zuschlagen konnte. Wie 1942 in Oslo, wo er mit einem anderen Gestapokumpan zusammen eine norwegische Kommunistin zu Tode folterte. Sie gab die Namen ihrer Genossen nicht preis. Am Abend um 9.00 wurde sie zu unserem späteren Verfassungshüter hereingebracht: 4 Stunden später war sie als Folge barbarischer Mißhandlungen schon tot. Der hatte damals auch schon das Referat Kommunistenbekämpfung, und jetzt »schützte« der die Demokratie vor uns.

Wir stellten uns unsere Gegner schon schlimm vor, doch wenn uns einer dies erzählt hätte, hätten wir es für Greuelpropaganda gehalten. Wie viele SS-Mörder und Gestapo-Folterer bewachen uns heute noch? Sie geben sich ja nicht als Mörder und SS-Leute zu erkennen. Sie wirken im stillen. Unsere Überwachung erfolgte unmerklich.

Hielt ich in den ersten Jahren jeden Knackser im Telefon für den Abhördienst und sagte mein Sprüchlein auf, das wir damals kreiert hatten: »Das Grundgesetz ist ein gutes Gesetz, lies es laut, wenn es in der Leitung knackt!« so neigte ich in den letzten Jahren immer mehr dazu, eine schadhafte Telefonleitung verantwortlich zu machen. Meine damalige Ahnung hat nicht getrogen: wir wissen heute, daß die Telefonanzapfung mittels Induktionsschaltung vorgenommen wird, es kann gar kein Knacken geben. Wohl gab es, wie später Höcherl, der »nicht den ganzen Tag mit dem Grundgesetz unterm Arm herumlaufen« wollte, zugab, Telefone, die abgehört wurden.

Dagegen machten wir natürlich viel Wind, brachten das als Titel und die DFU und andere Friedensorganisationen verteilten Flugzettel im Hamburger Hafen mit der drohenden Schlagzeile: *Auch Dein Telefon wird abgehört!* Und unsere roten Hafenarbeiter, die seit 1953 immer alles mitmachenden, verloren bei dieser Gelegenheit einmal ihre Geduld und sagten den verfrorenen Studenten, die ihnen die Flugblätter entgegenstreckten, den klassischen Satz: Wie hebbt keen Telefoon!

Wir wurden also keine Märtyrer. KONKRET-Redakteure verhaftet, das wäre durchaus etwas gewesen, Adenauer-Regime entlarvt seinen friedensfeindlichen Charakter, da hätte man für uns Spenden sammeln können und Unterschriften und neue Mitglieder werben, und vielleicht hätten sie nach mir, oder wenigstens nach Ulrike oder Holti, ein Schüler- oder Lehrlingsheim nennen können – nichts. Womöglich hätten sie für die

»inhaftierten Patrioten« noch Überschichten machen müssen!

Oft malte ich den Genossen mit grimmigem Galgenhumor aus, wie sie mit Sammelbüchsen herumlaufen würden und klappern: »Für die inhaftierten Patrioten von KONKRET!« Und So-li-da-ri-tät skandieren und der Deutschlandsender und der Fernsehfunk Ost würden das über den Äther strahlen: Freiheit für Klaus Röhl und Ulrike Meinhof!

Konnte einer ahnen, daß 12 Jahre später junge Leute tatsächlich »Freiheit für Ulrike Meinhof« an die Wände pinseln würden und die Rote Hilfe die Sammelbüchsen schwingen?

Damals waren das Scherze. Unsere Betreuer winkten die Fragen gleich ab: Die Frage steht doch gar nicht. Außerdem: Bißchen Knast kann gar nicht schaden. Macht euch nicht in die Hosen. Ulrikes jahrelange Isolierhaft konnte die düstere Phantasie nicht vorausdenken. Wir lachten damals über unsere Angst und schliefen gut, trotz »Milchmann«.

Die ständige Bereitschaft, alle Konsequenzen auf uns zu nehmen, immer mit einem Bein im Gefängnis zu sein, hatte aber noch einen Nebeneffekt. Sie machte uns unempfindlich für alle anderen politischen Verfolgten und Inhaftierten und ihre Probleme, die Intellektuellen in Warschau, Ungarn oder in der DDR. Waren wir nicht selber stets vom Knast bedroht? Saßen Genossen unserer Partei nicht immer noch im Gefängnis und wurden dort, wenn sie einfache Arbeiter waren, nicht gerade freundlich behandelt? Wie jener Genosse, dem sie die Heizung ausdrehten, obwohl er eine Nierenkolik hatte, und der dann schwer krank wurde und fast krepierte? Und wofür war er im Knast? Für die dritte Sache, die gute, gemeinsame Sache. Nicht für privatistische Mätzchen und narzißtische Sonderwünsche, die bei allen Intellektuellen aus dem Ostblock letzten Endes immer auf Gespräche über Mercedes-Autos und Modeklamotten und Coca-Cola hinausliefen.

Unser erstes Erlebnis waren schließlich die »Po Prostu«-Redakteure gewesen. »Viel Freiheit und gut leben, und das ist am meisten in Amerika ...« Das saß fest, wir selber hatten ja keine Möglichkeit, deren Kampf gegen Stalinismus und Terrorismus und Unfähigkeit und Spießertum nachzuvollziehen, wir kannten keine Stalinisten, nur prima Kerls, nicht einmal Bürokraten.

Aber das sollte sich ändern.

So um 1961 hätten wir das meiste von dem, was wir später erlebten, für Produkte einer ausgesprochen plumpen Propaganda gehalten. Aber plötzlich wurden die schlimmsten antikommunistischen Spukgestalten Wirklichkeit. Mit den Genossen der ersten Jahre, Richard und »Scheppel« (= Kapluck) und auch den etwas hausbackenen Kumpels Schorsch und Willy, hatte uns so etwas wie Freundschaft verbunden. Wir nahmen ihre literarische Unbildung in Kauf, und sie sahen uns unsere politische Unbildung nicht nach. Man war bereit, voneinander zu lernen.

Unsere stets vom sicheren Osten wieder in die illegale Arbeit im Westen hetzenden Freunde, Arbeiterkinder mit Volksschulbildung, Genossensöhne aus alten antifaschistischen Familien, hatten ja nicht einmal Zeit und Gelegenheit, die kommunistische Literatur und Kunst kennenzulernen. Die kannten gerade Brecht und Willy Bredel und Weinert, aber Sartre und Aragon und Feuchtwanger und Zweig und Benjamin und Bloch und Mayer oder gar Adorno und Horkheimer – das waren ihnen böhmische Dörfer.

Auf die Begegnungen mit uns wurden sie anscheinend durch Fortbildungskurse vorbereitet, die sie aus Übermüdung und Anstrengung nur ungenügend verarbeiteten.

So kam es zu der wirklich rührenden Szene, daß Richard eines Tages eine großangelegte politische »Einschätzung« vortrug (im Kommunistenjargon gebraucht man das Verbum einschätzen intransitiv: »ich schätze so ein: das Adenauerregime hat abgewirtschaftet...«) – also er legte mit überzeugender Thälmanngeste los, hieb mit der Faust durch die Luft, die Gegner gleichsam vernichtend, vom CIA bis zum Gesamtdeutschen Ministerium. Dann kam er auf eine besonders üble Blüte der amerikanischen Unkultur zu sprechen, die wir mal gehörig unter die Lupe nehmen sollten: die sogenannten Koro-Filme. Wie bitte, sagten wir, solche Filme kennen wir gar nicht. Ja diese, na eben diese Koro-Filme, oder Korro-Filme!

Nach langem Rätselraten identifizierten wir die feindlichen Objekte schließlich als *Horror*filme.

Aber das alles störte uns nicht. Waren wir nicht gerade angetreten, das Bildungsprivileg der begüterten Schichten zu brechen? Konnten wir nicht mit unserer besseren Ausbildung helfen? Natürlich erkannten wir die gesellschaftliche und kulturhistorische Funktion der Horror-filme und ihren Stellenwert und natürlich bekämpften wir die in unserer Zeitung längst.

Die zunehmende Bedeutung unserer Zeitung und der von uns nach langen zähen Kämpfen bei der Partei durchgesetzte Beschluß, KONKRET nicht länger als Studentenzeitung weiterzuführen, sondern eine für die gesamte Intelligenz bestimmte Zeitung für Kultur und Politik daraus werden zu lassen, machte andere Leute zu unseren Partnern. Wir wurden von der Jugend- und Studentenabteilung an die Kulturabteilung weitergereicht. Das war übel. Das war der Anfang vom Ende.

Das überschattete auch das glücklichste Privatleben. Ulrike und ich, die schon lange zusammenlebten, waren nun schon seit 1961 verheiratet. Was nicht als Liebesbeziehung begonnen hatte, wurde eine harmonische Ehe. Wir empfanden uns als durch und durch gleichberechtigte Partner und waren es wohl auch: Chefredakteur und Herausgeber, politischer Kopf und verlegerischer Tausendsassa. Layout und Lyrik, Politik und publizistisches Handwerk gemeinschaftlich handhabend, forderten wir das Jahrhundert in die Schranken und verkehrten mit den besten linken Köpfen der Nation – hüben wie drüben. Die Ehe mit Ulrike, bzw. unser gemeinsames Leben und Arbeiten, dauerte ungetrübt von 1959 bis 1967 – eine lange Verbindung, die allen politischen und wirtschaftlichen Veränderungen standhielt.

Es gibt keine Aufzeichnungen über die ersten Auseinandersetzungen mit der Partei, auch kaum Erinnerungen daran, wie sie sich entzündeten. Dennoch kann man den Zeitpunkt einigermaßen genau datieren. Ich entsinne mich eines schlimmen Abends, unseres grausigsten Erlebnisses, wo alle unsere Illusionen über die Machbarkeit eines aufgeklärten intellektuellen Sozialismus für uns zusammenbrachen. Es war in einem dieser eigens für die westdeutsche Bruderpartei reservierten Ferienhäuser, in Grünau, glaube ich. Ulrike saß in einem bequemen Sessel, hochschwanger, schweigsam, stumm, gelähmt, wie vor den Kopf geschlagen von dem Ansturm einer ganzen Welle von Anmaßung, Ignoranz, Dummheit und kulturellem Stalinismus. Ja, es gab unverhüllte Drohungen. Es wurden dann noch einmal Kompromisse geschlossen, es wurden immer noch einmal Zugeständnisse gemacht – so stark waren wir schon – der Bruch kam erst 1964 –, aber unsere Illusionen, unser Aufbruch, unsere Begeisterung, das alles war zerbrochen. Ulrike hat das wohl zuerst erkannt, sie war nie für halbe Sachen, wußte bereits am deutlichsten, daß dies das Ende war, wir waren an diesem Abend so einig wie nie zuvor in unserem Leben. Ich weiß nicht mehr genau, worum es eigentlich ging, ich glaube darum, daß ich Gedichte des aus der DDR geflüchteten Gerhard Zwerenz abgedruckt hatte, grundsätzlich ging es um mein Festhalten an den sogenannten Abweichungen, an unseren »bürgerlichen« Mitarbeitern wie Rühmkorf, Jürgen Manthey, Hans Stern und vielen freien Autoren, wie Enzensberger und Kuby und Cramer und Deschner und Zwerenz und Ziem und Herburger, kurz allen, die nicht von der offiziellen Kulturpolitik der DDR als Friedensfreunde eingestuft wurden wie Weisenborn und Geißler und Hirschauer und

Peter Weiß, aber mit denen allein konnten wir keine Kulturpolitik machen, meinten wir. Ohne Bündnispolitik, sagte ich, gibt es keine sinnvolle Arbeit, und es muß eine echte Bündnispolitik sein, kein Beschiß.

Warum waren wir stark, warum mußten sie immer wieder Zugeständnisse machen an uns? Es gab keinen Ersatz. Man konnte keinen von uns gegen den anderen ausspielen, Steffens hielt eisern zu uns, ebenso der Studentenredakteur Rudi Schultz, ebenso Opitz und Erika Runge, die schon nicht mehr in KONKRET arbeiteten. Holti war auch nicht umzudrehen, im Gegenteil. Er, der die ganze italienisch-französisch-lateinamerikanische Szene kannte, hielt den Kulturbürokraten die Texte der Bruderparteien unter die Nase, die Texte der Tschechen und Polen zum Beispiel. Die kannten sie oft gar nicht, oder lehnten sie ab, so oder so. Schließlich begannen wir uns auch für die Entwicklung in der DDR zu interessieren, ergriffen auch da Partei für die Liberalisierung, für Kommunisten mit Bildung und Weitblick, für Volker Braun, Hacks, Kant, für Rainer und Sarah Kirsch, für Bobrowsky und Hermlin und machten kein Hehl aus unserer Verachtung für den stalinistischen Kulturpapst von Rostock: Kurt Bartels, genannt Kuba. Ein Mann, der heute kaum noch dem Namen nach bekannt ist.

Das Eigenartige: während dieses ganzen zermürbenden Zweifronten-Kriegs – gegen die herrschenden bundesrepublikanischen Zustände und gegen unsere eigenen Genossen – wurden die besten Artikel geschrieben. Jetzt entwickelten sich Ulrike, Holtkamp, Hans Stern zu der Höhe ihrer stilistischen Fähigkeit, zu der nun einmal die

Möglichkeit gehört, sich ausschreiben zu können. Da wurde die Zeitung von einer Studentenzeitung zu einer bundesdeutschen Kulturzeitung von unbestrittenem Rang.

Ulrike und ich schmissen unsere Kräfte zusammen. Das war ziemlich viel für eine Zeitung. Es gab 1962/63 keinen einzigen linksstehenden Autor mehr, der *nicht* für KONKRET schrieb. Es gab auch keine andere Kulturzeitung. *Kürbiskern* und *Kursbuch* gab es *noch* nicht, die *Kultur* aus dem Kurt-Desch-Verlag gab es nicht mehr. Kurt Desch hatte das Zuschußunternehmen eingestellt, hatte mir nach einigem Zögern die angeblich 35 000 Abonnenten verkauft, mit einem empfehlenden Begleitschreiben, nunmehr KONKRET zu abonnieren – für 35 000 Mark. Davon bezahlte ich nur die erste Rate von 3500 Mark. Das war damals viel Geld, mehr war es auch nicht wert, denn die Abonnenten entpuppten sich alle als Karteileichen, die hatten nur noch kostenlos die »Kultur« erhalten und dachten nicht daran, eine Zeitschrift für Geld zu abonnieren. Ich teilte Desch mit, daß ich die restlichen 32 000 Mark nicht zahlen würde, und er ließ es dabei bewenden, sah wohl ein, daß es keinen Zweck haben würde, einen Prozeß zu führen, und blieb mir gewogen. Als wir später von der Partei und allen guten Geistern verlassen waren, half er sogar mit Anzeigen, das war nun wirklich fair von ihm. Er sei gegrüßt.

1962 gehen wir von dem Riesenformat herunter, weil wir bereits mit dem Kiosk kokettieren, dort können wir aber nur Illustriertenformat unterbringen. Unser Geschäftsführer Steffens war damals schon fest entschlossen, das Blatt für den Markt verkäuflich zu machen, von Zuschüssen unabhängig zu machen. Als einziger glaubte er auch daran und bereitete den Großhandel auf ein neues, verkäufliches Objekt vor.

1963 leisten wir uns, immer noch mit Unterstützung der »P«, einen Glanzpapierumschlag, wichtigste Voraussetzung, im Wirtschaftswunderland eine Zeitung zu verkaufen. Innen drin sieht es freilich so aus, wie später bei Gremliza und Neuhauser, nur besser geschrieben: stumpfes Zeitungspapier und ernsthafte, linienstrenge, politische oder kulturpolitische Artikel. Eine Zeitung, die ohne Zuschüsse nicht gedeihen kann, die Auflage stagniert bei 30 000. An den Unis ist zur Zeit Windstille, allerdings beginnen die Studentenschaften die ersten Entwürfe für eine »Hochschulreform« vorzulegen, fordern Mitverwaltung für die Studenten. Eine langweilige Bagatelle, denken wir damals, dennoch wird sie später zum Zündstoff und Auslöser der ganzen Studentenrevolte. Es ist die Stille vor dem Sturm.

Noch lebt, in dieser politischen Windstille, in der sich schon Kräfte zusammenballen, die aus der Theorie gespeist werden, kurzfristig sogar der Antikommunismus noch einmal auf, ausgerechnet in Berlin. Als »Fluchthelferbewegung«, auch in der Gruppe 47, als Polemik gegen die Kollegen in der DDR, die immer wieder aufgefordert werden, etwas gegen die Mauer zu tun. Noch einmal, ein letztes Mal, sind die »Studenten von Berlin« die Helden von *Bild* und *BZ,* die Tunnelbauer und Fluchthelfer, die auch vor Schußwaffengebrauch und Sprengstoffeinsatz nicht zurückschrecken und die auf dem Boden der DDR einen ostdeutschen Polizisten ohne Warnung erschießen.

Schußwaffengebrauch ohne Warnung, das muß man mal nachlesen, 62 und 63. Wieder müssen wir nachträglich feststellen, *Bild* ist gar nicht grundsätzlich gegen Schußwaffen und Sprengstoff, Brandsätze und gefälschte Papiere. Was Springer später bei der Mahler-Baader-Gruppe als verabscheuungswürdiges Verbrechen darstellt, wird bei der Fluchthelferbewegung von Berlin als Mut und höchste Tugend bejubelt. Wir bekämpfen diese Bewegung, wir bekämpfen das Wiederaufflackern des Kalten Krieges, neue Pläne wie Notstands- und Notdienstgesetze. Wir bekämpfen noch einmal die mit dem Kalten Krieg wieder auflebende Gruppe 47. Alles, was wir da bekämpften, schien für die Ewigkeit gemacht, war zwei Jahre später kaum noch wahrzunehmen, war wie weggeblasen.

Eine ganze Generation hatte die Unis verlassen, selbst die Studentenredakteure, Kabarettisten, die Funktionäre, die Längerdienenden der ersten Generation sind nun ausgewechselt. Die ersten nach dem Krieg Geborenen lassen sich an den Universitäten einschreiben. Die neue Generation, die sich ab 1962/63 sammelt, 1967 wie ein Wirbelsturm das ganze gesellschaftliche Leben durcheinanderbringt, reagiert übersensibel auf Mißstände, Heuchelei und Ungerechtigkeiten. Mehr als je Algerien und Kongo die Studenten erregt haben, wühlt der beginnende Vietnamkrieg die Gemüter der neuen Generation auf. Die große Koalition zwischen CDU und SPD setzt zusätzliche, lange angestaute Energien des Unmuts frei, der

Muff von 1000 Jahren erscheint mit einemmal unerträglich.

In KONKRET taucht zum ersten Male, aus Amerika kommend, der Begriff »Die Neue Linke« auf, Hans Stern hat ihn entdeckt, er wird bald aufgegriffen. Ulrike überschreibt einen Aufsatz »Die neue Linke«.

Die neue Linke ist nicht auf eine im Ostblock herrschende Partei eingeschworen, das macht sie immun gegen den Antikommunismus, der bisher alle Veränderungen der Gesellschaft blockiert hat. Diese Linke, die Mao und Marcuse gelesen hat und Adorno und Horkheimer und Freud und Reich, hat keine Angst mehr, Kommunist genannt zu werden, weil sie sich mit keiner Form des Stalinismus identifiziert. Das gab ihr die Kraft, mit der sie die ganze Gesellschaft, wenn nicht veränderte, so doch durcheinanderrüttelte. Auch wir hatten jene Angst nicht mehr, bald nicht mehr. Unser Bruch mit der Bürokratie kam gerade rechtzeitig für die neue Studentenbewegung. Neue, besonders unangenehme Apparatschiks leiteten den Bruch der Partei mit KONKRET ein: Jupp Angenfort und Oskar Neumann. Letzterer war damals so etwas wie der zweite Mann in der Partei, nach Maxe Reimann, galt sogar als designierter Vorsitzender. Ich mißtraute ihm zutiefst und behielt recht: 1962 bei einem illegalen Treff mit Hermann Gautier verhaftet, wurde er der Partei durch sein Verhalten während der Haft dubios und fiel tief die Treppe hinunter. Heute macht er »Kulturarbeit« im *Kürbiskern*, zweifellos eine schwere Degradierung.

Damals aber hatten er und der gerade aus der Haft geflohene Jŭpp Angenfort sich in den Kopf gesetzt, die unbequeme Zeitung KONKRET auf Vordermann zu bringen und »Prager Zustände« gar nicht erst einreißen zu lassen. Das war ein mühsamer Vorgang, den sie zunächst äußerst korrekt durch Diskussionen lösen wollten. Zitat Angenfort: »Dann müssen wir eben solange diskutieren, bis ihr überzeugt seid!« Die Idee, auch der Hauch, der Anflug des Gedankens, daß auch er überzeugt werden könnte, daß auch einmal wir und nicht »die Partei« recht hätten, kam in diesem ziemlich einfallslosen Gehirn nicht auf.

Wir sollten überzeugt werden. Wir waren es aber nicht, wurden es auch nicht durch mitgegebene Lehrbücher, im Gegenteil, da war Holtkamp ja gerade in seinem Element, Mayer gegen Lukács, Bloch gegen Hager auszuspielen. Der gute Wille war auf beiden Seiten nicht mehr da, und so steuerten die Apparatschiks eine einfachere, administrative Lösung des Problems an: meinen Rausschmiß. Das schien ihnen die ideale Lösung, ich hatte schon ewig die Abweichungen, die Antiostartikel, die Republikflüchtlinge und Hetzer gedruckt. Ulrike, die selbst bei diesen beiden Ignoranten großes Ansehen genoß, müßte nur von meinem Einfluß frei werden, und man würde wieder eine ernsthafte, reine, eine saubere Kulturpolitik verfolgende Zeitschrift haben.

Wieder machte der Zufall alle Planungen zunichte. Ulrike wurde im letzten Monat der Schwangerschaft von schweren Kopfschmerzen niedergeworfen und nach einer vorzeitigen Kaiserschnittgeburt der Zwillinge wenige Wochen später mit Tumorverdacht operiert. Es war nur eine harmlose Blutgefäßerweiterung, ein Hämatom, aber erst die Gehirnoperation ergab den Befund.

Zwischen Kaiserschnitt, Kindern im Brutkasten und jener Gehirnoperation hat sie tatsächlich noch einen Artikel über die Notstandsgesetze geschrieben, es war der Herbst, in dem Augstein verhaftet wurde. Die Schreibmaschine hatte ich in ihr Krankenzimmer geschmuggelt, es gab ihr eine ungeheure Kraft und Energie, das Gefühl, jetzt auch gebraucht zu werden, sie, die Expertin gegen die Notstandsgesetze. Ach, die dümmlichen Illustrierten-Reporter von *Jasmin*, die später moralisierten, »Röhl stellte seiner todkranken Frau die Schreibmaschine aufs Krankenbett und zwang sie zu schreiben«, sie konnten von unserem Leben, unseren Gedanken, unserer tiefen Verbindung nichts ahnen, kannten wohl auch nicht jenen Vers aus der Brechtschen »Mutter«:

Steh auf – die Partei ist in Gefahr, steh schnell auf.

Du bist krank, aber die Partei stirbt

Stirb nicht, du mußt uns helfen.

Alles, was Ulrike davor erlitten hatte, war nichts gegen die grauenvollen Schmerzen nach der Gehirnoperation, bei der man, zur Kontrolle, tagelang keine Morphiumspritzen erhält. Rühmkorf, Eva, meine Eltern und ich waren abwechselnd bei ihr und verzweifelten über unsere Hilflosigkeit. Die unerträglichen Schmerzen und die folgenden furchtbaren Wochen zwischen Schmerz und Betäubungsspritze hinterließen eine erst nach Jahren nachlassende Schwäche und eine fast panische Angst vor einer noch so geringfügigen neuen Kopfverletzung, etwa bei einem Autounfall oder bei einer Demonstration.

Die Folgen der Operation und der Umstand, daß die Zwillinge als Frühgeburten besonderer Pflege und Zuwendung bedurften, machten es uns allen fast unmöglich, die Illusion aufrechtzuerhalten, Ulrike sei weiter Chefredakteurin von KONKRET – für längere Zeit leitete ich also wieder die Geschicke dieses Blattes, meine Entmachtung und Ausschaltung verzögerte sich.

Anfang 1964 ist Ulrike so weit wiederhergestellt, daß sie ihre Redaktionsarbeit voll aufnehmen kann. Inzwischen haben Jürgen Holtkamp und ich, jeder auf seinem Gebiet, den endgültigen Zorn der Partei hervorgerufen. Ein mit den Schriftstellern des Prager Frühlings sympathisierender Artikel von Holtkamp und meine Serie »DDR intim« geben den Ausschlag. Die Partei verlangt die Trennung von Holtkamp. Ich lehne ab. Die Partei verlangt auch die Trennung von mir. Ulrike lehnt ab, die Zeitung alleine weiter zu führen. Schließlich verlangt die Partei gar nichts mehr. Sie zieht sich in eine lange, peinlich lange Klausur zurück. Die Stimmung ist eisig.

Dann wird die Entscheidung bekanntgegeben: Die Partei befiehlt die ersatzlose Einstellung der Zeitung. Von einem Tag auf den anderen bleiben die »Spenden« aus. Das letzte Heft erscheint im Juni 1964.

2
»Macht kaputt, was Euch kaputt macht!«

Generalprobe für die Gräfin Dönhoff

Pfingsten 1964 erfahren wir von dem Beschluß, die Zeitung einzustellen. Genauer gesagt: *ich* erfahre es erst Pfingsten. Der Beschluß ist schon etwas älter, aber ich kann ihn nicht in Empfang nehmen, ich bin nicht greifbar: Ich bin in der DDR. Ich habe mich, trotz des parteiamtlichen Donnerwetters über meinen Reisebericht *DDR intim* zu einer zweiten Reise in die DDR eingeladen. Ich hatte noch nicht genug. Ich dachte, wer weiß, wann du noch mal wieder in dieses Land reingelassen wirst. Sicher ist sicher. Also suchte und fand ich eine zweite Einladung. Die Vielzahl der Institutionen und Instanzen machte mein Vorhaben möglich. Einer wußte ja nichts vom anderen. Keiner wußte, daß wir eine von der »Partei« unterstützte Zeitung waren. Im Gegenteil. Wir waren eine westdeutsche Oppositionszeitung, die seltsamerweise gar nicht oder fast gar nicht antikommunistisch war. Solche Zeitungen wurden gepflegt und gehätschelt.
Meine erste Reise machte ich mit Kumpel Ottersberg (dem früheren stellvertretenden Chef des *Forum*, mit dem wir den Artikelaustausch *nicht* gemacht hatten). Der wußte natürlich Bescheid. Aber seine Vorgesetzten schon nicht mehr. Der Dr. Kurt Ottersberg machte diese Reise mit mir als Generalprobe, als Übung. Der hatte einen Sonderauftrag von seiner Partei.
Das Eis des Kalten Krieges war gebrochen, die Gräfin Dönhoff und ihr Stellvertreter Theo Sommer hatten eine Einladung in die DDR angenommen. Da man nicht im Ernst mit der Annahme der Einladung gerechnet hatte,

wurde in aller Eile mit der sorgfältigen »Vorbereitung« der Reise begonnen, mit der Auswahl der potemkinschen oder auch wirklich vorzeigbaren Dörfer. Kurt Ottersberg, durch lange FDJ-Reisetätigkeit westerfahren, erhielt den Sonderauftrag der Partei, die Dönhoff zu begleiten. Es war eine echte Premiere, ich war die Generalprobe.

Die ganze Reise, von der sich die Gräfin und ihre Begleitung später sehr angetan zeigten und viel Gutes zu berichten wußten, wurde von mir durchgetestet. Ich konnte viele wertvolle Ratschläge beisteuern. Bezeichnete ich einen bestimmten Teil dieser Reise als eindrucksvoll, wurde er mit besonderer Sorgfalt für die Gräfin vorbereitet. Andere Reisebegegnungen erwiesen sich nach meiner Vorausfahrt als ungeeignet für eine echte Westdelegation, sie wurden aus dem Reiseprogramm für die *Zeit* gestrichen. Ich machte auch noch einige schöne Vorschläge für »spontane Abweichungen« vom Reiseprogramm, wie z. B. plötzliche Autopannen und »überraschende Besuche« in einer unbekannten kleinen Kreisstadt, bei der man irgendeine »beliebige« Familie in ihrer Wohnung aufsuchen würde, überraschend ein Lager der Volksarmee besuchen würde, die überraschend nichts dagegen haben würde und so weiter.

Der Dönhoff fiel es niemals auf, und sie war wahrscheinlich auch zu arrogant, damals schon KONKRET zu lesen (später las sie's, als Ulrike die große Mode war). So fiel es ihr nicht auf, daß sie den gleichen kollektivierten Kälberstall, den gleichen Kindergarten, die gleiche LPG-Vorsitzende mit Herz und Bildung und Sitz im Zentralkomitee, die gleiche Hafenbrigade, die gleiche neu aus dem Boden gestampfte Stadt besichtigen durfte, die ich, während sie reiste, schon beschrieb. Wir machten viele Witze über diese Geschichte, waren aber dennoch ernsthaft tätig für den Fortschritt – die Dönhoffreise war ein großer Durchbruch. Auch für Ottersberg, er wurde von höchster Stelle gelobt und belohnt – er wurde Leiter der Auslandsabteilung des DDR-Fernsehens, ein dort wegen der noch fehlenden Anerkennung äußerst wichtiger und dementsprechend hoch bewerteter Posten.

Als unsere Reise zu Ende ging, war meine Neugier und Lust, hochgeehrt und gut bewirtet durch die unbekannte Landschaft DDR zu reisen, noch nicht gestillt. Während ich noch meinen ziemlich wohlwollenden, aber auch sarkastischen Reisebericht schrieb, ließ ich mich, als westdeutscher Friedensfreund, von einer ganz anderen Institution noch einmal einladen: vom ostdeutschen Journalistenverband. Die waren glücklich, sich nun auch im Dienste gesamtdeutscher Konakte profilieren zu können und organisierten in historisch kürzester Frist eine weitere Reise. Mein Betreuer und Reisebegleiter war ein gewisser Mißlitz, ein argloser, nichtsahnender Naiver, der wegen dieser Reise später in Mißkredit geriet, glücklicherweise aber Posten und Vertrauen behielt, er konnte ja wirklich nicht ahnen, wen er da durch die DDR kutschierte. Mit dem war ich also gerade in der Provinz, als es passierte.

Während unsere Oberen beschließen, den Hahn zuzudrehen, drehten Mißlitz und der Journalistenverband den Hahn noch einmal voll auf. Ein großer Tourenwagen, der tschechische dreiäugige Tatra, kutschierte den Staatsgast durch das frühlingshaft grüne Land, die besten Hotelzimmer waren reserviert und abends tranken wir kübelweise vom Besten: Krimsekt und Budweiser Bier oder mein besonderes Lieblingsgetränk, den guten ungari-»Lindenblättrigen«. Ein Wein, der glücklich machte und einen nur das Gute an der DDR sehen ließ – für mich die vielen altmodischen Vorkriegsbauten und die vielen ungeschminkten, taufrischen Mädchen, die hübsch und fortschrittlich zugleich zu sein schienen, und es wohl auch waren. Kurz, ich war begeistert.

Als Krönung besuchten wir dann das große Mammutschauspiel, das Pfingsttreffen der Jugend und Studenten in Berlin, an dem 120 000 Jugendliche teilnahmen, 20 000 davon aus der Bundesrepublik. Während unsere westdeutschen Normalgäste in Schulen und Jugendherbergen auf Stroh schliefen und ihren Schlag Erbsensuppe aus der Gulaschkanone der Volksarmee faßten, wohnte ich in der Nobelherberge »Hotel International«, einem volksdeutschen Hilton, das gerade zu dem Pfingsttreffen fertig geworden war und vor dessen Tür sich die Ostberliner Jugend drängelte – um die Prominenz zu sehen: Kosmonauten und Schriftsteller aus Frankreich und Sänger aus Amerika und Kuba. Am meisten aber bestaunten sie die für uns Westdeutsche selbstverständlich gewordene technische Errungenschaft: die sich beim Herannahen öffnende Glastür. Das imponierte ihnen mehr als Juri Gagarin – Licht aus Decke und Wasser aus Wand! – viele tausendmal drängelten sie sich an die Tür heran, die sich lautlos öffnete, und gingen wieder zurück, bis die Tür, die vielleicht die erste volkseigene Schöpfung war, den Dienst versagte und von einem Portier aufgehalten werden mußte, aber selbst dann noch standen die Trauben junger Menschen herum und erzählten sich die Geschichte der Tür, die sich beim Herannahen öffnet.

Das war das Pfingsttreffen, auf dem die ersten sehr weitreichenden Diskussionen zwischen Ost und West geführt wurden, der SDS trat hier zum ersten Mal massiert auf und nahm die Diskussion mit der DDR auf. Indem er sich erst einmal absetzte, fortan seinen Fortschritt auf eigene Faust machte, eher ein bißchen nach China schielend, aber eben auch ohne Antikommunismus. Das Pfingsttreffen warf mit einemmal eine neue, aufgeschlossene und jeanstragende DDR-Jugend in die Diskussion, auch dort war dieser totale Generationswechsel, diese Umschichtung eingetreten. Daneben gab es natürlich noch die alte FDJ von früher, die Trommler und Fanfarenspieler und Volksliedersingergruppen von damals, die gleichberechtigt neben Leuten wie Biermann und Hacks und Volker Braun und Hermann Kant auf dem Festival auftraten.

Es war eine groteske Szenerie, und ich immer dazwischen: Abends zu Gesprächen mit sowjetischen und sogar mongolischen Intellektuellen servierten Absolventen der Leipziger Hotelfachschule zu Krimsekt russischen Kaviar oder »Austers« (sie sagten allen Ernstes englisch Oasters, nicht Austern!), morgens ab 6.oo Uhr weckten mich trotz Oropax die endlosen Fanfarenzüge mit ihren kurzen, immer wiederholten Blastönen, die sich verdammt nach unseren HJ-Fanfaren anhörten. Und auch

so aussahen! Donnerwetter, waren die auf Zack, Landsknechtstrommel ebenso wie die kurze friderizianische
Trommel, die auch zu unsern Zeiten zur Querflöte geschlagen wurde, während die Landsknechtstrommel zu
hellen Fanfaren ertönt! Immer das gleiche kurze Signal.
Dafür aber von tausenden Halbwüchsigen aus der ganzen Provinz durch die Straßen von Ostberlin getönt und
von den langgestreckten neuen Hochhäusern verstärkt –
dabei konnte wirklich niemand mehr weiterschlafen. Das
hieß auch »Die FDJ weckt Berlin«. Mußte das sein?
Nein!
Aus diesem fröhlichen luxuriösen Renommierhotel wurde ich am letzten Tag herausgeholt, man hatte endlich
meinen Aufenthaltsort in Erfahrung gebracht und holte
mich vom Austernessen der Fellowtravellers direkt in die
rauhe Wirklichkeit, in die schäbigen kleinen Parteiräume
zu Bockwurst und Brühkaffee, und da teilte man mir
mit, freundlich, eher bedauernd: der Ofen ist aus. Wir
machen den Laden dicht. Keine Verhandlungen mehr.
Aus? Ich fuhr wie gelähmt zurück nach Hamburg, zu den
anderen, die schon alles wußten, ebenso vor den Kopf
geschlagen waren wie ich. Es durfte nicht wahr sein. Die
ganze Arbeit umsonst?
Wir saßen im sommerlichen Maiwetter auf der Terrasse
unseres kleinen Miethäuschens, das Ulrike und ich be-
wohnten, und wollten es nicht wahrhaben. Die Zeitung
KONKRET gibt es nicht mehr. Sie würde auch nicht von
anderen wieder belebt werden, sie sollte mit uns unter-
gehen, ab mit Verlust.
Fieberhaft überlegten wir, wie wir überhaupt weiter-

existieren würden, jeder hatte ja irgendeinen Beruf erlernt, die Jüngeren würden eben weiterstudieren.

Für mich und für meine Frau: Ulrike Röhl, war die Lage besonders schlimm: Ich war ja der Herausgeber, der Eigentümer, der für alles bürgte und haftete. Ich saß mit unbezahlten Rechnungen und Schulden von über 40 000 Mark da. Vergessen die Reden von der gesicherten Zukunft, von dem Drittel der Welt, das hinter uns stände und bald mehr, von der Sicherung für immer. Nichts, man ließ uns von einem Tag auf den anderen fallen, nahm alle Konsequenzen in Kauf: Ulrike und ich mit zwei zweijährigen Kindern und die Arztrechnungen jener furchtbaren Gehirnoperation noch nicht bezahlt und Holtkamps erstes Kind gerade geboren, nichts war gesichert, nicht einmal der nächste Monat. So trifft den Abweichler die Strafe der Partei, und niemand schelte sie mir, die nur konsequent verfuhr. Aber niemand sei auch noch einmal so naiv und vertrauensselig, wie wir es waren, er sei gewarnt. Wer auf des Preußen Fahne schwört, hat nichts mehr, was ihm selber gehört – habt euch man nicht so, die Arbeiter verdienen auch nur 800 Mark, und Jupp Augenfort war zwei Jahre im Knast. Also 40 000 Mark Schulden.

An alle: SOS KONKRET!

Gelobt sei, was hart macht. Jetzt war wieder eine jener von mir so gehaßten Entscheidungen nötig, die ich solange hinausschiebe wie möglich. Ich sagte, daß ich die Zeitung alleine weiter machen würde. Niemand wollte mitmachen. Alle sahen das als aussichtslos an: KONKRET ohne Zuschüsse.

Es wäre auch nicht gegangen, wenn man nicht etwas geändert hätte. Der großartige, pathetische Stil, den Stern, Haderlev, Ulrike und Holtkamp betrieben hatten, hohes Niveau und keine Zugeständnisse, das ging in der Tat nicht. Jean Paul Sartre und Kirchenpräsident Niemöller und Arno Schmidt noch und noch, das war ja nie gegangen, das war ja durch Hunderttausende von D-Mark, Autobahngebühren, Leunaerzeugnisse und Braunkohle und was weiß ich noch was bezahlt worden. Entweder so bezahlt oder so bezahlt, der ebenso aufwendige und kompromißlos hohes Niveau haltende *Monat* wurde schließlich vom CIA finanziert, da lob ich mir die KP! Aber ohne Finanzspritze?

Nur unser Geschäftsführer Steffens, der Mann, der immer schon die Unabhängigkeit, die Finanzierung durch Verkauf im Kopf gehabt hatte, blieb bei mir. Er sagte, und ohne seine Zuversicht hätte ich damals nicht weitergemacht: Klaus, wir schaffen es. Wir reduzieren alle Kosten. Ich zahle eine Druckrechnung mit Wechsel. Ich fahre zu allen großen Verlagen, damit sie Anzeigen geben. Sie schon im voraus bezahlen. Wir mobilisieren die Abonnenten. Sie sollen eine Jahresrechnung voraus zahlen. Es muß gehen.

Es ging, es ist, wie der geneigte Leser weiß, gegangen. Wie ging es? Wir mobilisierten Leser, Abbonnenten und Inserenten. Wir ließen an alle den Hilferuf ergehen: *SOS KONKRET!* Aber wie die plötzliche Klemme mo-

SOS Konkret

Einige Leute wollten KONKRET kaputt machen. Weil es konkrete Artikel schreibt und keine Rücksichten nimmt. Im Blatt der Zeitschriftenhändler stand eine Liste. Die Liste stammt vom Arbeitgeberverband. In der stand, wir werben „bewußt oder unbewußt" für kommunistische Ziele. Das ist natürlich Quatsch. Deswegen beantragten wir eine einstweilige Verfügung gegen die Arbeitgeber. Aber die wurde abgelehnt und uns die Kosten nach einem Streitwert von 50 000 Mark auferlegt. Weil man so etwas sagen darf. Bewußt oder unbewußt! So als wenn wir sagen würden, das Arbeitgeberorgan betreibt Brunnenvergiftung. Bewußt oder unbewußt! Der Arbeitgeberverband darf das sagen, weil er Pressefreiheit hat. Aber wo bleibt unsere Pressefreiheit? Die Liste wurde „zufällig" Ende April veröffentlicht. Genau einige Tage, bevor wir mit großen Kosten das umgestaltete KONKRET an allen Kiosken starten wollten!

Wir sind keine Kommunisten. Wir wollen auch keine werden. Wir werben auch für keine kommunistischen Ziele und unsere Zeitungen werden drüben beschlagnahmt. Das wissen unsere 35 000 Leser seit langem. Aber der Zeitschriftenhändler kriegt natürlich kalte Füße, wenn er die geschickt abgesicherte Diffamierung liest. So wird KONKRET an einigen Kiosken unterm Ladentisch verkauft. Und wir haben Schulden. Reservegeneral von der Heydte in Würzburg führt einen aufwendigen Zivilprozeß gegen uns. Und das neue KONKRET hat viel Geld gekostet.

Einige mutige Verlage und andere Firmen haben durch Anzeigenaufträge das Erscheinen dieses Heftes ermöglicht. Aber wie soll es weiter gehen? In dieser Situation können nur Sie, unsere Leser, helfen. Sie allein, zusammen mit den Inserenten, können die Einstellung von KONKRET verhindern. Dazu muß die Auflage auf 50 000 gesteigert werden. Jeder Leser müßte einen neuen Leser werben, jeder Abonnent einen neuen Abonnenten. Helfen Sie uns, eine der letzten unabhängigen Kulturzeitungen zu erhalten.

Die Redaktion

tivieren, wie das Nichterscheinen der Julinummer, die wir auslassen mußten, wie die drohende Pleite?

Wieder kam uns der Genosse Zufall zu Hilfe. Unmittelbar vor dem Bruch mit der Partei hatten wir die Zeitung grafisch völlig umgestellt, sie bei einer neuen Druckerei untergebracht, den Kupfertiefdruck eingeführt, den man braucht, wenn man Anzeigen haben will. Wir hatten das Layout bis zur Unkenntlichkeit verändert, der Uraltlinke und Harichfreund Huffsky schleppte uns einen *Constanze*-Layouter ins Haus, und der machte uns ein Layout, so streng und kalt wie ein Nonnenkloster. Aus war es mit unseren naiven genialischen Improvisationen, jede Unterschriftenzeile mußte auf Buchstaben ausgezählt sein, und wenn Rühmkorf etwas Literarisches schrieb, mußte das auf Zeile gekürzt werden, heiliger Fleckhaus!

Dazu hatte ich auch neue Autoren gewonnen, Haffner, der der Zeitung fast neun Jahre treu blieb, 12 Schriftsteller, die die Antisellerliste gestalteten, mit Frage und Ausrufezeichen jeweils 12 Bücher begutachteten – 144 Buchrezensionen also auf einer Seite! Einer unserer neuen Autoren hieß Manfred Bissinger, der war bei Panorama und ging dann zum *Stern*, wollte eigentlich immer lieber zu KONKRET, blieb aber beim *Stern* und ist heute ein wichtiger Mann dort nach Nannen. Der fing damals bei uns an zu schreiben: »Sind Vertriebene Nazis?« nannte ich seinen Artikel und dachte, das muß sich verkaufen, alle Vertriebenen kaufen das, aus Protest. Sie taten es nicht. Die beiden neuen, vom *Constanze*-Layouter Scheurich auf Hochglanz und edle Schlichtheit gebrachten Nummern verkauften sich miserabel.

194

Grund genug, in Bedrängnis zu geraten?

Aber es kam noch mehr dazu. Der Arbeitgeberverband ließ eine Liste »bedenklicher« Zeitschriften veröffentlichen, die im Organ der Zeitschriftenhändler erschien. Da wurde über unsere Zeitung mit einer juristisch sehr abgefeimten Formulierug gesagt, wir »werben bewußt oder unbewußt für kommunistische Ziele«. Viele Zeitschriftenhändler verkauften darauf KONKRET gar nicht oder nur unter dem Ladentisch. Die Liste erschien Ende April, unmittelbar vor der Umstellung auf Illustriertendruck. Außerdem führten wir einige Prozesse gegen politische Gegner, die Geld verschlangen.

Der Hilferuf »SOS KONKRET« konnte also plausibel gemacht werden. Auf keinen Fall wollten wir ja ins antikommunistische Fahrwasser geraten. Im Gegenteil: wir würden es unseren ungetreuen Genossen schon zeigen, daß wir weiter wie bisher, unverändert eine unabhängige sozialistische Zeitung machen würden. Unser SOS-Ruf ließ also die Schwierigkeiten mit unseren Genossen aus und klagte nur die rechten Bösewichter an:

SOS KONKRET!

»Einige Leute wollten KONKRET kaputtmachen. Weil es konkrete Artikel schreibt und keine Rücksichten nimmt. Im Blatt der Zeitschriftenhändler stand eine Liste. Die Liste stammt vom Arbeigeberverband. In der stand, wir werben »bewußt oder unbewußt« für kommunistische Ziele. Das ist natürlich Quatsch. Deswegen beantragten wir eine einstweilige Verfügung gegen die

Arbeitgeber. Aber die wurde abgelehnt und uns die Kosten nach einem Streitwert von 50 000 Mark auferlegt. Weil man so etwas sagen darf. Bewußt oder unbewußt! So als wenn wir sagen würden, das Arbeitgeberorgan betreibt Brunnenvergiftung. Bewußt oder unbewußt! Der Arbeitgeberverband darf das sagen, weil er Pressefreiheit hat. Aber wo bleibt unsere Pressefreiheit? Die Liste wurde »zufällig« Ende April veröffentlicht. Genau einige Tage, bevor wir mit großen Kosten das umgestaltete KONKRET an allen Kiosken starten wollten!

Wir sind keine Kommunisten. Wir wollen auch keine werden. (!) Wir werben auch für keine kommunistischen Ziele und unsere Zeitungen werden drüben beschlagnahmt. Das wissen unsere 35 000 Leser auch. Aber der Zeitschriftenhändler kriegt natürlich kalte Füße, wenn er die geschickt abgesicherte Diffamierung liest. So wird KONKRET an einigen Kiosken unterm Ladentisch verkauft. Und wir haben Schulden. Reservegeneral von der Heydte in Würzburg führt einen aufwendigen Zivilprozeß gegen uns. Und das neue KONKRET hat viel Geld gekostet.

Einige mutige Verlage und andere Firmen haben durch Anzeigenaufträge das Erscheinen dieses Heftes ermöglicht. Aber wie soll es weitergehen? In dieser Situation können nur Sie, unsere Leser, helfen, Sie allein, zusammen mit den Inserenten, können die Einstellung von KONKRET verhindern. Dazu muß die Auflage auf 50 000 gesteigert werden. Jeder Leser müßte einen neuen Leser werben, jeder Abonnent einen neuen Abonnenten.

Helfen Sie uns, eine der letzten unabhängigen Kulturzeitungen zu erhalten.
Die Redaktion (August 1964).«

Wir erwarteten ein Wunder. Das Wunder geschah. Die
erste Nummer konnte auf den Markt gebracht werden.
1000 Abonnenten überwiesen Jahres- und Zweijahres-
beiträge, alle großen Buchverlage gaben Anzeigenaufträge, bezahlten im voraus, zum ersten Mal war Rowohlt
wirklich Mäzen, half die Zeitung finanzieren, echte DFU-
Mäzene (die gab es auch) halfen mit Spenden, vor allen
Dingen aber half Jonny Jahr, der mächtige alte Herr des
Gruner-Jahr-Konzerns. Huffzky brachte uns mit ihm
zusammen.
Jonny Jahr fühlte sich an die besten Jahre seines Lebens
erinnert, – war er nicht einst Verlagsleiter des Neuen
Verlages gewesen, des Verlages, in dem Tucholskys Ar-
beiter-Illustrierte (AIZ) erschien? War er nicht Anzeigenleiter für alle kommunistischen Zeitungen im Reich
gewesen? Jahr sah mich an und behauptete, ich sei ein
junger Verleger, der es schaffen würde, er glaube an Begabungen. Selber Geld zu geben, war er zu sachlich, das
wäre für ihn eine irrationale Handlung gewesen, ein
Verlustgeschäft, so könne man nicht helfen, meinte er.
Er half nicht mit Tat, sondern mit Rat. Er rief unseren Drucker Beig in Pinneberg an, der auch mal Prospekte für ihn druckte, und sagte, er möge uns Kredit
geben. Das wirkte wie Bargeld. Die Julinummer mußten
wir ausfallen lassen. Im August waren wir wieder da,
mit einer besonders dicken »Doppelnummer«. Das war

das erste Wunder. Das zweite Wunder war, daß sich diese Nummer, die ohne Mitarbeiter, ohne Honorare, ohne Layouter und Fotografen nur von mir allein hergestellte Nummer, verkaufte!

Es begann die unwiderruflich schönste Zeit meines Lebens. Ich machte alles allein, auf eigene Kappe und ohne, daß mir einer auch nur im geringsten hereinredete. Ich war Bürobote, Chefredakteur, Bildbeschaffer, Autor, Kulturleiter, Layouter und Reinzeichner alles in einer Person. Ich stellte die Nummer vollständig nach meinen eigenen, seit der Zeit der Diskussionen um *Zwischen den Kriegen* gehegten Vorstellungen um. Ich sorgte für Lesbarkeit, Verständlichkeit jedes Satzes und jeder Bildunterschrift, für Einprägsamkeit jeder Überschrift, jeder Überlaufzeile. Es war die alte Sehnsucht nach breiter Verständlichkeit, nach dem »Horizontalen«, der Hausfrau von Hannover. Der Erfolg gab mir recht: die Augustnummer 1964, das erste von mir allein produzierte Heft, verkaufte mehr als das Doppelte aller früheren KONKRET-Hefte. Die Traumzahl 50 000 wurde fast erreicht. Im nächsten Jahr hatte sie sich verdoppelt.

Nun gibt es Legenden. Eine der Legenden besagt, wir hätten damals die Zeitung mit Nackedeis garniert, einen kräftigen Schuß Sex beigemischt, das sei damals noch ein Tabubruch gewesen, und außerdem wären wir mit dieser Zeitung in den Aufbruch der Neuen Linken hineingestoßen, hätten von dieser neuen Welle profitiert und so, mit Marx und Mädchen, das Rennen gemacht. Wie die meisten Legenden ist auch diese nicht wahr. Die ersten Ansätze zu einer linken Welle machten sich erst zwei Jahre später, Ende 1966, bemerkbar. Die ersten Nummern enthielten weder Nackedeis noch Sexgeschichten, man kann es nachprüfen.

Wahr dagegen ist etwas anderes. Das Wandeln am Rande des Untergangs, die äußerste Gefahr brachte Publicity. *Der Spiegel* druckte eine ausführliche Darstellung des wundersamen Überlebens unter dem Titel »Warmer Regen«. Dieser Artikel erst war wirklich der warme Regen. Die Zeitung erreicht einen hohen Bekanntheitsgrad, man kauft sie und ist nicht enttäuscht. Die äußerste Not zwingt uns, sozusagen einen Digest aller vorhandenen Möglichkeiten herzustellen: Die Augustnummer enthält bereits alle Elemente, mit denen später KONKRET erfolgreich sein wird: Einen Artikel über die Antibabypille, einen über die Bundeswehr, DDR intim, eine Science fiction story, Autorenbeiträge von Haffner und Alfred Andersch, Rühmkorf, Ulrike Meinhof und Manthey. Jede Seite enthält einen »Stopper«, etwas, was die Leute beim Durchblättern anhalten läßt, und ist auf Anhieb lesbar und übersichtlich. Man kann, mit großen Zwischenüberschriften und Bildunterschriften, überall anlesen. Das Ganze ist nicht mehr länger eine Zeitung für Kultur und Politik, sondern, wie unser neuer Slogan lautet: eine Illustrierte für Interessierte.

Kurzer Exkurs über Klassenjustiz

Schon in der nächsten Ausgabe von KONKRET ist der Themenkreis um einen weiteren Bericht erweitert, den ich wieder aus eigener Anschauung bestreite: Nach »DDR intim« (6 Folgen) veröffentliche ich die Serie »Autofahrer im Knast«, zwei Jahre vor R. W. Leonhardt. Zu allem Unglück und aller Pleite, der Trennung von der »P« und dem Identitätsverlust, muß ich auch noch ins Gefängnis, weil ich irgendwann einmal leicht angetrunken Auto gefahren bin, 1,4 pro Mille. Ich nehme keinen Anwalt und komme ohne Bewährung ins Gefängnis, obwohl unvorbestraft. Eine herrlich erholsame Zeit, in diesem Jahr, in dem ich keinen Urlaub machen kann: Aufstehen um 6.00, Schlafengehen um 21.00 Uhr, kein Alkohol, kaum Rauchen, keine Aufregungen, Arbeit und frische Luft und neuerliches Kennenlernen der Arbeiterklasse. Denn hier, im Autoknast, finden sich seltsamerweise fast nur Arbeiter, wenig Angestellte, keine Beamten oder Selbständige. Sie alle haben, wie ich, keinen Anwalt genommen oder kein Geld dafür gehabt, so leben sie mit mir in engster Nähe von Zuhältern, Einbrechern, Sittenverbrechern und Mördern.
Ich bin zufrieden. Ich, dem als Illegalem immer wieder gesagt worden war, ein bißchen Knast kann nicht schaden, war froh, nicht die geringsten Beschwerden zu fühlen, die der Untersuchungshäftling Augstein verspürte, wenn er gezwungen wurde, auf einem Hocker ohne Lehne zu sitzen. Ich fühlte mich zurückversetzt in meine Arbeitsdienstzeit, schlimmer kann es nie kommen, dies ist hier

noch ein Zuckerlecken. Ich verwerte alle meine Erfahrungen. Ein kurzer Ansatz zur Pogromzeit: alle fallen über mich her wegen häufigen Bücherlesens und auffälliger Hochsprache, dann aber (gute Schule des Horner Arbeiterheims!) bin ich am Ende Hahn im Korbe, bin akzeptierter Skatspieler und Schlauredner, der nächtelang Volkshochschule halten muß: Klaus! Du weißt doch Bescheid, erklär uns mal das und dies.

Viele Jahre später lernte ich, warum hier nur Arbeiter saßen, ich nur durch Zufall hier saß, lernte, daß es das tatsächlich gibt: Klassenjustiz. Szene: Ich bin ein zweites Mal angeklagt wegen eines Verkehrsdeliktes, habe aber den besten Anwalt von Hamburg mitgebracht. Es ist noch früh, wir gehen in den Prozeß, der vor uns angesetzt ist.

Da steht ein armseliger Schlucker von Mensch, Bürobote, neben ihm seine unansehnliche, schäbig angezogene Frau, er ist mit seinem Wagen wiederholt ohne Autokennzeichen gefahren, ein Eigentumsdelikt im Grunde, er hat die Steuer nicht bezahlt. Nicht nur die unscheinbare kleine Frau heult, auch der Mann hat Tränen in den Augen, Tränen der Demütigung. Richter und Staatsanwalt donnern ihn abwechselnd an. Mann, was haben Sie sich denn dabei gedacht? Brauchen Sie denn unbedingt ein Auto? Das geht doch auch sehr schön ohne? Oder? Ich habe Sie was gefragt: Ob es auch ohne geht, mit 'nem Fahrrad zum Beispiel? Kleinlaut der Mann: Ja, Herr Richter. Mann, Sie gehen aber in den Knast, sagt der Staatsanwalt, das kann ich Ihnen flüstern, Sie gehen in den Kahn und nicht zu knapp und ohne Bewährung, verstanden!

So reden sie und verurteilen den Mann, Richter und Staatsanwalt, beide Kumpels aus meiner Werkstudentenzeit, die sind nun altersmäßig so weit.

Dann treten wir auf. Zunächst der Staranwalt für Autosachen, Neuhäusler. Bitte, nehmen Sie doch Platz, Herr Neuhäusler. Ja, ich glaube, wir brauchen hier nicht lange zu reden, der Fall ist klar. Herr Röhl gibt alles zu, aber er handelte in einer Zwangssituation. Er war im vollen Bewußtsein, eine strafbare Handlung zu begehen, aber er mußte seine Frau, Ulrike Röhl, schützen, sie hat eine Gehirnoperation gehabt... vielleicht einige Fragen zur Person Herrn Röhls: Kriegsteilnehmer (was hat das zu bedeuten?), Offiziersbewerber (was hat das zu besagen?), Staatsexamen 1956 (was soll das aussagen?), baut zur Zeit mit großer Mühe eine selbständige Firma auf, die schon einen erheblichen Umsatz hat (na und?). Verheiratet, drei Kinder (?). Allerseits Lächeln und Wohlwollen. Staatsanwalt und Richter überbieten sich an Entschuldigungsgründen für mich. Letzte Zweifel werden von Ulrike beseitigt, deren Charisma hier schon voll wirksam ist. Freispruch trotz Vorstrafe. Ein Bußgeld, das der Anwalt noch herunterhandelt, wegen des schwierigen Aufbaus einer Firma. Meine akademischen Kollegen lächeln wiederholt, ich bin einer von ihnen. Ich nahm das Urteil natürlich an, wußte aber mit einemmal, warum so viele Arbeiter im Knast gesessen hatten und so wenig Akademiker, wußte, daß es das gibt – Klassenjustiz.

Aus dem Knast heraus geht es gleich zur Gruppe 47, die zum ersten Mal im Ausland tagt, in Sigtuna in Schweden. Zum ersten Mal bin ich, wie selbstverständlich, eingeladen. Die Geheimdienste schienen schnell geschaltet zu haben, hatten wohl unseren nach außen nicht erkennbaren Absprung registriert. Hans Werner Richter (mit guten Verbindungen zum Ostbüro der SPD (in einer Halbagenten-Zentrale) würde sich freuen, mich in Sigtuna zu sehen. Ich könnte am liebsten auch etwas vortragen. Lyrik von Schriftstellern, die von der SED am Kommen gehindert sind, schlage ich vor. Volker Braun zum Beispiel. Ich erfahre von einigen später, daß sie gar nicht geladen worden sind.

Ich gewinne das Wohlwollen von Frau Richter, deren Wohlwollen für das Fortkommen eines Autors zu dieser Zeit wichtiger ist als jede Begabung. Ich habe starke Minderwertigkeitskomplexe gegenüber den vielen berühmten Leuten, nicht wegen ihrer Schreibkunst, die sich als mäßig erweist, sondern wegen ihrer maßgeschnittenen reinseidenen Kammgarnanzüge, ihres weltmännischen Umgangs mit Krebsen und Hummern. Enzensberger und Kaiser beraten Rühmkorf und mich fachmännisch beim Knacken der Krebsscheren und Zerteilen eines Riesenlachses im Stockholmer Rathaus. Wir lernen, daß dies eine geschlossene Gesellschaft ist, geschlossen vor allen Dingen gegen Realismus oder gar Gesellschaftskritik. Kuby, der einmal einen Ausfall macht – »wir reden hier über Versformen und draußen ist der Vietnamkrieg« –, wird von Richter freundlich mitten im Satz unterbrochen: Erich, wir diskutieren hier nur am Text. Keine Politik, das ist immer unser Grundsatz gewesen. Aus. Ende der Debatte.

Dennoch profitiere ich viel von der Gruppentagung.

Lerne neue Autoren kennen und gewinne sie für das Blatt: Piwitt, Fichte, Fried, Alexander Kluge, Bichsel, Herburger, junge Realisten mit lesbarer Schreibe. Ich darf mit Grass Pilze verlesen und Rudolf Walter Leonhardt beschimpfen. Die fünf Kritiker, die hier das Monopol haben: Ranicki, Kaiser, Baumgard, Mayer, Jens, hören sich wohlwollend an, was der Neuling aus dem Stegreif kritisches hören läßt. Das Resultat gibt wiederum Frau Richter bekannt: Nicht übel, haben die gemeint, wir werden in Verbindung bleiben. Ob ich nicht auch meine Autoren, junge Leute wie Ziem, Herms, Heuer, Doutiné, mitbringen könne, frage ich, vor allem aber den sehr guten Kritiker Manthey? Aber selbstverständlich, lächelt man, ich brauche nur einen Vorschlag zu machen, wir setzen das dann auf die Liste, sagt Frau Richter. Eine Art Partyliste, mit der hier über das Wohl und Weh ganzer beruflicher, ja oft genug persönlicher Existenzen entschieden wird: Den nehmen wir, ach, den lieber nicht, der ist so unangenehm, ich finde den nicht gut. Es gibt keine Kontrollinstanz, nicht einmal die engsten Freunde dürfen da mitreden, wenn es um die Einladungen geht, das macht Richter ganz allein. Seine Sache. Aber die Einladung oder Nicht-Einladung ist keine Privatsache. Sie ist schlimmer als die Mitgliedschaft im Sowjetischen Schriftstellerverband, dort gibt es wenigstens Kontrollinstanzen, Satzungen, eventuell wird einer mal rehabilitiert. Oder disqualifiziert. Hier nicht.

Nun, ich will einmal wieder korrumpiert werden, will meine Standhaftigkeit, meine intellektuelle Redlichkeit wenigstens einmal ausprobieren, das geht nicht ohne Versuchung. Ich fahre ein paarmal nach Berlin und verhandele mit Richter, Johnson, Grass und Enzensberger, Wagenbach und Klaus Röhler. Sie wollen bei KONKRET einsteigen, mit einer Beilage. Gemeinsam wollen wir die endgültige, einzige Kulturzeitung machen, Richter meint, es müsse so etwas geben, das wäre gut.

Wenn ich in Berlin anrufe, sagt mir Wagenbach oder Röhler: Wir kommen alle. Alle, das sind er und Richter und Johnson und H. P. Krüger und Grass und Enzensberger. Das sind alle. Die Verhandlungen ziehen sich hin. Es kommt zu unguten Szenen, Szenen, die mir zu denken geben. Eines Tages bin ich eingeladen zu einer großen Diskussion, ganz zwanglos will man reden, aber das Fernsehen ist dabei, soll alles filmen. Ich bringe ahnungslos Ulrike mit. Sie hat, denke ich, zur Situation der Pressefreiheit mehr zu sagen als ich.

Aber kurz bevor das Fernsehen kommt, huscht Frau Richter mit einem Lächeln – mir fällt dabei nur das altmodische Wort »maliziös« ein, aber so *sind* diese Leute – herein und setzt sich neben Ulrike: Kommen Sie, meine Liebe, lassen wir die Männer allein mit ihren Problemen. Wir gehen in den Nebenraum und sehen uns das im Fernsehen an, das machen wir immer so. Und legt schon den Arm um Ulrikes Schulter und zieht sie förmlich hoch. Die, völlig perplex: Wie bitte? Die Männer? Ich denke, wir wollen heute über die Pressefreiheit diskutieren? – Ja, ich sagte Ihnen doch: wir machen das immer so, kommen Sie nur, da drinnen ist auch nicht so viel Platz für alle, mit den vielen Fernsehkameras. Ich zog natürlich aus Solidarität auch mit ins Fernsehseparée und sah die anderen, live, Belangloses über Pressefreiheit und Notstandsgesetze plaudern, zu denen Ulrike, aber auch ich viel Belangvolles hätten sagen können, im Dritten Programm des SFB.

Bluff und Spesen – die Literaturmafia von Berlin

Mir kamen ernsthafte Bedenken, ob das unsere zukünftigen Partner sein könnten, die mich hier eingemeinden und meine politisch schärfer argumentierende Frau ausschließen wollten. Bereits im September, bevor noch die Verhandlungen abgeschlossen sind, gab ich wieder das Feuer frei. Die sollten mal sehen, daß man mich mit einer Einladung nach Schweden nicht korrumpieren kann: die Oktobernummer erscheint mit der Titelschlagzeile: »Gruppe 47 am Ende?«, die einen bitterbösen Artikel des von der Gruppe boykottierten Karlheinz Deschner ankündigt. Da steht alles drin, was jeder in der Bundesrepublik weiß, kaum einer zu Papier bringt und zu dieser Zeit niemand zu senden oder zu drucken wagen würde:

»Es gibt keine bedeutende zeitgenössische deutsche Literatur. Wir haben weder einen großen Epiker, noch einen großen Lyriker, noch einen großen Dramatiker. Wir haben aber eine riesengroße Propagandamaschine, die Gruppe 47. Sie suggeriert aller Welt, was gar nicht existiert. Daß man heute Schriftsteller ›macht‹ wie eine Abführpille, wissen wir alle. Nieten werden zu Mediokritäten, Mediokritäten zu Talenten, Talente zu Genies und manchmal wird sogar ein Uwe Johnson über Nacht berühmt. Am raschesten avanciert man in der Gruppe 47. Und literarisch am schnellsten ruiniert ist, wer es mit ihr verdirbt.«

Deschner ist das bekannteste Opfer eines Gruppenboykotts. Er wurde nicht nur literarisch ruiniert, sondern auch wirtschaftlich, physisch sogar, wenn man einen Herzinfarkt mit 40 Jahren, seine totale wirtschaftliche Notlage indirekt Richter anzulasten bereit ist. Deschner, dessen genialisch-unfertiges Erstlingswerk *Die Nacht steht um mein Haus* zu den besten Begabungsnachweisen der 50er Jahre gehört, »lag« der Gruppe nicht, ebensowenig wie Christian Geißler oder Hans Henny Jahnn oder Nossack oder Arno Schmidt oder Robert Neumann oder Ernst Kreuder (»Die Gesellschaft vom Dachboden«). Sein noch unausgebildetes Talent wurde nicht gefördert, nicht einmal zur Diskussion gestellt.

Deschner machte aber einen Fehler: er griff die Gruppe 47 öffentlich an. Er wurde daraufhin so gründlich boykottiert, daß er die letzten Hörspiel- oder Featureaufträge beim Funk verlor, seine Bücher erschienen fast unter Ausschluß der Öffentlichkeit. Sie waren für die geschlossene Kritikerclique der Gruppe, die nahezu jedes Zeitungsfeuilleton und bis auf den Hessischen Rundfunk jede Funkanstalt besetzt hielt, einfach nicht vorhanden.

Der verbitterte Mann, wirtschaftlich dauernd in der Klemme, wechselte zu immer kleineren Verlagen über, sein Stil wurde natürlich nicht freier, überlegener und flüssiger dabei. Er spezialisierte sich fast ganz auf eine Gegnerschaft zur katholischen Kirche, deren barbarische

Geschichte und deren unglaubliche Geschichtsfälschungen er mit großem Fleiß und Zähigkeit durchforschte. Mit dem Erfolg, daß auch seine Kirchengeschichte kaum zur Kenntnis genommen wurde, deren wesentliche Ergebnisse und Forschungen später von Augstein teilweise in sein Jesusbuch mit einbezogen wurden, das mit einem Riesenpropagandaaufwand als geniale Eigenleistung verkauft wurde.

Nicht viel anders, eher noch schlimmer erging es einem anderen Gruppengegner und Deschnerfreund: Ernst Kreuder. Er, der zu den originellsten Prosatalenten der Nachkriegszeit gehörte, starb einsam, verbittert und nahezu vollkommen vergessen, wirtschaftlich vollkommen ruiniert 1973.

Als Deschners Artikel gedruckt wurde, verhandelte ich noch mit Richter. Als man mir lakonisch mitteilte, »alle« (das heißt eben Wagenbach und Richter und Krüger und Grass und Johnson) seien wieder zusammengetroffen und Johnson hätte sein Veto eingelegt, Röhl sei ihm zu suspekt (wir hatten ihn einmal sehr unsanft rezensiert, ich gebe es zu) – als dieser kurze Flirt mit dem literarischen Establishment, diese vergebliche Bemühung, »korrumpiert« zu werden, scheiterte, da wurde die Ausgabe mit der Überschrift »Gruppe 47 am Ende« gerade zum Druck gebracht. Die konnten es auch so haben, wenn es unbedingt sein mußte.

Die Gruppe 47 war 1964 natürlich noch keineswegs am Ende, sie war nur reif für das Ende. Das läuteten wir 1966 dann endgültig ein, längst bevor die APO dem unpolitischen Alptraum mit Maßanzug und Akademiegehabe ein Ende machte: 1966. Da holten wir etwas größer angelegt zum Schlag aus, da begann Robert Neumann die ehrenwerte Gesellschaft eine Mafia zu nennen. Spezis, Bluft mit Spesen, da hieb Nossack noch kräftig drauf, und Kaiser und Raddatz antworteten verlegen, selber das Ende der Gruppe fordernd, und anschließend druckten wir Handkes Angriff auf die Gruppe (es war Handkes erster Zeitschriftenaufsatz).

Den Rest besorgte der SDS, die außerparlamentarische Opposition, besorgten die Studenten von Erlangen auf der letzten Tagung der Gruppe in der Pulvermühle, schon unterstützt von Gruppenmitgliedern – Fried und Rühmkorf an der Spitze. Und gerade die feinsten Feingeister vom Schlage Enzensberger kriegten am schnellsten die neue Kurve, zogen buchstäblich von einem Tag auf den anderen Samt- und Seidenklamotten aus und latschten als »Neue Linke« mit verwaschenen Blue Jeans und Jesussandalen über die Buchmesse. Enzensberger stellte sein Kursbuch von unverständlich formalistisch auf unverständlich links um und verkündete, als wenn er das schon immer habe sagen wollen: die Literatur sei tot, und es hätten nur noch Dokumentationen Bestand, solche, wie sie zum Beispiel Erika Runge oder Günter Wallraff oder und vor allem Ulrike Meinhof schrieben, alles KONKRET-Leute. Warum nicht gleich so? Weil es vorher nicht Mode war. Weil man einen Sinn für Trends haben muß, manche Leute haben den eben und manche nicht. Wie Deschner, der schrieb seine Kirchengeschichte 10 Jahre zu früh, Pech.

Wir hatten damals noch einmal Glück. Die Buchmesse

1964 brachte uns Zuspruch und Anzeigen genug, die Leserschaft war Ende des Jahres über 50 000 gestiegen und bewegte sich unaufhaltsam auf die Traumzahl 100 000 zu. Wir zahlten erst einmal unsere Schulden ab, die uns die »P« hinterlassen hatte, gingen ins Weihnachtsfest mit wahrhaftig 100 Mark Weihnachtsgeld, und wenn Ulrike nicht inzwischen als Funkautorin mächtig Geld ins Haus gebracht hätte und ich den Roman 491 nicht für Porno-Krohn aus dem Schwedischen übersetzt hätte, wer weiß, wie wir es dann hätten schaffen sollen. Wie übersetzt man einen Roman aus dem Schwedischen, wenn man kein Schwedisch kann? Indem man Deutsch kann, eine schwedische Rohübersetzung hat, ein Wörterbuch und eine Grammatik. Ich glaube, das ist ein ganz gutes Buch geworden (Lars Görling: 491, Gala-Verlag, Hamburg 1964), wir druckten daraus jedenfalls auch ein paar Kapitel, und weil die primitive Verfilmung des Buches, die in der deutschen Fassung ganz verstümmelt war, und der Skandal um den Schäferhund damals sehr berüchtigt war, erwarb die Zeitung den Ruf, Sexgeschichten zu veröffentlichen.

Mit diesem Ruf, mit Heuers »Schülerliebe«, deren Verruchtheit in der Behauptung gipfelte, Oberschüler würden auch mal eine Sexorgie, eine »Surpriseparty«, feiern, mit solchen und ähnlichen Garnierungen gingen wir ins Jahr 65: in eine neue Auflagensteigerung. Zarteste Mädchenbilder, oft nur ein Gesicht, ein halber Brustansatz oder ein Popo, der aber noch mit einem Handtuch abgedeckt war, schmückten die Titelseiten. Im Gegensatz zu späteren und noch heute weiter wuchernden Legenden, enthielt die Zeitung mehr politische und literarische Artikel, mehr Kunst, Karikatur, Aktion, Gesellschaftskritik als je eine der früheren KONKRET aus der Studentenzeit. Doch war alles besser und journalistischer geschrieben und verpackt. KONKRET war eine professionelle Zeitschrift geworden, es blieb ihr ja auch nichts anderes übrig, sie war ja nicht mehr subventioniert, hatte keine Spenden aus »Paulskirchen- und Pazifistenkreisen«. Dennoch – wir hätten nie erwartet, Mitte des Jahres 100 000 Auflage zu haben.

6000 Bürger gegen Schmutz und Schund

Ein Jahr nach jenem totalen Zusammenbruch, der Sperrung der Gelder, der 40 000 Mark Schulden, des Ausscheidens aller Redakteure übersprangen wir die Traumgrenze von 100 000 Exemplaren Druckauflage. Die Zeitungsbranche stand kopf. War die neugewonnene Freiheit und Unabhängigkeit so sehr zu Buch geschlagen? War das Produkt der verlegerischen Einzelinitiative das Verdienst des genialen Blattmachers und Journalisten Klaus Rainer Röhl und seines geschäftstüchtigen Geschäftsführers Klaus Steffens? Die Frage muß mit nein beantwortet werden. Allein hätten wir diesen schnellen Aufschwung von einem Pleiteunternehmen zu einem lukrativen Gewerbebetrieb nie geschafft.
Mächtigere Kräfte waren am Werk: der Bundesinnenminister Höcherl und Franz Josef Strauß und das baden-württembergische Innenministerium und 6000 Bürger

der Stadt Schwabach unter Leitung ihres SPD-Bürgermeisters Hocheder. Die schafften das, was wir allein nicht zustande gebracht hatten, Auflage und Erfolg und dauerhaften Ruhm. Die hatten sich in den Kopf gesetzt, KONKRET sei sittengefährdend und ein »krasses Beispiel der Abwertung christlicher Moralbegriffe« und wollten uns deshalb durch die Bundesprüfstelle für »Jugendgefährdende Schriften« verbieten lassen, zuerst einige einzelne Hefte, dann sollte die ganze Zeitung auf Dauer »indiziert« werden, auf ein Jahr, laut Paragraph 6 des Gesetzes über die Verbreitung jugendgefährdender Schriften«, des GJS. Sie schickten einen Indizierungsantrag nach dem anderen an die Bundesprüfstelle für Jugendgefährdung in Bad Godesberg und beanstandeten die »Schülerliebe«, den Abdruck von *491*, vor allem aber –, eine Pervertierung des Jugendschutzgesetzes –: den Abdruck grausiger Fotos von verstümmelten und gefolterten Toten im Kongo, die wir veröffentlicht hatten als **Anklage** gegen das prowestliche Katangaregime, das später Lumumba ermorden ließ. Darunter, unter diesen Horror-Bildern, stand: »und machen sie vielleicht daraus ihr Beafsteak Tatar.« Daß dies ein Brecht-Zitat war, konnte aus Mangel an Bildung keiner unserer Gegner entdecken. Die Lage wurde ernsthaft gefährlich. Eine einzelne Indizierung ist bei einer Wochen- und Monatszeitung selten bedrohlich und bleibt nur eine Geste: ehe die Indizierungsverhandlung läuft, ist nicht nur das Heft schon auf dem Markt, sondern meistens sogar schon *vom* Markt. Eine Dauerindizierung aber – ein Jahr Verkaufsverbot an Jugendliche, also Verkauf unterm Ladentisch und kein

Aushang –, das übersteht keine Zeitung in der Bundesrepublik, das wäre das Ende von KONKRET gewesen. Das war sicher auch beabsichtigt, die Aktion gegen »Schund und Schmutz« (bei den Nazis hieß es »Schmutz und Schund«) sammelte überall südlich der Mainlinie Unterschriften, und in Schwabach erklärten 6000 Bürger (von 18 000), daß sie »nicht länger gesonnen seien, die Auswüchse in bezug auf Sex, Moral und Unmoral« länger hinzunehmen. Der Oberbürgemeister reiste mit seiner Unterschriftenmappe zu Höcherl und forderte, um gegen Zeitungen wie KONKRET besser vorgehen zu können, die Beseitigung einer Gesetzeslücke.

Nun hatten die liberalen und durch die Nazigreuel noch gewarnten Väter des Jugendschutzgesetzes glücklicherweise damit gerechnet, daß eines Tages der Jugendschutz dazu mißbraucht werden könnte, politisch unbequeme Gegner auszuschalten. Sie hatten vorgebaut. § 7 des Gesetzes besagt, daß Gazetten nicht genieret werden dürfen, wenn es politische Zeitungen sind. Das aber waren wir ja zweifelsfrei. Die große Gefahr, die während des ganzen Jahres 1965 bestand, war nur die, daß die Bundesprüfstelle, die sich aus einem Vorsitzenden und einer Anzahl von Beiräten zusammensetzt, die auf ziemlich obskure Art ausgewählt werden, dennoch indizieren würde. Kirchliche Gruppen waren in diesem Beirat ebenso vertreten wie Jugendgruppen, Buchhändler ebenso wie Verleger, aber man frage nicht, welche Gruppen, welche Buchhändler und welche Verleger da hineingewählt wurden, das waren keine KONKRET-Freunde, die sich da zusammenfanden, weder politisch, literarisch noch moralisch, wenn man diesen Begriff schon gebrauchen will. Die kannten oder wollten nicht kennen den neuen Begriff der Obszönität beider Marcuses, Herbert und Ludwig, »was heißt hier obszön?« oder »einen Vietnamkrieg zu führen, *das* ist obszön«, sondern die gingen nach alter Väter Sitte vor gegen Schweinkram und Mangel an seelischer Substanz, denen schwirrten die Feuersprüche der Bücherverbrennungen vielleicht noch im Kopf herum, solche Sprüche wie »gegen die seelenzerstörerische Überschätzung des Geschlechtslebens, für den Adel der menschlichen Seele, übergebe ich die Werke Siegmund Freuds dem Feuer«. Heute sagten sie sich wohl als Demokraten: das mit dem Verbrennen war übertrieben, und Freud war ja wohl ein bedeutender Wissenschaftler. Aber dennoch! KONKRET: das geht zu weit! Sie würden einfach indizieren, und ein Einspruch dauerte 4 Monate.

Auf die reale Gefahr eines Verbots reagierte die gesamte liberale Presse vom *Stern* bis zur Fernsehsendung »Panorama« mit Solidaritätsbekundungen, die vor der Aushöhlung der Pressefreiheit warnten. Als wir die letzte entscheidende Verhandlung in der Bundesprüfstelle zu unseren Gunsten entscheiden konnten, wir waren durch den »Vater des Presserechts«, Prof. Löffler, vertreten, da war ganz Deutschland schon so besorgt um unsere Existenz und so versessen, die Schweinereien nun auch endlich zu lesen, daß wir im September eine Auflage von über 100 000 Stück drucken konnten. Ich fuhr Ende des Jahres ein 6-Zylinder-Auto, einen flotten roten Opel Rekord Coupé.

Nicht viel anders kam der Ruhm Ulrikes zustande. Zum

zweitenmal wurde die bisher nur als Anführerin der Atomgegner bekannte Studentin von Strauß mit einem Strafantrag bedacht. Im Januar 1965 ernannte sie der *Spiegel* – zur »KONKRET-Kolumnistin« Ulrike Röhl, die wie die *Stern*-Kolumnistin Sybille immer Ärger mit Strauß habe. Diese beiden schönen und hochmütigen Frauengesichter wurden nebeneinander im *Spiegel* abgelichtet und begründeten Ulrikes zweiten Ruhm: als prominente, kluge und schöne Kolumnistin, die Tod und Teufel nicht fürchtet. Das kam alles in einem Jahr zusammen, in diesem Jahr 65, in dessen Mai wir eine schon ziemlich aufwendige 10-Jahresfeier im Hamburger Künstlerclub »Die Insel« feierten, wir hatten ja nun wirklich allen Grund dazu.

Es war wieder Geld im Haus und natürlich auch wieder Mitarbeiter, nicht länger machte ich Layout, Chefredaktion und Botendienste allein und in einem Zimmer. Es ergab sich aber und teilweise sorgte ich auch dafür, daß die alten Mitarbeiter nicht wieder in die Redaktion zurückkamen. Sie hatten sich ja in alle Winde zerstreut. Ulrike wollte gar nicht mehr zurück, war fasziniert von ihrer Rolle in Funk und Fernsehen, die wiederum durch ihre Kolumnistentätigkeit bei uns befruchtet und ermöglicht wurde.

Andere, jüngere Mitarbeiter studierten wieder und Holtkamp – der wäre wohl nach einer Zeit auch gerne wiedergekommen, aber ich bat ihn nicht darum. Das trug er mir wohl bis heute nach, nannte mich Geschäftemacher und begleitete unseren weiteren wechselhaften Lebenslauf fortan vom Dritten Programm Bremen aus mit gleichbleibender Sympathie für Ulrike und wachsenden Haßtiraden gegen mich. War immer zur Hand, wenn es mal galt, irgend etwas Praktisches gegen mich zu unternehmen, wie Pläne zu ventilieren, die Zeitung zu enteignen oder zu dulden, daß meine Kinder nach der Baaderbefreiung ins Ausland gebracht wurden, um sie dort vor mir versteckt zu halten, wir kommen noch darauf zurück. Als ich, viel später, Ulrike war schon verhaftet, ihre gesammelten Kolumnen herausgab, viel Apologetisches dazu schrieb in einer Zeit, in der die Springerpresse sie als Bandenführerin und Mörderin deklarierte und jeder Lynchjustiz als ideales Opfer aufbereitete, da fiel dem gut schreibenden, aber vor Boshaftigkeit blinden Ex-Kumpel diese Formulierung ein: »Es ist heute wieder genau wie damals: Ulrike Meinhof sitzt und Klaus Rainer Röhl kassiert!«

So sehr liebt mich der Genosse Holti, Möbelfabrikantensohn und Sozialist, der auch zwischen allen Stühlen sein Lieblingsplätzchen hat, dem weder der russische noch der DDR-eigene noch der chinesische Weg zum Sozialismus schmecken wollte, der nur für so schöne nebelhaft unwirkliche Luftgebilde wie für den Prager Frühling oder den besonderen kubanischen Weg zum Sozialismus schwärmen konnte.

Junge, ich hab Leute schon schwärmen sehn: Zur Kubakrise war das, da saß Holti, über Prag (!) in die Zuckerinsel eingeschleust, auf Kuba fest. Blockade, kein Flugzeug hin und keins zurück. Aber ein Postamt gab es, und Castros Leute gestatteten dem fortschrittlichen Westdeutschen, einen ganzen Leitartikel mit einer Überlänge von 3 Zeitungsseiten per Telegramm aufzugeben. Haben wir gelacht. Erstens konnte die Post das gar nicht alles auf ein Telegrammformular bringen. Es kamen also Seite für Seite und Blatt für Blatt ins Haus geflattert, immer voll neuer, glühender und auch bei äußerstem Wohlwollen für die Sache des kubanischen Volkes und des Kommunismus nicht bringbarer Phrasen. Den hatten sie da regelrecht in Uniform gesteckt, alle westlichen Korrespondenten wurden vor die Wahl gestellt – Internierungslager oder Eintritt in die Volksmiliz. Alle Journalisten zogen ins Lager – Holti in die Miliz, wo er in rührender Weise einen alten Buick befehligte, auf dem ein Schild befestigt war, »Dieses Auto ist jetzt ein Panzer« (= Militärfahrzeug), und fertig war der Krieg, der dann dank Chrutschschows Vernunft und Kennedys Einsicht nicht stattfand. Holti jedenfalls hätte bereit gestanden, um den »atomverseuchten Sand aus Kalifornien«, den amerikanische Schiffsgeschütze angeblich nach Havanna herüber schießen wollten, mit großen Schneeschippen wegzuschaufeln und ins Meer zu kippen.

Als er zurückkam, war er immer noch voll des Lobes für die Revolution, die da im Chachacha-Rhythmus über die Straßen flanierte, und für Cuba libre (= 1 Teil Kuba-Rum und 2 Teile Coca Cola), aber seine Telegramme wollte er doch nicht mehr ganz wahrhaben, wir bewahrten sie noch lange auf.

Holti wurde gegen Ende der ganzen KONKRET-Geschichte noch einmal fast mein Bundesgenosse. Er hatte natürlich alle früheren Putsche und ganz besonders den letzten, gelungenen, mit besten Grüßen und Solidaritätstelegrammen begleitet, obligatorisch, wie man einer wirklich guten Tante jedes Jahr zum Geburtstag gratuliert. Aber dann, Gremliza hatte gesiegt und Hübotter hatte gekauft, da wollte er auch etwas veröffentlichen. Wirklicher Nonkonformist, der er ist, schickte er einen saftigen Enthüllungsartikel über einen Bremer Makler ein, beileibe nicht Hübotter – über den gab es nichts zu enthüllen –, sondern über ein ganz besonders schlimmes Exemplar dieser in letzter Zeit ohnehin nicht sehr angesehenen Spezies. Gremliza kam nun in die Räume der Verlagsleitung, die saß, von der Redaktion getrennt, in der Fuhlsbüttelerstraße, wo Hübotter residierte und war einigermaßen verlegen. Ich saß dabei, hatte mit Hübotter irgendetwas abzuwickeln. Gremliza meinte, er hätte da eine ganz gute Geschichte von Jürgen Holtkamp, aber er glaube Hübotter solle das doch einmal lesen. Er rate von der Veröffentlichung ab. Es sei nämlich eine Geschichte über einen Bremer Makler und von Maklern und speziell Bremern verstünde er ja was. Er nannte den Namen des Maklers.

Hübotter sagte gradlinig und forsch wie in seiner besten FDJ-Zeit, er wolle sich da nicht einmischen, obwohl er sich ja das Recht auch redaktionell, besonders bei freien Mitarbeitern, vorbehalten hatte: an sich sei das Thema sehr gut, aber dieser Bremer Makler sei ein Außenseiter, gar nicht typisch für die übrigen Makler. Man könne das ja drucken, er würde dann eine Entgegnung schreiben. Gesicht und Tonfall, den ich noch von früher her kannte (oh wie ich den kannte!) gaben jedoch zu verstehen, daß ihm diese Maklergeschichte mißfiel. Gremliza nahm das zur Kenntnis. Auf der später folgenden

Redaktionssitzung wurde von der Mehrheit »beschlossen«, den Artikel nicht zu bringen.

Soviel über Pressefreiheit in einer »mitbestimmten« Redaktion, wie sie das in ihrem grausigen Deutsch nannten.

Zurück zu den Anfängen der Pressefreiheit. In jenem ersten freien Jahr suchte und fand ich lauter neue junge Leute. Erstens durften sie damals nicht viel kosten, die kamen von der Schule und machten hier praktisch eine Volontärszeit durch und zweitens war eine gewisse Blutauffrischung gut für das Blatt. Die kamen alle aus dem Stader Provinzmief des Oberstudienrats Tiedemann, Leute um die Stader Schülerzeitung wie Stefan Aust, der bald Chef vom Dienst und Allround-Redakteur wurde und nach etlichen Irr- und Umwegen heute ein tüchtiger Fernsehredakteur bei »Panorama« ist, Charly Kunz, der damals ein Nachrichtenmagazin in KONKRET aufbaute und heute noch als Züricher Soziologe für DAS DA Computertests entwirft, Rolv Heuer, den ich nicht ganz unberechtigt für einen zweiten Rühmkorf an universeller Bildung und Begabung hielt und den ich von der Schulbank weg nach Dänemark, Rußland, Bulgarien, Rumänien und Teneriffa schickte, zusammen mit Michael Engler, einem begabten Fotografen, die waren zusammen noch nicht 40 Jahre alt.

Heike Doutiné holte ich ebenfalls von der Schulbank weg zu KONKRET, Uwe Herms entdeckte ich auf einer Party, wo er Unveröffentlichtes vorlas, jetzt wurde es in einer Auflage von 100 000 gedruckt, in KONKRET. Freimut Duwe taucht damals schon gelegentlich auf und Wolfgang Neuss und Biermann und Lutz Lehmann und natürlich immer Robert Neumann und Jochen Ziem und mehrere gute Leute aus dem *Stern*. Wie Gerd Heidemann, der seine Traven-Story hier ausführlicher ausbreiten konnte und uns seine Kongo-Story schenkte, weil Nannen es abgelehnt hatte, diese Bilder von verwesten Leichen ausgerechnet vor Weihnachten, zusammen mit Backrezepten und gemütvollen Betrachtungen von Frau Sybille über altdeutsche Puppenstuben, zu veröffentlichen – so kamen wir zu den Kongo-Greulen, die die Bundesprüfstelle uns als jugendgefährdend ankreidete. Einmal erwähnte Heidemann auch einen Mann, der im *Stern* die Aufgabe habe, alle Artikel noch einmal umzuschreiben, sozusagen glatt und griffig zu machen, und ich merkte mir den Namen nicht: Peter Neuhauser, der später mein Gegenspieler in KONKRET werden sollte, den werden wir jetzt noch häufiger erwähnen müssen.

Aus der DDR veröffentlichte ich Volker Braun, Sarah und Rainer Kirsch, Christa Wolf, Hermann Kant, Strittmatter und andere heute schon wieder vergessene Namen und machte sie in der Bundesrepublik bekannt, oft Jahre bevor sie dann in der Bundesrepublik Bücher veröffentlichten. Alles in allem kann man sagen, daß ein Jahr nach dem Zusammenbruch nicht nur die wirtschaftliche Basis stabil ist, sondern auch das Ansehen der Zeitschrift gestärkt. KONKRET ist nach wie vor Deutschlands einzige, in einer nennenswerten Auflage verbreitete linke Publikumszeitschrift für Kultur und Politik und – wie pikierte Kritiker immer wieder betonen – für Sex. Wie schwierig es ist, eine linke Massenzeitung zu machen, die über 100 000 Auflage hat, soll gleich im nächsten Jahr,

im Jahre 1966, demonstriert werden. In aller Freundschaft und Offenheit hatte sich eine ernsthafte, auch durchaus ernst zu nehmende Konkurrenz aufgetan. Gerd von
Paczenskys *Panorama*.

Gegen Ende 1965 hörten wir zum erstenmal etwas von
Paczenskys neuem Plan. Nach seinem Ausscheiden aus
der beliebten Fernsehsendung »Panorama« und seiner
Einstellung und neuerlichem Ausscheiden als stellvertre-
tender Chefredakteur des *Stern* wollte Pacz. (sprich
Patsch), wie er sich selber abkürzte, nun eine eigene Zeitung machen mit einer großzügig gewährten Kreditlinie
der Bank für Gemeinwirtschaft, mit dem Titel *Panorama*,
unter dem er die Sendung zur beliebtesten und gefürch-
tetsten der Bundesrepublik gemacht hatte und einem
ganzen Stab hervorragender Mitarbeiter, die er aus seinen verschiedenen Redaktionen mitbrachte, auch Haffner war dabei.

Mir wurde angst und bange. Steffens nicht. Steffens sagte, daß noch nie jemand ernsthaft KONKRET Konkurrenz habe machen können, das sei bewiesen, auch die
»Zeitung« des unglückseligen Waldemar Schweitzer war
ja gerade eingestellt worden. Überdies sollten KON-
KRET und *Panorama* keine Konkurrenzzeitungen werden, nie sollte *Panorama* uns das Wasser abgraben. Hier-
zu entwickelten wir eine verblüffend einfache Idee. Wir
boten Paczensky an, den Vertrieb für die neue Zeitung
zu machen, wir verfügten über einen eingespielten Apparat (wir verfügten zwar nicht, merkten es aber erst
Jahre später) und die Objekte mit etwa gleicher Auflage
könnten gut nebeneinander betreut werden. Er, Paczens-

ky, müsse so überhaupt keinen eigenen Vertriebsapparat aufbauen und könne sich ganz um die Redaktion kümmern.

Pacz zögerte lange herum, wollte das Ganze vielleicht mit einem großen Hamburger Verlag machen, die lehnten dann alle ab, er hatte zu lange gezögert. Als er uns endlich zusagte, war es Weihnachten, im Januar wollte er mit dem Vertrieb beginnen. Heiligabend 1965 unterschrieben wir den Vertrag, den letzten Vertrag, den ich ohne Rechtsanwalt unterschrieb, während mein Partner den besten Hamburger Vertragsanwalt, Labin, auf seiner Seite hatte, was ihn viel Geld gespart und mich viel gekostet hat. Pacz verlangte, daß wir ihm eine Auflage von 200 000 Stück auf Anhieb bei den Grossisten unterbringen sollten, bis Ende Januar. Es war ein unmögliches Verlangen, aber Steffens schaffte es, Ende Januar waren 210 000 Stück von dem neuen Heft auf dem Markt.

Es wurde auch gleich sehr gut gekauft, meine Ängste wurden stärker. Jedesmal, wenn ich Pacz später in den neuen Büros besuchen ging (wir lebten im besten Einvernehmen), kamen mir mehr Bedenken über die Zukunft meiner eigenen Zeitung. Pacz hatte an nichts gespart – das Geld war ja auch nicht sein eigenes. Er selbst und Bernt Engelmann hatten nur jeder eine unbedeutende Summe in die GmbH gesteckt, für den Kredit hatten die Bank für Gemeinwirtschaft und die IG Metall gesorgt. Pacz hatte in einem Neubau-Hochhaus in Altona massenhaft Räume für alle gemietet, Fernschreiber tickerten, völlig überflüssig für eine Monatszeitung, munter dem Besucher zur Begrüßung. Da waren ordentliche Lay-

outanlagen und Archivräume, links waren großzügig be-
messene Redaktionsräume. Empörend war der Chef-
redakteursraum, ein kleiner Saal. In ihm waren Rundfunk und Fernsehen installiert, so daß die Redakteure
dieser nur monatlich erscheinenden Zeitung das tägliche
Geschehen stets verfolgen konnten.

Nichts wurde dem Zufall überlassen, die Zeilen des Ge-
schriebenen waren sorgfältig ausgezählt und die Über-
schriften auf Breite gebracht, kostet es, was es wolle. Das
Zeilen- und Layoutpapier, wir staunten Bauklötze, war
vorgedruckt und ermöglichte eine Bildauszählung bis auf
Millimeter. Profis saßen mit ihren im *Stern,* in Funk und
Fernsehen ersessenen Profimienen herum, und dann war
das Ganze auch noch links, linksliberal jedenfalls. Das
mußte sich ja einfach verkaufen, sagte ich mir.

Wie anders sah es dagegen in unserer Bruchbude aus. Wir
hausten inzwischen im Alten Steinweg in einer finsteren
Abrißgegend, die von Springer aufgekauft und in deren
zerbröckelnde Häuser langsam Gammler oder Türken
angesiedelt wurden. Da hatten wir eine ehemalige Wohnung, mit $3^1/_2$ ineinander gehenden Räumen. Da wurden die Manuskripte redigiert und in den Satz gegeben, meist unausgezählt, wenn zuviel Text da war, wurde eben ein Bild weggelassen oder eine Seite mehr genommen je nachdem. Die Bilder waren nie ganz ausge-
messen, da wurde noch mehr über den Daumen gepeilt
und mit Augenmaß geschätzt. Wenn ich wissen wollte,
wie ein Bild in der Vergrößerung oder Verkleinerung
kommt, wozu im *Stern,* aber auch bei Pacz ganze Appa-
raturen zur Verfügung standen, die in Minutenschnelle

die gewünschte Bildgröße zur handlichen Ansicht ausspucken, wenn ich mir also eine andere Bildgröße vorstellen wollte, kniff ich das eine Auge zusammen und hielt das Bild in größerer oder kleinerer Entfernung von mir. So war es auch bei den Titelschriften. Eine Vorausplanung für mehr als einen Monat hatten wir nicht, oft genug hatten wir zu viele Kulturartikel, aber zu wenig politische Reportagen, oft zu viel Analysen und Leitartikel, aber zu wenig oder überhaupt keinen Sexartikel, denn wer von uns wollte den schon schreiben, er galt als notwendiger, aber unangenehmer Bestandteil.

Am Ende gelang es dann doch immer – fast immer! –, eine politisch brauchbare und lesbare Mischung zustande zu bringen. Aber das war im Verhältnis zum *Stern* ein Unterschied wie zwischen einem Hiltonhotel und einer chinesischen Garküche in Hongkong, wo ein Mann mit einem Wägelchen und mehreren Suppentöpfen herumzieht und aus den Abfällen von gestern der Mischmasch von heute gekocht wird. Paczenskys Ausstattung glich aber mehr einem Mittelklassehotel als einer solchen Schnellimbißbude, wie wir sie waren. Der Fehler, den Pacz und seine Leute machten, war, daß sie nicht ausrechneten, daß eine Zeitung wie *Panorama* nie mehr an Ausstattung als eine solche chinesische Garküche finanzieren konnte, wenn sie nicht von Zuschüssen abhängig sein wollte. Und wer gibt schon Zuschüsse ohne Gegenleistung, wer gibt überhaupt gern Zuschüsse?

Das Experiment dauerte über ein Jahr. Übrig blieben ein nunmehr mit Datenverarbeitung arbeitender KONKRET-Vertrieb, den wir uns zugelegt hatten, und

1. Klaus Rainer Röhl mit Eltern, 1939

2. Werkstudenten 1951/52. Ganz links: Röhl. Mitte: Peggy Parnass (oben)

3. Konkret-Mannschaft aus ältester Zeit, 1956. Von links nach rechts: Röhl, Jutta Corleis, Sekretärin Schipper, Jürgen Corleis, Besucher (unten)

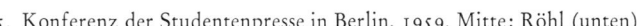

4. Beim Weltstudentenkongreß in Prag, 1956. Von links: Rühmkorf, Studentenredakteur, Gisela Hiepe, Röhl (oben)

5. Konferenz der Studentenpresse in Berlin, 1959. Mitte: Röhl (unten)

6. Ansprache Röhls als Chefredakteur der Studentenzeitschrift *Konkret* anläßlich der Kurt Tucholsky-Feier am 9. 1. 60 in der Staats- und Universitätsbibliothek Hamburg

7. Die neunjährige Ulrike Meinhof zwischen ihrer Pflegemutter, der späteren Professorin Dr. Renate Riemeck (links), und ihrer Mutter, Dr. Ingeborg Meinhof

9. Ulrike und Klaus Rainer Röhl beim Derby in Horn, 1963

10. Mit den Kindern Bettina und Regine. Zur Zeit des Bruchs mit der KPD, 1964

8. Ulrike Marie Meinhof, 1964 (links)

11. Ulrike Meinhof und Röhl mit Robert Neumann und Bucerius (rechts), 1967

12. Konkret-Redaktion 1967. Mitte: Stefan Aust

13. Konkret-Redaktion 1969–70

15. Mai 69: Nach dem Überfall der Blattstürmer auf Röhls Haus.
Kein «kostbares Mobiliar», nur ein paar alte Küchenmöbel
und ein Badezimmer-Spiegel gingen zu Bruch

14. Mai 69: Die aus Berlin kommenden *Konkret*-Stürmer stehen ratlos vor der Tür des Bürohauses, in dem die Redaktion untergebracht ist. Röhl hat das Büro räumen lassen und die Redaktion ausgelagert. Dritte von links: Astrid Proll

16. Röhl mit den Rechtsanwälten Kaul und Groenewold vor Gericht, 1970

17. Auf der Anklagebank wegen Wehrkraftzersetzung, 1970

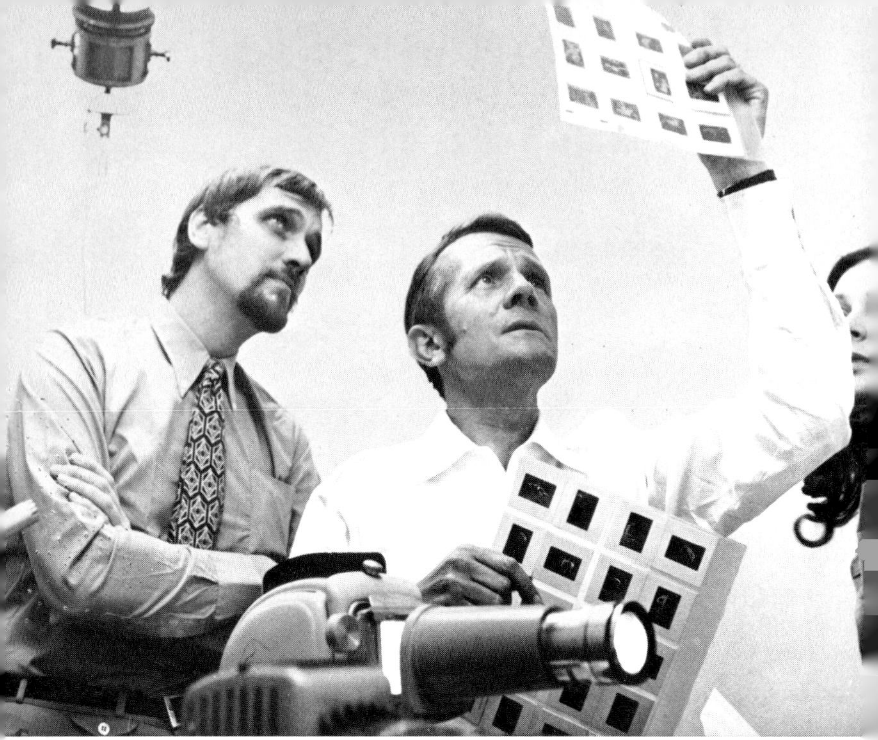

18. Röhl und *Konkret*-Geschäftsführer Steffens bei der Titelbildauswahl, 1971

19. Redaktionsputsch 1973. Letzter Besuch in der Redaktion, Röhl kündigt das Statut

20. Das Arbeitsgericht gibt den Redaktionsbesetzern recht. Röhl und Steffens vor dem Arbeitsgericht, 1973

21. Die neuen Herren von *Konkret*: Neuhauser, Gremliza, Hübotter nach dem endgültigen Abtreten von Röhl, Ende 1973

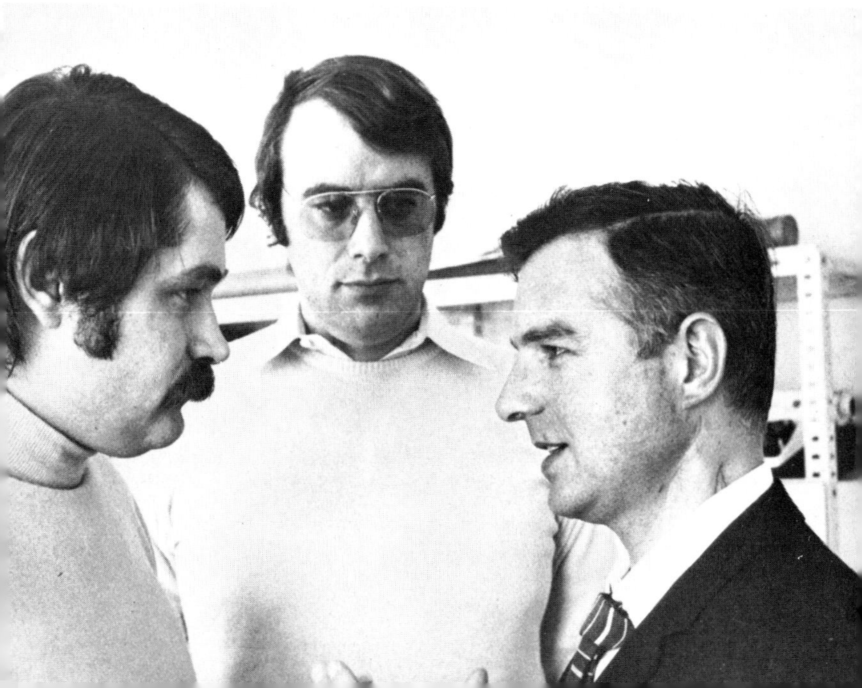

22. Herausgeberbesprechung von *Dasda*: Günter Wallraff und Jochen Steffen treten als Herausgeber in die neue Zeitschrift ein, Mai 1974

eine kleine Abfindungssumme, die Pacz bei der Auflösung des Vertriebsvertrages an uns zahlte. Von der kaufte
ich meinen ersten Mercedes. Der auch der letzte blieb bis
zu jener letzten, endlich geglückten Palastrevolte von
1973, der aber meinen dauerhaften Ruf begründete, ein
»Kapitalist« zu sein und zwar ein – »Mercedes-Kapitalist«. Nichts ist so anfällig für Schlagworte und magisches Denken wie die linke Öffentlichkeit. Hier meint
man wirklich noch den Teufel am Pferdefuß und Schwefelgeruch zu erkennen: hätte ich einen gleich teuren und
schnellen Fiat-Kompaktwagen mit unauffälliger Farbe
gekauft, so hätte es niemanden gestört. Auch einen BMW
hätten sie mir verziehen, schließlich war das ja später,
wenn auch geklaut, der Wagen der BM-Gruppe. Aber
Mercedes, und dann noch weiß, das war zu viel, so einer
kann nicht eine linke Zeitung redigieren. Es war zu viel,
ich gebe es zu, ich bereue es.

Die Nackten und die Reichen von Sylt

Schlimmeres kam hinzu: Im Frühjahr 65 übersetzte ich
ganz nebenbei noch ein Buch für Porno-Krohn, diesmal
aus dem Holländischen, *Ik, Jan Cremer,* ein Hohelied
auf die holländischen Provos und vor allen Dingen auf
den halbgenialischen und halbintellektuellen Autor selbst,
Jan Cremer. Um die ganze schwierige »Übersetzung« in
Ruhe zu schreiben, fuhr ich ein paar Tage auf die Insel
Sylt nach Kampen. An sich hatte ich in das ruhigere und
unbekannte St. Peter fahren wollen, wo Jochen Steffen

wohnt, den ich damals aber noch nicht kannte, den noch kaum einer kannte. Ulrike aber sagte: fahr doch nach Sylt, geh nach Kampen, vielleicht kannst du da gleich eine Reportage drüber schreiben (sie kannte über Manthey Leute, die dort hinfuhren, war selber auch schon dort gewesen und gönnte mir immer das Beste, spielte vielleicht auch gern mit dem Feuer). Unser Lautensängerfreund Wolfram lebte auch dort und besorgte mir eine spottbillige Pension, die auch in der Lüneburger Heide hätte liegen können. Also Kampen.

Ich sah gleich auf Anhieb, das hier war mehr als ein Urlaubsort, dies war eine Weltanschauung. Eine hochbrisante einmalige Angelegenheit, kein Thema für eine Reportage, sondern eher für ein Buch. Ich brachte die Geschichte mit dem holländischen, immerfort schwere Motorräder fahrenden Halbstarken schnell zu Ende und fing noch im Mai an, eine ausführliche Reportage zu schreiben. »Die Nackten und die Reichen«. Ich beschrieb und denunzierte neidlos und liebevoll das schöne, einfache, zwanglose und reibungslose Leben der reichen Leute von Sylt, die zu großen Teilen mit den reichen Leuten der Bundesrepublik identisch sind. Mit jenen also, die bisher in unseren Artikeln pauschalisierend und ohne jede Detailkenntnis als die Reichen, die Ausbeuter, »die da oben« beschrieben wurden, als eine anonyme, konturlose Masse. Jetzt beschrieb ich sie mit Namen und Einzelheiten, jenen Hof von Geldfürsten, die hier den abgezwackten Mehrwert von zehntausend Arbeitern an einem Abend durchbrachten, lässig und unaufdringlich, selten protzend und nur in Ausnahmefällen Zigaretten mit Zwanzigmarkscheinen anzündend, das galt als unfein. Ich entwarf damals zum erstenmal den Plan einer Reportage-Serie, die das Leben derer da oben und das Leben der hunderttausend da unten konterkarieren und gegenseitig beleuchten sollte.

Mir schien jede journalistische Agitation taktisch besser bei dem Hermelinmantel des letzten Krupp-Erben angesetzt, als, wie bisher im linken Journalismus, nur bei den Häusermieten der Krupparbeiter. Ich konzipierte den Plan, an dem Illustrierteninteresse der kleinen Leute, am Oberschichtenklatsch Aufklärung über ihre eigene Lage und Lebensbedingungen anzuknüpfen. Einen Plan, den ich erst Jahre später mit Wallraff und Engelmann verwirklichen konnte, in der Serie der »Zangenreportagen«, die nach langen Vorbereitungen zwischen 1969 und 1972 in KONKRET erschienen und im vorigen Jahr als Buch ein Bestseller wurden: *Ihr da oben, wir da unten.**

Kampen faszinierte mich weiter. Der ersten Serie, die den Kampener Betrieb und den Kapitalismus mitten ins Herz traf, aber, da Papier, keinen sonderlichen Schaden anrichtete, sondern zusammen mit Kubys gleichzeitiger Kampenreportage im *Stern* nur noch mehr Journalisten und Seh-Leute nach Kampen brachte, ließ ich eine Doppelreportage »Kampen und Ruhrberg« folgen. (Ruhrberg ist ein Eifeldorf, in dem Arbeiter aus dem Ruhrpott Ferien machen). Das war die erste Doppelreportage der geplanten Serie und wurde von allen Kritikern sehr gelobt. Dennoch wurde Kampen ein weiterer Baustein zu mei-

* Engelmann/Wallraff, *Ihr da oben, wir da unten*, Köln 1973

nem Negativ-Image, an dem spätestens ab 1965, als sich herausstellte, daß die Zeitung überlebt hatte und ihre Auflage steigerte, Freunde und Feinde, Ultralinke und Liberale, Konservative und ganz Rechte und Rechtsradikale in seltsamer Einigkeit und unerklärlichem Haß und Eifer arbeiteten: Ein Kommunist mit »Haus in Kampen« und Mercedes!

Wahr ist, daß ich fortan fast jeden Sommer einige Wochen auf Sylt lebte, in jener reizenden Familienpension mit den Lüneburger Heide-Preisen, mich von der liebenswürdigen, mich bemutternden Wirtin Anni Schugardt nicht mehr trennen mochte. Die Luft der bei gutem Wetter mit nichts zu vergleichenden Inselsommer nicht mehr missen mochte. Nicht die Stunden, wo wir mit Wolfram an der schmalsten Stelle der Insel saßen, Rotwein trinkend und Bellmannlieder singend, im Juni, in den langen Nächten, wenn das Sonnenuntergangsrot hinter der Westküste die ganze Nacht nicht weichen wollte, bis wir im Osten das Rot des Sonnenaufganges fast gleichzeitig aufleuchten sahen –. Es gibt nur ein Sylt, ich gebe es zu, ich bekenne mich schuldig.

Im Jahr 65 war noch Folgendes passiert. Im März beginnen wir mit einem Artikel von Bertrand Russell und einer Dokumentation die jahrelange Kampagne gegen den Vietnamkrieg der Amerikaner. Hier steht schon, über fast zwei Seiten im Heft, die Vietkongfahne auf einem eroberten Bunker. Dieses Thema wird die deutsche Jugend und Intelligenz bald nicht mehr loslassen, wird eines der Hauptmotive für die große Jugendrebellion, die alles umstülpen, alles ergreifen und verändern wird, auch KONKRET, uns alle, Freund und Feind. Im Jahr 65 druckten wir Geißlers Rede zum Antikriegstag. Im Jahre 65 waren noch einmal, mit noch schwächerer DFU, Wahlen, bei uns ruft Haffner zur Wahl der SPD auf. Noch vor der Wahl haben die Gewerkschaften durch entschiedenen Druck auf die SPD die Notstandsgesetze verhindert. Sie verzögern sie nur um zwei Jahre. Denn die SPD, gestärkt aus den Wahlen hervorgegangen, geht mit in die Regierung, läßt die Notstandsgesetze passieren, ein weiteres Hauptmotiv für die Studentenrebellion. »Wer hat uns verraten? Sozialdemokraten!«

In meiner Serie »Autofahrer im Knast«, Frucht meiner schönen, erholsamen Zeit in der Haftanstalt Glasmoor, berichtete ich lange vor Rudolf Walter Leonhardt – der kam etwas später in den Knast – über verheerende Zustände im Strafvollzug, über Nazibücher in Gefängnisbüchereien, über zu späte und miserable Krankenversorgung, über Antisemitismus bei den Justizbeamten und über fast Totgeprügelte in der »Glocke«, der berüchtigten Hamburger Arrestzelle mit Heiß- und Kaltluftfolter. Einige Bücher werden tatsächlich aus der Gefängnisbücherei entfernt, einige demütigende Zeremonien geändert. Die Glocke wird nicht geschlossen, zwei Jahre später sterben Häftlinge in der Glocke.

Im Jahre 65 erscheint schon wieder ein Reisebericht über die DDR, ein Artikel über Dresden, ergänzt durch einen Artikel Ulrikes zum Jahrestag der Bombardierung Dresdens durch die Alliierten, er berichtet über die massenhafte systematische Ermordung von Menschen durch planmäßig gelegte Flächenbrände und Ausnutzung der

Windrichtung und Aerodynamik: *das* hatten wir nicht in unseren Readukation-Schulen gelernt. Wir waren national, wir brachen das Tabu von links und schrieben, immer zur stärksten Überschrift greifend, darüber: »War Churchill Kriegsverbrecher?«, Hochhuth wurde dadurch zu weiteren Studien angeregt und schrieb sein Drama: *Die Soldaten.*

Im Herbst ging es unserer Zeitung in jeder Hinsicht gut. Ein Blick auf die Anzeigenseiten zeigt deutlich die Übergangssituation: da gibt es noch die Anzeigen von den DFU-Mäzenen, den echten, Anzeigen zur Unterstützung von Jahrs Zeitungskonzern und von der IG Metall, Anzeigen für Zigarillos und Rasierwasser, die ersten Anzeigen von Pornoverlagen und die letzten Anzeigen des Ostblocks: wie verspätete Sommerkäfer flattern uns ein paar Anzeigen für die tschechische Autofirma *Skoda* ins Haus. Ich vermute, daß es sich um eine verspätete und nicht mehr abzublasende Stützungsaktion unserer Friedensfreunde handelte, die infolge schwerfällig arbeitender Bürokratie und mangelnder internationaler Koordination jetzt erst zum Zuge kam.

Über Prag war früher, in der KP-Zeit, allerlei abgewickelt worden, was wir für besonders geheimnisvoll hielten, was aber die oberste Verfassungsschutzbehörde vermutlich bald wußte, darüber aber schwieg. Auch Hamburger Journalisten wußten von den »Geschäften« mit Prag, die hatten gute Kontakte zum Verfassungsschutz und erfuhren dies und jenes, wahrscheinlich auch dieses. Jiri Pelikan muß das auch gewußt haben, der gehörte damals in Prag zum engeren Kreis, und es war ja auch

alles keine Schande: die Tschechen kauften die Urheber-
rechte für den ganzen Ostblock, um Faksimileausgaben
oder Nachdrucke der alten KONKRET-Hefte herausgeben zu können und bezahlten dafür in Dollar, wie-
viel weiß ich nicht mehr, aber es muß sich schon ge-
lohnt haben. Die Bulgaren und Albaner warten heute
noch auf Nachdrucke aus alten KONKRET-Jahrgängen
und werden sicher noch lange warten müssen, eigentlich
schade.

Genießt den Kapitalismus – der Sozialismus wird hart

Im Herbst fuhren Ulrike und ich nach Jugoslawien. Wieder eine Enttäuschung, die uns den Atem verschlug, uns
an irgendwelchen realisierbaren Modellen für den Sozialismus verzweifeln ließ: Den Ostblock hatten wir nun,
weitgehend enttäuscht, verlassen, und das freie jugosla-
wische Modell war so, daß wir täglich die DDR und abwechselnd die Bundesrepublik als die beste aller Welten
priesen. Wir sahen, daß der Lebensstandard niedrig war,
erschreckend niedrig trotz russischer und amerikanischer
Kredite, aber eine dünne Oberschicht mästete sich in un-
verfrorener Weise vor aller Augen, ließ sich auf Staats-
oder Betriebskosten Ferienhäuser und Motorjachten bau-
en, Prostitution blühte auf, und Zuhälter ließen sich Por-
sches gebraucht aus der Bundesrepublik einführen, illegal,
aber schließlich registriert und geduldet. Wir sahen die
Völker befangen in dumpfen Rassen- und Religionshaß,
sahen einen Direktor zu seinem Angestellten »du drek-

kiger Slowene« sagen und ihn ohrfeigen und sahen den gedemütigten Mann, der viele Kinder zu ernähren hatte und keinen anderen Job in Aussicht hatte, davonschleichen, und Ulrike sagte wie immer: Man muß etwas tun! Was tun *wir*? und lief hinein zu dem Direktor und der sagte nur: der Mann ist Slowene, und er bildet sich etwas darauf ein, daß er Partisan war, aber ich habe bessere Beziehungen zu Belgrad, ich bin hier Vertrauensmann der Partei (der Arbeit).

Wir tranken den würzigen, nach Erde schmeckenden Landwein und aßen Speck und Brot in Bergdörfern, die so abgelegen und elend waren, daß wir sie nur auf Eseln erreichen konnten, saßen mit den armen, zerfurchten Bergbauern und sahen plötzlich, daß von der Arbeit noch weit ärmere, zerfurchtere Gestalten hereintraten, die machten die Arbeit für die Bauern, 10 Stunden am Tag, die verdienten denen noch den Wein und den Speck und bekamen selber nur dünnen Kaffee und trockenes Brot.

Gesehen und registriert September 1965, und mir soll man bitte nichts über den besonderen jugoslawischen Weg zum Sozialismus erzählen, da lob ich mir aber wirklich die gute deutsche Bürokratie in der DDR. Die kleinen zappelnden Strichmännchen, mit denen die jugoslawischen Jungfilmer in Oberhausen immer die ersten Preise holten – das Strichmännchen ist das Individuum, und es kämpft gegen eine allmächtige Bürokratie – die machten den Kohl ja nun wahrhaftig auch nicht fett.

Jugoslawien war eine böse Überraschung. Weniger für mich, der ich sowieso eher skeptisch war und schon lange mein Sprüchlein hatte, Analogie zu einem Kriegsspruch, ironisch gemeint, aber nicht ganz ohne mehrere grani salis: Genießt den Kapitalismus – der Sozialismus wird hart! Schlimmer war die Enttäuschung wohl für Ulrike, die seit der Trennung von der »P« sicher nach irgendeinem Modell Ausschau hielt, es nicht ausgehalten hätte, nur negativ den Kapitalismus und den Imperialismus zu bekämpfen und keine eigenen Vorstellungen zu haben, wie es weiter gehen sollte.

In Ulrike war so manches zerstört und abgetötet worden, was an der Stelle ihres so früh verstorbenen Vaters und ihrer zur Unzeit gestorbenen Mutter an Geborgenheit und sicherem Unterbau hätte nachwachsen können. Über-ich wäre dafür ein flacher, unzureichender und vielleicht sogar falsch angewandter Begriff. Wir können Ulrikes Geschichte erzählen, ohne die Psychologie zu bemühen: es genügt zu berichten, daß von jetzt an dauernd in ihrem Leben etwas zerbrach. Sie warf sich vorläufig mit ihrer ganzen stürmischen Intensität auf ihre Arbeit beim Funk, auf ihre Kinder und mich, die sie als Einheit sehen wollte: Eine Familie. Die kleinste Einheit des Staates.

Außer den Beatles nichts – Ulrike als Partygast

Das soll nun nicht heißen, daß irgendwo an ihr etwas Problematisches zu bemerken gewesen wäre. Während sich die Konflikte anbahnten, war sie für alle Augen nur die strahlende, glückliche, alle faszinierende junge Frau und Zwillingsmutter, stolz auf ihren Mann, ihre Kinder, ihre journalistischen Erfolge, ihren Haushalt. Immer noch voll des »io soono felice!« unseres Hochzeitsurlaubs, das sie mit langem o aussprach, als hieße es auf deutsch »ich bin *so* glücklich«.

Die Folgen der Gehirnoperation waren langsam ausgeheilt. Zuerst hatte sie den Mund nicht weit öffnen, die Stirn nicht kraus ziehen, die Augen nicht parallel von einer Seite zur anderen hin- und herbewegen können – da hab ich ein paar kleine Nerven durchgeschnitten, sagte achselzuckend der berühmte Gehirnchirurg Professor Kautzky, keine Angst, die wachsen wieder zusammen. Sie wuchsen tatsächlich. Die zwei Bilder, die Ulrike lange durch ihre nicht parallel laufenden Augen gesehen hatte und die sie um 10 Zentimeter daneben greifen ließen, sie unfähig machten, Auto zu fahren, schoben sich jeden Tag unmerklich zusammen, bis sie ganz eins wurden. Jetzt war sie ganz gesund, und nur bei ganz großen Anstrengungen und Übermüdungen liefen die Bilder wieder auseinander, traten Kopfschmerzen auf.

Unser Leben war das eines glücklichen jungverheirateten Paars mit zwei kleinen Kindern, in vollkommener Monogamie lebend, aber mit vielen Freunden. Wir, die man während der Pleitezeiten von 1964 lieber gemieden hatte oder mit einem besorgten Schulterklopfen und unverbindlichen Aufmunterungssprüchen schnell verabschiedet hatte, wurden jetzt überall in Hamburg die große Mode. Der schnelle Aufstieg von KONKRET wurde in der Zeitungsstadt Hamburg fachmännisch bewundert. Ulrikes eigenwilliger, wie ein Courege-Kleid einfach und raffiniert geschnittener Kolumnenstil, ihre hervorragend dokumentierten, ebenso hochpathetischen wie schlichten Funkfeatures über Sozialprobleme, ihre überlegene, aber stets in freundlich-ruhigem Ton vorgebrachte Gedankenschärfe, ließen sie zum überall gern gesehenen und überall eingeladenen Partygast werden. Mich nahm man mit in Kauf.

Ulrike belebte jede Party. In jenen Jahren 66 und 67, als in unseren Kreisen die bei Halbstarken und Jugendlichen längst eingeführten *Beatles* bekannt und begeistert aufgenommen wurden: Kleßmann sprach es aus (oder war es Uwe Herms?), was uns damals alle erfüllte: »Außer den Beatles nichts!« Ulrike tanzte wie eine Wilde, umschwärmt von männlichen Partygästen, langsam zum *Yesterday* ebenso wie zu dem folgenden schnellem *Dizzy Miss Lizzy.*

In den Tanzpausen standen viele männliche und weibliche Gäste um sie herum, bewundernd und amüsiert, hin und wieder nur ein Stichwort einwerfend, und ließen sich von ihr präzise Einzelheiten über die neuen Entwürfe zum Notstandsgesetz oder über den mangelnden Unfallschutz am Arbeitsplatz, über Heimkinder und Gastarbeiter erzählen. Das waren ja alles ziemlich gebildete oder wenigstens halbgebildete Journalisten, Werbeleute, Schriftsteller, Künstler, Galeriebesitzer, Fotografen, Fernsehleute, Abgeordnete, auch ein paar gutbestückte Kaufleute waren dabei.

Keiner, der nicht mit einem kleinen Schwarmgefühl, mit einem Bedauern über diese schöne, aber ganz monogame Tanzpartnerin nach Hause gegangen wäre, aber keiner auch ging ungetröstet, ohne das Gefühl, einen interessanten Abend verbracht zu haben, davon. Und nahm sich vor, sie gleich in der nächsten Woche zu *seiner* Party zu laden. Sie war der Revolutionskasperle (wie sie das später selber einmal nannte), und am gelungensten war eine Party, wen man noch einen ausgeprägt konservativen Intellektuellen wie Coulmas oder Reich-Ranicki oder prominente Liberale wie Bucerius oder Augstein dazu laden konnte, dann kamen alle auf ihre Kosten.

Ulrike nahm in der ersten Zeit das Interesse für Zustimmung. Schon Anfang 1966 sah sie, daß die glanzvollen Party-Republiken, denen wir angehörten, recht flüchtige Gebilde, ganz und gar brüchige Einheiten waren, wenn es darauf ankam. Anfang Januar wurde die beliebte satirische Sendung »Hallo Nachbar« kurzerhand vom Programm abgesetzt, ein politischer Skandal und nach der zweimaligen Maßregelung von »Panorama« ein neuer Sieg der CDU-Propaganda im Fernsehen. Alle telefonierten miteinander, um sich ihren Abscheu und ihre Wut über dieses Ereignis mitzuteilen. Jeder telefonierte mit jedem, und jeder wollte es auch dabei bewenden lassen.

Ulrike hing den ganzen Nachmittag am Telefon, blieb aber nicht hängen, sondern bohrte weiter: Was tun wir? Man muß etwas tun! Jetzt mußte es sein, heute abend noch. Schließlich teilte sie mir mit, es müsse heute abend noch, spontan, demonstriert werden, wir bekämen ja ohne Mühe hundert Leute zusammen vor dem Funkhaus Hamburg, selbst der SDS, der damals noch kaum vorhanden war, oder die Ostermarschleute, die traditionellen Anti-Notstandsleute (immer dieselben), die könnten so schnell nichts organisieren ohne Flugblätter und einen

Tag Vorbereitungszeit. Ulrike aber wollte die Meldung noch in den Morgenzeitungen haben, in der Nacht sollte das noch über dpa laufen. Was sollte ich tun? Etwas widerwillig inspizierte ich die Spielzimmer der Kinder, fand große weiße Pappen und Fingerfarbe und rührte die Farben an.

Während Ulrike die Zwillinge fütterte und zwischendurch Schneeballsysteme über den Telefondraht in Bewegung setzte, malte ich mit großen Buchstaben »Meinungsfreiheit für ›Hallo Nachbarn‹« auf die weiße Pappe, und wir fuhren los. Leider waren die Schneeballsysteme im Ansatz stecken geblieben, und es fand sich vor dem Funkhaus an der Rothenbaumchaussee außer Eva und Peter Rühmkorf kaum jemand ein, ein paar enge Bekannte kamen dazu, im ganzen 12 Mann, kein Fest, kein Monk, kein Augstein, kein Bissinger, kein Dieter Zimmer, es waren im Grunde doch nur wir, die da bei 15 Grad Kälte bibbernd standen, und drei Peter-Wagen besatzungen, zusammen ebensoviel Mann wie wir.

So wurden wir auch fotografiert und im *Spiegel* veröffentlicht: »geführt von dem Poeten Rühmkorf und dem Chef der Zeitschrift KONKRET, Klaus Rainer Röhl.« Mit Bild, immerhin. Für Hallo-Nachbarn-Autor Roering kaum eine Hilfe, für KONKRET eine unbezahlte Anzeige im *Spiegel*. Alles in allem waren das sehr ruhige Zeiten, wir mußten schon provozieren, um sie unruhig zu machen: »Unruhe ist die erste Bürgerpflicht« (Zitat Leitartikel Klaus Rainer Röhl).

Die Freiheit mußte damals auch nach Osten verteidigt werden, und jetzt konnten wir auch einmal die Parität ungehindert ausspielen: Meinungsfreiheit also nicht nur für Hallo Nachbarn, sondern auch für Biermann.

Schon 1964 hatte ich wahrhaftig die Unbefangenheit gehabt, mich nach Weimar (DDR) einladen zu lassen. Dort hatte ich zusammen mit Grass und Enzensberger ziemlich herumprovoziert. Was allerdings verständlich war, wir wurden durch eine besondere Dusseligkeit und Sturheit der anderen Seite zu unseren Provokationen provoziert. Die Springer-Presse machte daraus ein olympisches Match mit einem 1 : 0-Sieg »der westdeutschen Mannschaft, die unter Führung der Mannschaftskapitäne Grass, Enzensberger und Röhl der anderen Seite überlegen war«. So wurde ich innerhalb eines knappen Jahres vom »Trojanischen Esel« zum antikommunistischen »Mannschaftsführer« gemacht, bei Springer ist nichts unmöglich. Dennoch hatte ich natürlich in Weimar mehr Spielraum als früher, als ich noch Parteimitglied war, nur war das kein qualitativer Unterschied zu damals: Ich selbst hatte mich ja nicht im mindesten verändert, ich nannte auch schon vorher Marx Marx und Murks Murks und war deshalb unbeliebt – Gottes Freund und aller Welt Feind, wie mein Jugendidol Klaus Störtebeker, der Pirat von der Ostseeküste.

Hi hi Hilfe – Von Biermann zu Neuss

Nun wurde es zum ersten Mal ernst, drüben wurde Biermann gemaßregelt. Das war nun wahrhaftig kein antikommunistisches Strichmännchen oder Po prostu-Redakteur, das war ein Kommunist, der nur etwas mehr Freiheit des Ellenbogens für die Kunst forderte, wie es schon Brecht für die Akademie der Künste gefordert hatte und es nicht bekommen hatte, wie wir, wie Biermann. Hier war Solidarität von links erforderlich, und zum ersten Mal war ich froh, ganz unabhängig und selbständig zu sein und solche Solidarität geben zu können. Als das *Neue Deutschland* einen schlimmen und verfälschend einseitigen Artikel über Biermann brachte, bot ich dem stellvertretenden Chefredakteur eine Stellungnahme von uns an, und als diese abgelehnt wurde, veröffentlichten wir einen »Offenen Brief in Sachen Wolf Biermann«. In dem bezog ich ein für allemal eine Position, die ich seitdem nicht mehr verlassen habe, weil jede andere nicht nur unglaubwürdig, sondern verlogen wäre und obendrein schädlich für den Sozialismus:

»Gibt es Ihnen nicht zu denken, daß alle antikommunistischen Kräfte in der Bundesrepublik hocherfreut über Ihren Anti-Biermann-Artikel sind, weil wieder einmal bewiesen ist, daß man ›mit denen da drüben nicht reden kann‹? Sie haben neue Argumente, mit denen sie noch monatelang gegen Verhandlungen, gegen eine Verständigung zwischen beiden deutschen Staaten argumentieren können. Aber denen, die Sie in Ihrem entsetzlich einfallslosen Parteijargon ›Friedenskräfte‹ und ›fortschrittliche Intelligenz‹ zu nennen belieben, ihnen haben Sie eine Niederlage zugefügt. Wir, die Oppositionellen in der Bundesrepublik, Ihre gern in Anspruch genommenen ›fortschrittlichen Kräfte‹, weigern sich entschieden, weiter Ihre dummen Jungens zu spielen, unsere Vietnamerklärung drucken, unsere Biermannproteste verschweigen zu lassen. Vergessen Sie nicht, es sind die gleichen, die gegen den Krieg in Vietnam protestieren und gegen die Maßregelung Biermanns. Das sollte Ihnen zu denken geben.«

Im Februar besuchte ich Neuss. Neuss hatte durch ein neues Kabarettprogramm, das er ganz allein mit einem Zwerg und einer Pauke bestritt, damals viel von sich reden gemacht und wurde von der Westberliner Öffentlichkeit, die praktisch aus der Springerpresse, einer nicht minder antikommunistischen SPD-Presse und den Kalten-Kriegs-Sendern Rias und SFB bestand, scharf angegriffen. In Westberlin gab es im Gegensatz zur übrigen Bundesrepublik noch eine Pogromstimmung gegen alles Linke, als sei die Geschichte zur Zeit der Luftbrücke stehengeblieben. Die bloße Erwähnung der DDR, die von der offiziellen Bezeichnung SBZ oder »Sektor« abwich, konnte einem in einer Gastwirtschaft schon drohend geballte Fäuste einbringen, erwähnte man gar, daß dort drüben vieles besser sei, und seien es auch nur das Brecht-Theater oder der Wodka, so wurde die Stimmung bedrohlich, und man tat besser daran, den Raum zu verlassen. Die Sozialisten hatten infolgedessen so große Schwierigkeiten, daß der SDS (an der Freien Universität) nicht viel mehr als sieben Mitglieder hatte. Die saßen alle bei Neuss herum, tranken sein Bier und ließen sich von ihm trösten und aufmuntern.

In einer solchen Stimmung kam ich nach Berlin, in Wolfgang Neuss' Büro, da saßen Horst Rieck und Alexander Rauter und Thomayer und Monika Koegler (die später Sperr heiratete) und noch ein paar Mann vom SDS, ich glaube, auch Georg von Rauch war dabei. Die wollten irgend etwas gegen den Vietnamkrieg tun, der gerade in empörender Weise eskalierte. Für jedermann wurde nun sichtbar, was KONKRET schon seit einem Jahr behauptete: dies war ein Krieg der Amerikaner gegen das Volk von Vietnam, mit Methoden, die an Grausamkeit und massenhaftem Menschenmord denen Hitlers kaum nachstanden. Sie saßen da, etwa sieben Mann, ziemlich müde und resigniert herum und entwarfen ein Flugblatt, das wollte Neuss dann auf seine Kosten vervielfältigen.

Da geschah es, und Neuss und Rauter und Helga Voss sind meine Zeugen, daß ich leichten Sinnes und ohne Skrupel einen Vorschlag machte, der in seiner Tragweite gar nicht abzusehen war und möglicherweise unübersehbare Folgen gehabt hat – zertritt einen Schmetterling und tausend Jahre später löst das eine Hungersnot aus –: ich sagte den zunächst skeptisch zuhörenden, zuletzt aber atemlos lauschenden Kommilitonen dieses (ich war es, ich gebe es zu) – ich sagte:

»Wenn ihr morgen vor der Amerikanischen Botschaft oder vorm Amerikahaus demonstriert und diese Flugblätter verteilt, was geschieht dann? Dann schickt der amerikanische Botschafter dem Pentagon, das die Napalmangriffe auf Vietnam anordnet, noch nicht einmal ein Postkärtchen mit Schiffspost, das drei Wochen braucht. Aber wenn etwas passiert, was denen weh tut, wovon die Öffentlichkeit Notiz nimmt, dann schickt der ein Blitz-Telegramm ans Pentagon: Die Bevölkerung von Westberlin und ebenso die in Paris, in Stockholm, Rom und Genf, Wien und München ist gegen uns! Wir verlieren jede Basis in Europa bei den Leuten. Das wirkt. Wenn es nur die Ermordung von zwanzig Menschen verhindert, wenn es nur den nächsten Napalmangriff auf Vietnam um zwei Wochen verzögert. Sie sollen sich vorsehen, sie werden beobachtet. Aber wie ihnen das klarmachen? Ich will nichts Konkretes sagen, aber die Argumente liegen auf der Straße. Ist euch schon mal aufgefallen, daß die Wände des Amerikahauses aus purem Glas sind? An der Ecke Joachimsthaler Straße liegt ein ganzer Haufen schlagender Argumente.«

Wie langsam die Entwicklung geht. An der Ecke Joachimsthaler Straße in der unmittelbaren Nähe des Amerikahauses war tatsächlich die Straße für Bauarbeiten aufgerissen. Dort lagen aufgeschichtet schöne runde Haufen handlicher, genau faustgroßer Pflastersteine. Aber niemand nahm sie am nächsten Tag auf und warf eine Scheibe des Amerikahauses damit ein. Das hätten damals selbst die Kühnsten nicht gewagt. Aber eine symbolische Ersatzhandlung brachten sie immerhin fertig, und die löste ungeheueren Druck, aber dann schließlich auch ungeheueren Gegendruck aus und ein halbes Jahr später dann tatsächlich auch Pflastersteine: Man warf an jenem Sonnabend, dem 4. 2., sechs zuvor in einem Supermarkt gekaufte holländische Frischeier gegen die Scheiben des Amerikahauses. Außerdem hatten Rieck und ein paar andere Studenten – ich glaube, es war auch Georg von Rauch dabei und jener »Bommi«, der inzwischen zur Gewaltlosigkeit zurückkonvertierte und sich versteckt hält, und das alles im *Spiegel* zu Protokoll gegeben hat (»klar hat Georg zuerst geschossen...«) – die hatten in der Nacht Plakate geklebt, ohne Genehmigung einfach irgendwohin, zum Beispiel auf Litfaßsäulen. Sie wurden noch in der gleichen Nacht gefaßt und festgenommen. Ihre »Verhaftung« heizte die erste öffentliche Studentendemonstration noch mehr an. Es war das erste massive Auftreten antiamerikanischer Demonstranten nach der Luftbrücke, die war ja nun auch lange genug her.

An der Vietnam-Demonstration vor dem Amerikahaus nahm ich nicht mehr teil, ich mußte nach Hamburg, den Text von Neuss in den Satz geben und eine neue Nummer herstellen. 1500 nahmen an der Demonstration teil, auch Falken und Jungsozialisten und SPD-Mitglieder (wie Neuss), und das äußerste und schärfste, was da an Parolen gerufen wurde, war schon »Amis raus aus Vietnam!« Und: »Gebt die Studenten frei!« Und dann eben diese rohen Eier, von denen eins auch einen Polizisten getroffen und seine Uniform bekleckert hatte. Einen Anti-Springer-Slogan steuerte Neuss bei, aber der setzte sich noch nicht allgemein durch: »Jeder der den Springer liest – auch auf Vietnamesen schießt!«

Diese kleine Demonstration löste eine heute unvorstellbare Hysterie der Springerblätter in Berlin und bei der Masse der kleinbürgerlichen Bevölkerung aus. Am 8. Februar fand eine Massendemonstration der Berliner statt, bei der es zu Lynchjustizszenen kam: »Unter Gewaltanwendung drängten meherere hundert Menschen einige Jugendliche, die sich mit Zwischenrufen hervorgetan hatten, zum S-Bahnhof Zoologischer Garten. Sie wurden gezwungen, S-Bahnkarten (nach Ostberlin) zu lösen und auf den Bahnsteig zu gehen.«

Soviel stand in der *Welt*. Die Wirklichkeit war natürlich sehr viel schlimmer. Die studentischen Zwischenrufer wurden fast gelyncht. Die handgreifliche »Abschiebung« nach Ostberlin (»geht doch in die Zone, ihr Schweine!«) war ein Ventil, das Schlimmeres verhütete.

Zwei Wochen später stand Neuss mit einem Köfferchen bei uns vor der Tür, begleitet von Monika und Horst Rieck. Er war aus Berlin emigriert. Folgendes war dort passiert: Der Westberliner Senat veröffentlichte offiziell ein Foto, das Neuss auf der Vietnam-Demonstration zeigte mit Hinweis-Pfeil und dem Zusatz, daß an dieser Demonstration auch SED-Mitglieder teilgenommen hatten. Die Westberliner SPD schloß Neuss aus der Partei aus. Frühmorgens klingelte es an der Tür seiner Westberliner Wohnung. Ein Unbekannter schlug ihm eine Faust mit großer Wucht ins Gesicht. Während seines »Vietnam-Reports«, einer Montage amerikanischer Kriegsberichte und Wirtschaftsstatistiken, explodierte im Foyer seines Theaters eine kleine, auf sehr nahe Entfernung aber tödlich wirkende Bombe, die zum Glück niemanden verletzte. Neuss tat etwas für die damalige Zeit sehr Richtiges: er trat die Flucht aus Berlin an, die in Wirklichkeit eine Flucht nach vorn war – in die Öffentlichkeit. Er stand damals noch auf dem Höhepunkt seiner Beliebtheit, war durch das Fernsehen Millionen Bundesdeutschen bekannt, und die politische Stimmung der Öffentlichkeit, zumindest in der Bundesrepublik, begann umzuschlagen. Solche Szenen wie in Westberlin mußten nicht mehr hingenommen werden.

Nun war Neuss also bei uns. Wir saßen bei Helga Voss (Biermanns Freundin, meine Freundin – Harry Rowohlts Freundin, Rauters Freundin) im Keller und schmiedeten Pläne. Ich bot ihm an, Räume in Hamburg zu suchen und sein politisches Kabarett nach Hamburg zu verlegen. Neuss zögerte lange. Augstein, der mit Neuss die Zuneigung zu dessen schwedischer Frau teilte, machte einen bescheideneren, aber auch realistischen Vorschlag, er lud ihn ein, in seinem Haus auf Sylt auszuspannen. Neuss nahm seinem Freund Rudolf sehr übel, daß er als Reisegefährt nur einen schäbigen VW aus dem Vertriebspark des *Spiegel* abzweigte und ihn dadurch spüren ließ, daß sein Marktwert gesunken sei. Ich munterte ihn wieder auf, indem ich ihm meinen schönen roten Sport-Opel zur Verfügung stellte. Mit dem fuhr Neuss später an die Riviera, besuchte auf Vermittlung der Brandt-Söhne und deren Mutter seinen Parteifreund Willy und erreichte, daß er wieder in die Partei aufgenommen wurde. Dafür hatte ich das Vergnügen, sechs Wochen mit einem *Spiegel*-Auto herumzufahren. Diesen Konsumverzicht hat Neuss mir noch lange hoch angerechnet. Als er wiederkam, hatte er jedoch zu einer weiteren Aktion keine Lust mehr und fuhr zurück nach Berlin. Die Entwicklung trieben dort inzwischen andere voran.

Die Viva Maria-Gruppe: Keimzelle der Kommune 1

Was jetzt nach Berlin kam und dort bald an der Universität Einfluß gewann, kam aus einer ganz anderen Himmelsrichtung als wir, kam von anderen Ausgangserlebnissen, hatte andere Zielvorstellungen und andere Methoden. Das war seit den sechs rohen Eiern nicht mehr zur Ruhe gekommen, war auch nicht mehr allein auf Vietnam fixiert, das wollte weiter provozieren, immer weiter, von Stufe zu Stufe, wollte die ganzen versteinerten Verhältnisse zum Tanzen bringen, nicht zum Einsturz wohlgemerkt – zum Tanzen. Zur Zeit experimentierte man mit Blumen, mit rohen Eiern, mit Puddingpulver, Juckpulver, weißem Mehl und weißen Sammelbüchsen und weißen Fahrrädern und allerhand fernöstlichem Mummenschanz. Bald wird man Späße machen über alles, über brennende Warenhäuser und Drogen und drop outs und tote Polizisten und Bomben und immer wieder Bomben. In diesem Jahr 1966 vollzieht sich ganz im stillen die Wandlung, etablieren sich die Propheten, üben sie ihre Sprüche ein, werden die Trompeten von Jericho gestimmt.

Irgendwann wanderte nach Berlin die Urzelle der Kommune 1 ein, sie kam aus München. Rudi Dutschke gehörte dazu und Kunzelmann und Langhans und Teufel und Dorothea Ridder und andere Mädchen, die aber unbedeutend und unwesentlich blieben. Auch unser späterer Auslandsredakteur Lothar Menne gehörte dazu, der Nachfolger von Holti, er hat uns ausführlich darüber berichtet. Die Gruppe nannte sich – und dieser Name sagt alles über Herkunft und schnellen Ruhm und letzte Konsequenz: *Viva Maria*-Gruppe. Für den, der den Film nicht kennt: Brigitte Bardot und Jeanne Moreau spielen in diesem Film zwei Chanson-Sängerinnen aus Paris, die in Mexiko über das Land tingeln und sich einer Anarchistenbande anschließen, die inmitten ernsthaften Revolutionen mit Hilfe von sehr viel Sprengstoff das Geschehen zugunsten der notleidenden, aufständischen Bevölkerung beeinflussen. In dem Film ist wenig von den furchtbaren Niederlagen und Opfern der mexikanischen Revolution die Rede. Aber dauernd hört man es lustig krachen, wenn wieder eine Brücke gesprengt, ein Munitionslager in die Luft gejagt wird, und dazu wird gesungen und gespielt und wieder gesprengt und gesiegt und gesprengt, wie sich eben der Regisseur die Revolution vorgestellt hat.

Am Anfang stand also ein Film. Wäre es verwunderlich, wenn am Ende wieder ein Film, wieder die Legende von zwei mit Sprengstoff hantierenden Frauen stünde, mit ein paar rauhbeinigen Gesellen als Hilfe? Diese Kommune Null, die Urkommune, aus der sich die Pudding-Kommune 1 entwickelte, nannte sich selber Viva Maria-Gruppe. Alle hatten sich den Film mindestens zehnmal angesehen, so begeistert waren sie. So sehr wirkte der Überbau auf die Basis, daß sie alsbald begannen, den Film in die Wirklichkeit umzusetzen bzw. beides zu verwechseln.

Zunächst ging man daran, sich selber zu ändern. Das war ihre größte Sorge. Die »Orgasmusschwierigkeiten«, die eigene Problemkutsche. In einer Zeit, in der

KONKRET damit beschäftigt war, der SPD die ersten Schritte in Richtung Verhandlungen mit der DDR nahezulegen – und zum ersten Mal als Porträt, mit Bild, der große Klare aus dem Norden auftaucht: Jochen Steffen, der Verhandlungen mit der DDR gefordert hat und trotzdem zum Landesvorsitzenden von Schleswig-Holstein gewählt worden ist, beschließt die Viva Maria-Gruppe mit Mehrheit, daß alle eine Psychoanalyse durchmachen sollen. Grund: Rudi Dutschke will sich nicht von seinem bürgerlichen Einzelverhältnis mit Gretchen lösen. Ohne diese Lösung aber kann man die neue Welt nicht hinkriegen, meinen die anderen. Währenddessen sagt Jochen Steffen in KONKRET: »Überall, wo ich hinkomme, fragen die Menschen, was ist eigentlich los? Alle, ob Gewerkschaftler, ob Parteimitglieder, alle, die politisch ein bißchen interessiert sind, erwarten, daß klar gesagt wird, was die Regierung und die Parteien eigentlich wollen. Sie begreifen das Bonner ›Aufwertungstabu‹ nicht. Sie verstehen nicht, warum die Wiedervereinigung immer wieder beschworen wird, gleichzeitig aber jeder handgreifliche Vorschlag abgewürgt und diffamiert wird.« Und die schleswig-holsteinische Partei beschließt: Der Kontakt zwischen den Menschen aus beiden Teilen unseres gespaltenen Landes muß verstärkt werden. Deshalb müßten »Vereinbarungen mit den Machthabern im östlichen Teil unseres Vaterlandes getroffen werden«. So steht es in KONKRET, März 66. Im gleichen Heft, in dem Neuss die Gründe für seine »Emigration« bekanntgibt. Im gleichen Heft, in dem über die sechs Frischeier berichtet wird und Ulrike ihren ersten Artikel über Bar-

zel (»der ist gemeingefährlich, nicht nur ärgerlich...«)
schreibt, da nennt Haffner die DDR »die erste erfolgrei-
che Revolution in Deutschland«.

Während wir schon im Mai Erfolge verzeichnen. Das Eis
beginnt zu schmelzen, und der Stein beginnt zu reden:
die SPD und die SED tauschen Briefe aus, in denen ein
Treffen vereinbart wird, dieses Treffen wird später wirklich stattfinden, in Erfurt und Kassel, und von da ab
wird das Gespräch weitergehen, ein langes, zähes und
dauerhaftes Gespräch, das nicht mehr abreißen wird, bis
die Botschafter Gaus und Kohl in dem anderen Deutschland Wohnsitz genommen haben – in dem Monat, in
dem dieses geschrieben wird, im Juni 74.

Während also in der Ostpolitik die ersten zögernden
Schritte gegangen werden, verläßt Dutschke die Viva
Maria-Gruppe, er will lieber bei seiner »repressiven«
Zweierbeziehung bleiben, bei seinem Gretchen. Auch die
anderen stecken die Analyse wieder auf und gehen nach
Berlin, in den SDS.

Nur Lothar Menne, unser Gewährsmann für diesen Zeitabschnitt, bleibt in der Analyse hängen, verliert die
Gruppe gänzlich aus den Augen und macht nur noch
Analyse, sie ist heute noch nicht beendet. Er kommt bald
zu KONKRET, ein noch besserer Holti, ebenso sprach-
kundig, stets freundlich und übertrieben hilfsbereit.
Vollkommen loyal gegenüber mir und der Zeitung,
nimmt er dennoch an allen Putschen gegen mich teil und
schwenkt, wenn sie niedergeschlagen werden, immer
rechtzeitig auf die Linie des Fortschritts ein, wird wieder
auf Klaus Rainer Röhl vereidigt und putscht beim näch-

sten Mal wieder mit, übersteht alle Säuberungen wie
Molotow. Das mag merkwürdig klingen, aber einige
Leute braucht man einfach und mag sie auch nicht missen.
So einer war Lothar.

Den letzten Putsch macht er auch noch mit, aber halben
Herzens, war schon uninteressiert an denen, die da im
Kommen sind, setzte sich rechtzeitig zu Fischer ab, wo er
seitdem die linksten und fortschrittlichsten Taschenbücher herausgibt, jeden Monat ein neues, das ist dort Satz.
So will es der Konzernherr Holtzbrinck, der den Fischer-
verlag gekauft hat. Bloß nicht Rowohlt den linken Markt
überlassen oder Suhrkamp. Jeden Monat ein fortschritt-
liches Taschenbuch, ob Terror in Angola oder Unterdrückung in der Schule.

Soviel über Menne. Die anderen gehen nach Berlin und
erobern den SDS-Vorstand, das ist keine Kunst, denn da
ist kaum noch ein SDS vorhanden. Rudi Dutschke von
seinem Zweierbett aus, und die anderen nun endgültig
als *Kommune 1* mit gemeinsamen, wenigen Frauen und
Kater Mao und einer schönen teuren Stereoanlage, damit hören sie jeden Mittag und jeden Abend Radio Peking, deutsches Programm. Sie selber werden bald von
sich hören lassen.

Jeder gibt ein Etwas dazu zu der großen neuen Jugendbewegung: die Chinesen der Kulturrevolution, die Studenten von Berkeley, die Provos von Amsterdam und
die Blumenkinder der Südküste und die Makarenko-
Schule und Bakunin und Marcuse, Freud und Wilhelm
Reich.

Vorerst setzt man auf Spaß, auf symbolische Wider-

standshandlungen, Verunsicherung der Oberen. Spott
und Gelächter und Blumen und Papiermützen und Puddingpulver und Knallfrösche. Ein halbes Jahr lang treibt
man seine Scherze mit den Institutionen, die überrascht
und hilflos sind, bewaffnet nur mit Farbbeuteln und
Trillerpfeife und rohen Eiern, nur die chemischen Reini-
gungen beschäftigend, nicht Lazarette und Beerdigungs-
institute. Dann schlägt die deutsche Obrigkeit, die keinen
Spaß versteht, sich nicht auf Blumen und Diskussionen
und Verunsicherungen und Orgasmusprobleme einlassen
will, sondern Ruhe und Ordnung herstellen will, zurück.
Sie wird sogar zurückschießen. Ein Polizeiwachtmeister
Kurras wird einen waffenlosen Studenten erschießen, der
gegen den Schah demonstriert hat: Benno Ohnesorg, im
Mai des nächsten Jahres wird das geschehen, 1967.
Wir ziehen erst einmal Bilanz des erfolgreichen Wirt-
schaftsjahrs 1966, Fortschritt und Vernunft notieren gut,
Verständigungspolitik stark anziehend, Tendenz steigend. Im Juni haben wir 150 000 Auflage gehabt, jetzt
bewegen wir uns auf 200 000 zu, wollen bald 14tägig
erscheinen, aber erst einmal vierfarbig mit mehr Seiten.
Mit einem erhöhten Verkaufspreis von 1,50 gehen wir
ins große, ereignisreiche, alles umkrempelnde Jahr 67.
Unser Mitarbeiterstamm ist jetzt komplett, alles, was gut
ist und auch schon teuer sein darf, arbeitet für KON-
KRET. Ein anspruchsvolles Kulturmagazin mit ausge-
suchten Mitarbeitern: Bücher: Jürgen Manthey (alias
Jürgen Haderlev), Film und Fernsehen: Enno Patalas,
der inzwischen die *Filmkritik* gegründet hat und wieder
bei uns ist, Taschenbücher: Rolv Heuer und Schallplat-

ten: Uwe Herms oder Hubert Fichte. Die Zeitung hat gute Beziehungen zum Ausland, hat als linke Massen-zeitung (nach dem Verschwinden von Paczenskys *Pan-orama*) eine Monopolstellung. Sie ist ein hochwertiges In-strument, von dem so recht kein Gebrauch gemacht wird in dieser poltischen Stille vor dem Sturm. Die nur gelegentlich durch einen müden und lustlosen Oster-marsch unterbrochen wird, durch eine halbherzige Kam-pagne gegen die Notstandsgesetze, alles zentral von oben, von der Ostermarschleitung, der Kampagne gegen Aufrüstung angeleitet, gut organisiert und schlecht be-sucht. Eine nachwachsende Gruppe von Friedensfreun-den sitzt da in der Zentrale in Offenbach und weiß auch nicht so recht, wie es weitergehen soll. Rühmkorf notiert in sein Tagebuch über den Ostermarsch: »So geht es nicht. So geht es nicht weiter. So kommen wir niemals durch. Ges. Gesch. Gesinnungsparaden. Die Staatsgewalt führt uns gesittet im Kreis und an der Nase herum.«

»Die Polizei braucht eine Muse – wir denken an Beate Uhse«

Den Beginn der Bewegung verpaßt KONKRET wieder einmal, nimmt ihn nicht wahr. Um sich dann wie damals beim »Atomtod« um so intensiver darauf zu stürzen. Wir verpassen nicht nur die Anfänge, wir leugnen sie sogar, wir erklären sie für eine Erfindung von Springer-Journalisten. Die aber sind wie immer ganz gut infor-miert. Auf dem Umschlag unserer ersten Farbnummer –

Haupttitel »Schwul. § 175«. Nebentitel: »Löst Wehner die SPD auf?« Bild: ein vollangezogenes (!), keineswegs üppiges Mädchen gegen eine Wand gelehnt – kann man noch einen Nebentitel erkennen: »Rote Garde an der FU?« Der dazu gehörende Artikel hat die Überschrift: Zeitungsente des Springerkonzerns.

Der Inhalt des Artikels: Es sei da neuerdings von Provos und Maoisten in der Springerpresse die Rede, sie hätten dem Rektor in einer Diskussion das Mikrophon entrissen und die Diskussion terroristisch gesprengt und dabei – man höre und staune – Maoabzeichen am Rockaufschlag getragen, auch maoartige Kleidung. Sie hätten die Polizei mit einer neuen Taktik vietkongartiger Demonstrationen größere Schlachten geliefert, hätten sich selber Rote Garde genannt und gerufen: Lang lebe Mao!
Ich schicke Charly Kunz, unseren journalistisch routinierten, aber politisch indifferenten Magazinleiter hin. Es gelingt ihm nicht, mit den richtigen Leuten in Kontakt zu kommen: Der offizielle SDS wiegelt ab, er ist keineswegs an einer publizistischen Aufwertung der kleinen Teufel-Langhans-Kommune interessiert. Charly kommt triumphierend aus Berlin zurück, er hat eine »Springerente« entlarvt: Es gibt keine Maoisten, keine Gewalttäter und keine Maoabzeichen. Zitat KONKRET: Die »Provos« sind wachsame Teenager und Twens, die gegen Vietnamkrieg und Notstandspläne demonstrieren. »Die Maobilder haben nur Springers Berichterstatter gesehen. Inzwischen spricht in Berlin niemand mehr von der ›Roten Garde‹.«
Das war Charly Kunzens größter Irrtum. Es gab sie.

Nur schirmte man ihn, der nach der »Spaziergangsdemonstration« kam, von allen Quellen ab, gab ihm Spielmaterial, ließ ihn die militante Seite der neuen Linken nicht sehen, und nur die neue Taktik als freundliches Gelabere von Blumenkindern à la USA wurde ihm vorgeführt. So stand es dann in KONKRET: die Demonstranten hätten locker auf dem Kudamm flaniert und ein albernes Flugblatt verteilt, zur Verunsicherung der Polizisten, die humorlos drauflos geprügelt und 88 Studenten verhaftet hatten. Das Flugblatt stammte aus der Teufel-Langhans-Kunzelmann-Kommune und hört sich allerdings völlig gewaltlos an. Vor Weihnachten auf dem Kudamm, mitten im weihnachtlichen Einkaufsbummel wird es verteilt, anläßlich einer nicht genehmigten Demonstration gegen den Polizeieinsatz vom Vortag, dem Tag des ersten studentischen Gewalteinsatzes.

Die Töne, die dort angeschlagen werden, sind völlig neu in der Studentenbewegung, die Taktik, die dahintersteht, auch. Es wird durch gezielte »Regelverletzung«, z. B. das Herausreißen der Mikrophone, durch Nichtbeachtung von Polizeiauflagen (eben solcher Auflagen, die die Ostermarschierer bisher an schönen Sonntagen durch leere Vorstadtstraßen geführt haben, von Polizeiautos freundlich eskortiert) versucht, Polizeieinsatz und Gewalt zu provozieren, so größere Massen von Studenten, ja die liberale Öffentlichkeit zur Solidarität mit den Geprügelten zu zwingen. Genau in diese Taktik paßt das Flugblatt, es soll auch die Passanten von der spinnerigen Harmlosigkeit der Demonstranten überzeugen, damit der Partisan im Volk lebe wie der Fisch im Wasser:

»Wir fordern für die Polizei:
die 35-Stunden-Woche,
damit sie mehr Zeit haben, mehr Muße für die Bräute und Ehefrauen, um im Liebesspiel die Aggressionen zu verlieren ...
Wir fordern eine moderne Aufrüstung für die Polizei, statt des Gummiknüppels eine weiße Büchse, in der sich Bonbons für weinende Kinder befinden und Verhütungsmittel für Teenager, die sich lieben wollen ...
Deshalb sagen wir:
Keine Keilerei mit der Polizei
Öffnen wir die Rotweinflasche
Bleibt der Knüppel in der Tasche.
Die Polizei braucht eine Muse
Wir denken an Beate Uhse
Sollte die Polizei trotzdem zuschlagen, so singen wir alle):
Ihr Kinderlein kommt, oh kommet doch all!
Zum Kudamm her kommet:
Polizei macht Krawall.

Nun kann man nicht sagen, daß das gleich von Anfang an eine durchdachte Taktik war, erdacht von einem genialen Einzelgänger à la Dutschke oder Teufel oder Langhans. Es ergab sich alles langsam eins aus dem anderen. Man experimentierte herum, und daraus entwickelte sich langsam ein festes Schema. Die Rollen waren dabei verteilt.
Die Kommune 1 und ihre Anhänger waren von Anbeginn mehr die Schauspieler und Dichter der Bewegung. Ihre Polit-Happenings, das öffentliche Auftreten mal in

Pop-Kleidung, mal in eroberten Talaren des Berliner Rektors, das Herumtragen von offenen Särgen, ihre Reden von Orgasmusschwierigkeiten, die sie mehr interessierten als die Politik, ihre in einem groben, holperigen Deutsch verfaßten Manifeste, wie das oben erwähnte und später das berühmte *burn, warehouse burn* »Gedicht«, sowie ihr damals alle Liberalen zu Begeisterungsstürmen hinreißendes, nach meiner Ansicht weit überschätztes Justiz-Happening im Teufel-Langhans-Prozeß (»Wenn es der Wahrheitsfindung dient«), – das war die eine Seite der Bewegung, die die öffentliche Gewalt für einige Zeit paralysierte, eine Flut von Mitläufern und Zaungästen in die Metropole der Neuen Bewegung lockte.

Rudi Dutschke, der sich schon äußerlich, in Lebensstil, Kleidung und Habitus kraß von den Kommune-Leuten absetzte und sie teilweise auch öffentlich kritisierte – das war die andere Seite: die organisierte, nicht minder einfallsreiche Regelverletzung und »Gegengewalt«, wie bald der gängige Ausdruck lautete. Es war die Aufforderung, die linke Seite des Kudamms zu besetzen, wenn die rechte Seite zur Demonstration freigegeben war, die Aufforderung, Ketten zu bilden und Genossen zu schützen und Stoßkeile, um die Polizeikordons zu durchbrechen. Die neue Vietkongtaktik der Demonstrationen, die, die Verkehrsmittel der Großstadt ausnutzend, in Minutenschnelle mal hier, mal da auftauchten und ermöglichten, mit wenigen hundert Mann den Verkehr einer Großstadt lahmzulegen. Die Taktik, nicht genehme Beschlüsse des Senats oder anderer Gremien rein physisch zu verhindern, durch Blockade, durch Sitz-streiks, »sit ins«, bald aber auch offensiver durch »go ins«, das heißt durch Einbruch in ein Gebäude mittels des Brecheisens oder des Nachschlüssels.

Diese Taktiken wurden Ende 66 und im Frühjahr 67 er-probt. In jenem ersten, in KONKRET veröffentlichten Flugblatt klingt auch schon ein weiteres Motiv an, das der sexuellen Emanzipation als Voraussetzung der poli-tischen Kampfbereitschaft und Befreiung des Individu-ums: »Aggressionen im Liebesspiel abbauen« und »Pille für Teenager, die sich lieben wollen«. Auch das kam aus Amerika und Holland, hier in der Bundesrepublik wur-de es auf speziell deutsche Weise, bierernst und gründ-lich, vorangetrieben, das Thema »Sexualität und Klas-senkampf«, das schon in den 30er Jahren durch den Freud-Schüler Wilhelm Reich angeschlagen und dann wie-der in Vergessenheit geraten war, beherrscht die studen-tischen Diskussionen. Reichs Buch *Die Funktion des Or-gasmus* geht als Raubdruck von Hand zu Hand und ver-drängt zusammen mit Marcuse die ohnehin an deutschen Unis kaum gepflegte Lektüre von Marx und Engels.

Die Problematisierung des Sexuallebens öffnet der Be-wegung weite, bisher nicht erreichte Anhänger-Reser-voires, über sie erfolgt der massenhafte Einbruch in die Gruppe der Oberschüler. Hier beginnt sich denn auch die Rolle von KONKRET als »kollektiver Agitator« und »Propagandist« voll zu entfalten. Für das aufstrebende Blatt kam dieser Zug der Bewegung wie gerufen. Und zwar keinesfalls nur als Alibi. Aufklärung über Vietnam und Aufklärung über die Pille, das waren jetzt keine Gegensätze mehr, das waren zwei sich ergänzende Züge einer Bewegung.

Im März 67 berichtet die Springerpresse voller Empörung, daß die Schülerzeitung einer Mädchenoberschule in Frankfurt einen Sexfragebogen herausgegeben hat, in dem höchst heikle und intime Fragen angeschnitten worden sind. Das Hauptinteresse richtet sich auch hier wieder auf den freien Zugang zur Pille. Schon bieten die ersten SDS-Gruppen den Oberschülerinnen Pillen, Rezepte und Beratung bei eventuellen Schwangerschaften an. Bereits im April steigt KONKRET mit vollen Segeln in dieses Thema ein, veröffentlicht seinerseits einen Fragebogen für die gesamte Bundesrepublik (der an vielen Oberschulen verboten wird und so besondere Aufmerksamkeit erzielt), gibt Adressen der in Gründung befindlichen Schülergruppen bekannt und ruft zu einem Kongreß der Schülergruppen und zur Gründung eines Zentralverbandes auf (eine vom Standpunkt der auf Spontaneität und Einzelinitiative setzenden Neuen Linken falsche Maßnahme, die auch prompt erfolglos bleibt: ein Dachverband, AUSS, wird zwar gegründet, sein Vorstand erschöpft sich aber bald im bloßen Administrieren, die Schülerbewegung erlahmt).

Wichtiger als diese Organisation aber wird KONKRET, es wird zur bevorzugten Lektüre großer Gruppen von Oberschülern und hat dort eine wichtige, auch organisierende Funktion. Vor allem auf dem flachen Land und in den kleinen und mittleren Städten. Ein weiteres Ansteigen der Leserschaft, trotz der massiven Preiserhöhung von 50 %, ist die Folge. Der Stellenwert der »Schüler-

liebe« in der Gesamtbewegung wird von KONKRET
so umrissen:

»›Nur krasser Hunger und verweigerte Brunst‹, schrieb
einst der Dichter, Orgelbauer und Komponist Hans Henny Jahnn (*Fluß ohne Ufer, Lübecker Totentanz*), ›vermö-
gen Revolutionen zu erzeugen.‹ In einer mit Buttertor-
ten und Brathähnchen eher überfressenen Gesellschaft
proben Deutschlands in Sachen Liebe unterernährte
Oberschüler den Aufstand. Doch die Schülerinnen und
Schüler, die im Kampf gegen die Prüderie der Schule und
die Doppelmoral der Gesellschaft sich zusammengeschlos-
sen haben, könnten möglicherweise auch noch anderen
Mißständen auf die Spur kommen und über andere Fragen nachzudenken beginnen als nur über Fragen des Lie-
beslebens.

Daß Sex und Politik, Vietnamprotest und Antibabypille,
Liebe und politischer Kampf, gegen die Notstandsgesetze beispielsweise, sich keineswegs ausschließen, sondern
sehr gut zusammenpassen (›Liebe ist besser als Krieg‹),
hat sich seit einigen Jahren auch in Deutschland herum-
gesprochen.

Neue, ganz neue Formen des politischen Widerstands
sind im Entstehen. Der allzu lange kraft- und einfallslosen Linken tut eine Blutauffrischung lange not. Die ver-
staubten, an die Heilsarmee und die Wandervogelbewe-
gung erinnernden Formen des phantasielos aus England
importierten Ostermarsches entsprechen eher dem Ge-
schmack stalinistischer Jugendfunktionäre und christlicher Pfadfinder als dem der Masse der beat- und sex-in-
teressierten Jugendlichen.

Ob Aufklärung über den Vietnamkrieg oder Aufklärung über die Pille, ob Zeitschrift, SDS oder Humanistische Union, das gemeinsame Wort heißt allemal Aufklärung. Und es überrascht nicht, die Gegner der Schüleraufklärungskampagne in den Reihen der finstersten Gegenaufklärung zu finden.«
Autor des Aufsatzes: Michael Luft (Pseudonym für Klaus Rainer Röhl).

Las Benno Ohnesorg Ulrike Meinhofs Persienartikel?

Unsere Freunde im Offenbacher Ostermarschbüro finden den Anschluß an die jäh aufgebrochene und wie ein Steppenbrand sich verbreitende Bewegung nicht mehr. Der Ostermarsch 67 ist ein teilweise groteskes, museales Marschieren in den alten, längst als überholt und unwirksam erkannten Routen, ein voller Mißerfolg. Schon 66 hat der 19jährige Rolv Heuer in KONKRET diese erfolglose, aber dank stalinistischer Einfallslosigkeit zählebige Institution dem Spott preisgegeben. Während also Neu- und Altlinke hoffnungslos auseinanderzufallen drohen, wird in Westberlin ein zunächst geglückter Versuch gemacht, beide unter einen Hut zu bringen: durch die Gründung des Republikanischen Clubs. Dieser, zunächst als feiner Diskutier-Club mit hübschen Sitzecken und französischer Zwiebelsuppe gedacht und von Rechtsanwalt Mahler und anderen geleitet, wird gleich nach Beginn der Studentenunruhen Zufluchtsort, Sammelplatz, Rechtsberatung und Nachrichtenbörse der Bewegung.

Folgerichtig ist die Gründung einer eigenen Zeitung, die zunächst als Boulevardzeitung im *Bild*-Format wöchentlich erscheint und heute als linker Nachrichtendienst weiter seine Funktion hat, die Zeitung *Extra* (heute *Extradienst*). Augstein hat dem Unternehmen, in dem bis heute versucht wird, eine Einheitsfront vom linkesten Flügel der Anarchisten bis zur orthodoxen SEW wenigstens in Worten aufrechtzuerhalten, den Start ermöglicht und uns damit wieder eine schwere Konkurrenzsorge abgenommen. Die drei Schreibtische, Schreibmaschinen und die Monatsgehälter der drei Redakteure entstammen nämlich einem Augsteinschen Versuch, eine linke Zeitung zu gründen, der gerade nach einigen Nullnummern wieder abgebrochen worden ist. *Heute* sollte die Wochenzeitung heißen, sie wäre keine Konkurrenz auf dem Markt gewesen, hätte aber einen Großteil unserer besten Autoren abwerben und mit Exklusivverträgen binden können.

Im *Extra* bzw. *Extradienst* werden die Kampagnen der Neuen Linken stets ausführlich diskutiert, reflektiert und angekündigt, auch die erste bundesweite Kampagne, in der sich die neue Bewegung im Kampf gegen die »latente Gewalt des Staates« bewähren will und die hier massenhaften Charakter annehmen will und auch tatsächlich annimmt, die Demonstrationen gegen den Schah-Besuch. Im April 67 bereiten sich alle Anhänger und Gruppen der seit kurzem Außerparlamentarischen Opposition genannten »Antiautoritären Bewegung« offen auf die Konfrontation mit der Staatsgewalt vor. Propagandistisch ist der Besuch eines der unter Anwendung von Terror und Folter regierenden Machthabers ein hervorragender Ansatzpunkt, fast so provozierend wie es etwa ein Besuch des südvietnamesischen Generals Ky gewesen wäre. Die neue Generation, die jetzt die Universitäten bevölkert, durch keinen Antikommunismus mehr zu bremsen und auch objektiv frei von jedem Liebäugeln mit den orthodoxen kommunistischen Staaten, brennt darauf, der durch die große Koalition zwischen SPD und CDU besonders auffällig gewordenen Heuchelei und Unaufrichtigkeit des herrschenden Establishments ins Gesicht zu schreien. Hier hat nicht mehr eine einzelne Studentin, sondern tausende Vertreter einer studentischen Generation haben den Ruf: »Man muß etwas tun!« aufgenommen. Sie wollen tatsächlichen Druck ausüben, mehr als eine kleine nichtssagende Zeitungsmeldung auslösen, sie wollen – und können noch nicht ahnen, wie sehr ihnen das gelingen wird (freilich mit einem Todesopfer) – die diplomatischen Beziehungen der Bundesrepublik ernsthaft trüben, womöglich zum Abbruch treiben, das Folterregime des Schahs damit von seinem Kreditgeber abschneiden oder jedenfalls ernsthaft schwächen.

Publizistisch ist der Schah-Besuch vorbereitet wie noch nie. Gerade im März ist in der Reihe rororo aktuell ein Buch über Persien herausgekommen: Bahman Nirumands *Persien, Modell eines Entwicklungslandes oder die Diktatur der freien Welt* mit haarsträubenden Fakten über diesen famosen Feudalherrscher, der da in die Bundesrepublik einreisen will. Rowohlt-Verlagsleiter Fritz Raddatz (jener Tucholsky-Spezialist aus der DDR, er ist inzwischen wieder im Westen) stellt auf Rühmkorfs Bitten hin 500 Exemplare kostenlos den Studenten zur Verfügung. Das ist eine ganze Menge, gewiß. Aber was ist das gegen die 200 000 Stück KONKRET, die am 28. Mai ausgeliefert werden und in denen Nirumands Buch noch schärfer und agitatorischer herausgearbeitet ist. In dieser Nummer steht Ulrike Meinhofs »Offener Brief an Farah Diba«, mit Bildern von Ulrike und Farah, von Frau zu Frau gewissermaßen, und wer danach nicht mit demonstrieren geht, muß schon ein ziemlich dickes Fell haben:

»Guten Tag, Frau Pahlawi«, beginnt Ulrike und schreibt, sie hätte einen Artikel von Farah Diba in der *Neuen Revue gelesen . . .*

»Sie erzählen da: Der Sommer ist im Iran sehr heiß, und wie die meisten Perser reiste auch ich mit meiner Familie an die Persische Riviera am Kaspischen Meer.

Wie die meisten Perser – ist das nicht übertrieben? In Balutschestan und Mehran z. B. leiden ›die meisten Perser‹ – 80 Prozent – an erblicher Syphilis. Und die meisten Perser sind Bauern mit einem Jahreseinkommen von weniger als 100 Dollar. Und den meisten persischen Frauen stirbt jedes zweite Kind – 50 von 100 – vor Hunger, Armut und Krankheit. Und auch die Kinder, die in 14stündigem Tagewerk Teppiche knüpfen – fahren auch die – die meisten? – im Sommer an die Persische Riviera am Kaspischen Meer?

Sie schreiben: In diesem Punkt ist das iranische Grundgesetz sehr strikt. Der Schah von Persien muß einen Sohn haben.

Merkwürdig, daß dem Schah ansonsten die Verfassung

so gleichgültig ist, daß keine unzensierte Zeile in Persien veröffentlicht werden darf, daß nicht mehr als drei Studenten auf dem Universitätsgelände von Teheran zusammenstehen dürfen, daß Mossadeghs Justizminister die Augen ausgerissen wurden, daß Gerichtsprozesse unter Ausschluß der Öffentlichkeit stattfinden, daß die Folter zum Alltag der persischen Justiz gehört. Der Anschauung halber ein Beispiel für Folter in Persien:
Um Mitternacht des 19. Dezember 1963 begann der Untersuchungsrichter mit seiner Vernehmung. Zunächst befragte er mich und schrieb meine Antworten nieder. Später fragte er dann nach Dingen, die mich entweder nichts angingen oder von denen ich nichts wußte. Ich konnte also nur antworten, daß ich nichts wisse. Der Untersuchungsrichter schlug mir ins Gesicht und dann mit einem Gummiknüppel zunächst auf die rechte, dann auf die linke Hand. Er verletzte beide Hände. Mit jeder Frage schlug er erneut zu. Dann zwang er mich, nackt auf einer heißen Kochplatte zu sitzen. Schließlich nahm er die Kochplatte in die Hand und hielt sie an meinen Körper, bis ich bewußtlos wurde. Als ich wieder zu mir kam, stellte er erneut seine Fragen. Er holte eine Flasche mit Säure aus einem anderen Zimmer, schüttete den Inhalt in ein Meßglas und tunkte den Knüppel ins Gefäß...
Wir wollten Sie nicht beleidigen. Wir wünschen aber auch nicht, daß die deutsche Öffentlichkeit durch Beiträge, wie Ihren in der *Neuen Revue*, beleidigt wird.

Hochachtungsvoll
Ulrike Marie Meinhof.«

Selten ist mit solcher Gründlichkeit ein ausländischer Staatsbesuch vorbereitet worden. Auf beiden Seiten. Der Autor des Persienbuches Nirumand wohnt in Westberlin, gehört zum engen Kreis um Rudi Dutschke. Er reist herum und bereitet auf seine Weise den Schah-Besuch vor, ebenso die linksstehenden persischen Studentengruppen an den deutschen Universitäten. Dennoch ist unser »Offener Brief« wohl das am weitesten verbreitete, am breitesten gestreute und wohl auch wirksamste Agitationsmaterial. Es ist dazu geeignet, auch ganz unpolitische Studenten und Studentinnen zu Protesthandlungen zu mobilisieren. Wir wissen nicht, ob der kaum politisch aktive Stúdent Benno Ohnesorg aus Hannover durch die Lektüre jenes »Offenen Briefes« zu seiner Teilnahme an der Schah-Demonstration vor der Oper veranlaßt wurde oder ob er der letzte Auslöser seines Entschlusses war. Möglich wäre es durchaus, sogar wahrscheinlich. Allerdings: daß überhaupt viele tausend Studenten am Vorabend des Schah-Besuches Ulrikes »Offenen Brief« in der Hand halten, verdanken wir ausschließlich unserer schnell reagierenden Vertriebsabteilung, die den Farah Diba-Brief als Flugblatt vervielfältigt und rechtzeitig an die Unis versandt hat. Unsere Zeitung selbst ist blockiert. Von Augstein.

150 000 Mark Streitwert oder Spiegel-Affäre Nr. 2

Im Juniheft, das zum Schah-Besuch erscheint, in dem Ulrikes »Offener Brief« abgedruckt ist, steht auch eine Parodie, die wir Political fiction nannten, die ich in Analogie zu Robert Neumanns Literaturparodien entwickelt hatte und von denen wir schon eine im Dezember 64 mit großem Erfolg gebracht hatten, »Ulbricht löst die DDR auf!« Als politische Science fiction, eine fingierte dpa-Meldung: Ulbricht hätte die Auflösung seines Staates gegen Zahlung von 185 Milliarden Entwicklungshilfe angeboten und das Aufgehen der DDR in die Bundesrepublik. Dazu kommen, faksimileartig gedruckt, »Zeitungsausschnitte« aus den wichtigsten Presseorganen mit den Stimmen der Kommentatoren: Dönhoff in der *Zeit*, Nannen im *Stern*, Martin Morlock im *Spiegel*, Hertz-Eichenrode in der *Welt* usw. Die dpa-Meldungen schrieb ich, die Kommentare schrieben Ulrike und Jürgen Holtkamp, die sich inzwischen zu wahren Kleinmeistern der Parodie entwickelt hatten (eine der köstlichsten und sehr empfehlenswert für Jonny Jahrs *Drittes Reich*, dieses gewissermaßen vorausahnend: »Hitler aus Bolivien zurückgekehrt!«). Diesmal also hatten wir, angeregt durch Augsteins Druckvertrag mit Springer, der damals ziemliche Empörung auslöste, die Meldung »Spiegel an Springer verkauft« fingiert und dazu recht heitere Parodien geschrieben. Unser juristischer Fehler war, daß wir auf dem Titelblatt ein *Spiegel*-Faksimile, naturgetreu in Orangeton, abgebildet hatten. Das entsprach dem Tatbestand der unerlaubten Verwendung eines fremden

Markenzeichens. Verlagsdirektor Becker war empört, sah eine Chance, die ständig Nadelstiche gegen den großen Bruder austeilende Konkurrenz zu deckeln.

KONKRET war tatsächlich eine Konkurrenz. Unsere Auflage entwickelte sich während der antiautoritären Bewegung stürmisch, 14tägiges, gar wöchentliches Erscheinen war geplant, und den *Spiegel* trifft auch ein Abfall von nur 10 % seiner Auflage schwer, weil sie dann in Gefahr gerät, unter die den Markenartikelfirmen vertraglich zugesicherte »Garantieauflage« zu fallen. Augstein selber war auf Sylt, plädierte instinktiv gegen eine Einstweilige Verfügung, aber Becker setzt sich durch, und der Skandal ist perfekt:

Die ganze KONKRET-Auflage mußte entweder Nummer für Nummer geschwärzt oder um die entsprechenden Seiten beschnitten werden oder die Ausgabe würde aus dem Verkauf verschwinden. Und damit wäre KONKRET auch aus der deutschen Zeitungslandschaft verschwunden, denn im Gegensatz zum *Spiegel* verfügten wir über keinerlei Reserven, um einen solchen Verlust – ca. 130 000 Mark – je wieder aufzufangen. Wir mobilisierten die Presse, die befreundeten Journalisten und Autoren. Es mußte gelingen, den *Spiegel* unter massiven Druck zu setzen, sonst waren wir verloren.

Es gelang uns tatsächlich. Der *Spiegel* hatte die schlechteste Presse seit langem. Die *Zeit* erinnerte daran, daß der Schlag gerade jene treffen müsse, die einst demonstrierend vor dem Hamburger Untersuchungsgefängnis standen (und tatsächlich hatten wir 1962 zwei Titelbilder nur dem *Spiegel*-Skandal gewidmet). Die *Frankfurter*

Rundschau sprach sogar von einer zweiten *Spiegel*-Affäre. Auch der sozialdemokratische *Vorwärts* verglich das Vorgehen des *Spiegel* mit dem Vorgehen der Bundesregierung gegen den *Spiegel* von 1962. Am meisten aber mußte die *Spiegel*-Leute wohl das kleine Gedicht von Eckhart Hachfeld im *Stern* treffen, der als »Amadeus« für Millionen *Stern*-Leser diese scheinbar harmlosen, aber für das Image des *Spiegel* verheerenden Verse drukken ließ:

> Augstein schlug mit Vehemenz
> nach der kleinen Konkurrenz,
> weil ein Späßchen in *Konkret*
> sich um den *Spiegel* dreht.
>
> Augstein glaubt, er darf allein
> zynisch und satirisch sein
> und verträgt als kleiner Gott
> an sich selber keinen Spott.
>
> Daß einmal im *Spiegel*-Falle
> für die Pressefreiheit alle
> zu ihm hielten – groß und klein –,
> muß ihm wohl entfallen sein.
>
> Amadeus meint: Der Hieb,
> selbst wenn er nur Drohung blieb,
> traf als Tiefschlag sozusagen
> doch uns alle in den Magen.

Augstein, zurückgekehrt, veranlaßte sofort eine Zurücknahme der Einstweiligen Verfügung bzw. verzichtete auf seine Rechte aus der Verfügung, und am 5. Juni war

KONKRET wieder im Handel, sein Bekanntheitsgrad bei der Bevölkerung der Bundesrepublik hatte sich von 1,2 auf 2,0 fast verdoppelt. Obendrein wirkte auch noch die Begründung des *Spiegel* für seinen Rückzieher unglaubwürdig und verlegen: man habe erst aus der Presse erfahren, daß die Einstweilige Verfügung eine Existenzgefährdung darstelle und deshalb verzichtet. Unverdrossen, gegen die händeringenden Bitten von Steffens, der für Frieden und Verständigung (und gegen schlaflose Nächte) ist, trete ich noch einmal nach: »Lieber Spiegel-Leser:

»... das, was wir mit unserer utopischen Parodie satirisch sagen wollten, daß nämlich der Spiegel sich schon heute so verhält, als *wäre* er von Springer gekauft, und daß er seine Rolle als Organ der oppositionellen Intelligenz aufgegeben hat, wurde durch die Einstweilige Verfügung und ihre Begleitumstände bestätigt.

Herzlich Ihr Klaus Rainer Röhl.«

Mußte das sein? Nein. Mußte in dieser Zeit die Hamburger Hausregel entstehen, daß Augstein geht, wenn Röhl kommt? Oder sich verlegen und indigniert in eine Ecke zurückzog? Sicher war es nicht nötig. Dennoch wurden solche falschen Frontstellungen nicht vermieden, auch die nächsten sieben Jahre nicht. Man mußte erst Gremliza und von Hoffmann in Aktion gesehen haben, um Augstein besser zu verstehen.

In dem Heft, in dem das »Lieber Spiegelleser« steht, ist ein Bericht über die Erschießung Benno Ohnesorgs abgedruckt: »Kesselschlacht«. Aus ihr geht hervor: Die Polizei wollte diesmal die Schah-Demonstranten nicht zerstreuen, wollte nicht Ruhe und Ordnung, sie wollte einschüchtern, auch für die Zukunft. Einsatzführer hatten schon am Abend zuvor geäußert: Jetzt gibt es Dresche. Wie ein Vater einen schon nicht mehr gehorchenden Sohn ohne Aussicht auf Besserung noch einmal aus Wut fürchterlich verdrischt, sollte jetzt mit einem Kraftakt die unangenehme und irritierende Neue Studentenbewegung mit unangemessen brutalen Mitteln mundtot gemacht werden. Die Studenten wurden eingekesselt nach allen Regeln der (Bürger-)Kriegskunst, einzeln herausgegriffen und zusammengeschlagen, hier ging die Exekutive in freier Willensentscheidung in die Bestrafung über: vollzogen wurde die Prügelstrafe unter verschärften Umständen, Fußtritte gegen den Kopf nicht ausgeschlossen. Diese Studenten hatten nachweislich, wie Sebastian Haffner damals schrieb, keine Steine bei sich, sondern scharrten sie sich in panischer Angst aus dem Straßenpflaster, weil der Mensch die Tendenz hat, sich zu wehren, sich nicht wehrlos zusammentreten zu lassen. In Zukunft hatten viele Studenten die Steine schon in der Tasche und bald auch Molotowcocktails und Rauchbomben und Schlimmeres. Das besondere Über-das-Ziel-hinaus-schießen des einzelnen führte bei Kurras dazu, daß er nicht nur prügelte, sondern schoß, offenbar gezielt (er war ein guter Schütze). Daß also sein Unterbewußtsein weit genug erregt war, um nicht nur die Prügelstrafe für Recht zu halten, sondern die Todesstrafe.

Daß Studenten in ohnmächtiger Wut an jenem Tag gerufen haben: »Wir schießen zurück«, stand nur in einer Springerzeitung und soll nach Zeugenaussagen eines Lokalreporters der BZ, abgedruckt im *Extradienst,* von der Redaktion hereingeschrieben worden sein – ich persönlich halte diesen Schrei für möglich, ja sogar für verständlich. Die Studenten hatten auf die Nachricht von barbarischen Foltern in Persien den Feudalherrn mit Farbeiern bewerfen wollen (die nicht einmal getroffen hatten). Es war nur eine symbolische Handlung, im Tatbestand Sachbeschädigung, nicht mehr als ein Studentenulk, – darauf waren viele von ihnen schwer verletzt und barbarisch gedemütigt worden, einer von ihnen erschossen.

Was immer man gegen die spätere Gewalteskalation, die schrittweise bis zu dem Schußwaffengebrauch der Mahler- und Baader-Leute führte, sagen mag, wie sehr man den Rückschritt der Zeitgeschichte in die Epoche des Wilden Westens als unsinnig verdammen mag – niemand, der ernsthaft um das Verständnis dieser Zeit und ihrer zeitgeschichtlichen Personen, wie Ulrike Meinhof, bemüht ist, kann ignorieren, daß die Mehrheit dieser »Räuber«-Truppe, die der ganzen Gesellschaft den Kampf angesagt hat, immer noch aus dem Gefühl heraus handelt, das sich damals ausgebildet und sich nach dem Attentat auf Rudi Dutschke noch verschärft hatte: zurückschießen zu müssen.

Allerdings muß man sich die Entwicklung, besonders bei Ulrike, nicht gradlinig vorstellen. So, als wenn sie jetzt voller Zorn und Trauer über den Tod von Ohnesorg erstarrt darüber nachgrübelte, wie man zu Waffen kommen kann und eine Rote Armee aufbauen. Im Gegenteil. Ulrike war in diesem Frühjahr nach den Schah-Demonstrationen, nach Ohnesorg, während des langen heißen Berliner Sommers mit ganz anderen Dingen beschäftigt. Ulrike ging durch die Hamburger Antiquitätenläden und suchte nach Jugendstillampen von Tiffany. Sie richtete ein Haus ein.

Wir hatten ein Haus gekauft. Ein schönes altes Haus in Hamburg-Blankenese. Besser gesagt, Ulrike hatte es gekauft, und ich hatte es mitgekauft. Es war eine Gelegenheit. Wie man sich erinnert, herrschte 66 ein Konjunkturtief. Bargeld war knapp. Bei uns aber herrschte gerade ein Hoch. Wir hatten alle beide ein bißchen mehr Geld verdient, als wir unbedingt zum Leben brauchten. Ende 1966 schlossen wir einen Bausparvertrag ab, und im Frühjahr hatten wir das Haus. Es stammte aus dem Jahr 1914, lag in einem großen Garten mit vielen alten Bäumen und wies ein paar Jugendstilelemente auf. Ulrike hatte gerade angefangen, die ersten Jugendstillampen hereinzuhängen und es mit dem Nötigsten einzurichten, da ging auch in dem beschleunigten Tempo, mit dem in diesem Jahr alle Dinge geschahen, unsere Ehe auseinander. Im Herbst war die Einweihungsparty – im Winter zog Ulrike schon wieder aus. So blieb das Haus im wesentlichen uneingerichtet bis auf ein paar alte Schränke, die noch von früher stehengeblieben waren, durchweg Sachen mit Sperrmüllqualität. Nach und nach aber wurde es immer kostbarer ausgestattet. Nicht von mir und auch nicht in der Realität, aber durch die Phantasie vieler Zeitungs- und Illustriertenschreiber.

Nach jedem Skandal, jeder Hausbesetzung, Redaktionsrevolte, nach jedem Rockerüberfall, nach jeder neuen Situation in Ulrikes abenteuerlichem Leben oder meinen redaktionellen Querelen wurde das Haus farbenfroher und kostbarer eingerichtet, einer schrieb vom anderen ab und fügte stets noch etwas Eigenes dazu: Zuerst war es nur mit »wertvollen Jugendstilmöbeln« ausgestattet, dann mit kostbarem Mobiliar, mit chinesischen Vasen, mit Louis VI.-Möbeln, an den Wänden dachte man sich wertvolle alte Stiche. Grund genug für allerlei obskure Vereine und Gruppen, Kontributionen zu fordern und mich für einen äußerst gerissenen Geschäftemacher zu halten, der seinen Kontrahenten immer eine Nasenlänge voraus ist. Wie unrecht sie hatten, wurde mir selbst erst allmählich bewußt. Ich verstand von Geschäften leider das allerwenigste. Mein Freund und Kompagnon Steffens verstand etwas mehr, konnte sich aber nicht durchsetzen, eine steinalte und selbst für das Finanzamt ehrwürdige Buchhalterin verstand leider auch nichts vom Geld. So verdienten wir zwar einige Jahre lang ganz gut, aber die Tatsache, daß man für jede entnommene Mark Einkommensteuer zu zahlen hat, wurde mir hartnäckig verborgen gehalten – heute noch zahle ich an einem sysiphusartigen Berg Steuern ab, die damals angefallen waren.

Während Ulrike an einer größeren Funkarbeit über Heimkinder schrieb und das Haus einrichtete, fuhr ich nach Berlin, um mir die neue Bewegung aus der Nähe anzusehen. Rudi Dutschke führte mich in die neue Welt ein und verschaffte mir auch Zutritt zur Kommune 1, was damals, ohne gleich einen Tausender auf den Tisch zu blättern, schon sehr schwierig war. Dutschke kannten wir schon von Telefongesprächen, Ulrike hatte ihn irgendwo ist Westdeutschland bei einer Diskussion kennengelernt, und wir hatten ein Interview mit ihm abgedruckt. Abgesehen von Schülerzeitungen war das sein erstes Interview in einer Massenauflage. Auf die Seite neben Dutschke hatte ich, einer inneren Eingebung folgend, ein Interview mit Manfred Kapluck gestellt, der auch um diese Zeit zum ersten Mal öffentlich – und legal – auftrat, als Mitglied eines fünfköpfigen »Initiativausschusses für die Wiederzulassung der KPD«, der nach einem stillschweigenden Abkommen bald unbehelligt blieb und schließlich die Gründung der DKP vorbereitete.

Ich war damals schon fest davon überzeugt, daß mein Freund Manfred Kapluck der kommende Mann in der KP sei, so etwas spürt man. Heute besteht kaum ein Zweifel mehr an meiner damaligen Prognose, obwohl Kapluck immer noch nur Vorsitzender des Landesverbandes Nordrhein-Westfalen und Mitglied des Parteivorstands ist. Der ohne Verstellung bescheidene Praktiker strebt auch gar nicht nach Parteiämtern, ihn zieht es immer wieder zur Basis, er sitzt auch heute noch am liebsten in seinem Heimatbezirk Essen, wo er seine treuesten Anhänger hat (seine Hausmacht, wenn man so will). Und wenn Sie das Bedürfnis verspüren, einmal einem überzeugenden Kommunisten gegenüberzusitzen, dann fahren Sie zum Kreisbüro der DKP nach Essen. Aber seien Sie gewarnt: Sie könnten es als Parteimitglied verlassen.

Radio Peking und die Orgasmus-Scheiße

Manfred Kapluck kannte ich ja gut. Um so gespannter war ich nun, den, wie ich damals sicher war, bedeutendsten Vertreter der Neuen Linken kennenzulernen, Rudi Dutschke. Er holte mich am Flughafen ab, um mich ins SDS-Büro und dann in die Kommune 1 zu fahren. Er war – ja wie war er? Überwältigend? Faszinierend? Der erste Eindruck ist nicht mit einem Wort zu beschreiben. Vielleicht müßte man als erstes die Selbstverständlichkeit nennen, mit der er mich als Genosse, ja als Freund behandelte, die außerordentliche Bescheidenheit. Seine Fähigkeit, zuzuhören und auf den anderen einzugehen, um dann, mit ebenso großer Selbstverständlichkeit zu erklären, so und so sei die Lage einzuschätzen und dies und das sei infolgedessen zu tun. Es ist bekannt, daß Dutschke eine Ausstrahlung hatte, dem sich gerade skeptische Intellektuelle allzu gern aussetzten. So ging es auch mir. Ich war von diesem ersten Augenblick an entschlossen, mit allen meinen publizistischen Fähigkeiten und meiner Zeitung für diesen Mann und seine Sache einzutreten.

Es war eine Freundschaft auf den ersten Blick. Lange Jahre wurde sie auch von Rudi D. erwidert, bis ihn seine ständigen »Ratgeber« mehr und mehr von mir abdrängten. Keinen Augenblick glaubte ich ihm, wenn er, gerade in bezug auf sich selbst, die Rolle der Einzelpersönlichkeit herabsetzte und begeistert die kollektive Führung und Spontaneität der stets austauschbaren Räte pries. Je einleuchtender er so etwas ausführte, desto mehr ver-

Grüß Dich Klaus R. R. — Rot Front!

Du bist nicht 'Konkret', Du bist mit Sicherheit kein Verteidiger des Systems. Warum haben wir wohl lange Zeit mit Ulrike + Dir zusammengearbeitet? Weil wir in der Anfangsphase der Bewegung eine 'Sprach-Plattform' haben mußten. Wir haben seit 1964 permanent an Aktionen + Aufklärung teilgenommen, aber erst seit 1967 stieg die Breite des antiautoritären Lagers sehr schnell. Fast zu schnell, schließlich kam es selten notwendig — zu Rückschlägen, die nur temporär zu begreifen sind. Wenn ich auch 'Konkret' als "Verteidiger des Systems" benenne, so steckt dahinter nur die Einschätz. der verschiedenen Institutionen innerhalb des Systems. Die "Massenmedien" [Medien gegen die Massen], unter welcher Leitung auch immer, müssen sich 'verkaufen'. ···
Darum, gerade weil unsere objektive Basis der antiautoritären Sozialisten "fest geworden ist, müssen wir unseren langen Marsch durch die Institutionen klarer als bisher begreifen. Wir können + müssen — now and then — in Konkret, Spiegel u.s.w. schreiben — Zur richtigen Zeit klar eingreifen + wieder verschwinden. Die Institution der "Massenmedien" ist erst in der letzten Phase des langen Marsches übernehmbar — davon kann jetzt keine Rede sein.
Die Institutionen Universität + Schule sind bzw. werden immer klarer aufgebrochen; Fabriken + Büros etc. ganz zu schweigen von Armee, Polizei, Krankenhäuser, Gefängnis u. a. m. sind noch unterentwickelt gehalten, werden aber auch schon in "Unruhe" versetzt.....
"Die Bewegung befindet sich in einiger Agonie" schreibst Du; Schwierigkeiten waren + sind unvermeidbar, Artikel oder Buchbesprechungen können keine Antwort geben. Mehr denn je hat nur noch der praktische Theoretiker die Möglichkeit der richtigen Einschätz. der Situation. Die sich ständig verän-

dende Situation kann ich von 'außen' nur durch viele Briefe mit
fen richtig begreifen, führt aber manchmal durchaus zu Fehleinschätzen.
Als "praktischer Theoretiker", der in der jetzigen Periode aus körperlichen Gründen
für längere Zeit anders als bisher lernen kann, habe ich die Chance, die freie
—d nicht durch Pseudo-öffentliche Entlarvungstätigkeit "verhinderte"
Lerntätigkeit zu erweitern. Du mußt verstehen, daß ich in der jetzigen
Periode gerade darum nicht bereit bin, über bestimmte Bücher einige Zeit
zu schreiben. Schon der Spiegel-Brief, wenn auch in sich hart —d klar, war
zweifelhaft. Wie dem auch sei, Du warst mir gegenüber immer 'fair', auf
der anderen Seite hast Du oft Deine Finanzbasis uns gegenüber nie fraglos
macht, genauer, wir haben in der Zeit, in der wir für illegale Aufbau—u.
Praxisarbeit viele Summen benötigten, von Dir nur lächerliche Kleinigkeiten
erhalten.
Du wirst sicherlich Rechtfertigungsgründe finden. Schick bitte mir
eine Antwort, mach aus meinem Brief, der ein Brief unter Freunden bzw.
Genossen ist, keinen "Konkret-Brief". Das erwarte ich auch nicht von Dir.
Hier habe ich erst von einem CSSR-Buch mit dem Text von mir, der
von mir aus nur für Presse gedacht war, gehört. Lothar M. erzählte
auch früher schon davon, sprach von 4000 DM für mich. Ich habe
bisher weder vom Buch noch von Geld etwas gehört. Wir müssen
unheimlich für neue Spezialisten ausgeben, kannst verstehen, daß
ich wenigstens vom Kapital von konkret, nicht von der Person R., mein
Geld erwarte.
            Rot Front—Rudi.

*Brief von Rudi Dutschke an Klaus Rainer Röhl
nach Dutschkes Gehirnoperation*

stärkte sich der Eindruck, daß eben dieser Prophet keineswegs durch irgendeinen beliebigen Semler, Lefèvre oder Amend zu ersetzen sei. Ich war von diesem Frühsommer 67 an Dutschkes Parteigänger und stellte die Zeitung in dem Maße zur Verfügung, wie er es forderte. Verlangte er kurzerhand 2000,– Mark, überwies ich sie in der festen Überzeugung, daß das Geld gut angewandt sei. Schlug er eine Kampagne wie »Enteignet Springer« oder »Raus aus der Nato« – oder auch diffizilere Sachen wie die Unterstützung von Desertationen aus der US-Wehrmacht durch Adressenangabe – vor, so folgte ich ihm gern, wenn ich nicht ohnehin von mir aus mit der Kampagne begonnen hatte.

Bisher ist noch niemand die Tatsache bekannt, daß auch die außerordentlich scharfe Polemik gegen die Teufel-Langhans-Kommune, die mich über Nacht von einem anerkannten Publizisten der Linken zu einem Buhmann Nr. 1 bei bestimmten »Linksgruppen« (nennen wir sie einmal so) machte, daß diese scharfe Attacke nicht nur unter Billigung, sondern durchaus auf Anregung Rudi Dutschkes geschrieben wurde. Bei aller Toleranz, die er auch gegenüber den wildesten Sekten im Interesse der Einheit der Linken an den Tag legte, war er sich über den wachsenden Einfluß der Kommune-Leute und die Schädlichkeit ihrer individualistischen Aktionen damals schon im klaren. Beim SDS Berlin lief gerade ein Ausschluß-Antrag gegen die Kommune-Leute, aber Dutschke sah darin keine Lösung. Da sie durch die selbstgefällige Weise ihres Auftretens weit mehr als andere politische Gruppen von der Springerpresse beachtet und auch aufgewertet wurden, konnte der Angriff gegen sie nur von links, von KONKRET, kommen.

So programmiert machte ich mich auf den Weg in die im Arbeiterviertel Kreuzberg lebende erste deutsche Vollkommune, von einem Mittelsmann bis zur Haustür begleitet. Dutschke hatte mich vorgewarnt, aber die Wirklichkeit übertraf noch meine schlimmsten Befürchtungen. An einem einzigen Tag erlebte ich so die Glanz- und die Minuspunkte der neuen Bewegung in Reinkultur. Ich erlebte eine arrogante, den von außen Kommenden herablassend und feindselig behandelnde selbsternannte Elite, die, ausschließlich sich selbst bespiegelnd, in den Tag lümmelte. Abwechselnd nach Art von Haschkonsumenten passiv sich verhaltend, dann wieder aggressiv ausbrechend (»Dem müßte man mal 'ne Bombe unter'n Arsch legen!« »Du bist der Mann von Ulrike! Die möcht ich mal pimpern!«), machten sie mir in jeder Weise den Eindruck von vernachlässigten Oberschülern aus einer begüterten Oberschicht, die zuviel Taschengeld und zuwenig menschliche Zuwendung erhalten haben. Bei dem Wort Arbeiterklasse oder Klassenkampf verzogen sich ihre Münder zu einem müden oder mitleidigen Grinsen. Dafür hörten sie aber, wie eine rituelle Waschhandlung zu den vorgeschriebenen Zeiten, Radio Peking, das war die einzige Zeit am Tage, wo die überlautstark aufgedrehte Beatmusik (auch die hörten die Beatles: Außer den Beatles nichts! abgestellt wurde. Nach langen Diskussionen entschloß man sich, mir trotz vieler Bedenken ein Interview zu geben: wegen der Sex-Chose, wie man sagte. Sie hatten einen sehr geringen Vokabelschatz schon damals,

Scheiße war das Hauptwort, Eigenschaftswort, Suffix, Präfix in Verbindungen, ersetzte es jede differenzierte Beschreibung (z. B. Orgasmus-Scheiße, Scheiß-Orgasmus, beschissen, ein Scheiß, Scheiß-Argumentation, Scheiße im Hirn, laß doch den Scheiß, unheimliche Scheiße, du redest Scheiße, du redest scheiß), dann kam die Chose: Sex-Chose, SDS-Chose, Zeitungs-Chose, Weiber-Chose, dann war auch damals schon sehr beliebt das Wort Bullen und das Wort *unheimlich,* das hier seinen Siegeszug begann und heute noch das meist gebrauchte Modewort ist. Meist diente es nur zur Verstärkung: unheimlich beschissen, unheimlich scheiß, aber mit unheimlich konnte man auch schon mal etwas Positives anpeilen: »unheimlich wichtig« konnte etwas sein, aber das war auch schon alles. Über Sexualität wurde mit betonter Ruppigkeit gesprochen, mit pubertärer Aggressivität. Nicht von neuer Zärtlichkeit und Sensibilität war die Rede, sondern von ficken, vögeln, stoßen, pimpern, und die entsprechenden Ausdrücke für weibliche Geschlechtsteile wurden gern als pars toto-Bezeichnungen für Frauen gebraucht (die Uni-Fotze). Wer etwa der Meinung sein sollte, diese sprachliche Verkürzung und Verrohung auf einen Landserjargon gehöre notwendig zur Neuen Linken, möge sich fragen, warum er dergleichen nie von Rudi Dutschke vernommen hat.

Innerbetrieblich herrschte in der Kommune die absolute und konsequente Anarchie, das Gegenteil von Gruppensolidarität. Wollte etwa der jüngere Bruder von Enzensberger mir irgendeinen Zusammenhang erklären und schrie deshalb nach hinten: dreh doch mal den Scheiß (die Musik) leiser, das stört doch jetzt, schrie Teufel durch den Lärm zurück: mich stört euer Gequatsche beim Musikhören, und stellte die Musik lauter.

Ich fuhr entsetzt nach Hamburg zurück und machte aus meiner Abneigung gegen diese Art von Neuerern nicht den geringsten Hehl, was mir wütende Angriffe von Teufel und Langhans-Anhängern einbrachte, die 1967 schneller zunahmen als die Mitkämpfer Dutschkes oder gar Kaplucks. Trotz vieler Interventionen ernsthafter Leute, wie z. B. Erich Frieds, ich solle doch einsehen, daß meine Ablehnung gegen die alle Arbeiter verachtenden parasitär lebenden Zottelköpfe und Schmuddelkinder nur meinen »autoritären Strukturen durch anale Fixierung« zu verdanken sei und mir könne nur noch eine Analyse zum Verständnis der Neuen Linken helfen, beharrte ich darauf, diese Leute nicht zur Linken zu zählen. Ja, sie als schädlich oder gar als agents provocateurs anzusehen. Die weitere Entwicklung gab mir recht: Bei der größten und imponierendsten Heerschau der Neuen Linken, der Berliner Vietnam-Demonstration der 40 000 im Frühjahr 68, saßen die sieben Gruppenmitglieder kichernd auf der Empore der Technischen Universität und ließen handgemalte Spruchbänder sehen, in denen sie die Vietnamkriegsgegner verhöhnten und die politischen Aktionen für sinnlos erklärten. Dazu rauchten sie demonstrativ ihr Haschpfeifchen. Sie nahmen die Resignation und Entpolitisierung der ganzen Jugendbewegung vorweg, die sie selber zu entpolitisieren und zu entmutigen nicht wenig beigetragen hatten.

Nach dem Attentat auf Rudi Dutschke zerfiel die Gruppe in ihre beiden widersprüchlichen Elemente: In die Pop- und Drogen-Kultur, die von Langhans weiter befördert wurde, und in die Viva-Maria-Ideologie (Bomben und Feuerzauber, burn, warehouse burn!), von der sich Teufel und Kunzelmann angezogen fühlen.

Mit Feltrinellis in Kampen – und in Schloß Villadeati

Noch freilich war von einem Abflauen der Bewegung nichts zu spüren, im Gegenteil, jeder hatte das Gefühl, daß jetzt die Zeitenwende gekommen sei. Noch ein kleiner Stoß, noch eine schlaflose Nacht, eine harte Konfrontation mit der Polizei, eine Haus-, Universitäts- oder Schulbesetzung, und schon wackelt die Macht der Herrschenden. Symbolhandlungen wurden für gesellschaftliche Veränderungen genommen und eigene Hochgefühle für den Aufbruch der Massen. Vergeblich warnte Dutschke, rief zu Geduld und Zähigkeit auf und zum »Langen Marsch durch die Institutionen«. Man ließ es dabei bewenden, eine Oberschule zu besetzen und sie mit großen roten Buchstaben: »Rosa-Luxemburg-Schule« zu bemalen. Nach zwei Tagen räumte die Polizei die Schule oder die Eltern holten ihre 16jährigen wieder ab, und es hatte sich nichts verändert. Man hüpfte in Springdemonstrationen zu einem skandierten Ho Ho Ho Tschi Minh über die Straßen. Die Revolution, die politische Opposition tat endlich etwas, auf das wir bei den Ostermärschen schon lange gewartet hatten: sie machte wieder Spaß. Die sehr verständliche Folge: sie wurde »massenhaft«.

Änderte sich dadurch die Gesellschaft? Alle, die das erwartet hatten, wurden bitter enttäuscht. Zwar hatte Lenin einmal gesagt, wenn die Theorie die Massen ergreift, wird sie zur materiellen Gewalt. Hier aber wurde keine Theorie massenhaft, sondern oft nur ein vages Gefühl des Unbehagens, das einem Hochgefühl wich, wenn es sich endlich einmal artikulieren konnte. Zum Zweiten waren das auch nicht die Massen der Produzenten (Lohnabhängige), die hier ergriffen wurden, sondern ein lustiges Überbauvölkchen, vorwiegend aus privilegierten Elternhäusern stammend und von Vaters Wechsel lebend. So wurden alle enttäuscht, die von dieser Überbaurevolte unmittelbare gesellschaftliche Sprengkraft erwarteten. Der lange Marsch durch die Institutionen begann erst, als die Reste der geschlagenen Antiautoritären Bewegung wie eine Diaspora über die ganze Bundesrepublik und die politischen Institutionen sich verbreitete, um in zäher Bemühung, in Verlags- und Funkhäusern, Universitäten und Schulen, Krankenhäusern und Kinderheimen, in Studentengruppen und in den Parteien Kleinarbeit zu leisten. Schon frühzeitig erkannten wir, daß KONKRET bei der Organisierung und Koordinierung aller verstreuten Einzelgruppen und Einzelpersonen eine wichtige Aufgabe und auch eine Chance zufiel. Die folgenden Kämpfe stellen sich mir als ein Kampf verschiedener Modelle dar, auf welchem Wege dies erreicht werden könnte.

Jetzt, im Sommer 1967, sahen wir uns noch einmal mit einer weiteren Auflagensteigerung konfrontiert. 14tägiges Erscheinen schien ein Gebot der Stunde zu sein.

Dutschke wurde bei uns ständiger Kolumnist für Buch-
rezensionen, alle wichtigen Ereignisse dieser Zeit, und
das sind Ereignisse auf der Linken Szene, werden in
KONKRET vorbereitet, reflektiert, kommentiert. Die
Personen werden hier vorgestellt oder sind bereits KON-
KRET-Autoren. KONKRET hat, wie es sich für einen
guten Genossen gehört, das »Ohr an der Masse«.
Kein Wunder, daß das sogenannte und tatsächlich in der
Realität existierende, Person für Person auszumachende
»Establishment«, in unserem Falle das liberale Establishment der Hansestadt Hamburg, uns an seine Brust zog.
Buchstäblich. In solch einer, letzten Endes der Aufrechterhaltung der bestehenden Ordnung dienenden oder je-
denfall an ihr *ver*dienenden Großgruppe besagten Gesetze, die funktionieren wie Naturgesetze, wie etwa das
Gesetz der kommunizierenden Röhren, daß man einen
Oppositionellen an die Brust ziehen und ihm schmeicheln
muß. Geht er darauf ein, ist er eingemeindet und hat
aufgehört, ein Revolutionär, d. h. ein Spielverderber zu
sein, geht er nicht darauf ein, wird er isoliert und vergessen, also vernichtet. Wir hatten diesen Mechanismus
schon bei Richter und der Gruppe 47 kennengelernt, hier
wurde er noch schärfer deutlich. Den Sommerurlaub verbrachte Ulrike in Kampen. Sie wurde dort, wo alle Hamburger Gesellschaftszirkel, sonst in den verschiedensten
Stadtvierteln und Branchen zusammenkommend, in einem einzigen Dorf Kreise ziehen, mit aller gebührenden
Hochachtung, ja Freundschaftlichkeit aufgenommen. Sie
informierte die über die neue Entwicklung erstaunte,
aber sehr interessierte Gesellschaft sozusagen aus erster

Hand über die Lage. Es war, als wenn man zur Zeit der Indianeraufstände einen Eingeborenen-Häuptling in seiner Hütte (hier, nackt, in seinem Strandkorb in der Nähe der Buhne 16) besucht. Ulrike wurde nicht verlacht, bespöttelt oder gar verachtet, sie war charmant, schön, geistreich, in der Diskussion jedermann überlegen, sie war, wie diese Leute sagten, »gescheit«, – ein entsetzlicher Ausdruck, der bezeichnenderweise fast ausschließlich auf Frauen angewandt wird! Sie wurde von Einladung zu Einladung gereicht. Ihr selber wurde die Lage zwischen Heimkindern und Gastarbeiterunterkünften einerseits und Reich-Ranicki und Augstein, Fest und Regnier, Monk und Gaus andererseits langsam unheimlich. Sie schreibt darüber Ende des Jahres in einem Brief:
»Manchmal habe ich das Gefühl, ich könnte überschnappen.
Das Verhältnis zu Klaus, die Aufnahme ins Establishment, die Zusammenarbeit mit den Studenten – dreierlei, was lebensmäßig unvereinbar scheint, zerrt an mir, reißt an mir.
Das Haus, die Parties, Kampen, das alles macht nur partiell Spaß, ist aber neben anderem meine Basis, subversives Element zu sein, Fernsehauftritte, Kontakte, Beachtung zu haben, gehört zu meinem Beruf als Journalistin und Sozialist, verschafft mir Gehör über Funk und Fernsehen über KONKRET hinaus. Menschlich ist es sogar erfreulich, deckt aber nicht mein Bedürfnis nach Wärme, nach Solidarität, nach Gruppenzugehörigkeit. Die Rolle, die mir dort Eintritt verschaffte, entspricht meinem Wesen und meinen Bedürfnissen nur sehr partiell, weil

sie meine Gesinnung als Kasperle-Gesinnung verein-
nahmt, mich zwingend, Dinge lächelnd zu sagen, die mir,
uns allen, bluternst sind: also grinsend, also masken-
haft.«

Viele umständliche Erklärungen für Ulrikes Flirt mit
dem Establishment sind schön öffentlich vorgetragen
worden, ihre Zuwendung zur Hamburger (liberalen) Society und die Gründe ihrer Abkehr nicht nur von dieser
»Gesellschaft«, sondern von der Gesellschaft überhaupt.
Die einleuchtendste Erklärung ist die einfachste, die Ulrike in diesem Schreiben selber andeutet, das Bedürfnis
nach menschlicher Wärme, nach Gruppenzugehörigkeit,
Clan, Großfamilie, nach Dorfgemeinschaft, Nachbar-
schaft. In diesem größeren Bezug sollte auch ihre Familie,
ihre Ehe eingebettet und aufgehoben sein. Das Gegenteil
war der Fall: Sie verlor in diesem grausamen Spiel, auf
das sie sich eingelassen hatte, alles.

Peter Rühmkorf hat in seinem Erinnerungsbuch: *Die
Jahre die ihr kennt* (Rowohlt 1972) diese sehr persönliche Geschichte so präzise und mit äußerstem Takt beschrieben, daß ich ihn hier um eine freundschaftliche An-
leihe bitten muß. Ich zitiere:

»Zum einen unerbittliche Gesellschaftskritikerin, zum
andern Teil der feinen, der gehobenen Gesellschaft, in
diesem schillernden Quasi also bewegte sie sich, sehr lok-
ker und sehr bestimmt, und nichts deutete darauf hin,
daß ihr dies Zwielicht unangenehm war. Nur, daß die
Gesellschaftsspiele dieser Gesellschaft irgendwo gar nicht
mehr *quasi* waren oder *als ob* oder nur *scheinbar*, sondern blutiger Ernst, und der fand nun gerade auf einem

Gebiet statt, über das man eigentlich lieber in munterer Tonart spricht. Es gab einmal eine Zeit, in der drei riesige Party-Kreise zusammenstießen und sich zu vermischen begannen, ein Fusionsprozeß, der aber auch Kräfte frei werden ließ, die an den Institutionen zerrten, Ehe in Frage stellten, Lebensgemeinschaften ins Wanken brachten, neue stifteten, und eine solchermaßen dem Zerlösungsprozeß ausgelieferte Ehe war u. a. die Röhlsche.

Um es kurz zu machen, Röhl fand zum erstenmal zu einem Über-Ich, und Ulrike, die wir nicht erhöhen wollen und nicht erniedrigen, sondern einfach nur erklären, wie wir uns selbst erklären, wurde mit all ihren privaten Plänen, Wünschen und Bindungen – an das Haus in Blankenese, des auf ihr Betreiben gekauften – ein Opfer dieses tanzenden Kongresses (für die Freiheit der Kultur). Das heißt, der Liberalismus, auf den sie sich frei willentlich eingelassen hatte, hatte Ernst gemacht und das auf dem Feld, das seine letzte wirkliche Einflußsphäre war, im Privatleben.«

Eine Liebes- und Ehebruchsgeschichte also? Allerdings, wenn auch eine von großer Konsequenz. Zertritt einen Schmetterling, und tausend Jahre später gibt es eine Hungersnot. Könnte man alles ungeschehen machen, ein Zeitparadoxon erzeugen, diese eine Einzelheit ändern – hätte sich die Geschichte der deutschen Linken anders entwickelt? Wäre die Baader-Mahler-Gruppe nicht entstanden? Sicher nicht. Sicher ist, daß Baader nicht von Ulrike Meinhof befreit worden wäre, er säße vielleicht heute noch im Gefängnis und hätte gerade seine Brandstiftungsjahre verbüßt. Sicher, daß die Gruppe nicht

»Meinhof-Gruppe« geheißen hätte. Vielleicht hätte es gar keine »Rote Armee« gegeben, jeder von denen für sich hätte das nicht geschafft – aber die Frage ist müßig, es gibt kein Zeitparadoxon, keine Rückkehr und Korrektur.

Hier zählt: Andere Gründe für Ulrikes Weggehen aus Hamburg, ihre Scheidung und schließliche Trennung von KONKRET existieren nicht. Springerpresse, liberale Zeitschriften und linke Berichterstatter sind in einer auffälligen Weise einig, wenn es darum geht, Ulrikes Abkehr von Hamburg, von KONKRET und der Gesellschaft zu erklären:

● Ulrike habe sich gegen den Sexteil in KONKRET gewandt.

● Der Ehemann habe sich immer mehr der Hamburger Society zugewandt, und das habe Ulrike Meinhof mißfallen.

● Es hätten politische Differenzen bestanden, besonders in bezug auf die Studentenbewegung.

Demgegenüber stelle ich fest:

● Bis zum Zeitpunkt der Scheidung hat Ulrike nie Anstoß an den Sextiteln oder Bildern in KONKRET genommen.

● Die Beziehungen zu der liberalen Hamburger Gesellschaft wurden von Ulrike angeknüpft und ausgebaut. Ich habe nachweislich nur Leute vor den Kopf gestoßen.

● Über die politische Linie der Zeitung gab es keine Differenzen, ganz besonders nicht in bezug auf die antiautoritäre Bewegung. Diese Einigkeit hielt sogar ein Jahr nach der Trennung noch an.

Ich gebe zu, der Versuch, Licht in Ulrikes spätere Motive zu bringen, wird dadurch nicht erleichtert. Es war aber so und nicht anders. Pech für die Tatsachen, würde Hegel sagen.

Auf Sylt, in diesem bewegten wilden Sommer, lernten wir übrigens auch Inge Feltrinelli kennen. Huffsky schleppte sie an, und wir gründeten mit ihr und Frau Olivetti in Thomas Manns Rundhaus eine ganz und gar heitere und harmlose Ferienkommune, die einen Plattenspieler besaß und nur eine Platte »Whiter Shade of Pale«, und wer die nicht fünfzigmal hintereinander gehört hat, weiß nicht, was wir empfanden. Anschließend fuhren wir nach Italien und besuchten Feltrinellis in Mailand, die waren schon dabei, sich zu trennen, und wir lebten ein paar sonnige Tage in Feltrinellis Schloß in Villadeati im romantisch dunstigen Hügelland vor Piemont. Die Zwillinge spielten mit dem gleichaltrigen Carlino, und wir hörten weiter immer nur »Whiter Shade of Pale«. Das war nun wirklich kein Haus, keine Villa, es war ein Schloß, ein richtiges Millionärsschloß mit Köchen und flotten Chauffeuren und »treuen« Dienern. Von hier aus knüpfte Feltrinelli die Beziehungen zu den Linksradikalen Italiens, denen die KP zu spießig war, zu »lotta continua« (permanenter Kampf) und »potere operario« (Arbeitermacht), den Rächern der Enterbten und Entrechteten, die für die Obdachlosen und Arbeitslosen in den Elendsvierteln kämpften. In diesem durch nichts getrübten Reichtum lief Giangiacomo F. in verwaschenen Jeans mißmutig herum, das väterliche Millionenerbe noch durch linke Modebücher kräftig vermehrend. Er beklagte sich bitter über die Dummheit und Inkonsequenz der italienischen KP, die er mit den deutschen Sozialdemokraten verglich, und grübelte auch darüber nach, was *man tun könne.* Er war begeistert von Ulrike und führte lange Gespräche mit ihr über den Revisionismus, den er für den Hauptfeind der Revolution hielt. Sie waren tatsächlich echte Wahlverwandte; etwa zur gleichen Zeit sagten sie sich von Ehe und Geschäft los, und etwa zur gleichen Zeit gingen sie »in die Berge«, zu den Rächern der Enterbten. Der Unterschied war nur, daß Feltrinelli das Geld nicht erst unter erheblichen Risiken bei Bankfilialen »enteignen« mußte – er brauchte es nur von seinem Konto abzuheben. Sein tragischer Tod am Telegrafenmast und Ulrikes Verhaftung fielen zeitlich fast zusammen. Dennoch gibt es keine Anzeichen dafür, daß zwischen den illegalen Gruppen, in denen Feltrinelli mitarbeitete, und Ulrike je eine Verbindung bestanden hat, so romantisch diese Geschichte auch gewesen wäre, das waren andere Planetenbahnen, die da gezogen wurden, aber sie verliefen ähnlich.

Noch aber saßen wir, bedient von unauffälligen Dienstboten, im milden Piemonter Spätsommerlicht, hörten »Whiter Shade of Pale« und ließen uns Geschichten von Feltrinellis Besuchen bei Fidel Castro erzählen und lernten wieder eine andere Art von Sozialismus kennen, den Aufgeklärten Despotismus. Mit Geschichten wie dieser: Feltrinelli sitzt im Kreis von mehreren Ministern mit Fidel beim Feuer. Man trinkt und plaudert und kommt auf das Problem der homosexuellen Künstler zu sprechen. Fidel hat gerade scharfe Gesetze gegen die Schwulen erlassen, zusammen mit den Prostituierten und Zuhältern sollen sie aus dem sozialistischen Kuba verschwinden, umgeschult, unterdrückt werden. Feltrinelli faßt sich ein Herz und sagt plötzlich: Fidel, das find ich aber nicht richtig. Und begründet das auch. Alles starrt vor Entsetzen. Castro ist zu dieser Zeit offenen Widerspruch nicht mehr gewöhnt. Auch Fidel sagt nichts. Dann aber springt er auf und sagt: Ja, wenn du meinst, Giangiacomo. Vielleicht hast du recht. Sprachs, und die Homosexuellen (zumindest die Künstler unter ihnen) waren wieder rehabilitiert. So einfach ist das in Kuba. Feltrinellis, obwohl in den höchsten Kreisen der italienischen und internationalen Gesellschaft verkehrend, hielten sich auf die persönliche Bekanntschaft mit Fidel doch am meisten zugute. Wenn ich ein Interview mit Castro haben wollte, würde Inge sofort, und wenn es 10 Uhr abends wäre, das Telefon abnehmen und ein dringendes Gespräch mit Havanna führen, mit Fidel persönlich. Das war alles möglich. Inge Feltrinelli hätte aber auch den Papst selber im Vatikan besucht oder Kossigyn oder Mao, wenn es darauf angekommen wäre – sie war als eine der zähesten und erfolgreichsten Journalistinnen für Huffsky losgezogen (Frauenzeitungs-Gründer Huffsky: Jonny Jahr Vertrauter, Linker, Freund von Harich), kein Prominenter war sicher vor ihren Interviews, auch Feltrinelli nicht, aber bei dem blieb sie hängen und wurde seine Frau. Seitdem machte sie ihre unzähligen Name-droping-Geschichten nur noch privat, entwickelte aber auf diesem Gebiet eine ungewöhnliche Sammelleidenschaft, ohne auch nur einen der ungezählten prominenten Autoren, Verleger, Künstler, Politiker und Geldleute je das Gefühl der liebenswürdigsten Verbindlichkeit, ja Freundschaft vermissen zu lassen – eine geniale Frau.

Zurück nach Hamburg über Locarno, wo ich schon lange mindestens einmal im Jahr auf den *monti* pilgere. Zu unserem ältesten Mitarbeiter und liebenswertesten Freund, zu Robert Neumann. Robert Neumann hatte als einer der wenigen Menschen schon früh meine Begabungen, Schwächen und, was noch wichtiger war, meine Nettigkeit erkannt und sogar in seiner Autobiografie festgehalten, dafür wurde er auch von Ulrike verehrt, die ihren Leitsatz: Nur Qualität kann Qualität erkennen! immer noch zum Maßstab der Beurteilung machte. Wir erörterten nochmals unseren gemeinsamen Plan, wie wir den Bundespräsidenten Lübke stürzen könnten: die Dokumente, die ihn als KZ-Baumeister auswiesen, hatten wir schon veröffentlicht. Nun wurde die Echtheit der Unterschriften angezweifelt, die Dokumente befanden sich in Ostberlin, Robert Neumann hatte sie gesehen. Sie waren sicher echt, aber der Osten wollte sie nicht herausgeben, aus gutem Grund: ein Dokument gibt es nur einmal, verschwundene Dokumente reden nicht. Wir entwickelten eine Reihe von Plänen, die aber alle auf abenteuerlichste Weise scheiterten.

Zunächst wollte ich eine Reise der wichtigsten Chefredakteure nach Ostberlin organisieren, dort sollten internationale Experten in deren Gegenwart die Dokumente analysieren. Robert Neumann gewann auch Bucerius (der im Tessin sein Nachbar ist) für einen solchen Plan, aber Augstein sagte ab. Er hätte da einen eigenen Draht, sagte er, versprach, wieder anzurufen und ließ nichts mehr von sich hören. Darauf entwickelten wir Plan 2, die Dokumente sollten als *rororo aktuell* erscheinen, und der Rowohlt Verlag sollte die Dokumente prüfen lassen. Ich brachte Prof. Kaul, mit dem ich immer gute Beziehungen behalten hatte, mit Raddatz zusammen, die haßten sich auf Anhieb, aber die Zusammenarbeit wurde vereinbart. Nach langem Hin und Her stimmte die SED zu, die Dokumente wenigstens ins neutrale Ausland zu lassen. Kaul setzte sich selber mit den Dokumenten in seinen grünen Mustang und fuhr in die Schweiz, Raddatz besorgte einen der besten Schweizer Unterschriftenexperten, der auch für den Schweizer Geheimdienst arbeitete. Das jedoch brachte die ganze Aktion zum Scheitern, die Schweizer Regierung war anscheinend nicht interessiert, den Bundespräsidenten mit zu stürzen oder sie wollte der Bundesregierung einen Gefallen tun, jedenfalls wurde Kaul plötzlich in seinem Hotelzimmer in Genf festgenommen und zur Abreise aufgefordert, der Geheimdienstexperte bekam kalte Füße und sagte ab, und Ledig schimpfte Stein und Bein über die Spesen, die er umsonst zahlen mußte. Auch Kaul bekam Ärger mit seinen Leuten, die ihn des Leichtsinns ziehen, um ein Haar wären ja die Dokumente bei diesem Experiment in den Archiven des Schweizer Geheimdienstes verschwunden.

Seitdem gab ich den Lübke-Plan auf und schrieb nur noch Leitartikel gegen den Präsidenten, der weiter Präsident blieb. Erst gegen Ende seiner Amtsperiode, als das vorzeitige Abtreten Lübkes schon beschlossen war und er nur noch einige Monate zu amtieren hatte, ließ Nannen die Dokumente für viel Geld für den *Stern* prüfen und trat als Lübke-Entlarver und großer Enthüller auf, ohne Robert Neumann auch nur ein einziges Mal zu erwähnen, den Urheber der Kampagne.

Mit Bucerius' Privatjet flogen wir von Locarno zurück nach Hamburg. Vorher gelang es mir, dem großen Kollegen Buci auszureden, die ganze *Zeit* auf Magazinformat umzustellen und im Kupfertiefdruck erscheinen zu lassen. Das hätte mir gerade noch gefehlt, das hätte KONKRET nun wirklich gefährlich werden können. Während die Umbruchpläne für die neue *Zeit* auf den Tragflächen ausgebreitet wurden, pries ich Bucerius die Vorzüge des schönen alten *Zeit*-Formats und schwor, daß die Stammkundschaft eine so radikale Umstellung nicht verzeihen würde. Bucerius befolgte diesen Rat, der sicher nicht nur von mir kam und legte das *Zeit*-Magazin nur als Experiment und Zusatzprodukt der Zeitschrift bei.

Während unsere ziemlich antiautoritär erzogenen, das heißt keine Rücksichten nehmenden Kinder über seinen Schoß kletterten, ihn an der Nase zogen und ihn während des ganzen Fluges keine Minute zur Ruhe kommen ließen, klärte Ulrike den kinderlosen Verleger über die antiautoritäre Studentenbewegung und die Rolle des liberalen Establishments auf. Er blieb unüberzeugt, aber war beeindruckt von dieser »gescheiten, fabelhaften« Frau.

Rudi Dutschke macht Urlaub in Kampen

Die Studentenbewegung war inzwischen, von Urlaubs- und Semesterferienzeit kaum beeinträchtigt, weiter eskaliert. Alles schien in diesem Herbst und Winter im Um- und Aufbruch, alles schien möglich. Nach Vietnam nehmen wir auch schon (Dezember 67) den Kampf gegen den portugiesischen Kolonialismus auf und besuchen die »Befreiungsbewegung in Angola«. Ich heize überflüssigerweise noch einmal die Diskussion um den *Spiegel* an und schreibe (unter Beratung und Unterstützung von Bissinger und mit dem Material des *Stern*) eine mehrteilige Rudolf-Augstein-Story, die mir die Sympathien einer ganzen Reihe von *Spiegel*-Redakteuren einbringt, darunter auch solche, die später die Zeitung erobern werden.

Die Studenten von Berlin begannen mit Unterstützung von *Extradienst* und KONKRET ihre Anti-Springer-Kampagne, die in der Parole »Enteignet Springer« gipfelt. Der *Stern* (also der Gruner-Jahr-Konzern) unterstützte die Kampagne nicht nur mit Archivmaterial, sondern auch mit Rat und Tat. Das dauerte fast ein halbes Jahr. Bis schließlich Springer, ernsthaft besorgt über die kriegerischen Töne der Studenten, über so viel unverhoffte und ganz und gar unerwünschte Publicity, der Aussicht, eine sozialdemokratische Regierung könnte tatsächlich einmal so etwas wie Auflagen- oder Umsatzbegrenzung beschließen, gleich fünf seiner Zeitschriften über einen kurzen Umweg verkaufte, die meisten an den Gruner-Jahr-Konzern (den Verlag des *Stern*). Ob es da

Zusammenhänge gab? Ich habe das damals behauptet, niemand hat mir widersprochen. Vielleicht war wirklich kein Geld mehr da für die »Springer-Basisgruppen« und das »Springer-Tribunal«. Später, nach dem Attentat auf Rudi Dutschke, brauchte man auch kein Archivmaterial mehr. Man argumentierte nicht mehr mit Zahlen und Daten, sondern mit Molotowcocktails.

Einmal auf die Idee gekommen, Zeitungsmacht zu beschneiden und Pressezaren zu entmachten, alle Entscheidungsbefugnisse an die Redakteure zu vergeben, blieb man aber nicht bei Springer stehen. Selbst meine oft etwas hergeholten und aus Sachzwängen nicht ganz zu begründenden Dauerattacken gegen Augstein vermochten nicht, die linke Öffentlichkeit von einer Schnapsidee abzuhalten, die schon Ende des Jahres 67 in einigen Gehirnen herumgespukt haben mag: die Idee, auch Röhl zu enteignen und zu entmachten.

Nun war freilich KONKRET zu diesem Zeitpunkt das denkbar ungeeignetste Objekt für ein solches Vorhaben: es handelte sich um keinen marktbeherrschenden Konzern, sondern um ein Miniobjekt, das nach jahrelangem Herumkrebsen gerade ein Jahr lang etwas im Aufwind segelte. Ein Firmenkapital oder irgendwelche Kapitalreserven waren nicht vorhanden, im Gegenteil: die Firma war unterkapitalisiert. Vor allem die »Entmachtung des Herausgebers« und die »Übernahme der Macht durch die Redakteure« war schlecht durchführbar: War ich doch immer noch fast der einzige Redakteur, für Ausland, Inland, Studentenpolitik, Sex und Kultur gleichermaßen verantwortlich. Nur der 20jährige Stefan Aust war gleich von der Schule zu uns gekommen und bei uns geblieben. Er schmiß mit dem Elan und der Unbefangenheit des reinen Laien den ganzen, immer größer werden den Laden.

Versuche, in KONKRET so etwas wie ein sozialistisches oder besser gesagt jugoslawisches Modell (= Sozialismus in einer Firma) einzurichten, mußten sich also notwendigerweise erst einmal darauf konzentrieren, die entsprechenden Lohnabhängigen in den Betrieb hereinzubekommen, um dann mit der Enteignungsdebatte zu beginnen. Tatsächlich kam es auch schon im Herbst des Jahres zu Hilfs- und Kooperationsangeboten verschiedenster Art. Diese wiederum kamen mir sehr entgegen, da ich mich unklugerweise dem Gesetz des Wachstums verpflichtet fühlte und die Zeitung auf 14tägiges Erscheinen umstellen wollte. Vor allem Steffens und seine schnell anwachsende Vertriebsabteilung bestanden auf einer häufigeren Erscheinungsweise und damit auf Verdoppelung der verkauften Exemplare. Ende des Jahres war das 14tägige Erscheinen bereits beschlossene Sache, es ging nur noch um den Termin. Dies war sicher eine Fehlentscheidung, vom Standpunkt der Konsolidierung der Zeitung. Unten in Frankfurt widerstand Kollege Nikel allen diesbezüglichen Verlockungen, blieb im Lande und ernährte sich redlich von *Pardon*, das heute eine Viertelmillion Auflage und Anzeigen hat, während ich wie beim Mensch-Ärger-Dich-nicht raus und den ganzen Weg noch einmal zurücklegen mußte.

Schon im Herbst kamen immer häufiger Leute ins Haus, die sich in selbstloser Weise bereit erklärten, »die politische Basis zu verbreitern und die personelle Basis zu erweitern.« Das hörte sich etwas vage an, klang aber ganz gut. Was war damit gemeint? Vielfach war davon die Rede, man wolle eine breite Diskussion führen und neue Modelle erproben. Aber alle wollten sie ein »Konzept entwickeln«, offenbar in der Annahme, so etwas fehle der Zeitschrift. Man müsse, so erklärte man mir, die »einzigartige Chance wahrnehmen, mit KONKRET Gegenöffentlichkeit herzustellen«, was immer sie darunter verstanden. Manches von dem, was sie sagten, leuchtete mir ein, Vieles erschien mir versponnen und wirklichkeitsfremd, wenn nicht einfach Blödsinn zu sein.

In jenen Zeiten kam viel Besuch in die Redaktion. Aus Berlin, München, Frankfurt und anderen Zentren der Bewegung, es kamen SDSler, Studentenführer, Basisgruppen und Einzelkämpfer, junge Schriftsteller, Fotografen und Grafiker, Journalisten oder solche, die sich dafür hielten. Die meisten hatten noch kaum etwas veröffentlicht, waren aber fest davon überzeugt, daß daran nicht ihre schlechte Schreibe oder Mangel an Begabung schuld sei, sondern der Kapitalismus, der Fortschrittler wie sie aus Zeitungs- und Rundfunkanstalten habe verbannen wollen. Der erste Gang dieser Besucher war stets zur Buchhaltung, wo sie sich ihre Fahrkosten erstatten ließen. Manche waren bescheiden und verlangten nur einen Benzinzuschuß, andere hatten es praktischer gefunden zu fliegen, um schnell wieder zu Hause zu sein, in der Basisgruppe, bei der brennend wichtigen politischen Arbeit. Selten hatten sie einen brauchbaren Artikel dabei oder auch nur gutes Material zu einem Artikel.

Wenn es einmal eine wirklich exklusive Story gab, boten sie die dem *Stern* oder dem *Spiegel* an, weil die mehr zahlten und weil »es politisch wichtig ist, wegen der größeren Verbreitung.«

Mit uns wollten sie lieber diskutieren. Uns wollten sie die langweiligen Manuskripte anbieten, endlose Protokolle, seitenlange Dokumentationen, uferlose Diskussionen und langatmige, ausführliche Grundsatzreferate.

Alles so Sachen, die der *Spiegel* und der *Stern* ablehnten. Bei uns, meinten sie, ginge das, wir seien doch eine linke Zeitung. Sie glaubten teilweise wirklich, daß der *Spiegel* eine Veröffentlichung abgelehnt hätte, weil sie gegen den Kapitalismus war, zu links war, zu hart und unerbittlich. Die Idee, daß es auch unter Sozialisten gute und schlechte Schreiber, Fotografen oder Karikaturisten gibt, kam ihnen nicht. Noch schwerer fiel es ihnen, einzusehen, daß gerade eine kleine Zeitung wie KONKRET, fast ohne Anzeigen und mit einer wenig stabilen Auflage, ganz besonders lesbar und interessant gemacht sein müßte. Sie brachten mir zum Beispiel ein Foto von einer Demonstration, schlecht belichtet und verwackelt, mit winzigen Gestalten darauf, die nicht zu erkennen waren und nicht den geringsten Seh-Reiz ausstrahlten. Ich sagte, das ist ein schlechtes Foto, das bringen wir nicht. Dann antworteten sie ungerührt, das sei aber politisch wichtig, unheimlich wichtig womöglich, und ich müsse das bringen, sie wollten jedenfalls darüber diskutieren.

Wir diskutierten. Wir diskutierten unaufhörlich. Die Hälfte der Zeit, die wir eigentlich für die Herstellung und Verbesserung der Zeitung benötigt hätten, verplauderten wir mit unseren neuen antiautoritären Freunden. Es war die Fortsetzung der »Partei« mit anderen Mitteln. Diese Genossen aber waren hartnäckiger. Irgendeine Art von Selbstbeschränkung lag ihnen fern. Das Jahrhundert der unbegrenzten Möglichkeiten schien ja angebrochen zu sein: jeder ein Dichter, jeder ein Künstler. Wir wagten kaum noch solche Banalitäten wie »Verkäuflichkeit« oder »gut gemachter Journalismus« in die Debatte zu werfen, aus Angst, für altmodisch, ungebildet oder gar reaktionär zu gelten.

Auch die Leute, die unsere »Basis verbreitern« wollten, vertraten diese Richtung. Was hieß schließlich »die personelle Basis verbreitern«? Sie wollten bei uns als Redakteure mitarbeiten, für ein ziemlich happiges Honorar. Es versteht sich aber fast von selbst, daß sie sich keineswegs als Bewerber um einen Job einführten. Das Normale wäre ja gewesen, hereinzukommen und zu sagen: Donnerwetter, macht ihr aber eine gute linke Zeitung, obendrein mit einer so hohen Auflage! Also habt ihr auch Geld, und wir möchten uns gern bei euch bewerben. Solche Leute kamen aber nicht. Statt dessen kamen Leute, denen die bloße Erwähnung von Geld schon Unbehagen zu bereiten schien, eine Banalität, die von den wichtigen Fragen des Lebens ablenkt. Sie wurden nicht müde zu betonen, daß sie eigentlich gar nicht darauf angewiesen seien, aber aus Verantwortung für das Ganze mir, in erster Linie aber dem »Blatt«, wie sie es nannten, helfen wollten.

Das galt für beide Gruppen, mit denen von Herbst 67

bis Sommer 69 verhandelt wurde: eine Gruppe *Stern*-Redakteure um Bissinger und Neuhauser sowie ein Berliner Kollektiv, bestehend aus Nirumand, Peter Schneider, Semler, Gaston Salvatore, Rudi Dutschke und einem gewissen, heute in Vergessenheit geratenen Siepmann. Auch Enzensberger hatte seine Mitarbeit bei diesem Berliner Kollektiv zugesagt, war aber zu vornehm und beschäftigt, auch nur an Verhandlungen teilzunehmen.

Die Verhandlungen mit diesen beiden unterschiedlichen Kollektiven liefen lange nebeneinander her, mal forderten die einen die Ausschaltung des anderen, mal umgekehrt. Nirumand und Schneider erklärten, Bissinger einzustellen bedeute, die »Illustriertenscheiße« einzuführen. Bissinger bestand schließlich darauf, das »Berliner Modell« fallenzulassen. Dies könne, meinte der damals knapp 24jährige, ganz einfach dadurch geschehen, indem ich ihn zum Chefredakteur mache.

Ich wiederum brauchte Leute – Illustrierten-Profis und Apo-Prominente, denn der Plan, ab September 68 14tägig zu erscheinen, stand schon Ende des Jahres 67 fest Eine Redaktion, die nur aus mir und Stefan Aust bestand, konnte das nicht schaffen. Ich bewog Manthey, noch ein Jahr für uns zu arbeiten, Heuer, fester mitzuarbeiten. Rühmkorf versprach, von Italien aus, wo er ein Villa Massimo-Stipendium absaß, regelmäßig zu liefern, und Ende 67 gelang es mir, Günter Wallraff von *Pardon* wegzuholen: ab Februar 68 erscheinen seine Beiträge regelmäßig in KONKRET. Es war keine Abwerbung, es gab deswegen keinen Knatsch mit Nikel, in meiner Kolumne »Lieber KONKRET-Leser!« las sich das so:

»Günter Wallraff, bekannt durch seine Reportagen »Wallraff was here« in der Zeitschrift *Pardon,* schreibt ab heute *exklusiv* für KONKRET. Er fand, daß seine Enthüllungs-Reportagen besser zu KONKRET passen als in eine satirische Zeitschrift. Das fanden wir auch. Deshalb gibt es keine politischen Differenzen zwischen KONKRET und *Pardon,* die die beiden einzigen Zeitschriften der außerparlamentarischen Opposition bleiben und entsprechend zusammenwirken.

Einer der »dienstältesten« Mitarbeiter von KONKRET beginnt eine neue Serie in diesem Heft, der Lyriker und Essayist Peter Rühmkorf (*Irdisches Vergnügen in g, Über das Volksvermögen*). Rühmkorf, der im Mai 1955 diese Zeitschrift mitbegründete, teilt unter dem Titel *Schmierzettel* tagebuchartige Notizen zu den verschiedensten Themen mit.

Die Anzeigenkunden wissen es schon: KONKRET erscheint ab 1. September 1968 14tägig. Mit einem verbreiterten Mitarbeiterstab bereitet es sich heute schon darauf vor, im Wahljahr 1969 eine ernstzunehmende und auflagenstarke Publikumszeitung der außerparlamentarischen Opposition zu sein.« (KONKRET, Februar 1968)

Diese in vieler Hinsicht programmatische Februar-Nummer enthält übrigens einen Leitartikel Ulrikes, in dem ebenfalls neue Töne angeschlagen werden. Es ist der später vielzitierte Artikel »Gegen-Gewalt«. Hier wird in einer Polemik gegen Rudolf Walter Leonhardt (»wenn dreihundert einen einzelnen ›fertigmachen‹ – das ist, welchen erhabenen Zwecken es auch immer dienen mag,

Terror!«) der allenthalben grassierende Psychoterror unter Berufung auf studentische Notwehr gerechtfertigt: Jahrelang wären die Studenten durch die Übermacht der Professoren terrorisiert worden, sie hätten sie immer ausreden lassen, hieß es da. Jetzt wehrten sie sich, jetzt ließen sie sie nicht mehr ausreden, auch wenn sie 300 gegen einen seien, hätten sie recht. Das lasen nun Hunderttausende. Die verkaufte Auflage betrug damals 140 000.

In diesem Aufsatz hat man den Beginn der Radikalisierung der Journalistin Ulrike Meinhof gesehen, der sich im Herbst mit jenem Artikel über Warenhausbrandstiftung fortgesetzt habe, in dem als wichtigstes politisches Ergebnis der »Gesetzbruch, die Kriminalität der Tat« gepriesen wurde, und das sei schon der Übergang vom Journalismus zur politischen Gewalt, zum Terrorismus gewesen. Ich glaube nicht an eine so konsequente, bilderbuchhafte Entwicklung, ich kann bezeugen, daß Ulrike damals nicht im entferntesten an eine Stadtguerilla dachte. Sie glaubte an die verändernde, bewußtseinsverändernde Macht der unkonventionellen Aktionen, der Irritierung der Autoritäten. An die Infragestellung des Überlieferten, das seit der Renaissance – dem ersten großen Aufklärungsschub – unverändert bestand, bis in die Kleidung hinein, die Talare und Festbankette und Fackelzüge und überflüssigen Gesetze und Zapfenstreiche. Die dann auch fast alle Reformen und Änderungen zum Opfer fielen, von den Talaren bis zum § 218.

Die Redaktion war zu diesem Zeitpunkt gut besetzt, füllte sich mit alten und neuen Leuten – mein Haus war leer. Ulrike hatte es mitsamt den Kindern verlassen. Sie zog, ohne eine Scheidung abzuwarten, nach Berlin, ins Villenviertel Dahlem, bezog eine große Wohnung mit Kindermädchen und Haushaltshilfe, suchte dort Ersatz für die buntgemischte Hamburger Gesellschaft, die sie enttäuscht hatte, in der sie aber auch gelebt hatte wie ein Fisch im Wasser. Sie fand diesen Anschluß in Berlin nicht, bis zum Schluß nicht. Es gab dort keine liberale Geselligkeit, die linken Schriftsteller arbeiteten esotorisch und isoliert vor sich hin, die jüngeren Studenten, alle 10, 12 Jahre jünger als Ulrike, leben in ständiger Instabilität, in flüchtigen Kommunen und Wohngemeinschaften. Hier feierte man, auch zwischendurch, keine Parties, zu denen Kinder mitgebracht wurden, hier zog man Flugblätter ab und entwarf bei der Aktion schon die nächsten Aktionen. Mit Kindern spielte man nicht. Über Kinder diskutierte man, endlos und in pausenlosen zermürbenden Diskussionen, die sich die Nächte hinzogen und am nächsten Tag übermüdete, unausgeschlafene Eltern als Partner der Kinder zurückließen.

In diese Kälte, diese Unverbindlichkeit, diese Unpersönlichkeit fiel Ulrike mit ihrer immer latenten, nach der Trennung von der »Partei« und der Spaltung ihrer Familie noch gesteigerten Sehnsucht nach Geborgenheit, Aufgehobenheit, Zugehörigkeit.

Allen diesen Wohngemeinschaften, Schriftstellerbehausungen und Studentenzentren haftete schon etwas gammelig. Asketisches, heilsarmeeartig Ungemütliches an. Die einfachen Dinge des Lebens erledigte man achtlos, wie übrigens auch die Liebe. Die neue Zärtlichkeit und Sensibilität, jetzt und später oft beschworen, fand nicht statt, eher konnte man von einer bestimmten Beiläufigkeit und Kälte in allen menschlichen Beziehungen sprechen. Sie sollten ja auch, wie Liebespartner, wie »Bezugspersonen« für die Kinder, jederzeit austauschbar sein. Man lebte, wie die russischen Revolutionäre im Winter 1917/18, in Lederjacken und abgewetzten Hosen, die man kaum auszog, wenn man sich irgendwo zum Schlafen hinlegte. Man schlief und aß unregelmäßig, brachte die Kinder unregelmäßig zur Schule und besuchte die Uni nur, um dort Flugblätter zu verteilen und Manifeste durchs Megaphon zu rufen. Als sich die Revolution trotz solch detailgetreuer Darstellung des Dekors und der Lebensweise nicht einstellen wollte, als, wie Dutschke längst verkündet hatte, der lange Marsch nötig wurde, zäh, schrittweise und undekorativ, war man enttäuscht: die meisten gingen an ihre Arbeitsplätze zurück, die Schriftsteller an ihre Schreibtische, die Studenten in die Hörsäle. Nur ein kleiner Kern, dem die Rückkehr in den Alltag ganz und gar nicht schmecken wollte, schied ganz aus der Gesellschaft aus, kündigte den contract sociale einseitig auf, zerfiel in einen Drogen- und Terrorsektor. Eine Zeitlang bildeten Drogen- und Terrorsubkulturen noch eine Einheit, Ansätze davon hatten wir in der Kommune 1 gesehen. Später gruppierte sich eine besonders unangenehme Mischung von Drogen- und Gewaltkultur um die Zeitschrift *883* (sprich: Achtachtdrei) herum, deren aufschlußreicher Leitspruch durch die sich später überstürzenden Ereignisse vielleicht schon in Vergessenheit geraten ist:

»High sein, frei sein!
Ein bißchen Terror muß dabei sein!«

Vorpubertäre Infantilitäten wie »Genossen, lernt von Karl May, zündet Zeitungen an, um die Bullenpferde zu erschrecken!« gingen da Hand in Hand mit lebensgefährlichen Aufforderungen an Lehrlinge, es einem Jungen gleich zu tun, der leichtsinnig eine Steinplatte hatte fallen lassen, die seinen Arbeitgeber getötet hatte:

»Leichter Sinn –

Stein war schwer –

Chef ist hin –

danke sehr.

Die weitreichendsten Aufforderungen wurden hier nur verbal geblödelt – aber alles, was später die Baader-Mahlergruppe blutig und Menschenopfer nicht scheuend in der Realität ablaufen ließ, war schon irgendwo in einem Kreuzberger Hinterhof auf Flugblatt oder Undergroundpapier vorausgeblödelt worden: Der Warenhausbrand (im Kommune-Flugblatt »burn warehouse, burn«) ebenso wie die Aufforderung zu schießen, zu töten und Sprengstoffanschläge gegen Menschen auszuführen (»Genossen, lernt von den amerikanischen Weatherman!«). Zentrales Zitat für die verhängnisvolle »revolutionäre Ungeduld« (Harich) – ich persönlich würde sagen: Konterrevolutionäre Provokation ist das Zitat:

»Feuer unterm Arsch – verkürzt den langen Marsch!«

Doch ich greife vor. Das kam später. Zwischen 69 und 70 bereitete das den Boden, auf dem Baader und Ensslin aktiv werden konnten. Jetzt trug man noch nicht Bakunin-Look, sondern die Lenin-Pose. Es herrschte Endzeitstimmung in Berlin. Das war vor der großen Vietnam-Demonstration der 40 000, vor der Reaktion der 500 000 antikommunistischen Berliner darauf, vor den Taxijagden auf Rudi Dutschke, vor dem Attentat auf ihn, daß ihn aus der Bewegung herausschoß, sie ihrer einzigen integrierenden Führungskraft beraubte. Kein CIA-Mörder hätte so zielsicher den richtigen Schuß auf den richtigen Mann im richtigen Augenblick abgeben können wie der unpolitische, ungebildete, nur durch die *Bild*-Zeitung informierte Asoziale Bachmann.

Ich flog in diesen Wochen und Monaten, wie in früheren Zeiten, oft nach Berlin, um die Apo-Prominenzen endgültig für meine Zeitung zu gewinnen. Auch ich suchte nach einer neuen Identität und war von der einfachen, unverstellten Persönlichkeit Rudi Dutschkes angezogen. Noch einmal war ich naiv und voraussetzungslos bereit, mich einzuordnen, unterzuordnen, irgendwo einer gemeinsamen dritten Sache zu dienen. Dutschkes ernsthaftes Wesen hinderte mich, die Verlogenheit und unverbindliche Theatralik der anderen wahrzunehmen. Man scheute sich damals, in der Gegenwart des gut verdienenden Enzensberger oder des der obersten chilenischen Gesellschaftsschicht entstammenden Salvatore überhaupt noch eine Krawatte zu tragen, geschweige denn zu besitzen. Der tiefernste, gebrochen deutsch redende Nirumand ließ in uns mehr Assoziationen an die halbverhungerten persischen Kleinbauern aufkommen als an seine Familie, schwerreiche persische Großhändler, von denen einige sogar am Hof des Schah verkehrten. Nur wenn es darum ging, Honorare und Gehälter für das zukünftige »Berliner Kollektiv« auszuhandeln, kam der Geist seiner Ahnen über den Anwalt der Unterdrückten, und keiner konnte so zäh um ein paar tausend Mark mehr oder weniger feilschen wie er.

So saßen wir denn in Dutschkes Wohnung – er wohnte mit Gretchen in einem Keller beim Theologieprofessor Gollwitzer – saßen auf Kisten und unbequemen Stühlen, und ich war beschämt und verwirrt. Die Großbürgersöhne, Semler, Nirumand und Salvatore saßen da wie Richter in einem Schwurgericht um mich herum, der ich ihnen schließlich Platz in meiner Zeitschrift anbot. Sie sahen mich mit ernsten, prüfenden Gesichtern an, hatten kein Verständnis für Scherze oder Bonmots oder irgendwelche andere Abschweifungen. Meine Beschämungen, ja Rührung über diese in ärmlicher Kleidung unrasiert herumsitzenden, Essen und Trinken, Freizeit und Erholung geringschätzenden Genossen war groß. Fast wäre mein schlechtes Gewissen mit mir durchgegangen, und ich hätte ihnen den ganzen Verlag, für den ich mehr als 12 Jahre meines Lebens fast ohne Bezahlung gearbeitet hatte, aus lauter Überschwang und Zerknirschung geschenkt. Im Grunde war es das auch, was sie wollten: die Zeitung in des Volkes Hände überführen, zunächst stellvertretend in ihre eigenen. Wie es vor ihnen und nach ihnen viele wollten, alles selbsternannte Kommissare des Volkes.

Vor solchen wahnwitzigen Schenkungsaktionen bewahrte mich glücklicherweise mein zweites Ich, das Eigennützige in mir, das stets mit meinem schlechten Gewissen im Klinsch lag. Dieses zweite Ich wurde mächtig gestärkt und unterstützt durch meinen Geschäftspartner Klaus Steffens.

Ich war jederzeit bereit, den guten Menschen von Sezuan zu spielen: die »Shen Te«, also Haus und Hof den Unterdrückten und Ausgebeuteten zu opfern. Steffens war von Anfang an die Rolle des »Vetters Shui Ta« zugedacht, der Härte und Unerbittlichkeit an den Tag legt, die notwendig sind, damit am Ende »der Kleine Laden« überhaupt noch vorhanden ist. So behielt ich meine Identität und auch meine Zeitung.

Allmählich gewöhnte man sich daran, in mir nur noch einen sympathisierenden Mäzen der Bewegung zu sehen, einen Mini-Feltrinelli. Ich spendete Geld, lieferte Archivmaterial und machte mich auch sonst nützlich. Als Dutschke, von Berliner Taxifahrern verfolgt, fast gelyncht worden wäre und aus Berlin flüchtete, fand er, wie einst Berlin-Flüchtling Neuss, bei uns Unterschlupf. In Blankenese überredete ich ihn, »aus Tarngründen«, wie ich sagte, sich zu rasieren und ein weißes Hemd anzuziehen. Später, als er vor Schlafmangel kaum noch aus den Augen sehen konnte und trotz guter Kondition ziemlich am Ende war, lud ich ihn ein, zur Erholung nach Kampen zu fahren, und brachte ihn dort bei meiner gastfreundlichen Wirtin Anni Schugardt unter. Als er mit Gretchen dort anlangte und ihm die Zimmer gezeigt wurden, sagte er: Was soll ich eigentlich hier? Sie sollen sich erholen, sagte Anni Schugardt, und Rudi war's zufrieden, wanderte unruhig auf der Insel herum und langweilte sich zu Tode. Erholte sich aber und schrieb Frau Schugardt ins Gästebuch:

»Das Leben als ein Urlaub / vom Tode zum Tode / soll in Zukunft nicht mehr gespalten sein / in langausdauernde Arbeit / und kurze Erholung. / Wir machen dann alle einen einzigen Urlaub. / Auch Frau Schugardt kann dann täglich / die Schönheit dieser Insel und / der großen Weltinsel bewundern / und muß nicht immer für die Gäste arbeiten usw. Herzlichen Dank Ihr Rudi Dutschke und Gretchen und der in zwei Monaten zur Welt kommende Sohn Hosua Che. Kampen, September 67.«

Die Verhandlungen über das Berliner Modell zogen sich hin. Es ging immer um Geld. Die Interessen waren verschieden. Wir wollten prominente Apoführer zu Wort kommen lassen – sie wollten ein Kollektiv verkaufen: gute und weniger gute Texte in einem Paket. Schließlich waren wir uns fast einig. Die fünf Apoführer kamen für eine Fernsehaufnahme nach Hamburg und blieben die Nacht bei mir. Ich versuchte, sie mit gutgewürzten Steaks und altem Wein in Stimmung zu bringen und eine freundliche Athmosphäre herzustellen. Sie aber gingen gleichmütig wie Kapuzinermönche durch mein schönes Haus und kippten die Trockenbeerenauslese *Hallgartener Meerhölzchen* wie Mineralwasser herunter, während sie über neue Strategien des Imperialismus oder über geplante Projektgruppen debattierten. Dann aber, in vorgerückter Stunde, konnte ich sie doch noch erfreuen: Während man über die sich verschärfenden Klassenkämpfe redete, führte ich meine neueste Errungenschaft vor: das Schnellfeuergewehr Landmann-Preetz, ein waffenscheinfreies Kleinkaliber.

Für mich war's eine Spielerei – ein bißchen Erinnerung ans *Gewehr 41,* ein bißchen »*Waffen in den richtigen Händen*«. Außerdem schießen alle Röhls gut. Mein

Großvater war Schützenkönig in einer Gilde, die als Danziger Bürgerwehr schon gegen den Ritterorden angetreten war, Bruder Wolfgang war mit 14 Schützenkönig. Jedenfalls war ich zu diesem Zeitpunkt sicherlich der einzige Linke in der Bundesrepublik, der eine solche Waffe (zum Entsetzen Ulrikes) besaß.

Die Landmann-Preetz wurde später die bevorzugte Waffe der Baader-Mahler-Gruppe in ihrer ersten, heroisch-romantischen Phase. War es Zufall, Nachahmung? Direkte Nachwirkung des Beispiels auf Ulrike? Ich glaube nicht. Andere Gründe ließen diese ziemlich unpräzise schießende Büchse, die oft Ladehemmungen hatte, zum bevorzugten Anarchisten-Spielzeug werden: Das kleine Gewehr hat, vermutlich um entsprechende Vorstellungen bei naiven Leuten zu wecken, das Aussehen einer Maschinenpistole. Wahrscheinlich war das auch der Grund, warum sie nun hier, an einem Winterabend in Blankenese, bei den im Beduinensitz auf meinem Teppich hokkenden Apoführern staunend von Hand zu Hand ging wie die erste Feuerwaffe bei Eingeborenen-Häuptlingen. Besonders Semler ließ sie nicht von seinem Schoß: Die schießt wirklich, richtige Patronen. Die hauen durch, was?

In vorgerückter Nachtstunde zogen wir in den Keller unseres Hauses, stellten Flaschen, alte Glühbirnen und Kerzen als Zielscheiben auf und ballerten drauf los. Die Abschüsse des Kleinkalibers in den leeren Kellerräumen verursachten einen fürchterlichen Lärm und schließlich eilten meine Nachbarn wütend in Nachtjacken herbei und drohten, die Polizei zu holen. Mit viel Überredung scheuchte ich die Genossen hinauf in ihre Betten, es war ohnehin fast Morgen. Sie waren zum erstenmal begeistert. Es war wohl immer noch die Stimmung der Viva-Maria-Phase, die sie beflügelte, natürlich auch die gute Trockenbeerenauslese, die sie gleichmütig gebechert hatten. Ich wurde allgemein gelobt, weil ich, mit den Tükken des Gewehrs vertraut, am besten geschossen hatte. Dutschke schoß, glaube ich, die meisten Nieten.

Zwei Monate später schoß einer auf ihn. Rudi Dutschke kam aus Prag, wohin er für uns – begleitet von Stefan Aust und Kuby-Sohn Clemens – gefahren war, um den Prager Frühling in Augenschein zu nehmen. Er war sehr skeptisch. Er fing an, einen Pragbericht für KONKRET zu schreiben, hatte zwei Seiten fertig und unterbrach die Arbeit, um Nasentropfen für Hosea-Che, den Säugling zu holen. Dann schoß ihn Bachmann vom Fahrrad. Er rang mit dem Tode, und Semler rief die Genossen zum Sturm auf die Springerhäuser. Die Apo verlor, diesmal endgültig, ihren Humor, die Leichtigkeit und Heiterkeit ihres Anfangs. Man begann nach Gegen-Gewalt zu rufen. Man begann, sich nach Waffen umzusehen und fand Steine und Holzlatten und Brandfackeln. Man wendete Gewalt an, Gewalt gegen Sachen, gegen Springers Sachen. An das Schießen auf Menschen, an die Landmann-Preetz, dachte damals wohl niemand. Am allerwenigsten Ulrike, die diese Spielereien bei mir und meinem Bruder Wolfgang haßte wie die Pest. Sie hatte als christliche Pazifistin angefangen und verabscheute Waffen und Uniformen. Nach ihrer Kopfoperation, diesen nie zu vergessenden, furchtbaren Schmerzen, hatte sie eine panische

Angst vor dem Knall auch nur einer Spielzeugpistole. Bruder Wolfgang war Waffenliebhaber. Zum Glück für seine spätere politische Entwicklung machte er seine pyromane Sprengstoff- und Waffenphase, wie es sich gehört, in der Pubertät durch. Schoß Gaslaternen aus mit 12, sammelte Handgranaten in alten Wehrmachtsbunkern mit 13, versengte sich Haut und Haar mit selbstgemachten Explosivkörpern mit 14, besaß Revolver, Handgranaten und Munition mit 15 und sprengte während einer schwierigen Klassenarbeit die Schultoilette in die Luft. Schließlich wäre er von der Schule geflogen, wenn nicht wieder mein Vater eingegriffen hätte, der sich, schimpfend zwar, immer vor seine Söhne stellte, wenn es darauf ankam. Mit 16 war Wolfgang durch alle Feuer- und Sprengstoffphasen hindurch und bewies später eine für viele Linke befremdliche Abneigung, ja ein ausgeprägtes Unverständnis für alle Warenhauskokeleien, Schießübungen auf Bibliotheksangestellte und andere Menschen und Sprengstoffattentate in parlamentarisch regierten Ländern.

Damals aber, 16jährig, besaß er noch einen Revolver. Auf einem Waldspaziergang mit Ulrike zog er plötzlich die Waffe und knallte in die Luft. Ulrike reagierte mit einem Weinkrampf, der fast ein kleiner Nervenzusammenbruch war. Ich sprach ein Jahr lang kein Wort mehr mit meinem Lieblingsbruder. Soviel über Ulrike Meinhofs Verhältnis zu Waffen.

Ich war dann das Spielgerät schnell satt und schenkte es später meinem Schützling und Freund Harry Rowohlt zur Hochzeit. Ich wußte, daß es sein schönstes Hochzeitsgeschenk sein würde. Der hatte nun ein wirkliches Kleinkindverhältnis zu Waffen. Nur spielte er nicht mehr Räuber und Gendarm, sondern Revolutionär und CIA-Mann. Auf der Buchmesse stand er in einer original Fidel-Castro-Uniform mit Maschinenpistole aus dem Bühnenfundus der Frankfurter Städtischen Bühnen. Am Ende schreckte er noch Gremliza und Neuhauser mit nächtlichem Geballer aus seinem für 200 Mark gekauften Platzpatronen-Colt »Single action peacemaker«. 1 Kilo schwer. Originalton, vom echten kaum zu unterscheiden.

Abgesehen von diesem schönen Geschenk, über das Harry sich sehr freute, war die Hochzeit ein echter »Horrortrip«. Ich hatte damals den Kampf gegen Pseudolinke, Hascher und Anarchoflipper schon aufgenommen. So wurde ich von einem Haufen Hamburger Subkultureller, die in Harrys Hochzeitskneipe einmarschiert waren und sich mit Hasch und Korn gleichermaßen Mut gemacht hatten, zum erstenmal tätlich angegriffen. Am Ende »enteignete« man meinen Bibermantel und schickte sich bereits an, ihn auf dem Hof feierlich zu verbrennen. Doch die liebe, alte Emmi Biermann, Wolf Biermanns Mutter, mit der ich befreundet war, überzeugte die Jungens mit ernsthaften KP-Worten davon, daß ein Mantel, auch ein Pelzmantel, kein Produktionsmittel sei. Morgens um 4.00 bei klirrender Kälte konnte ich ihn tatsächlich wieder in Empfang nehmen.

Damals war ich schon endgültig der Buhmann der linken Subkultur: Der »Kapitalist«, der eine linke Zeitung macht und gegen Gewalt und Drogen geschrieben hatte,

z. B. den Artikel: »Genossen, wir haben Fehler gemacht!«
und »Hasch macht dumm!« Da hatte ich den Kampf
schon aufgenommen.

Springprozession mit Ho Tschi Minh

Vorher aber waren wir uns alle noch einmal ganz einig:
Ulrike und ich und Bissinger und Dutschke und Kuby
und Gollwitzer und Lefèvre und Semler und Kai Hermann und KONKRET und die *Zeit* und der *Spiegel* und
40 000 Vietnamkriegsgegner, die im März 68 in Westberlin einmarschierten wie in eine eroberte Stadt. 40 000
Menschen, das gesamte Aufgebot des antiautoritären Lagers in der Bundesrepublik, verstärkt durch Engländer,
Franzosen, Holländer, Finnen und Schweden und Amerikaner. Es war der Höhepunkt der Bewegung und ihre
größte Heerschau.
Ulrike und ich lebten getrennt, fühlten uns aber einig
wie selten zuvor. Sie saß neben Feltrinelli, der gekommen war, um eine Grußbotschaft der Italiener zu verlesen, in der ersten Reihe. Ich verteilte einen Sonderdruck
mit ihrem Leitartikel. Alle lasen ihn und waren hochge-
stimmt und einverstanden. Während sie vorne unter einer riesigen Vietkongfahne die Fäuste zum Himmel reck-
ten und wieder »Niemals Ruhe geben!« schworen,
schleppte ich Cola und Bierkisten aufs Podium und ließ
unter den erschöpften Apo-Autoritäten die Flaschen
kreisen. Ich war schon froh, wenn man mir dankbar zu-
lächelte. Es waren große Zeiten, nichts würde unseren
Siegeszug hemmen.

Und tatsächlich: In den Straßen rund um den Kurfürstendamm standen schwerbewaffnete Hundertschaften Polizei bereit, Tausende und aber Tausende, alle Panzerfahrzeuge und Wasserwerfer, die Westberlin aufbringen konnte. Die 40 000 bereiteten sich auf die bislang schwerste Straßenschlacht ihres Lebens vor. Aber irgendein kluger Polizeipsychologe muß damals wohl irgendeinen vernünftigen Magistratsbeamten überzeugt haben. Man ließ den unübersehbaren, gewaltlosen Zug marschieren: die Straße war frei, und der ganze breite Kurfürstendamm füllte sich mit einem Meer von Transparenten und überdimensionalen roten Fahnen, Vietkong-Fahnen und Ho Tschi Minh-Bildern. Scheinbar endlos war der Zug, der in breiten Zehner- und Zwölferreihen durch die Straßen rollte. Die Kaffeetanten auf dem Kudamm räumten entsetzt ihre Positionen, und die Geschäftsinhaber ließen die Rolläden herunter. An den offenen Fenstern standen die Westberliner Bürger, teils entgeistert, teils Entsetzen in den Augen, als sei soeben die Rote Armee einmarschiert. Niemand, der noch ernsthaft »Kommunistenschweine!« oder »geht doch nach drüben!« zurufen gewagt hätte.

Dann machte irgendeine ausländische Gruppe den Anfang, und besonders die Führungsgruppe Dutschke-Lefèvre-Salvatore-Semler nahm die neue Methode begeistert auf: Die erste Reihe einer Hundert- oder Zweihundertschaft bleibt stehen, hakt sich unter, Fahnenträger vorweg. Fest miteinander verhakt, springt die ganze Reihe plötzlich im Wechselschritt nach vorn, ein paar hundert Meter, zu dem skandierten, laut anschwellenden

Sprechgesang: Ho-Ho-Ho Tschi Minh! Ho-Ho-Ho Tschi Minh! Und wieder stehenbleiben und noch eine Welle und noch eine und noch eine. Wie viele Wellen von 200 Leuten können 40 000 bilden? Eine Flut.

Freilich, was sie überspülte, war nur der leergeräumte Kudamm, was sie erschütterte, war nur die reine Berliner Vorfrühlingsluft. Dennoch bestand bei allen das Gefühl, den Kapitalismus hinwegfegen zu können, so laut, so lustig, so aus der Puste bringend war die Laufprozession, so fest geknüpft schien die Gemeinschaft der untergehakten Arme, so überzeugend und alle Zweifel übertönend das *Ho-Ho-Ho Tschi Minh*. Es war ein Rausch, ein schöner und reiner Rausch, und keiner schelte mir den Mann, der daran teilnahm und nicht teilnahmslos blieb: der im Nonkonformismus alt gewordne Kuby, der schon etwas verwitterte Neuss und der kurzatmige Fried, der nach kurzer Zeit aus dem Springlauf ausscheiden mußte und sich verpustete und sich wieder in den nächsten Zug einreihte, und die abgebrühten *Stern*- und *Panorama*-Leute, die am Rand standen und filmten und Aufnahmen schossen – alle schrien mit wie die Wilden: *Ho-Ho-Ho Tschi Minh* und sagten, wie *Stern*-Fotograf Ulrich Mack, der auch bei KONKRET angefangen hatte und jetzt Farbbilder für den *Stern* schoß: Was für ein Tag, was für ein Tag!

Aber noch war nicht aller Tage Abend, schon dieser Tag brachte eine Ernüchterung. Alle standen nach stundenlangem Marsch auf einem riesigen Platz, von Lautsprecherwagen herab sprachen die Autoritäten der außerparlamentarischen Bewegung. Da passierte es. Es sollte die

Krönung werden, spontan, ein Signal des Sieges. In der Nähe der dicht gedrängten Demonstrantenmassen war eine Großbaustelle, ein riesiger Baukran, wie er für Hochhausbauten verwendet wird, stand da. Sein Schwenkarm war weit in den Himmel gereckt, vom Erdboden mochten es wohl 70, vielleicht 80 Meter sein, uns schien es schwindelerregend hoch. Denn plötzlich begann ein einzelner Mann auf den Kran zu klettern, zuerst schnell, weil es noch eine Leiter gab, dann, auf der schwindelnden Höhe des Greifarms war er nur noch als winzige Gestalt zu sehen, wurden seine Bewegungen langsamer, vorsichtiger, eine Strebe nach der anderen zielbewußt abtastend und nachgreifend kam er höher. Es war während der Rede Rudi Dutschkes. Dutschke unterbrach mehrmals seine Rede und ließ seine Stimme, vielfach verstärkt, über den Platz schallen: »Genosse, wir bitten dich, komm sofort herunter, es ist lebensgefährlich, es ist sinnlos. Wir bitten dich nochmals, sofort herunterzukommen!« Vergeblich. Der Genosse stieg und stieg. Der Redner hielt den Atem an. Die Menge wurde still, noch eine Strebe und noch eine – wir sahen, wie die winzige Gestalt bisweilen anhielt und sich wegen der schneidenden Kälte in die Finger hauchte – und dann, unter dem vieltausendstimmigen Jubel der Massen, entfaltete der junge Genosse, dessen Name nicht überliefert ist, eine riesige Vietkongfahne und befestigte sie am äußersten Rand des Krans!

Es war nicht das Ende der Geschichte. Die Redner setzten ihre Reden fort, der todesmutige Genosse ließ sich langsam wieder den Kran herab. Kaum hatte er den

Kran verlassen, als sich zwei, dann drei neue Gestalten in die schwindelnde Höhe nach oben bewegten. Noch schneller kamen sie voran, noch routinierter und gelenker kletterten sie auf den Schwenkarm. Wollten sie weitere Fahnen und Transparente anbringen? Leider nein. Es waren Berliner Jungarbeiter. Oben angekommen, zerschnitten, zerrissen sie die Fahne, ließen den Rest in Flammen aufgehen, und wir mußten unter ohnmächtigen Pfuirufen und Stöhnen mitansehen, wie die Fetzen der brennenden Fahne über unseren Köpfen herabtrudelten.

Als wir nach Hause gingen, zertreuten sich die Gruppen, rollten die Transparente und Fahnen ein. Je kleiner die Gruppen wurden, desto mehr wurden sie von wütenden Passanten angefallen, teilweise auch schon verprügelt, in vielen Gaststätten wurde ihnen die Bedienung verweigert, wurden sie aus dem Raum verwiesen, beschimpft und bespuckt. Westberlin hatte nach dem ersten Schock seine Fassung und seinen antikommunistischen Zorn wiedergefunden. Die Russen waren nicht gekommen, jetzt ließ man die Wut an den einzelnen Bärtigen, Langhaarigen, Parkaträgern aus.

Ich fuhr an diesem Abend rüber nach Ostberlin, ging zu Biermann, der ganz allein in seiner Wohnung in der Chaussee-Straße saß und Radio hörte, Emmi und Helga saßen noch im Republikanischen Club und diskutierten. Die Friedrichstraße bot ein unglaublich menschenleeres und verödetes Bild, der äußerste Kontrast zu diesem von Demonstranten brodelnden Kudamm, einige verblassende Häuserreklamen warben für irgendeinen bevorstehenden Parteitag, für irgendeine Übersollerfüllung, die

Menschen gingen mit gleichgültigen Blicken in ihre Häuser, nichts ahnend, nichts miterlebend. Es war, als hätte ich eine Zeitreise in ein früheres Jahrzehnt gemacht. Ich sagte zu Biermann: jetzt muß du rüberkommen, du gehörst zu uns, die haben kein einziges Lied gehabt, du mußt es schreiben. Komm rüber. Du wirst im Westen gebraucht. Hier nicht ...

Drei Kugeln auf Rudi Dutschke. Wer schoß sie?

Im Februar erst reichte Ulrike die Scheidung ein. Im März wurden wir geschieden. Das hätte das Ende von KONKRET sein können, denn wir lebten in Gütergemeinschaft, der »Zugewinn« mußte geteilt werden. Der Zugewinn war eigentlich nicht in Zahlen zu messen: Ulrike hatte einen klangvollen, jederzeit bei Funk- und Fernsehanstalten in bare Münze umzuwandelnden Namen »zu-gewonnen«, meine Arbeit steckte im Blatt, im Titel KONKRET. Aber nur dieser war in Geldwert zu bemessen, nach Umsatzzahlen, die vorlagen, nach Auflage und Reingewinn. Ein Drittel hätte Ulrike beanspruchen können, das hätte das Ende von KONKRET bedeutet, schon damals.

Aber Ulrike hatte einen sogenannten linken Anwalt, Kurt Groenewold, ich einen normalen Scheidungsanwalt: Ares Dammassiotes. So behielt ich Verlag und Haus. Ulrike wurde ausgezahlt, die Sachen wurden geteilt, ihr Anteil am Haus in eine Hypothek umgewandelt. Während sie, unterstützt von einer großen Zahl mich verfluchender Freunde und Bekannter, ihre Sachen in einen Möbeltransporter verstaute, war ich über Ostern in Gran Canaria. Die Flugverbindungen dahin waren vage und unsicher, Briefpost gab es kaum. Mit zwei Tagen Verspätung erreichte mich die Nachricht vom Attentat auf Dutschke. Ein Flugzeug war tagelang nicht zu bekommen. Als ich endlich zurück in die Redaktion kam, waren die Osterunruhen vorbei. Die Situation hatte sich grundlegend verändert.

Der Zorn über die intellektuellen Urheber des Mordanschlages war über alle Maßen aufgebrandet, hatte alle bisherigen Grenzen überschritten, alle Hemmungsschwellen durchbrochen. Aber er hatte sich als ohnmächtig erwiesen. Erwies sich weiter als ohnmächtig im blutigeren französischen Mai, an dem Millionen teilnahmen, auch Arbeiter. Auch sie unbewaffnet – außer mit Latten und Steinen. Sozialdemokratie hier und Kommunistische Partei da wiegelten ab, glaubten nicht an die Kraft der Massen zu einer fundamentalen Änderung der Gesellschaft oder wünschten sie auch gar nicht. Ließen sich von dieser Entscheidung auch nicht von ein paar tausend fäustereckender Studenten abbringen. Vor Paris standen, während die Stadt sich vor einer tiefgreifenden Umwälzung wähnte, die roten und schwarzen Fahnen nicht nur über der Universität, sondern auch über den großen Fabriken wehten, die Eliteeinheiten der französischen Armee: Fallschirmjäger und Panzer bereit – bei uns war noch nicht einmal der Bundesgrenzschutz mobilisiert. Als die Illusion des großen roten Mai verraucht war wie ein Feuerwerk, die letzten Demonstrationen für und wider verebbten, die Reaktion gegen die sich abschwächende Bewegung zurückzuschlagen begann, mit Verboten, Schnellprozessen, mit hartem Zugriff der Polizei, da begann sich eine Katerstimmung breit zu machen.

Langsam, nicht sogleich spürbar, wuchs eine tiefe Resignation in bezug auf die Möglichkeiten, die Gesellschaft zu verändern, schnell zu verändern, hier und heute das System zu zerstören oder auch nur zu überwinden, ein Prozeß, der erst heute seinen Höhepunkt erreicht hat und in der Entpolitisierung vieler Schüler und Studenten sichtbar wird. Eine Resignation, die sicher ebenso unrealistisch und übertrieben ist wie unsere damaligen überstürzten Hoffnungen. Rudi Dutschke, der einzige, der es allen laut und deutlich hätte sagen können, daß gerade jetzt revolutionäre Geduld und schöpferische Phantasie und langer Marsch und kühler Kopf nötig waren, lag in Agonie, rang mit dem Tode. Zweit- und drittrangige Propheten traten an seine Stelle: Propheten, die nicht versprachen, aus Steinen Brot zu machen, aber Argumente. Apostel, die nicht vom Heiligen Geist erfüllt waren, sondern von Hasch und LSD – Steinepropheten und Drogenapostel. Die Bewegung zerfiel.

Niemand wußte, wie es weitergehen sollte und wohin. Aber eines war allen geblieben, eines blieb beständig, das leuchtete in der Finsternis, wahrte die Kontinuität, war in allen Irrungen und Wirrungen vorhanden: KONKRET. Die Auflage stieg auf eine Viertelmillion an. Ab September würden wir 14tägig erscheinen.

In dieser Zeit war unsere Zeitschrift kein Organisator, noch weniger ein Führer, sondern ein richtungsloser Spiegel der Bewegung: Vernünftige Reformer, sozialistische Pragmatiker, Steine- und Drogenapostel erhielten in ihr wechselweise das Wort.

Liebe mit Gewalt und Gewalt in den Metropolen

Nachdem für lange Zeit an eine Mitarbeit von Dutschke nicht zu denken war (– er erholte sich mühsam und konnte kaum einige zusammenhängende Sätze schreiben –) hatten wir im Grunde das Interesse an dem »Berliner Modell« verloren. Die Berliner repräsentierten ja nicht einmal alle Berliner Linken, geschweige denn *die* Linken in der Bundesrepublik. Andererseits verlangten sie, 12 bis 18 Seiten der Zeitung, unredigiert und in eigener Regie, aber auf unsere (juristische und finanzielle) Verantwortung zu gestalten. Steffens warnte. Er, der mit Nirumand nach Teppichhändlermanier um die Honorare feilschen mußte, meinte, hier sollten uns mit einem Riesenbrimborium gute, schlechte und mittelmäßige Autoren in einem Koppelverkauf angedreht werden. Dennoch drängte ich auf einen Versuch. Zum Glück setzte Steffens durch, daß zuerst eine Probezeit vereinbart wurde. Hier der Vertragsentwurf:

Zwischen der KONKRET-Redaktion einerseits und einer Reihe von Berliner Autoren andererseits, im folgenden kurz Berliner Büro genannt, werden folgende Abmachungen angestrebt.

1. Dem Berliner Büro sollen folgende für die außerparlamentarische Opposition repräsentative Personen ange-

hören, deren Zusammenarbeit mit KONKRET demonstrativ durch Aufnahme in das Impressum sichtbar gemacht wird:

Rudi Dutschke

Hans Magnus Enzensberger

Bahman Nirumand

Ulrike Marie Meinhof

Gaston Salvatore

Peter Schneider.

2. Diese Berliner Gruppe firmiert unter der Bezeichnung »Berliner Büro« oder »KONKRET Berlin«.

3. Das Berliner Büro übernimmt die Herstellung und Gestaltung von 19 Seiten einschließlich Bildern. Die technische Herstellung und Produktion dieser 19 Seiten erfolgt in Hamburg.

4. Der KONKRET-Verlag übernimmt Büro- und Telefonkosten für das Berliner Büro nach deren freier Verfügung in der Höhe von DM 800,–.

5. Der noch zu benennende Vertreter erhält ein freies Mitarbeiter-Honorar von DM 3000,–. Für weitere Mitarbeiter steht ein Honorar-Fonds in Höhe des in KONKRET üblichen Honorars zur Verfügung, den wir pauschal auf DM 2000,– begrenzen.

Die eigentliche Zusammenarbeit beginnt mit dem vierzehntägigen Erscheinen, also ab 1. September 68. Redaktionsschluß für diese Nummer ist der 5. August 1968.

Der Vertrag beginnt mit dem 1. September 1968.

Das schöne Geld! Es war tatsächlich ein Koppelverkauf. Für drei mittelmäßig geschriebene Texte, die im Heft neun Seiten füllten und normalerweise mit höchstens

1500 Mark honoriert worden wären, zahlten wir 6000 Mark und viele hundert Mark Spesen. Für dieses Geld hätten die Autoren bei einem Buchverlag ein ganzes Taschenbuch schreiben müssen. Dazu kam, daß schlechte oder mittelmäßige Autoren (wie Eckhardt Siepmann oder Jürgen Horlemann, heute Funktionär der KPD), zusammen mit guten Autoren wie Enzensberger als anonymes »Kollektiv« auftraten, so daß die prominenten Namen, um die sich damals jeder Verlag riß, gar nicht in unserem Heft erschienen. Wenn die gleichen Leute Bücher, Interviews oder Artikel mit »bürgerlichen« Verlagen abschlossen, zeichneten sie selbstverständlich mit ihrem eigenen Namen und fanden – für Geld – auch nichts Anstößiges am »Namensjournalismus« und an der »Prominentenscheiße«. Nur bei uns, die wir es am meisten nötig hatten, uns auf dem Markt durchzusetzen, wollten sie eine Ausnahme machen. Wir waren ja eine linke Zeitung. Da kam es auf den wirtschaftlichen Erfolg nicht so an, meinten sie.

Abkassiert wurde in harter D-Mark, geliefert wurden Luftblasen. Überdies war auch ideologisch ziemlich fragwürdig, was das anonyme Redaktionskollektiv da ausgebrütet hatte, das »in kollektiver Schreibweise Zusammenhänge zwischen der antiautoritären Rebellion in der Bundesrepublik und dem globalen antiimperialistischen Kampf untersuchen und daraus die Möglichkeiten der zukünftigen Strategie des antiautoritären Lagers entwickeln« wollte. Von drei Aufsätzen kamen zwei zu spät und in einem miserablen äußerlichen Zustand an, einer gar nicht. Statt dessen gab es einen Buchauszug aus einem

Buch von Rap Brown und einen allerdings bemerkenswerten Artikel *Die Ärzte von Hue,* in dem die Tötung bundesdeutscher Mediziner durch Vietkongtruppen bei der Einnahme von Hue als »Hinrichtung« dargestellt wurde:

»Die deutschen Ärzte haben versucht, subjektiv ehrlich und wohlgemeint (!) zu demonstrieren, wie Medizin in ihrem Heimatland betrieben wird und glänzend funktioniert ... Die Revolutionäre wissen: daß ärztliche Tätigkeit ohne ein ausgeprägtes gesellschaftliches und politisches Bewußtsein mörderisch ist. Traditionelle medizinische Hilfseinrichtungen in großen Städten sind nichts als ein Alibi für die täglichen Verbrechen des Völkermords. Die geschändeten Bauern, wenn sie als Soldaten der Befreiungsarmee die großen Städte einnehmen, durchschauen nicht die feinen Rationalisierungsargumente der Ärzte hinter den feindlichen Linien. Sie kennen nur die Wut darüber, daß sich die Ärzte nicht den eigentlichen Problemen der Bevölkerung stellen ...«

Deshalb also wurden die Ärzte umgebracht. Aus Wut. Herausgeber und für den Inhalt verantwortlich: Klaus Rainer Röhl! Diesen hanebüchenen, lebensgefährlichen und antihumanen Unsinn, vermutlich Horlemanns, den kein Vietkongführer, kein Nordvietnamese je geschrieben hätte, abgedruckt zu haben bleibt meine Schuld. Gewiß, die Abmachung lautete, daß die Texte nicht redigiert werden durften. Ich hätte sie aber als Ganzes ablehnen können. Die anderen Aufsätze über Gewalt waren nicht besser. Rap Brown war noch der Verständlichste: er schrieb aus dem Stadtgefängnis von New Orleans, mitten im mörderischen Rassenkampf plädierte er für Rache an den »Bullen«.

Der zweite Aufsatz »Gewalt in den Metropolen« beschäftigt sich mit den ersten Opfern, die auf Demonstrationen durch Steinwürfe ums Leben gekommen waren: Er liest sich, im Juni 68, wie eine theoretische Vorbereitung der Baader-Mahler-Gruppe: »Wir sind auf die Straße gegangen, und die Polizei hat uns niedergeknüppelt. Wir haben größere Demonstrationen gemacht, und es wurde auf uns geschossen. Jetzt sind zwei Menschen bei unseren Demonstrationen ums Leben gekommen. Halten wir fest; es sind *Steine* geflogen, nachdem zum zweitenmal auf uns geschossen worden ist. Solange Springer seine Mordhetze, die schon zwei Mordanschläge zur Folge hatte, weiterverbreiten darf, solange sich die Parteien hinter Springer stellen, handeln wir in Notwehr...«

Da ist wieder das Wort Notwehr, Zurückschlagen. Wir schießen zurück! Aber da tritt schon in diesem, nach allen stilistischen Kriterien von Peter Schneider stammenden Aufsatz, die Anmaßung auf, die Endzeiterwartung und die große Ungeduld:

»In prinzipieller Hinsicht endet die Frage nach der Gewalt in der Frage, ob wir entschlossen sind, unsere Ziele zu erreichen. Wir wollen endgültig verhindern, daß die Menschen hier an Geist und Körper zu Krüppeln geschlagen werden, die nur noch arbeiten, kaufen und hassen können. Wir werden damit nicht warten, bis noch eine Generation und noch eine Generation kaputt gemacht wird, sondern wir wehren uns jetzt. Den Sozialismus werden wir nur bekommen, wenn wir unsere Feinde wissen lassen, daß wir alle Mittel (Sperrung vom Verf.) anwenden werden, die nötig sind, ihn zu bekommen ...«

Und noch einen Schritt näher an die Frage, die Baader-Mahler später experimentell zu lösen versuchten:

»Jetzt heißt die Frage: Können wir, die Studenten, überhaupt Gewalt anwenden, bringen wir das fertig? Und welche Formen der Gewalt bringen uns unserm Ziel näher? ... Was die subjektive Seite des Problems angeht, müssen wir sehen, daß der aktive Widerstand gegen das System der Unterdrückung nicht nur eine Voraussetzung für die Befreiung des neuen Menschen ist, sondern schon ein Stück seiner Verwirklichung. Ein junger Heckenschütze aus Detroit sagte einem Reporter, wie es ihm ging, als er sich von seinem Dach aus mit dem Gewehr gegen die anrückende Polizei verteidigte: ›Es war unbeschreiblich schön, Baby, du kannst es dir gar nicht vorstellen, wie schön es war.‹ Der das sagte, ist kein Zyniker. Er stellte durch seinen Kampf einen Teil seiner verwüsteten Identität wieder her. Er machte sich in diesem Augenblick zu einem Menschen.«

Vor der letzten Konsequenz aber scheut Peter Schneider zurück. Die Übertragung der Rassenkämpfe auf die Bundesrepublik lehnt er ab:

»Wir leben nicht in den Slums von Detroit und New York. Wir können nicht sagen: ›wir haben einen gemeinsamen Feind, einen gemeinsamen Ausbeuter, – den weißen Mann.‹ Wir sind selber weiß. Wir können auch nicht behaupten, daß wir ausgebeutet werden, denn wir gehören zu den Privilegierten.«

Der Aufsatz von Peter Schneider war schön geschrieben. Verführerisch schön. Aber er war falsch. Er führte zu verheerenden Nachwirkungen. Alle unsere damaligen Veröffentlichungen waren schön und pathetisch. Ebenso schön wie das Dutschke-Wort: »Wir machen dann alle einen einzigen Urlaub.« Eine Utopie. Aber Dutschke forderte keine Gewalt.

Ich habe diese ersten offenen Gewaltdiskussionen veröffentlicht. Ich habe sie nicht ernst genug genommen. Wußte nicht, daß Worte direkt in 9-mm-Geschosse übergehen könnten, die Schönheit der Utopie in die über Leichen gehende Ungeduld. Ich habe alles veröffentlicht, noch ein Jahr lang. Ich hielt alles für Literatur, für Theorie, bis mir selber die Scheiben eingeschlagen wurden, die Telefonleitungen zerschnitten, das Haus gestürmt, die Kinder entführt, die Frau mitgegangen – mitgefangen wurde.

Wir waren noch ahnungslos. Niemand hat damals protestiert, keiner unserer bürgerlichen Mitarbeiter sprang nach der Lektüre des Aufsatzes über die »Ärzte von Hue« ab, alle liberalen Zeitungen äußerten Verständnis, die großen liberalen Verlage boten Höchstpreise für Cohn-Bendit und andere Gewaltapostel. Gabriele Henkel schätzte sich glücklich, Cohn-Bendit auf ihrer Party zu sehen. Die Liberalen waren verdutzt, erschüttert und auch ein bißchen eingeschüchtert.

Neben unserer Gewaltdiskussion finde ich in jenem Heft eine halbseitige Anzeige des Berliner Buch-Verlages Springer, in der nur angezeigt wird, daß er nicht mit Axel Springer identisch ist:

»*Springer ist nicht Springer.*

Jeder Schachspieler hat zwei Springer zur Verfügung, die sich zum Verwechseln ähnlich sind. Auch im Verlagswesen gibt es zwei Springer, die zwar nichts außer dem Wort *Springer* gemeinsam haben, aber eben deshalb oft verwechselt werden ... Zwischen den beiden Verlagen bestehen *keinerlei* verwandtschaftliche oder wirtschaftliche Beziehungen.

Springer-Verlag Berlin. Heidelberg. New York.«

Ich war weder eingeschüchtert noch befangen noch hatte ich Angst. Ich sah nicht, was auf uns zukam. Meine Phantasie reichte nicht aus. Ich überwarf mich mit dem Berliner Büro, nicht weil ich ihre Gewaltbeiträge ablehnte, sondern weil ich sie für zu langweilig hielt, zu schlecht, unpünktlich abgeliefert und zu teuer. Sie lehnten mich ab, weil ich weiter eine Publikumszeitschrift machen wollte. Weil ich in der Gewalt-Sondernummer als Aufmacher einen Artikel »Liebe mit Gewalt« veröffentlicht hatte, der ihnen wie eine Blasphemie vorkam, der aber eine durchaus ernstzunehmende und aufklärerische Studie über die wachsende Anzahl von Notzuchtverbrechen jugendlicher Gruppen war und auch thematisch gut in das Heft hineinpaßte.

Wir trennten uns in Güte. Die weiteren Veröffentlichungen jener Gruppe erfolgten im *Kursbuch*, das Enzensberger in der Folgezeit ausbaute. Wir blieben, geschmäht, aber viel gelesen, eine Massenzeitung, eine Illustrierte für Interessierte. Ich verstehe bis heute nicht, daß Enzensberger, der die Nähe zur Illustriertenpresse, zur Kolportage, zur einfachen Sprache, zum Kompromiß und zur

Massenwirksamkeit verschmähte und verachtete, später so heftig alle Bestrebungen unterstützte, gerade unsere Zeitung zu erobern.

Ulrike veröffentlichte in dieser Nummer einen sehr scharfsinnigen, keinerlei Berührung mit der Gewaltdiskussion enthaltenden Artikel über die große Notstands-Demonstration in Bonn und die Notwendigkeit, den Klassenkampf der Arbeiter mit dem politischen Kampf gegen die Notstandsgesetze zu verbinden. Wir diskutierten in diesen Tagen über die Alternative zum »Berliner Modell«, *Stern*-Redakteur Bissinger als Chefredakteur in die Zeitung zu holen.

Ulrike schreibt in einem Brief:

»Ich muß mich jetzt zwar ernsthaft und intensiv auf mein Fernsehspiel (*Bambule*, d. Verf.) konzentrieren und kann nicht rumflitzen und mich ablenken lassen, aber ich bin natürlich grundsätzlich bereit, Dir in punkto KONKRET beizustehen. Wenn man mit Dir bloß reden könnte! Ich finde, man müßte wirklich noch mal grundsätzlich über die Zeitung diskutieren, bevor Du so einen großen Schritt machst, Bissinger alles anzuvertrauen. Ich bin *für* Bissinger, aber nicht diskussionslos. Ich stehe nicht im Schmollwinkel. Ich bin jetzt erholt und kann auch wieder etwas leisten. *Aber ich kann mich nicht von Dir vereinnahmen lassen. Ich möchte nicht zwanghaft mit Dir zusammenarbeiten.* Aber natürlich bin ich willig, mitzudenken und zu planen ...«

Der Hintergrund dieses Briefes: Ich habe Ulrike angeboten, selber die Stelle von Bissinger zu übernehmen oder zusammen mit ihm das Blatt zu gestalten. Nach Hamburg zurückzukommen mit allen erdenklichen, auch persönlichen Konsequenzen. Diese Lösung lag durchaus nicht außerhalb des Denkbaren. Ulrike hatte sich in Berlin nicht eingelebt. Sie fühlte sich vereinsamt und sehnte sich nach Hause. Die Kinder ohnehin. Das 14tägige Erscheinen, das Steffens vertriebs- und anzeigenmäßig bereits unwiderruflich für den 1. September festgelegt hatte, stand vor der Tür. Einen Chefredakteur brauchten wir. Von allen denkbaren Lösungen fand ich Ulrike die bei weitem beste. Sie war gemäßigt, pragmatisch und wäre dennoch ein gutes Bindeglied zwischen uns und den Berliner Radikalen gewesen. Außerdem kannte sie die Zeitungsarbeit. War schon Chefredakteurin gewesen, sogar während des 14tägigen Erscheinens. Wir diskutierten lange hin und her. Ulrike fand, daß ich noch nicht die »menschlichen Voraussetzungen« erfülle, die sie für notwendig hielt, wenn sie einen solchen Schritt hätte gehen wollen. Schließlich erfuhr Bissinger von dem Plan und sagte: Einer kann nur Chefredakteur sein. Mit diesem einen meinte er sich.

Pokern aus der Westentasche

Also Bissinger. Die Verhandlungen mit ihm zogen sich hin. Seit 1964 waren er und seine zierliche hübsche Frau Freunde des Hauses. Auch beruflich schien er an einer Zusammenarbeit Interesse zu haben. Man müßte da etwas machen, meinte er oft, man könnte so viel machen, er wüßte schon was. Er beobachtete sorgfältig die Entwicklung, sagte nie ganz zu, aber auch nie ganz ab. Behielt alle Eisen im Feuer. Er war Ende Zwanzig, sah aber aus wie neunzehn. Der überaus harmlose Ausdruck seines Gesichtes verhalf ihm zu erstaunlichen journalistischen Überraschungserfolgen, andererseits litt er darunter, daß man ihn sich praktisch nur immer als »Jungen Mann«, als Assistenten von irgend jemand vorstellen konnte. Schon im Dezember ließ er sich von uns einen 4000-Mark-Vertrag (Anfangsgehalt!) und die Chefredaktion schriftlich zusagen.

Die Verhandlungen zogen sich den ganzen Sommer 1968 hin. Am Ende des Sommers (es muß am Ende gewesen sein, denn wir saßen im Garten in Blankenese und aßen von den ersten grünen Äpfeln) waren wir schon ziemlich dicht an einem Vertragsabschluß. Da passierte etwas, was mich stutzig machte und mich veranlaßte, die Verhandlungen weiter in die Länge zu ziehen.

Mir fiel, besonders bei Neuhauser, eine Art Bereitwilligkeit, ja Beflissenheit auf, die entweder gespielt war oder aber das Produkt einer jahrelangen Tätigkeit in Verlagshäusern mit gut zahlenden aber tyrannischen Arbeitgebern. Zum Beispiel entwarf Neuhauser, der gerade für den *Stern* in Saigon gewesen war, in groben Zügen einen Artikel, den er für KONKRET schreiben könnte. Unter anderem kam er auch auf ein Gebiet zu sprechen, das für uns besonders interessant sein könnte: das Nachtleben von Saigon und das Verhältnis der Amisoldaten zu den vietnamesischen Prostituierten.

Nun muß man wissen, daß sich Neuhauser als ganz ausgeprägt »linker« Journalist empfand und selbstverständlich für den Vietkong und gegen die amerikanischen Soldaten Partei nahm. In der Beschreibung der Saigoner Freudenmädchen aber kam eine gewisse Menschenverächtlichkeit, ja landserhafte Zotigkeit zum Vorschein. Er schilderte sie mit abschätzigen Ausdrücken, hinter denen ein biologistischer Jugendkult oder einfach nur bedenkenlose Schnoddrigkeit zu vermuten war.

Ich wurde plötzlich ganz nüchtern. Ich sagte sehr ernst, das sei wohl nicht der richtige Ton, wir seien hier nicht beim *Stern,* so abgebrüht seien wir nicht. Diese Art der Berichterstattung über Menschen sei schnoddrig, menschenverächtlich, antihuman. Das fände er sicher doch auch? Genau diese Art von Journalismus wollten wir nicht machen. Bestialisch seien in jedem Land allein der Faschismus und die Ausbeutung, nicht die verwüsteten Gesichter der Geschundenen. Nicht einmal die Gesichter der Peiniger und Ausbeuter seien bestialisch, auch sie seien, nach Dutschke, nur Charaktermasken. Neuhausers Antwort entsetzte mich fast noch mehr als das Vorangegangene. Er stimmte mir zu. Er brachte zum Ausdruck, wenn ich das so sähe, dann würde das eben in KONKRET geändert. Keine Schwierigkeit.

Eigentlich hätte mir das genügen müssen, aber ein weiteres Ereignis kam hinzu. Einige Zeit später, es war nun wohl schon Herbst 68, machte er seinen Antrittsbesuch in unserer Redaktion, die gerade in die Gerhofstraße am Gänsemarkt umgezogen war. Wir gingen durch die vielen, noch leeren Redaktionsräume – Steffens hatte auf Zuwachs gemietet – und erreichten das große Chefzimmer. Junge Redakteure, Sekretärinnen und freie Mitarbeiter versammelten sich, um den zukünftigen Starmitarbeiter zu begrüßen. Getränke wurden herangebracht.

Neuhauser legte mit großer Geste los, war ganz Routinejournalist, genoß die Bewunderung der unerfahrenen Zuhörer für den weitgereisten und erfahrenen *Stern*-Mann. In jeden Satz flocht er einen meist aus dem Amerikanischen kommenden journalistischen Slang-Ausdruck ein und gab sich auch personell als Kenner und Durchblicker zu erkennen, der alle menschlichen Schwächen mit angesehen hatte, der Nannen, Augstein, Bucerius und Gottweißwen persönlich kannte.

Von politischem Bewußtsein oder der neuen linken Sensibilität war hier keine Rede. Das ganze Auftreten Neuhausers wirkte auf mich wie eine Szene aus einem schlechten Film, in dem ein glasharter Illustriertenjournalist dargestellt wird: ein eiskalter Profi, wie ihn Simmel hätte darstellen können.

Am Ende des Abends führte er uns noch das neue Spiel vor, das gerade unter *Stern*-Journalisten üblich und Mode war: Pokern aus der Westentasche.

Man lasse sich einen möglichst großen Anteil seines Gehaltes in 10-Mark-Scheine umwechseln. Das Bündel Scheine wird in die Jackentasche gesteckt. Dann sagt einer »gerade« oder »ungerade«. Je nachdem, ob er die Endnummer des Mitspielers getroffen hat oder nicht wechselt der Zehner seinen Besitzer. Auf diese Weise wechselten an einem Abend ganze Angestelltengehälter ihren Besitzer.

Diese Angeberei mit großen Gehältern gab mir den Rest. Sollte das der neue Lebensstil in unserer linken Redaktion werden?

Es war wieder einer jener seltenen Augenblicke in meinem Leben, in denen ich das sichere Gefühl hatte, es muß etwas geschehen. Noch in der Nacht rief ich Steffens an und sagte ihm, der Vertrag würde nicht unterschrieben. Mit diesem Mann könne man keine Zeitung machen. Trotz Zureden blieb ich dabei. Redaktionskollektiv: noch nicht – Revolverjournalismus: nicht mehr. Ich saß wieder einmal zwischen den Stühlen. Konsequent und realistisch, aber allein.

Auch die Verhandlungen mit Bissinger zerschlugen sich. Er fuhr in Urlaub und sagte von sich aus ab. Er blieb beim *Stern*, die hochdotierten Angebote von uns ließen ihn dort zu einem gefragten Mann werden. Lange blieb er der »junge Mann« von Nannen, der immer noch jünger aussah, als er war. Dann trugen ihn günstige Konstellationen endgültig nach oben. Er ist heute einer der einflußreichsten Männer in der Zwei-Millionen-Illustrierten nach Henri Nannen und Rolf Gillhausen. Endlich leidet er auch nicht mehr unter seinem jugendlichen Aussehen. Er sieht nun älter aus, als er ist.

Die Familie schickt Hilfe

Was tun? In zwei Monaten sollte KONKRET 14tägig erscheinen. Steffens versicherte, man könne das nicht mehr rückgängig machen. Vielleicht war es mein Fehler, dem zuzustimmen. Das 14tägige Erscheinen verdoppelte, ja verdreifachte den Umsatz und machte aus dem überschaubaren Ein-Mann-Laden einen kleinen mittelständischen Betrieb, zu dessen Leitung mir keineswegs Initiative und Ideen, wohl aber die Ellbogen fehlten, sie gegenüber vielen Mitarbeitern durchzusetzen. Man kann diese Fähigkeit Bulligkeit oder Brutalität nennen oder auch nur Dynamik und Führungsqualität – ich habe sie nicht.

So enstand ein Vakuum, eine ständige Verlockung für Intriganten und Eroberer aller Schattierungen, die Macht in KONKRET zu übernehmen, ohne im geringsten die Fähigkeit zu besitzen, auch nur eine einzige Nummer dieser Sondermischung herzustellen.

In dieser Situation war es ein Glück, daß der erste Mensch, der in der Lage war, mich bei dieser Aufgabe wirkungsvoll zu unterstützen, mein eigener Bruder war, Wolfgang Röhl. Mein Pech, daß er zu diesem Zeitpunkt, fast eine Generation jünger als ich, einfach noch zu jung war, um sofort die Leitung zu übernehmen. In der Familie war im wahrsten Sinne des Wortes Hilfe nachgewachsen. Wolfgang kam, 19jährig, nach Hamburg, um zu studieren. In die Redaktion wollte er nur mal hineinschauen. Nach kurzer Zeit bat ich ihn zu bleiben.

Ausbildungs- und Anlernschwierigkeiten gab es nicht.

Wolfgang war, weit mehr als ich, ein »geborener« Journalist. Er hat in dieser Zeitschrift kaum etwas *gelernt*, sondern immer etwas und schließlich mehr und mehr *gekonnt*. Im August 68 erscheint sein erster Artikel: »Alle gehen zur Bundeswehr. Wir nicht. (KONKRET gibt Tips für Wehrunwillige).« Der Artikel hatte einen durchschlagenden Erfolg: Die Zahl der Wehrdienstverweigerer stieg im nächsten Jahr rapide an, die Zahl der dienstpflichtigen KONKRET-Leser auch, die Bundeswehr stellte Strafantrag gegen mich, weil ich ihnen den Namen des Autors nicht preisgab. Der Prozeß zog sich bis in das Jahr 1971 hin, wurde mit Apo-Anwalt Groenevold und DDR-Anwalt Kaul ein großer Publicity-Erfolg für uns. Die Staatsanwaltschaft hatte die Anklageschrift so schluderig geschrieben, daß das Gericht nach meinem zweistündigen Plädoyer zur Person, kaum daß Kaul sich mit Heinrich-George-Emphase erhoben hatte, um Anträge zu stellen, das Verfahren abbrach und der Staatsanwaltschaft den Rat gab, eine neue Anklageschrift aufzusetzen. Erst am 8. Januar 1971 wurde das Verfahren mit Zustimmung der Staatsanwaltschaft eingestellt.
Verstärkt durch Wolfgang und ein gleichzeitig eingestelltes fünfköpfiges Volontärskollektiv beginnen wir die Epoche des 14tägigen Erscheinens. Feste Mitarbeiter haben wir genug: Ulrike Meinhof, Günter Wallraff, Peter Rühmkorf, Jürgen Manthey, Rolv Heuer, Alexander Rauter, Sebastian Haffner und Robert Neumann, dazu viele freie Mitarbeiter, die gelegentlich schreiben: fast alle deutschen Schriftsteller von Rang. Es blieb viel ermüdende und zeitraubende Puzzlearbeit in der Redak-

tion und bei der Herstellung, die der noch nicht 21jährige Stefan Aust mit sportlicher Bravour, allerdings auch für ein Gehalt von 3250,– Mark erledigte. Das 14tägige Erscheinen, das das äußerste wirtschaftliche Risiko darstellte (nach der Preiserhöhung auf DM 1,50), wurde ein voller Erfolg. Die Auflage fiel nicht ab, sondern stieg weiter.

Auch hier muß eine Legende berichtigt werden: Selbst jetzt wird die Zeitung nicht mit »Nackten Miezen« verkauft, wie Pauschalschreiber, die zu faul sind, in den Archiven nachzusehen, immer wieder kolportieren. Während des ganzen Jahres enthält kein Titelblatt auch nur eine nackte Brustspitze. Die farbigen Nackedeis und Klappbilder im Inneren des Heftes, von denen ebenso fälschlich behauptet wird, sie seien das »Erfolgsrezept« gewesen, werden erst drei Jahre später, 1971, eingeführt. Die 64 Seiten des Heftes enthalten fast ausschließlich politische oder literarische Beiträge, jedes Heft hat lediglich einen oder zwei Artikel, die man als Aufklärungs-Sex einstufen könnte: Sex und Repression, Sexualität und Klassenkampf, Liebe in der Schule, Repressionsfreier Sex etc.

Eine grauenhafte Mischung: Sex und Politik!

Ein tatsächliches »Erfolgsrezept« stellte dagegen die Mischung dar, die vor allen auf den Titelseiten zum Ausdruck kommt. Diese Titelseiten entschieden über den Mehr- und Weniger-Verkauf von 20 000 bis 30 000

Exemplaren. Sie und die Heftmischung wurden von mir mit besonderer Aufmerksamkeit und Sorgfalt hergestellt, selbst wenn ich im Urlaub war, mußten die Titelseiten von mir abgezeichnet werden. Sie enthielten die »grauenhafte Mischung« oder auch Röhlsche Mischung genannt, die sich (bis heute) verkauft, weil sie offenbar an eine sehr ähnliche Mischung bei den meisten intellektuellen Lesern appelliert. Hier wie dort sind Sex und Soziales, Lebensfreude und Entrüstung über das Unrecht offenbar gemischt, keineswegs in ein Kurs- und ein Pornobuch getrennt. Einige Beispiele jener »Röhlschen Mischung« von 1968, wie sie heute noch erfolgreich in DAS DA angewandt wird und an jedem Kiosk besichtigt werden kann:

Juni:　　　Siegt Dutschke in Paris? –

　　　　　　Liebe mit Gewalt –

　　　　　　Saigon im Todeskampf –

　　　　　　Sex in Springerzeitungen.

August:　　Apo, was tun? –

　　　　　　Unzucht auf dem Lande –

　　　　　　Peter Weiss: Vietnamreport –

　　　　　　Die Urlaubskommune von Mallorca –

　　　　　　Wie drücke ich mich vor der Bundeswehr –

　　　　　　Hochhuth: Abschied von der SPD.

September: Die Methoden des *Spiegel* –

　　　　　　Sartre, Böll, Weiss über Prag –

　　　　　　Rocker – Deutschlands wilde Engel –

　　　　　　Rudi Dutschke nach dem Attentat –

　　　　　　Zum Orgasmus der Frau.

Während wir, rasende Reporter und rasende Redakteure, die doppelte Arbeit bewältigen, marschieren die Ostblockarmeen in Prag ein. Im Gegensatz zu früheren Ereignissen – Polen, Ungarn, Mauerbau – ist die Zeitschrift diesmal in ihrer Argumentation nicht durch Parteilichkeit befangen. Wir geben eine Sondernummer heraus, lassen Sartre, Weiss, Fried, Ulrike diskutieren. Hoffnungen haben wir in Prag keine zu begraben. Die Prager Sozialisten sind uns trotz unserer Sympathie zu Biermann fremd geblieben. Waren nicht zwei Studenten, die im Mai aus Protest gegen den Vietnamkrieg die US-Fahne herunterholen wollten, von den übrigen verprügelt und die Ami-Fahne nicht wieder hochgezogen worden?

Ich selber hatte zu viel tschechische Intellektuelle kennengelernt, die sehr deutlich gesagt hatten, was sie unter Freiheit verstanden: den Westen. Meine Meinung drückt sich in der Überschrift eines späteren Leitartikels aus: *Augsteins CSSR ist tot!* Sozialismus und Liberalismus, ein »vernünftiger« aufgeklärter Kapitalismus – das geht nicht. Der zweite Gedanke, den ich von nun an in unregelmäßigen Abständen immer wiederholte: Eine Revolution kann nur von der Mehrheit der Bevölkerung gemacht werden, durch Wahl oder mit Zustimmung einer großen Mehrheit. Andernfalls muß die Minderheit mit Polizeistaat und Bürokratie die Mehrheit unterdrücken, wird mit Terror und Gewalt, Spießigkeit und geistiger Verödung der Bevölkerung die Lust am Sozialismus gründlich verderben. Dies war mein Schluß aus der CSSR-Affäre, ein Schluß, den auch die KPI zog, den auch Jochen Steffen gezogen haben könnte, eine Schlußfolgerung, die zum Demokratischen Sozialismus führen mußte. Ihr Gegenteil ist der Castrismus oder das Konzept Stadtguerilla. Man geht mit 7 Mann in die Berge (oder in den Untergrund der Städte) und kämpft zunächst terroristisch (auch terroristisch gegen Bevölkerungsteile, die nicht mitmachen, keinen Unterschlupf gewähren wollen oder dergleichen) gegen den Staatsapparat, bis sich ein Teil und schließlich die Masse der Bevölkerung anschließt. Im Grunde besagt dieses Konzept: Die Bevölkerung ist doof, unmündig. Man muß sie zu ihrem Glück zwingen.

Ulrike reagierte anders auf die Prager Ereignisse. Es sieht so aus, als ob hier noch einmal eine Illusion zerbrochen sei. Der Mordanschlag auf Rudi Dutschke, die Niederschlagung der französischen Mai-Revolte und nun der Einmarsch der Ostblockarmeen in Prag lassen nicht viele Möglichkeiten für die Linke offen. Ulrike rückt näher an die Ultras heran, die mit ihrer *Imperialismustheorie* wie die Chinesen USA und Rußland gleichsetzen: »Bei der Herstellung eines internationalen Zusammenhangs der antiautoritären Bewegungen wird die Rolle der Sowjetunion neu zu bestimmen sein. Das Tabu, das ihre Politik für die europäische Linke bisher darstellt, hat sie selbst gebrochen«, schreibt Ulrike im September 68.

Dutschke drei Punkte gefallen –
Cohn-Bendit steigend

Überhaupt macht Ulrike einen langsam beginnenden, dann aber immer schneller verlaufenden Gesinnungswechsel durch. In unseren hektischen 14tägigen Rhythmus eingespannt, nehmen wir ihn zunächst überhaupt nicht wahr. Denn Ulrike arbeitet loyal mit uns zusammen. Quengelt höchstens einmal, wenn das Honorar, 1500 Mark pro Kolumne, nicht pünktlich kommt.

Der Rest der Bewegung aber, abgeschlagen vor den Springerhochhäusern, machtlos vor dem Glaspalast des *Spiegel*, beginnt sich langsam auf KONKRET einzuschießen. Zwischen den Ultralinken und dem liberalen Establishment beginnt ein Kunkelgeschäft. Die High-society flirtet mit den Revolutionären. Inge Feltrinelli und Gabriele Henkel weitteifern darum, wer auf der Frankfurter Buchmesse am häufigsten mit Cohn-Bendit gesehen worden ist. Die Reste und Trophäen der geschlagenen Bewegung werden zu Höchstpreisen gehandelt. Dutschke wird zum Bestseller. Liberale Verlage und linke Produzenten nehmen sich nichts mehr übel, sie handeln miteinander. Zwischen den Stühlen sitzen wir. Die Linken nennen uns liberale Geschäftemacher, die Liberalen linke Geschäftemacher. Beide, Geschäfte machend, werfen uns vor, Geschäfte zu machen. Die ersten Rufe »Enteignet Röhl!« werden laut. Ich wende mich am 21. Oktober an die Leser:

Liebe KONKRET-Leser!

»Das antiautoritäre Lager ist in Verwirrung geraten. Die Revolutionäre haben sich vom Gegner gelöst und streiten untereinander. Das Attentat auf Rudi Dutschke, das den unumstrittenen und vorläufig auch unersetzlichen Wortführer der Bewegung der Schüler und Studenten ausschaltete, die brutale Niederschlagung der Osterdemonstrationen, die Niederwerfung der Mai-Rebellion in Frankreich mit Hilfe der französischen Kommunisten und endlich der sowjetische Einmarsch in Prag haben die Bewegung gelähmt.

Das liberale und bürgerliche Establishment und ihre Zeitungsschreiber erpressen die anti-autoritären Studenten mit »Prag« oder bieten ihnen eine fatale Verbrüderung an. Das Gegenstück zu dieser Verbrüderung ist ein ebenso fataler Bruderzwist im linken Lager. Fraktion steht gegen Fraktion. Maoisten gegen KP-Fraktion. Anarchisten gegen Leninisten, Zentralisten gegen Föderalisten. Die bürgerliche Presse ist begeistert.

Und die Regierenden, im Frühjahr noch gelähmt und verwirrt durch die Stärke und Vehemenz der Opposition, schlagen nun zurück. Die auseinanderlaufenden Revolutionäre trifft die Rache der Justiz.

Eine Serie von Prozessen rollt an. Und die Linke ist gelähmt. Die Gutwilligen sind ratlos, und Günter Grass und Mathias Walden reiben sich die Hände: Seit Prag wird über Vietnam nicht mehr gesprochen. Nicht über die Notstandsgesetze, über die Misere der Hochschulen und die Unterdrückung an den Schulen. Und nur die Verlage und Filmgesellschaften sind noch mit der Aufarbeitung der Revolte beschäftigt. Kein großer Verlag, der nicht sein Studentenbuch, seinen Bericht über die Mai-Unruhen in Paris, einen Renommier-Tschechen heraus--bringt, koste es, was es wolle. Die Namen schwanken an der Literaturbörse wie Kurse von Eisen- und Stahlwerken: Dutschke drei Punkte gefallen, Cohn-Bendit Kursaufschwung, Teufel-Langhans-Tendenz weiterhin steigend, Lefèvre und Oskar Negt nicht gefragt. Ware wird verhökert.

Seien wir einmal konkret, also indiskret: In Frankfurt wird ein Heinrich-Heine-Verlag gegründet, der sich anheischig macht, linke Literatur in großem Umfang zu kaufen und zu verkaufen. Schön. Weniger schön finden wir: Der Verlag bringt das Buch *Briefe an Rudi D.* Dutschke schreibt ein Vorwort. Drei Schreibmaschinenseiten dünn. Nachdem es, wie man hört, *Spiegel* und *Stern* für eine sehr hohe Summe (man sagt 15 000) angeboten ist und die abgelehnt haben, wird es KONKRET für 4400,– angeboten und für 2900,– verkauft. Jedoch mit der strikten Auflage, die wir schriftlich geben müssen, von den drei Seiten mindestens 50 % zu kürzen. Rudi Dutschke ist in Rom, nicht erreichbar. Weiß nichts von dieser Auflage und ist später über die barbarische Kürzung heftig erzürnt.

Vorwurf an uns: Wir wollten mit Dutschke Geschäfte machen. Politische Gedanken als Ware verhökern. Wer verhökert die Ware, wer setzt die Preise fest?

Viele Angriffe gegen uns überraschen nicht. Manche sind schwer verständlich.

Die Angriffe von links können wir also nur verstehen

als die »verinnerlichte Gewalt der Unterdrückten«, die ihre Aggressionen statt nach außen gegen den Gegner, nach innen wenden. »Haßerfüllt, aber eingeschüchtert durch die offensichtliche Überlegenheit des Unterdrükkers, schrecken sie davor zurück, gegen die wirklichen Ziele ihre Feindseligkeit loszuschlagen. Statt dessen gehen sie gegen ihre Brüder ... vor.« (Eldrige Cleaver)

Mit Hilfe unserer Leser, die in steigender Zahl unsere Zeitung kaufen, konnten wir bisher den Angriffen unserer Gegner widerstehen und uns sogar weiter ausdehnen.

Dennoch bitten wir unsere linken, anti-autoritären Freunde: Hört auf, in die falsche Richtung zu schießen. Eure gegen uns gerichteten Aggressionen zeigen unsere gemeinsame Schwäche. Haben wir soviel erreicht im letzten Jahr, daß ihr auf die Bekämpfung unserer Gegner verzichten wollt? Ist Axel Springer weniger mächtig, die Polizei zivilisierter, sind die Vertriebenenverbände geschwächt, die Notstandsgesetze außer Kraft, ist Griechenland demokratisch, Vietnam befreit?

Spätestens zum Semesterbeginn, Mitte Oktober, wird es für die Linken in Deutschland Zeit, ihre Schüchternheit und die Angst vor der übermütig gewordenen Gewalt, vor dem Establishment und seinem Propagandaapparat zu überwinden und ihre Sensibilität, ihre Wachsamkeit und ihre Aggressionen wieder nach außen zu richten: gegen den Gegner.   Ihr Klaus Rainer Röhl«

Die Zusammenarbeit mit Ulrike bleibt gut. Ihre Artikel kommen pünktlich. Sie sind glänzend geschrieben. Aber der Inhalt ist nicht mehr der gleiche. Es ist nicht mehr die Friedens-, Verständigungs- und allenfalls Widerstands-politik der früheren Jahre. Ulrike greift an. Auch Linke – Schlag auf Schlag. Im September die Sowjetunion, im Oktober die Männer im SDS (und im allgemeinen), im November die Sozialdemokraten und die DKP, die so-eben zugelassen ist.

Im Dezember schreibt Ulrike Meinhof einen Artikel ge-gen KONKRET.

Weihnachten besuche ich sie und die Kinder. Mit einem fast schüchtern wirkenden Lächeln legt sie mir einen Ar-tikel vor und sagt: Lies mal, Klaus! Ich bin gespannt, ob du den drucken wirst! Ich falle aus allen Wolken. Der Artikel ist eine einzige Provokation. Lehne ich ihn ab, gibt es einen Eklat, wir verlieren unsere beliebteste Mit-arbeiterin. Drucke ich ihn, mache ich mich selber und die Zeitung fragwürdig, beginne eine Diskusson um die Abschaffung von KONKRET. Ulrike hat sich auf die Seite der KONKRET-Gegner geschlagen. Mehr noch, sie hat die Führung übernommen. Abends taucht Gaston Salvatore auf und redet mit der betont leisen und »unag-gressiven« Stimme, die damals zum guten Ton gehörte (cool und sensibel), auf mich ein. Er betont, wie gut es mir täte, diesen Artikel zu veröffentlichen und mich da-mit selbst zu »problematisieren«.

Ich finde ihn zum Kotzen, sage es aber nicht. Ich sage, daß ich den Artikel drucken werde, der eine offene Kampfansage ist. Ich kann mir einen Bruch mit Ulrike nicht vorstellen. Ich bin ahnungslos. Fahre verwirrt nach Hause. Was ist los mit Ulrike Meinhof?

Erste, oberflächliche Versuche, Ulrikes Entwicklung zu analysieren, haben behauptet, in jenem Herbst sei der entscheidende Bruch erfolgt, festzumachen an dem Artikel »Warenhausbrandstiftung« vom November. Da wird immer nur der eine Satz zitiert: »Das progressive Moment einer Warenhausbrandstiftung liegt nicht in der Vernichtung der Waren, es liegt in der Kriminalität der Tat, im Gesetzbruch«. Diese Berichterstatter vergessen oder unterschlagen, daß es sich hier um die damals übliche Propagierung der Gewalt gegen Sachen handelte. Einer der nächsten Sätze heißt nämlich: »Das Gesetz, das da gebrochen wird durch Brandstiftung, schützt nicht die Menschen, sondern das Eigentum«. Der Artikel beginnt mit den unmißverständlichen Worten: »Gegen Brandstiftung im allgemeinen spricht, daß dabei Menschen gefährdet sein könnten, die nicht gefährdet werden sollen.«

Bemerkenswert bleibt, daß Ulrike in jenen Wochen, während des Brandstifterprozesses, Baader und Ensslin persönlich kennengelernt hat. Daß sie trotz längeren Aufenthalts in Frankfurt sich am Ende weigerte, über diese Begegnung zu berichten. Keine Zeile. Es wäre nicht gut, über die Leute und ihre Ansichten zu schreiben, sagt sie. Ich erinnere mich daran sehr genau, weil es einen Streit um die Spesen gab. Wir hatten die Flugreise bezahlt und forderten unseren Artikel. Ulrike lehnte ab. Ich muß aus den Gesprächen mit ihr schließen, daß Baader oder Ensslin im Gespräch die Möglichkeit einer Gefährdung von Menschenleben in Kauf genommen haben und daß Ulrike dieses ablehnte. Diese Auseinandersetzung über Gewaltanwendung zog sich nach meinen Informationen durch die ganzen Jahre der Tätigkeit der Baader-Mahler-Gruppe hin und wird von Peter Homann und Beate Sturm bezeugt. Das erklärt auch, daß Ulrike Meinhof nicht ein einziges Mal von irgendeiner Waffe Gebrauch gemacht hat oder auch nur, wie fast alle Gruppenmitglieder, den Versuch dazu unternommen hat. Wir wissen auch, und können es durch Stilanalyse erhärten, daß der Text des sogenannten RAF-Dokuments: Das Konzept Stadtguerilla*, von ihr ist, in dem es heißt: »Die Frage, ob die Gefangenenbefreiung auch dann gemacht worden wäre, wenn wir gewußt hätten, daß ein Linke dabei angeschossen wird – sie ist uns oft gestellt worden –, kann nur mit Nein beantwortet werden.«

Zu der Theorie von einer hier schon von der »Propaganda der Tat« faszinierten Ulrike Meinhof will es auch schlecht passen, daß sie jetzt gerade mit allen Mitteln versucht, sich in den Besitz von KONKRET zu setzen. KONKRET aber ist keine Bombe und kein Brandsatz, es ist ein Überbauinstrument, ein Massenmedium. Ebendies aber wollte sie in ihre Hand bringen. Das muß hier allerdings sehr deutlich festgehalten werden: nicht in irgendeinen Kollektivbesitz. Sicherlich hätte es bei einem Sieg Ulrikes ein Kollektiv gegeben. Unter ihrer Leitung. Sie handelte dabei in Wahrnehmung ihres eigenen, vermeintlichen Rechtsinteresses – und im Interesse der »Apo«, wie sie es verstand. Apo-Kontrolle hieß das auch.

* Wagenbach, Rotbuch Nr. 26

Im nüchternen Klartext und aller Überbauphrasen beraubt: Was Apo-Anwalt Groenewold versäumt hatte, im Scheidungsvertrag durchzusetzen, sollte per Machtübernahme nachträglich erzwungen werden. Was der »Bewegung« mangels Einfallsreichtum und Initiative nicht gelungen war, auf die Beine zu stellen: eine eigene Zeitung, sollte auf dem Wege der Beschlagnahme beschafft werden. Der als Weihnachtsgabe überreichte »Kolumnismus«-Artikel war der Auftakt dazu. Er eröffnete keine Diskussion, sondern begründete ein Beschlagnahmeverfahren.

»Was erwartet der Geldgeber von seinem Kolumnisten?« fragt Ulrike und antwortet: »Daß er sich ein eigenes Publikum erschreibt, möglichst eins, das ohne ihn die Zeitung nicht kaufen würde. Das ist der Profitfaktor. Ein Kolumnist, der das nicht leistet, wird über kurz oder lang gefeuert ...

Die Kehrseite der Kolumnisten-Freiheit ist die Unfreiheit der Redaktion. Da müssen Artikel ›durchgeschrieben‹ sein, müssen verkäuflich sein, müssen Leserbedürfnisse platt befriedigt werden ... Da wird auf Termine gearbeitet: In einer Woche ein Kommune-Artikel, von heute auf morgen über die Gerichtsverfahren, die in Teheran anstehen, mal schnell Wilhelm Reich zusammengekürzt, Mao-Zitate für Sex-Fotos montiert, ein paar Worte mit Biermann gewechselt. Ein guter Journalist ist auf Zack, schafft das, schafft alles, schreibt, auch wenn er nichts hat, schreibt, auch wenn er noch nicht fertig nachgedacht hat, schreibt, auch ohne die notwendigen Bücher vorher gelesen zu haben ... Da sind die linken Studenten einfach zum Kotzen: Die halten keine Termine, die können sich nicht kurz fassen, nicht ausmehren, immer dies Wenn und Aber, quatsch nicht so viel, mach zu, die Setzerei wartet, die Druckerei wartet, die Grossisten warten . . .

Wie, wenn diese Zeitung sich tatsächlich einmal zur Diskussion stellte, der landauf landab grassierenden Kritik ihre Spalten öffnete, unredigiert und unängstlich. Opportunismus ist, wenn man die Verhältnisse, die man theoretisch zu bekämpfen vorgibt, praktisch nur reproduziert . . .

KONKRET ist weniger eine linke als eine opportunistische Zeitung.«

Ich kündigte den Artikel auf der Titelseite mit großen Lettern an: *Ulrike Marie Meinhof: Ist KONKRET noch zu retten?* Er erschien gleich auf Seite 2. Danach, nach einer doppelseitigen Anzeige des Clubs Meditérané, kam meine Antwort:

Ach, Ulrike!

»Ulrike Marie Meinhof ist die ständige Kolumnistin von KONKRET. Kolumnisten sind selbständig. Oft distanzieren sich Zeitschriften von ihren Kolumnisten mit kleinen Vorspännen wie ›Herr X. sagt hier seine unabhängige Meinung. Sie gibt keineswegs immer die Ansicht der Redaktion wieder . . . usw.‹

Wir distanzieren uns von Ulrike Meinhof nicht. Wir identifizieren uns mit ihren oft ungewöhnlichen, aber fast immer einleuchtenden Gedankengängen.

Ulrike aber hat in dieser Ausgabe das Bedürfnis verspürt, sich von unserer Zeitschrift zu distanzieren, etwa:

›die Redaktion sagt hier ihre Meinung. Sie gibt keineswegs immer die Meinung der Kolumnisten wieder‹. Gut. Über KONKRET gibt es in der Linken so viel Meinungen, wie es in der Linken überhaupt Meinungen gibt. Insofern bringt sie die Kritik eines Teils der Leser zum Ausdruck. Da sie aber auch eine Reihe von ebenfalls weitverbreiteten Irrtümern ausspricht, gibt sie uns Gelegenheit zu einer Korrektur.

Kolumnisten sind, wie Ulrike fast widerwillig bemerkt, unabhängig. Ihre Artikel werden nicht redigiert. Darum haben sie auch das Recht, unredigiert zu irren. Bei einem normalen Autor würden wir redigiert haben ›mal schnell Wilhelm Reich zusammengekürzt‹ – das war mal schnell nicht Wilhelm Reich (von dem wir noch nie einen Text brachten), sondern Reimut Reiche.

Der ernstere Vorwurf ist der, daß wir 14tägig erscheinen und ›da wird auf Termine gearbeitet‹. Ich finde das Beispiel ›von heute auf morgen ein Artikel über die Gerichtsverfahren, die in Teheran anstehen‹ schlecht gewählt.

Als die drei persischen Studenten von *heute auf morgen* in die Redaktion kamen, um in letzter Minute etwas für ihre von Todesurteilen bedrohten Landsleute zu tun (bei *Spiegel* und *Stern* waren sie schon vergeblich gewesen), war es Sonntagabend. Montag sollte gedruckt werden. Da haben wir schnell mal eben den Artikel aus der schon fertigen Form genommen, haben, *verdammt, es mußte alles so schnell gehen,* einen Artikel über die Todesurteile in Teheran geschrieben und die Adresse der Persischen Botschaft dazu gesetzt und viel Anrufe dort hervorgerufen und vielleicht ein bißchen dazu beigetragen, daß die Todesurteile nicht vollsteckt wurden: *Ein guter Journalist ist auf Zack, schafft das, schafft alles.*

Wenn ich recht verstehe, wirft Ulrike uns vor, kein *Kursbuch* zu sein. Sie hat recht. KONKRET ist kein *Kursbuch*. KONKRET ist eine linksstehende Publikumszeitung mit einer Auflage von z. Z. 230 000 Stück pro Heft, die sich auch an Leser wendet, die *Kursbuch* und *Neue Kritik*, Marcuse und Marx nicht lesen und dennoch zur APO zu zählen sind oder zu ihr stoßen werden. Wenn diese Leser später Marcuse und Che Guevara, das *Kursbuch* und die *Neue Kritik* lesen werden, dann werden sie es durch KONKRET kennengelernt haben. Arbeitsteilung nennt man das.

Ulrike wirft uns vor, daß unsere (drei) Redakteure, die zwischen Beate Klarsfeld in Paris und den Kommunarden in Berlin, zwischen den Slums von London und dem Erziehungsheim von Voccawind hin- und hersausen und dann noch ihre Artikel pünktlich abliefern müssen, zu wenige sind, überlastet sind und nicht dazu kommen, ihre Artikel gründlich auszurecherieren und alle Literatur dazu zu lesen und auch die richtigen Bilder dazu zu beschaffen, daß uns mit anderen Worten das Archiv des *Spiegel,* der Reporterstamm des *Stern* und der Mitarbeiterstab der *Zeit* fehlen.

Da hat sie recht.

Wir bekennen freimütig: das Heft muß pünktlich erscheinen, es muß gut umbrochen sein, verständlich und interessant geschrieben sein, gut bebildert sein, mit Titelbild und Vorspännen aufgemacht sein, möglichst viele Themen enthalten: es muß gut verkäuflich sein. Denn wo soll sonst das Geld herkommen für die Verbreiterung der Redaktion, den Aufbau eines Archivs, den Fernschreiber, die Fotokopiergeräte und Tonbänder, die Flugreisen und Lizenzen für Cohn-Bendit-Abdrucke?

Ach, Ulrike verlangt etwas Schönes, Begeisterndes, aber Unmögliches: Die Reinheit der Lehre und die Sorgfalt der Forschung, die Aktualität des *Spiegel* und die Breite des *Kursbuchs*, keine nackten Mädchen auf dem Titelbild und keine Zugeständnisse an den Markt, aber mehr Geld für die Redaktion und pünktliche Honorarüberweisungen. Ich bin sicher: wäre eine solche linke Zeitung möglich, es gäbe sie schon, und Ulrike wäre ihre Mitarbeiterin. Aber konkrete Utopie ist eines und Realitätstüchtigkeit ein anderes. Wir leben sicher nicht in der besten aller denkbaren Welten, und KONKRET ist nicht die beste denkbare Zeitschrift der Linken, KONKRET ist nur die einzige Zeitschrift der Linken.

Die Zeitschrift muß verbessert werden, vergrößert werden, sie muß gründlicher arbeiten, aber noch lockerer geschrieben sein, noch interessanter sein für Leser und doch die Interessen der Leser vertreten. KONKRET muß mehr Leute erreichen und mehr Leute bewußt machen. Es muß sehr bald wöchentlich erscheinen und seine Auflage verdoppeln. Und wir müssen unsere Anstrengungen verdoppeln.

Ulrikes Kritik wird uns dabei helfen. Und ihre Kolumnen, die weiter in KONKRET erscheinen.

Wo auch sonst?«

Eine Gegenredaktion wird gegründet

Ich hatte den Handschuh aufgenommen. Der Gegenzug ließ nicht lange auf sich warten. Er war schon vorbereitet. Ebenfalls über Weihnachten. Kaum war der Artikel erschienen, teilte mir Aust, unser Chef vom Dienst, unser geschäftsführender Redakteur, unser Mädchen für alles, Hans Dampf in allen Gassen, unentbehrlicher Kritiker und unerbittlicher Vertreter eines nur auf Lesbarkeit bedachten Illustriertenkurses mit, er wolle nicht mehr. Er scheide aus der Zeitung aus. Wir kannten uns seit langem und mochten uns (auf Distanz) gut leiden, also sprach er offen. Ulrike hatte mit ihm diskutiert, vier Tage lang. Am Ende war er überzeugt: Er hätte, für fast 3500 Mark, nur das Interesse seines Unternehmers »verinnerlicht«. Er hätte nur »Scheiße gebaut« und sei nun kaputt. Er müsse nur noch weg, irgendwohin, vielleicht nach Amerika. Er wolle zu keiner anderen Zeitung, er würde auch nicht weitermachen, wenn Ulrike die Macht hätte, er sei einfach fertig.

Ich ließ ihn sofort gehen, ich war etwas verärgert, aber er ging in Frieden. Aust fand tatsächlich erst nach vielen Jahren wieder zu einer geregelten Arbeit zurück, blieb mir immer (auf Distanz) befreundet, erwarb meine bleibende Dankbarkeit, als er nach Ulrikes Flucht in den Untergrund meine von der »Gruppe« nach Sizilien entführten Kinder aufspürte und mir zurückbrachte, wofür er fast erschossen worden wäre. Er drehte später einen negativen und einen positiven Fernsehfilm über uns. Während ich diese Zeilen schreibe, arbeitet er an einem

Film für *Panorama* über die Inhaftierung und Folterung von Günter Wallraff in Athen.

Jetzt aber stand ich erst einmal ziemlich ratlos da, allein mit meinem Bruder und einer ziemlich verwirrten Redaktion. Plötzlich kam unerwartete Hilfe. Ein gelegentlicher Mitarbeiter aus Berlin, der eine originelle Fotomontage gemacht und einen guten Artikel geschrieben hatte, erklärte, er würde gern nach Hamburg kommen. Er verlange auch nicht viel Geld. Einige Tage später kam noch ein Hilfsangebot. Ich pries mich als Glückspilz. Ein prominenter Filmkritiker der *Zeit* kam zu mir ins Büro und sagte, er wollte bei uns mitarbeiten, in der *Zeit* sei es unerträglich geworden, er würde auch noch die Gerichtsreportagen machen und viele andere Kleinarbeit in der Redaktion. Er verlange allerdings viel Geld, 3,5 (= 3500 Mark) sei das Minimum, aber er könne sofort kommen.

Der junge Mitarbeiter hieß Peter Homann, der Filmkritiker Uwe Nettelbeck. Ich wurde mit beiden schnell handelseinig, außerdem mit Lothar Menne aus Frankfurt und dem Vorsitzenden der linken Schülerbewegung, Kahl, der plötzlich auch kam. Kahl und Homann wurden als Volontäre, Nettelbeck als Redakteur mit einem Halbjahresvertrag angestellt. Gleichzeitig holte ich meinen ältesten Freund und Mitarbeiter Peter Rühmkorf wieder in die Redaktion. Rühmkorf war gerade ein halbes Jahr von anderen Verpflichtungen frei und freute sich darauf, wieder einmal »Zeitung zu machen«.

Das wurde meine Rettung. Rühmkorf war nämlich der einzige, der gekommen war, um mit mir zusammenzuarbeiten. Die anderen kamen, um mich vor die Tür zu setzen. Sie oder ich, das wurde bald die Frage. Lyngis Eintritt in die Redaktion paßte schlecht in ihren Plan.

Am Wannsee in Berlin wurde dieser Plan geschmiedet, in einem wegen des Winters leeren Strandcafé. Teilnehmer an dieser »Wannseekonferenz« waren außer Ulrike Gaston Salvatore und vermutlich auch Uwe Nettelbeck. Was auf dieser Konferenz beschlossen wurde, sollte mir für immer verborgen bleiben, und nach menschlicher Voraussicht hätte ich es nie erfahren können.

So wußte ich nicht, wer da zu mir in die Redaktion kam und mir seine »Hilfe« anbot. Wie sollte ich ahnen, daß der mir von Anfang an (bis heute) sympathische Homann, der stets freundlich, bereitwillig und geradezu beflissen aufrat, seit kurzem der Liebhaber von Ulrike war? Er hatte es mir nicht gesagt. Aber ich hatte ihn auch nicht danach gefragt.

Der feinnervige Ästhet Nettelbeck aber sagte mir offen die Unwahrheit ins Gesicht, als er den Vertrag mit mir abschloß: Diese Ulrike Meinhof, sagte er, unsere Kolumnistin, das müsse ja eine interessante Person sein, die wolle er unbedingt mal kennenlernen. Es war im Chinesischen Restaurant an der Alster, als wir den Vertrag abschlossen, seltsamerweise hatte er ein Mitglied des SDS-Bundesvorstands mitgebracht, das »zufällig« in Hamburg war. Später erfuhr ich, daß Nettelbeck in ständigem Kontakt zum Bundesvorstand in Frankfurt stand. Ein oder zwei Vorstandsmitglieder hielten sich zu diesem Zweck stets am Wohnsitz Nettelbecks, in seinem geräumigen Bungalow in der Heide auf. Sie spielten dort für seine schöne und charmante Frau Petra eine Art Butler-Rolle, legten Holz im Kamin nach, schoben den Rollstuhl Petras und legten eine neue Beatplatte auf, die man dort mit überdimensionalen Stereoanlagen und anderen Verstärkern genoß. Wie schrieb Nettelbecks Freund Salzinger in diesen Wochen in der *Zeit*? Gewisse Platten könne man nur mit den nötigen stereophonischen und bewußtseinserweiternden Mitteln richtig genießen.

Dieser Struppi (wie Rühmkorf damals jene schicken Linken taufte, deren Wildwuchs *auf* dem Schädel mit dem subkulturellen Gedanken-Gestrüpp *unter* der Schädeldecke korrespondierte) sagte mir einfach ins Gesicht, er hätte Ulrike nie gesehen. Leider waren auf jener Wannseesitzung noch zwei Beobachter anwesend, mit denen niemand gerechnet hatte. Wohl, weil sie erst sieben Jahre alt waren: meine Zwillingstöchter Regine und Bettina. Sie konnten nicht jedes Wort verstehen, wohl aber den Sinn des Besprochenen erfassen. Sie brachten das Ergebnis der Konferenz beim nächsten Telefonanruf – unaufgefordert – auf die Kurzformel: Mutti will machen, daß Uwe Nettelbeck und die anderen dir nicht mehr gehorchen!

Ich war gewarnt, konnte aber nicht sofort etwas mit meiner Erkenntnis anfangen. Die Verträge waren ja unterschrieben. Aber ich wurde wachsamer: »Vertrauen ist gut – Kontrolle ist besser.« Seltsame Dinge geschahen in diesen Tagen. Artikel, die ich angenommen hatte, waren plötzlich aus irgendwelchen Gründen nicht gesetzt worden oder gar verlorengegangen. Andere Artikel waren über Nacht oder übers Wochende auf rätselhafte Weise ins

Heft genommen worden, irgendwelche zufällig anwesenden Redakteure oder freien Mitarbeiter hatten dies auf einer Konferenz während meiner Abwesenheit »beschlossen.« Meine häufigen Reisen – aus achtbar monogamen, aber immerhin privaten Gründen – begünstigten diese Art von Unterwanderung. Es herrschte die totale Anarchie, oder besser gesagt ein Partisanenkampf mit den Redaktionsräumen als revolutionäres Objekt: Tags amtierten die Redakteure und ich, nachts herrschte eine ominöse »Gegenredaktion« unter Führung von Ulrike, die plötzlich häufiger nach Hamburg kam, um die »emanzipatorischen« Bestrebungen persönlich zu leiten.

Es herrschten teilweise groteske Zustände. Wie schon erwähnt, hatten wir mehr Räume gemietet, als wir brauchten: drei Stockwerke, in Erwartung weiteren Ausbaus der Redaktion. Langsam begannen sich die Räume mit völlig wildfremden Menschen zu füllen. Kahl erklärte mir, das seien Schüler aus seinem Verband, die hier wichtige (unheimlich wichtige) Arbeit machen müßten, hier gäbe es ja Raum und Vervielfältigungsmaschinen und Papier und alles. Nach kurzer Zeit erklärten die neuen, meist blutjunge Leute, sie seien Mitarbeiter von KONKRET, traten auch nach außen hin als solche auf, empfingen ihrerseits neue Besucher und verlangten Sitz und Stimme in der Redaktionsversammlung.

Ich traf z. B. eines Tages in meinen Räumen einen jungen Mann, der behauptete, KONKRET-Redakteur zu sein. Meinen Einwand, daß ich ihn gar nicht eingestellt habe, ihn noch nie gesehen habe, fand er »bürgerlich«. Auf meinen Hinweis, daß er gar nicht schreiben könne, lachte er freundlich. Das kann man doch lernen, meinte er, die Hauptsache, er sei politisch in Ordnung. Auf meinen nunmehr schroff vorgebrachten Bescheid, ich stelle zur Zeit keine Volontäre oder Jungredakteure ein und hier sei also kein Platz für ihn, antwortete er: darüber müßten wir erst diskutieren. Sprachs und schritt zur Kasse, um sich Reisespesen geben zu lassen.

Im Nebenzimmer saß ein anderer junger Mann, der erklärte, er sei unser neuer Fotograf. Ich hatte ihn noch nie zuvor gesehen und drückte mein Erstaunen aus. Ulrike hätte ihn geschickt, sagte er, er käme aus Berlin, er habe gerade sein Abitur gemacht. Ob er denn schon mal Fotos veröffentlicht habe, fragte ich ihn. Er meinte, ich hätte eine autoritäre Vorstellung von Berufsausbildung, er wolle ja gerade fotografieren lernen und hätte sich sogar einen Fotoapparat – geborgt.

Gleichzeitig erschienen in kleinen Studentenblättern, »Roten Nachrichtendiensten« und Undergroundzeitungen heftige und hämische Angriffe gegen den »allmächtigen Verleger«, der autoritär über seine Redakteure herrsche und statt Politik immer nur »Sex-Scheiße« und Repression veröffentliche. Diese Vorstöße wurden, oft auf den Tag und die Woche genau, durch Angriffe der rechten Boulevardpresse und der liberalen Presse ergänzt. Im Frühjahr erschien ein großer, mit sechs farbigen Doppelseiten aufgemachter Artikel in *Jasmin:* »Wie sich ein Mann verstellen kann – ein besonders für Frauen erschreckendes Lehrstück, dargestellt an der Person des Klaus Rainer Röhl, Händler in Sex und Sozialismus...«, etwas vorher war *Capital,* damals noch unter Theobald, mit dem famosen Titel »Über die Schwierigkeiten, Unternehmer und links zu sein« herausgekommen. Schon der Vorspann enthielt praktisch eine Aufforderung: »Klaus Rainer Röhl und Hans Nikel (*Pardon*) haben sich zwischen APO und Kapitalismus verlaufen. Aber Kunden von links wollen Kontrollen und planen Enteignung.«

Schon im Februar hatte Köhler im *Spiegel* den Kampf für eröffnet erklärt: »Enteignet Extra-Dienst – Entmachtet Röhl!«

Tatsächlich gab es zu diesem Zeitpunkt schon mindestens eine Doppelherrschaft in KONKRET. Das Blatt wurde unausgeglichen und schlecht. Robert Neumann, der neben Rühmkorf, Haffner und meinem Bruder fast als einziger fest auf meiner Seite stand, schildert es im März in seiner Kolumne »Tagebuch« so:

»Eben kommt KONKRET, die Nummer von Mitte Februar mit meinem Tagebuch. Da ist diesmal offenbar der Hausherr nicht zu Hause gewesen: drei Beiträge von der wilden Ulrike, deren unzerstörbar jungfräulicher Grimmigkeit, wacher Intelligenz und kompromißloser Militanz ich einen der wärmsten Winkel in meinem Herzen reserviert halte – dreimal sie also, und von Röhl keine Zeile. Und hat Ulrike nun doch gesiegt mit ihrer Forderung, daß sie und die ihren das Recht haben sollten, sich in KONKRET ›auszumehren‹? Das ganze Heft scheint mir grimmiger Ausmehrungen voll zu sein, die Stadt-Partisanen des SDS verunsichern jede Seite. Diese Stadt-Partisanen sind ein Teil des SDS, aber es gibt andere Teile. Und selbst alle Teile des SDS zusammengenommen sind nicht die APO. Es ist aber diese APO als ganze, als deren Publizist Röhl angetreten ist. Sorgt er jetzt nicht dafür, daß neben den ›Partisanen‹ Nummer für Nummer auch die anderen Gruppen der APO kräftigst und in gerechter Proportion zu Worte kommen, so richtet er das von ihm und seinen Freunden zäh und mühevoll durch magere Jahre Durchgezogene und endlich zu Erfolg Gebrachte wieder zugrunde.«

Ende März versuche ich den Stier bei den Hörnern zu packen. Ich berufe eine Redaktions-Konferenz ein, zu der auch Nettelbeck und Rühmkorf, soeben in die Redaktion eingetreten, gebeten sind. Ich möchte dem unhaltbaren Zustand der »Gegen-Redaktion« ein Ende machen. Auch Ulrike ist geladen, um sie zu einer offenen Aussprache zu zwingen. Doch die Redaktionskonferenz wird, wie viele Versammlungen in jener Zeit »umfunktioniert« zu einem Sit-in außerredaktioneller Kräfte. Zum ersten Male erlebe ich, was dieses Wort, das ich so oft habe drucken lassen, in der Praxis bedeutet: Ersetzung der konventionellen Regeln durch Willkür.

Ich sah, daß zwei Drittel der Anwesenden, die plötzlich in die Redaktionsräume strömten, wildfremde Leute waren. Ich sagte, hier hätten nur Redakteure Stimmrecht. Da schrien einige: »Wieso? Wer sagt denn das? Das kannst du doch nicht einfach anordnen! Darüber wollen wir erst einmal diskutieren. Darüber stimmen wir ab!« Das heißt: Eine willkürlich von der Straße heraufgekommene Mehrheit, durch niemand gewählt – auch nach rätedemokratischen Gesichtspunkten keine Vertretung – wollte darüber abstimmen, ob sie selber Stimmrecht habe.

Es gab hitzige Debatten, die fast ausschließlich zwischen Ulrike und mir geführt wurden. Keiner schonte den anderen. Aber die Fremden hatten Zeit – wir mußten eine Zeitung fertig stellen. Die Debatte schien kein Ende zu nehmen. Auf dem Höhepunkt des Abends erschienen mehrere, schon sichtlich von Pot und Alkohol beschäkerte »linke Frauen« (darunter Astrid Proll), die sich auf die Rednertische setzten, »Scheiße« schrien oder »Raus, kleiner Röhl« oder einfach nur johlten oder gnickerten. Es sah so aus, als würden diese bedauernswert unansehnlichen und mickrigen Geschöpfe jeden Augenblick einen Striptease vollführen. Dazu kam es gottlob nicht. Dagegen kam es zu einem Kompromiß, besser gesagt zu einer ersten Niederlage von mir, die Ulrike in ihrer geschilderten Art als äußerstes Zugeständnis ihrer Seite und einen für alle brauchbaren Kompromiß ausgab.

Die Chefredaktion wurde in ein Dreierdirektorium umgewandelt, bestehend aus Rühmkorf, Nettelbeck und mir. Beschlüsse konnten nur einstimmig gefaßt werden, jeder hatte also Vetorecht.

Um diese Zeit wurde mir die Wannseekonferenz und Nettelbecks Teilnahme bekannt. Ich muß heute offen gestehen, daß Rühmkorf und ich von dieser Zeit an keine andere Aufgabe sahen, als den »Struppi« zu entlarven und anschließend aus der Redaktion zu feuern.

Ulrike kam uns dabei zu Hilfe. Am 28. März startete sie eine neue, gezielte Provokation zur Verschärfung des Konflikts. Sie lieferte anstelle ihrer Kolumne, die laut Vertrag unredigiert und ungekürzt erscheinen mußte, ein anonymes Papier einer Berliner »Basisgruppe« ab, das

überdies miserabel geschrieben und politisch eine Binsen-
wahrheit war. Ich bot Ulrike an, dieses dürre Deutsch
und die hölzernen Gedankengänge unter ihrem Namen
zu veröffentlichen. Sie lehnte ab. Sie wolle gerade an
ihrem Platz Texte nach ihrer Wahl veröffentlichen. Nettelbeck nahm den Text schließlich an und gab ihn in den
Satz. Hinter meinem Rücken.

Wieder war einer der von mir so gehaßten Augenblicke
gekommen, in denen ich eine Entscheidung fällen mußte.
Noch in der gleichen Nacht ließ ich den Text aus dem
Heft nehmen. Da ward Gewohnheit von.

Am nächsten Tag versuchte Ulrike, durch ihre »Gegenredaktion« informiert, den SDS-Vorstand zu veranlas-
sen, einen schon gesetzten Artikel »Revolutionäre Disziplin« aus dem Heft zurückzuziehen. Vergeblich. Der
Bundesvorstand übte revolutionäre Disziplin. Er befand
sich in Nettelbecks Landhaus, und Nettelbeck mißbilligte
Ulrikes Vorgehen.

Er verfaßte sofort eine Aktennotiz darüber. Er verfaßte
dauernd Aktennotizen, das war er aus der *Zeit* so gewöhnt. Vorher hatte es nie Aktennotizen bei KON-
KRET gegeben. Seitdem blieb diese Unsitte erhalten, bis
zum bitteren Ende. In der Aktennotiz stand:

»Ich bin nicht bereit, mich zum Objekt einer privaten
Auseinandersetzung zwischen Ulrike und Klaus Rainer
Röhl machen zu lassen. An diesem Punkt endet sowohl
meine Solidarität mit Ulrike wie meine Loyalität Klaus
Rainer Röhl gegenüber.«

Ulrike reagierte darauf mit einem Abbruch der Beziehungen. Ihre Begründung publizierte sie in der liberalen
Frankfurter Rundschau vom 26. April. Titel:

Ich will durch eine Mitarbeit nicht verschleiern.

»Ich habe meine Mitarbeit an der Zeitung KONKRET eingestellt. Ich war in zehnjähriger Mitarbeit an dieser Zeitung Redakteurin, Chefredakteurin, Kolumnistin. Ich ging 1959 zu KONKRET, weil ich die Mitarbeit an dieser Zeitung für eine Möglichkeit von politischer Arbeit hielt. Ich habe von 1964–1969 dort regelmäßig politische Kommentare geschrieben, weil ich dort schreiben konnte, was ich für richtig hielt, als einer Möglichkeit von politischer Agitation. Ich stelle meine Mitarbeit jetzt ein, weil das Blatt im Begriff ist, ein Instrument der Konterrevolution zu werden, was ich durch meine Mitarbeit nicht verschleiern will, was zu verhindern im Augenblick nicht möglich ist.

Daß es in der Redaktion von KONKRET in den letzten Monaten gekracht hat, ist bekannt. Wenn Röhl behauptet, einen Aufstand der Redakteure hätte es nicht gegeben, dann nur, weil er den Redakteurstatus der Aufständischen anficht, indem er juristische Klauseln als Politik ausgibt.

Eine Gruppe von linken Mitarbeitern der Zeitung hatte begonnen, sich zu organisieren mit dem Ziel, aus KONKRET die für die Linke notwendige Zeitung zu machen ... Zu spät aber haben wir die Solidaritätsbekundungen von Uwe Nettelbeck als das erkannt, was sie waren: als Anbiederungsversuche. Erstmals zum Stellvertreter ernannt, erwies er sich als Stellvertreter. Die guten linken Manuskripte, die wir einbrachten, gab er als Ergebnis seiner redaktionellen Arbeit aus, indes er gleichzeitig die von Röhl gewünschte Isolation der Genossen in der Redaktion betrieb.

Ich gebe den Kampf um die Zeitung auf, um folgender Gefahr vorzubeugen, daß wir durch unsere Zeitung das Linksimage der Zeitung aufpolieren, ihr einen neuen Vertrauenskredit verschaffen. Einer Zeitung, die, wenn wir sie brauchen werden, sich gegen uns wenden wird. Was Röhl schon jetzt in seinen Artikeln, was Röhl und Nettelbeck in der Redaktion gegen die Genossen betreiben, werden sie in Kürze offen und öffentlich tun. Mit einer Auflage, der wir dann nichts entgegenzusetzen haben werden als unsere Verzweiflung und unser Entsetzen über den Gebrauch des Instrumentes, das wir aufgebaut haben.«

Aber Ulrike gibt den Kampf um die Zeitung nicht auf. Das ist keine Überraschung. Überraschend sind in diesem Text die Worte »Verzweiflung und Entsetzen«. Sie fallen auf. Sie könnten als früher Hinweis auf spätere Motive gedeutet werden.

Noch jedenfalls ist Ulrike nicht verzweifelt. Ihre Freunde sammeln Unterschriften für einen Boykottaufruf linker Autoren. Es kommen nicht genug zusammen. Es unterschreiben nur Enzensberger, Lettau, Peter Schneider, Monika Mitscherlich-Seifert, Marianne Herzog und Prof. Peter Brückner. Wichtige KONKRET-Autoren wie Wallraff, Zwerenz, Deschner, Hochhuth, Ziem, Fichte, Fried, Rauter, Piwitt, Peter Hamm, Gerd Fuchs, Uwe Herms, Sebastian Haffner, Martin Walser und Peter Weiss versagen sich.

»Der Laden wird zerkrümelt!«

Irgend jemand muß Ulrike den schlechten Rat gegeben haben, es »mit anderen Mitteln« zu versuchen. Anfang Mai heißt es in einem von Ulrike mitverfaßten Artikel der Berliner *Roten Presse:*

»Nachdem der Versuch der Genossen Nirumand, Enzensberger, Semler, Dutschke im Frühjahr 1968, Röhl mit den prominentesten Namen der Bewegung zur Zusammenarbeit zu zwingen, gescheitert ist, ist nun auch der zweite Versuch – diesmal der linken Redakteure und Autoren der Zeitung – die Zusammenarbeit zu erzwingen, gescheitert. Ein dritter Versuch müßte auf einer anderen Ebene, mit anderen Mitteln unternommen werden.«

Wie diese »anderen Mittel« aussehen sollten, erfahren wir wenig später, am 3. Mai 69. Wir erhalten von befreundeten Journalisten die Nachricht, daß von Berlin aus Ulrike-Anhänger in Bussen und Kleinwagen starten werden, um die Redaktionsräume von KONKRET zu besetzen, den Rücktritt des Chefredakteurs zu erzwingen und eine neue, in Berlin schon zusammengestellte Redaktion einzusetzen.

Die Aktion soll zu einem neuralgischen Zeitpunkt erfolgen, am 7. Mai. Während der Hauptherstellungszeit der neuen Nummer. Wo keine, auch nur stundenweise Unterbrechung der Arbeit hingenommen werden kann, ohne das Erscheinen der Ausgabe zu gefährden und damit unabsehbaren Schaden hinzunehmen. Scheinbar eine Zwickmühle: Entweder wir kapitulieren und geben die

Zeitung auf. Oder wir holen die Polizei. Dann wären wir wirklich isoliert und ein Boykott hätte Aussicht auf Erfolg: Röhl hat die Polizei geholt!

Was tun? Lange Beratungen folgen. Sollen wir Widerstand leisten, die Redaktion verbarrikadieren? Wegen der Übermacht der angekündigten Streitmacht (mindestens 50 allein aus Berlin) zwecklos. Selbst mit einer gewaltlosen Blockade hätten sie das Erscheinen der Ausgabe verhindern können. Die Polizei holen? Kommt nicht in Frage. Kapitulation auch nicht. Schließlich schlage ich eine vierte Lösung vor. Hat nicht Mao gesagt: »Wenn der Feind stark ist, ziehen wir uns zurück . . .«? Wir werden die Taktik der Guerilla anwenden. Die Redaktion geht in den Untergrund. Die Produktion wird weitergeführt. Die Verlagsräume werden geräumt. Wir entwerfen ein Flugblatt:

Konkret geht in den Untergrund

»Die Verlags- und Redaktionsräume von KONKRET sollen von einer Aktionsgruppe besetzt werden, die mit Bussen aus Berlin heute eingetroffen ist.

Ziel dieser Besetzung ist, die Herstellung der gerade im Umbruch befindlichen Zeitung zu verhindern, um unter diesem Druck ultimative Forderungen durchzusetzen (Absetzung des Chefredakteurs, Auswechslung der Redaktion, Einsetzung eines von niemandem gewählten Redaktionsrates aus Berlin), oder zu erreichen, daß KONKRET die Polizei ruft, um so zu beweisen, daß KONKRET eine ›konterrevolutionäre‹ Zeitung ist.

In der vierzehnjährigen Geschichte dieser Zeitung hat es nicht an Versuchen gefehlt, das Blatt politisch gleichzuschalten. Die geplante Besetzung der Verlags- und Redaktionsräume ist ein solcher Versuch.

Der Berliner Gruppe gehörte Ulrike Marie Meinhof an, die langjährige Kolumnistin von KONKRET, die in der *Frankfurter Rundschau* erklärt hat: ›Ich gebe den Kampf um diese Zeitung auf‹.

Kurze Zeit später versuchte sie jedoch einen Boykott der wichtigsten Autoren gegen KONKRET zu organisieren. Als dieser Versuch scheiterte, wurde die gewaltsame Besetzung beschlossen.

Die Redaktion stellt dazu einstimmig fest, daß hinter der Initiative von Ulrike Marie Meinhof keine Aktionseinheit des antiautoritären Lagers steht. Wir stellen schließlich fest, daß wir die Aktion mißbilligen und ihre politischen Konsequenzen bedauern.

Wir haben uns darum entschlossen, die unabhängige Produktion dieser Zeitung unter allen Umständen zu sichern. Wir werden KONKRET außerhalb der Redaktionsräume weiterproduzieren. KONKRET geht in den Untergrund!«

Am Vorabend der Besetzung packe ich meine wichtigsten Papiere zusammen und verlasse das Haus. Obwohl noch nie eine Aktion der Ultras bis in die Privaträume ihrer Gegner vorgedrungen ist, ahne ich nichts Gutes. Das Haus in Blankenese ist schon vor Wochen von Berliner Jugendlichen aufgebrochen worden. Sie haben einige Tage dort »gewohnt«, die Flaschen leergetrunken und einige Kleidungsstücke gestohlen. Als ich von einer Reise zurückkomme, finde ich die Kriminalpolizei schon im Haus. Auf dem Teppich der Wohnstube liegt, sorgfältig in kleine Teile zertreten, eine alte Geige. Vielleicht sollte das eine Art Kulturrevolution sein. Es war ein Irrtum. Die Geige gehörte Ulrike. Sie hatte sie bei ihrem Auszug vergessen.

Als ich in den Auseinandersetzungen mit der Gegenredaktion den Verdacht äußere, der Überfall habe etwas mit der Rebellion zu tun, ist der redliche Lothar Menne darüber so gekränkt, daß er fast heult. Dennoch hatte ich mit meinem Mißtrauen recht. Der Überfall war von der Gegenredaktion initiiert. Jugendliche aus dem Märkischen Viertel in Berlin, die wir fotografiert und auch honoriert hatten, waren nach Hamburg gefahren, um »Nachhonorar« zu fordern. Darauf hatte man sie in meine Privatwohnung geschickt.

So halte ich es für besser, das Haus zu räumen. Ich ziehe zu Rühmkorfs nach Övelgönne. Nachts sitzen wir noch lange auf, lassen die Elbdampfer und Barkassen an uns vorbeiziehen und klönen über die alten Zeiten und die neue Entwicklung, über die alte Linke und ihre neuen Gegner, die Anarchos und die »Schilies« (= Schicken Linken, wie Rauter sie gerade in einem Leitartikel genannt hat). Um drei Uhr stellen wir fest, daß wir keine Schlaftabletten im Hause haben. Ich fahre zur Nachtapotheke und hole ein Röllchen »Adalin«. Schlaftabletten und ein gutes Gewissen lassen uns in einen langen, tiefen Schlaf fallen, aus dem wir erst um 11.00 Uhr durch einen Reporter des *Spiegel* geweckt werden. Herr Röhl, sagt er und zückt interessiert seinen Kugelschreiber, Ihr Haus in Blankenese ist gestürmt und verwüstet worden. Was sagen Sie dazu?

Die Aktion ist bereits beendet. Die Eroberung von KON-
KRET ist mißlungen. Mein Bruder beschreibt es in der
nächsten Ausgabe:

»Mittwoch, den 7. 5. 69, 1.00 Uhr morgens: eine Kolon-
ne von Kleinbussen und Privatwagen verläßt Berlin in
Richtung Hamburg. Mit von der Partie: zwei Mitglieder der Berliner *Spiegel*-Redaktion. 10.00 Uhr: Eintref-
fen der Besatzer auf Hamburgs Gänsemarkt. Hier wim-
melt es von Presseleuten. Da die Berliner ihre Aktion
nicht geheimgehalten haben, hat auch die Polizei davon
erfahren. KONKRET, die sie nicht rief, kann sie auch
nicht wieder fortschicken: Die Zeitschrift, die im großen
Geschäftsgebäude in der Gerhofstraße zwei Stockwerke
gemietet hat, besitzt kein Hausrecht.

10.30 Uhr: Die Berliner verteilen ein Flugblatt:

An alle Angestellten aus Redaktion und Verlag von
KONKRET! Wir haben heute die Redaktion und den
Verlag besetzt. Warum? Die Besetzung richtet sich na-
türlich nicht gegen Euch. Die Besetzung richtet sich ge-
gen unsere und Eure Arbeitgeber, gegen Röhl und Stef-
fens.

Diese Zeitung ist genauso mies und autoritär wie das
Verhalten der miesen Autoritäten Röhl und Steffens Euch
und uns gegenüber in der Redaktion und im Verlag.
Wenn Ihr morgens pünktlich an Eure Arbeit, das heißt
an Röhls Profite müßt, dann liegt Röhl noch im Bett,
aber sein Wachhund Steffens ist schon scharf und sieht
Euch auf die Finger.

Überm Schreibtisch Che Guevara / Unterm Schreibtisch
McNamara / Ihr fahrt mit der Straßenbahn / Der Chef

reist mit 'nem Porsche an / Macht Schluß mit dem kon-
kreten Mief / Und schafft ein APO-Kollektiv!

11.00 Uhr: Ulrike Meinhof erscheint. Sie ist ausgeschla-
fen, da sie mit dem Flugzeug nach Hamburg kam. Ihre
Genossen dagegen sind übernächtigt und gereizt; man
fragt sich, wie es weitergehen soll. Plötzlich kommt die
Parole: Auf nach Blankenese! Ziel: das Haus des KON-
KRET-Herausgebers Klaus Rainer Röhl. Währenddessen:

In den einzelnen Privatwohnungen der KONKRET-
Mitarbeiter verläuft die Arbeit planmäßig. Immerhin besteht überall eine leichte Nervosität.

11.30 Uhr: Vor Röhls Haus in Blankenese hält Bernward
Vespers* grauer Volvo, gefolgt von Bussen und Privatwagen. Ein Vortrupp war bereits hier: Wände und Türen
sind mit Farbe bemalt; die Frontseite schmückt ein naiv
gezeichnetes männliches Geschlechtsteil. Unter Vespers
Leitung wird jetzt das Haus gestürmt und rasch und scho-
nend verwüstet. Nur billige Möbel fliegen aus dem Fenster, nur ziemlich wertlose Gegenstände werden zertrüm-
mert. Man reißt die Telefone heraus, schlägt etliche
Scheiben und eine Tür ein, durchwühlt alle Schränke und
Tische, uriniert in die Betten. Jemand schießt aus einem
Katapult durch die Fenster, stiehlt die Plattensammlung.
Dann, bevor die Nachbarn die Polizei geholt haben, ver-
schwindet das etwa 30köpfige Kommando.

* Sohn des Nazischriftstellers Will Vesper, Frankfurter Anarchist,
der sich auch als Schriftsteller versuchte. Zeitweise Verlobter von
Gudrun Ensslin und Vater ihres Kindes. Er nahm sich ein Jahr später das Leben.

12.00 Uhr: Telefonisch erhält die Redaktion einen Bericht vom Blankeneser Schlachtfeld. Steffens verlegt seinen Arbeitsplatz in die Wohnung von Meyer-Bruhns. Nicht umsonst: Wenig später »durchsucht« Ulrike Meinhof sein Haus. »Bei mir wird zurückgeschossen!« verkündet Rühmkorf, der sich am Vortag noch rasch eine Gas-Pistole gekauft hat. Auch in Eichhoffs Vertriebsabteilung fürchtet man, die Berliner könnten körperliche Gewalt anwenden.

12.15 Uhr: Es klingelt im Alten Steinweg 35 an der Wohnungstür. Jürgen Beier: »Jetzt kommen sie zu uns!« Es sind aber nur drei *Spiegel*-Redakteure, die sich durch den Briefschlitz ausweisen müssen.

12.30 Uhr: Die abenteuerlichsten Gerüchte verbreiten sich. Steffens, der sein Quartier schon wieder gewechselt hat, sorgt sich um Frau und Kinder. Eine Nachbarin hat sie in Begleitung von Ulrike das Haus verlassen sehen; es heißt, sie seien gekidnappt worden.

13.00 Uhr: Nachdem längere Zeit kein Mitglied des Demontiertrupps gesichtet wurde, beruhigt sich die Lage. Die Arbeit läuft weiter. Manuskripte werden fertiggeschrieben und zur Setzerei gebracht, Fotos bestellt und Autoren angerufen. An der Hamburger Universität verteilt die Vertriebsabteilung unsere Flugblätter.

14.00 Uhr: Im Republikanischen Club Hamburg versammeln sich die verhinderten Besatzer. Die Stimmung ist auf dem Tiefpunkt; alle sind übernächtigt und mutlos. Einige schlafen, andere diskutieren darüber, was KONKRET eigentlich sei und welche Leserschaft es habe. Ulrike Meinhof: »Dreißig Prozent der Leser sind aktive Linke. Auf die anderen siebzig Prozent kann das Blatt verzichten!« Ihre Argumentation überzeugte kaum jemanden, auch nicht den soeben zur Vermittlung aus Frankfurt eingetroffenen SDS-Bundesvorstand. Vespers Erklärung: »Die Villa ist zerkrümelt!« kann nicht darüber hinwegtäuschen, daß die Aktion ein Schlag ins Wasser war. Am späten Nachmittag fahren die ersten Autos zurück nach Berlin.

19.00 Uhr: Redaktion und Verlag diskutieren die Ereignisse. Es besteht Einigkeit darüber, daß die Taktik des gewaltlosen Ausweichens erfolgreich war. Niemand ist verletzt, der Sachschaden läßt sich ersetzen. Die Produktion der laufenden Nummer ist gesichert. Am nächsten Tag wird normal gearbeitet.«

Was nicht in KONKRET und auch nicht im *Spiegel* stand: Anschließend an die Aktion wurden an die Teilnehmer Tagegelder ausgezahlt, wie Günter Wallraff später durch eidesstattliche Zeugenaussagen von zwei »randständigen« Teilnehmern aus dem Ruhrgebiet beweisen konnte. Das Geld, etwa 1000 Mark, zahlte die Berliner *Spiegel*-Redaktion.

Ulrike hatte sich durch ihre mißglückte Aktion bei vielen Linken isoliert. Die meisten verurteilten die Aktion. Erich Fried schrieb ein Gedicht, das noch im gleichen Monat bei uns erschien:

Leitfaden zur Aufrechterhaltung der Schlagkraft
　　»Viel Feind, viel Ehr!«
　　Feinde sind zu weit entfernt
　　und meistens zu gut gesichert.
　　Drum ernenne Freunde zu Feinden

und schlage ihnen die Fresse ein.
Machst du sie dadurch erfolgreich
zu Gegnern
so darfst du dich rühmen:
»Ich war der erste
der aktiv losschlug
im Kampf gegen sie«.

Der Rest war harte Arbeit. Es dauerte noch drei Monate, bis Uwe Nettelbeck und die meisten anderen Mitglieder der »Gegenredaktion« die Zeitung verließen. Es wurde höchste Zeit. Die Auflage sackte langsam, aber stetig ab. Es gab noch eine Weile Hick-Hack in der Redaktion. Schrieb ich in einem Heft dieses, schrieb Uwe Nettelbeck im nächsten Heft jenes. Dieses war Bündnispolitik – jenes war neulinker Verbalradikalismus. Der Umbruch wurde langweiliger und öder, viele Leser sprangen ab. Aber die akute Gefahr der Zerstörung des Blattes, der einzigen Massenzeitung der Linken, bestand nicht mehr. Rühmkorf und mir gelang es bald, Uwe Nettelbeck zu isolieren. Zunächst kündigte er, und nach Rücksprache auch in unserem Namen mit dem SDS nacheinander alle in die Redaktion eingeschleusten politischen und journalistischen Laien. Zuletzt sogar den bedauernswerten »Wirtschaftsredakteur« Räuschel, der seinen ungesicherten Status durch eine Kandidatur zum Betriebsratsvorsitzenden stabilisieren wollte. Nettelbeck kündigte ihm einen Tag vor der Aufstellung zum Betriebsrat.

Dann war es endlich soweit. Nettelbeck hatte ein halbes Jahr bei uns verbracht. Am 15. August erhielt er seine eigene Kündigung. Er war sprachlos. Ein Blick in seinen

Vertrag, den er erst jetzt tat, belehrte ihn, daß sein letzter Tag in der Redaktion der 31. August war. Sang- und klanglos verschwand er. Die Ära Nettelbeck war beendet.

Kurz vorher war der engagierte Linke noch zwei Wochen nach Frankreich gefahren. Mal ausspannen. Obwohl er noch nicht einmal sechs Monate im Verlag war, brauchte er Entspannung. Er erklärte mir ausführlich, warum er, mit Petra, einfach mal raus müsse. Deutschland sei schrecklich. Da könne man nirgends wirklich gepflegt essen. In Frankreich aber gäbe es einen bestimmten Ort, wo man noch wirklich gut kochen könne. Das sei natürlich ein Geheimtip.

Ich habe nicht mehr genau in Erinnerung, wo das nun war. Aber es war etwas von einem Fluß die Rede, auf dem Fluß sei eine Insel, und darauf sei jenes Freßlokal.

Er schilderte mir die Details. Ich habe sie vergessen. Aber für ihn war es sehr wichtig. Und deswegen müßten er – und Petra – mal raus aus allem und nach Frankreich.

Ich pflichtete ihm bei, er müsse mal raus. So konnten wir schon wieder eine lesbare Nummer vorbereiten, während Gitta Moldehn seine Kündigung schrieb.

Er lief tagelang wie ein Irrwisch durch die Redaktion und konnte es einfach nicht fassen. »Der Röhl muß wahnsinnig geworden sein, der hat nicht mehr alle!« Als Beleg zeigte er das Kündigungsschreiben vor: »Er hat *mich* gekündigt!«

Wir vergaßen ihn schnell. Es blieb nur sein extra für ihn gefertigtes knallrot lackiertes Mobiliar, das unter den übrigen Redakteuren verteilt wurde. Auch die Zeitungs- und Verlagsgeschichte vergaß ihn rasch. Seine wichtigste Publikation der nächsten Jahre war ein Beitrag zu einer Anthologie. Dieser Aufsatz bestand in einer exakt gedruckten Aufzählung seiner Schallplattensammlung, der Titel mit ihren Bestellnummern: neun Buchseiten lang.

Aktion gegen die Folter!

Es begann eine Wiederaufbauphase. Die Situation war ähnlich wie vor 10 Jahren. Wieder muß der an sich selbstverständliche Satz durchgesetzt werden: Die wichtigste Aufgabe der Zeitung ist – die Zeitung selbst. Ich finde einen neuen Slogan und lasse ihn in Werbeprospekten und Anzeigen drucken: *»Was ist besser als KONKRET? Das nächste KONKRET!«* Ein hoher Anspruch, der nicht immer erfüllt werden kann. Ich bringe eine Reihe neuer Serien ins Gespräch, die in den nächsten Monaten in Angriff genommen werden und sich als recht erfolgreich erweisen:
Die Zangen-Reportagen. »Kampen und Ruhrberg« erscheint im September. Später bringen wir Wallraff und Engelmann zusammen. Ihre Doppel-Reportagen erscheinen einige Jahre lang. Später werden sie ein Bestseller.*
Die Psycho-Serie. Von Ingo Mummert. Popularisierung aller psychologischen Fragen aus linker Sicht. Ebenfalls als Buch erschienen.

* Engelmann/Wallraff, *Ihr da oben, wir da unten,* Köln 1973.

Die Gerichts-Reportagen. Von Peggy Parnass. Nach dem Vorbild von Sling und Tucholsky entwickelt. Gegenstück zu den hämisch-blödelnden Gerichtsberichten der großen Presse. Peggy hatte ich fast vergessen. Sie hatte sich vorwiegend als Schauspielerin betätigt. Die Anregung, sie Gerichtsreportagen schreiben zu lassen, war ein Glücksgriff.

Der Auto-Typen-Test. Von Jürgen Beier. Als Gegenstück zum üblichen Autotest entwickelt. Nicht das Auto wurde getestet, sondern ein Typ von Fahrern; der BMW-Fahrer, der Entenfahrer. Eine Zeitlang ein großer Erfolg, aber nicht ewig fortzusetzen.

Die Spiegelrezensionen. Sie scheitern an genügend qualifizierten Rezensenten und werden schnell wieder eingestellt.

Weiter entwickeln wir die schon vorhandene Serie:

Die Sex-Protokolle. Früher von Bacia-Werth. Später von Wolfgang Röhl allein fortgeführt. Tonbandmitschnitte von Einzelpersonen, Paaren und Gruppen nach der Erika-Runge-Methode (Weglassen der Interviewfragen; dadurch Herstellung eines geschlossenen Textes). Als Buch erschienen im KONKRET-Buchverlag Band 16.

Der Erfolg stellt sich bald ein. Schon im September steigt die Auflage wieder an. Doch die Verluste, verursacht durch Doppelherrschaft, Gegenredaktion und Nettelbeck-Ära, sind in diesem Jahr nicht mehr aufzuholen. Wir schließen das Jahr mit einem Verlust ab. Aber die Entwicklung geht wieder aufwärts. Es gibt keinen Streitpunkt mehr um die politische Linie. Sie ist wieder eine Massenlinie, auf die Gewinnung breiter Kreise für Frieden, Verständigung und Abrüstung, für Veränderung der gesellschaftlichen Verhältnisse zugunsten der Lohnabhängigen, für freiere, menschenfreundlichere Beziehungen der Menschen untereinander, für Solidarität mit allen gegen Unterdrückung und Diktatur kämpfenden Völkern. Neben Vietnam ist ab 1969 auch Griechenland ein Schwerpunkt unserer Aktivität.

Der Fall des verhafteten Professors Mangakis, der von der Militärpolizei gefoltert wird, ist für uns Anlaß einer Kampagne im November und Dezember. Auf den Titelseiten von KONKRET erscheinen in deutscher und griechischer Sprache die Schlagzeilen: Freiheit für Mangakis! Der Leitartikel endet mit den Worten: »Wir wissen: Die Befreiung von Mangakis kann nur verstanden werden als ein Teil einer Kampagne zur Befreiung aller politischen Gefangenen in Griechenland. So wie Mangakis werden Tausende politische Gegner des Regimes, von den Kommunisten bis zu den Liberalen, unter unmenschlichen Bedingungen in KZ-ähnlichen Lagern festgehalten und in Polizei- und Militärgefängnissen barbarisch gefoltert.

Wir appellieren an alle unsere Leser, sich in Briefen, Telefonanrufen und Telegrammen an ihren Abgeordneten, ihre Zeitschriften, Zeitungen und Fernsehanstalten zu wenden sowie an das Bundeskanzleramt und das Außenministerium. Wir werden ferner versuchen, zusammen mit anderen westeuropäischen Zeitschriften und Organisationen *zu gegebenem Zeitpunkt in Athen gewaltlose Protestaktionen westeuropäischer Touristen* gegen die Inhaftierung von Mangakis zu organisieren, und bitten auch dabei um Mithilfe.

Laßt uns Griechenland zum schlechten Gewissen Europas machen! Ihr Klaus Rainer Röhl.«

Mangakis wird schließlich durch Intervention bundesdeutscher Stellen freigelassen und lebte lange in Heidelberg. Aber gewaltlose Aktionen westeuropäischer Touristen in Athen bleiben vorerst aus. Fünf Jahre später, im Mai 1974, nachdem das neue Obristenregime unter dem früheren Folterspezialisten Joannidis den Terror der Papadopulos-Ära noch gesteigert hat, macht Günter Wallraff die gewaltlose Aktion in Athen. Er wird zusammengeschlagen, gefoltert und zu 14 Monaten Gefängnis verurteilt. Als diese Zeilen geschrieben wurden, war sein Schicksal noch ungewiß. Griechenland war zur Schande Europas immer noch eine Diktatur. Inzwischen ist es frei. Mangakis ist Minister.

Haschu Haschisch inne Taschen . . .

Die Gewaltpropheten und Anarchisten, die unter den Bedingungen des Parlamentarismus den Pflasterstein und die Brandflasche zum politischen Instrument erheben wollen, haben in KONKRET keinen Raum mehr. Wir sind keine opportunistische Zeitung mehr. Nach den gemachten Erfahrungen nehmen wir deutlich Stellung. Gegen Gewalt und Terror. Ein anderes Erbe aus jener chaotischen Zeit bleibt aber fortbestehen und auch dafür steht der Verantwortliche im Impressum – Klaus Rainer Röhl: Eine geradezu kriminelle Verharmlosung der Drogengefahren.

Es ist keine Entschuldigung, daß wir diese Tendenz damals mit der *Zeit* teilten. Noch im September bringen wir einen Artikel unter dem verniedlichenden Titel »Haschu Haschisch inne Taschen – Haschu immer was zu naschen.« Wird Haschisch erlaubt? Wir fordern die Aufhebung des Verbots. Wir geben einem Münchner Rechtsanwalt das Wort, der das Haschischverbot für grundgesetzwidrig erklärt. In unserem Vorspann steht wörtlich: »Haschisch ist ein Genußmittel, das weniger schädlich ist als Alkohol. Haschisch macht nicht süchtig. Dagegen baut es Aggressionen ab und löst seelische Verkrampfungen, ohne eine dumpfe Betäubung zu hinterlassen. Polizei und Behörden jedoch sehen in Haschisch noch immer ein verbotenes Rauschgift.«

Die Geschichte dieser Zeitung ist die unserer Fehler und Selbstkorrekturen. Gewaltig und zahlreich waren unsere Fehler und ebenso gewaltig und zahlreich unsere Anstrengungen, sie wieder zu korrigieren. Jede Korrektur mußte mit bitteren Erfahrungen und Rückschlägen erkauft werden. Die Eskalation der Gewalt und des Psychoterrors gegen Andersdenkende, von der es bei uns einmal geheißen hatte, sie sei eine neue, höhere Qualität des politischen Kampfes, wurde uns erst voll bewußt, als sich die blinde Zerstörungswut gegen uns selber, unsere Zeitung und unsere Privatwohnungen richtete.

Die gefährlichen und dilettantischen Menschenversuche in den ersten Kinderläden, die von uns unkritisch bejubelt worden waren, wurden mir erst fragwürdig, als ich sah, wie meine eigenen Kinder oder etwa die Kinder des befreundeten Funkredakteurs Hans Peter Krüger lebten. Auch in der Frage des Konsums von »harmlosen Drogen« mußte ich erst Anschauungsunterricht in der eigenen Familie erhalten, um Alarm zu schlagen.

Anja, meine Tochter aus der ersten Ehe, das Kind, das im gleichen Monat wie KONKRET geboren wurde, schreibt seltsame Briefe aus dem Internat. Sie ist 14. Drogenkonsum ist in diesen Jahren bei Jugendlichen selbstverständlich, besonders in einem Internat. Sie macht die Bekanntschaft eines älteren Jungen, der bereits »schießt«, sie gerät in die gefährliche Nähe der Drogenszene. Ich bin hilflos. Es hilft nichts, daß ich selber keine Drogen nehme, nur mal Alkohol trinke. In meiner Zeitung hat ja gestanden: Hasch ist weniger gefährlich als Alkohol. Ich sehe, daß nicht nur Anja, sondern die ganze Schülerbewegung stumpf wird, entpolitisiert wird, gleichgültig und träge, daß alle politischen Ansätze sich auflösen in leichte Cannabiswölkchen.

Im Februar 1970 veröffentlichte ich den Artikel *»Hasch macht dumm«*:

»Bild macht dumm, hieß eine der Losungen der Anti-Springer-Aktionen, deren massenhafte Kraft und Spontaneität die Inhaber unserer Gesellschaft zutiefst erschreckte und unsicher machte. Aber der Zorn auf Springer war nicht groß genug. Die Empörung über das Attentat, das den wichtigsten Kopf der Neuen Linken ausschaltete, hielt nicht an. Die Bewegung verebbte. Zurückgetrieben von den Polizeisperren und Stacheldrahtverhauen vor den Springerhäusern und Justizpalästen – die in einem Ansturm von drei Ostertagen nicht zu nehmen waren, zog man sich zurück nach Hause, haute sich aufs

Sofa und stopfte sich ein Pfeifchen. Und siehe da: nachts um 3.00 Uhr ist die Welt seitdem noch in Ordnung. Statt Bild macht jetzt Haschisch dumm.

Übertreiben wir? Verwechseln wir Ursache und Wirkung? Ist nicht die Flucht in das Reich der »verstärkten sinnlichen Wahrnehmung« nur Ausdruck des Scheiterns der Neuen Linken?

... Chemie im Dienst der Herrschaftsausübung gab es immer. Drogen als Ersatz für die Wirklichkeit verabreichen die Herrschaftsinhaber ihren Gegnern und den Feinden im eigenen Land: ihren Untertanen. Alkohol gab es noch vor jeder besseren Schlacht. Rum gibt es, wenn das Schiff untergeht. Der Haschischtrank Bhang täuscht Millionen Inder über ihren langsamen Hungertod hinweg. Gelähmt von Opium sahen Chinas Volksmassen der Ausplünderung ihres Landes durch die Westmächte zu. Der Widerstand der amerikanischen Indianer gegen den Raub ihres Landes wurde endgültig erst durch das Feuerwasser zerstört.

Einige der Nervengase aber, die die amerikanische Polizei erprobt, um aus militanten Demonstranten friedliche Staatsbürger zu machen, gleichen in ihrer Wirkungsweise bewußtseinsändernden Drogen wie LSD, Mescalin und Haschisch. Wird es eines Tages nicht mehr nötig sein, Tränengas gegen linke Demonstranten zu verschießen? Kommt der Haschisch-Werfer aus der Polizei-Sprühkanone?

Hasch löst keine politischen Probleme. Hasch löst nicht einmal private Probleme. Hasch macht dumm.«

Das gab erst mal Luft. Half aber noch nicht endgültig.

Eine Diskussion war in Gang gesetzt worden, mehr nicht. Immer noch galt in weiten Kreisen der »Linken«, besonders bei Schülern, der Gebrauch von Rauschgiften oder wie es verharmlosend hieß: das Experimentieren mit bewußtseinserweiternden Drogen, als schick, zumindest als Durchgangsstadium, das niemand schaden könne.

Als im Sommer 71 die ersten Todesfälle jugendlicher Fixer bekannt wurden, fühlte ich mich persönlich betroffen. Waren wir nicht mitschuldig geworden mit unserer damaligen »Legalize pot-Kampagne« und unserem fahrlässigen »Haschu Haschisch inne Taschen«? Hier mußte ein deutliches Signal gesetzt werden. Ich veröffentlichte einen noch schärferen, sehr selbstkritischen Artikel: *Genossen, wir haben Scheiße gebaut!* In ihm rief ich auf zum ersten Anti-Drogenkongreß der Linken in der Bundesrepublik. Vom 18. bis 19. März 1972 fand er dann in den Räumen der Universität Hamburg statt und wurde ein großer Erfolg. Sein Motto hieß »Sucht ist Flucht«. Ich glaube, es war einleuchtend. Ohne Übertreibung kann man sagen, daß nach diesem Kongreß Drogen für die organisierte Linke und ihre Anhänger kein Problem mehr waren und sind. Die Drogenwelle unter Schülern und Studenten hat ihren Höhepunkt lange überschritten.

Eine neue wichtige Kurskorrektur war durchgeführt, unter schweren Kämpfen und Verlusten.

15 Jahre lang war diese Zeitung nun schon ihren Weg unter ständigen Kämpfen, Erfolgen und Verlusten gegangen. Doch die schwersten Krisen standen ihr erst bevor. Gegen das, was uns nun erwartete, sind alle bisheri-

gen Hochs und Tiefs, alle Umwege und Irrwege geringfügig und unbedeutend.

»Auf Bullen darf geschossen werden!«

Anfang des Jahres 1970 hat sich die Lage der Zeitschrift nach den vielen Kämpfen und Querelen wieder ganz stabilisiert. Die Verluste werden langsam ausgeglichen. Eine gute Mannschaft macht zusammen ein gutes Produkt: Rühmkorf, Rauter, Röhl, Wallraff, Lothar Menne und die Magazinredakteure Oehrens, Beier und Michels. Regelmäßige Kolumnen und Serien schreiben Haffner, Robert Neumann, Ingo Mummert und Peggy Parnass. Auch unser »Uralt-Kommunist« aus der Studentenzeit, Eberhard Zamory, mein erster »Verleger« in dessen nur einmal erscheinendem *Untertan* (s. S. 67) ich meinen ersten Artikel veröffentlicht habe, gehört jetzt mit zur Redaktion. Rühmkorf hat ihn empfohlen. Nach jahrelangen zermürbenden Auseinandersetzungen mit der »Partei« hatte auch er sich von ihr gelöst und hing im Archiv irgendeiner billigen Illustrierten herum. Er wird unser Schlußredakteur und Archivmann. Es ist eine politisch heterogene Mannschaft, in der Lothar Menne der letzte »Anti-Autoritäre« ist.

KONKRET ist eine 14tägig erscheinende Zeitschrift mit einem festen Leserstamm von 150 000 Käufern, die mit »Mitlesern« etwa eine halbe Million Leser bilden. Es sind vorwiegend Männer, vorwiegend zwischen 18–35, vorwiegend in Großstädten lebend. KONKRET hat weitaus mehr Leser mit Abitur als z. B. der *Spiegel.* Ihr Durchschnittseinkommen beträgt über 1500.– DM. KONKRET hat die meisten Interessenten an Reisen, die meisten Pfeifenraucher und Raucher von »schwarzen Zigaretten«, die meisten Verbraucher von Herrenkosmetika und die meisten Interessenten oder Besitzer von Farbfernsehern.

Ist KONKRET deshalb keine »linke« Zeitung mehr?

Im Gegenteil. KONKRET ist nur kein linkes Mitteilungs- oder Vereinsblättchen, sondern eine Publikumszeitschrift, von linken Redakteuren gemacht. Für Leute, die noch nicht Suhrkamps und Rowohlts soziologische Reihen lesen, nicht das *Kursbuch* und *Das Kapital* lesen. KONKRET-Leser stehen der Gesellschaft kritisch gegenüber, haben Probleme in ihren partnerschaftlichen Beziehungen und im Beruf, sind Berufs- und Partnerwechsler. Sie sind für Änderung der gesellschaftlichen und ökonomischen Verhältnisse langfristig zu gewinnen. KONKRET ist das verbindende Glied zwischen den vielen hunderttausend Einzelnen, die in großen und kleinen Städten und Gemeinden die kleinen Schritte des »langen Marsches« gehen.

Das Feld ist bestellt, die Ernte füllt das Haus. Ostpolitisch stehen wir vor der Erreichung fast aller jener Ziele, die KONKRET bei seiner Gründung proklamiert hat: Verständigung mit dem Ostblock, Anerkennung des ostdeutschen Teilstaates, Lösung aller Probleme durch Verhandlungen. Die außenpolitische Landschaft hat sich grundlegend verändert. Die meisten Befreiungsbewegungen der Dritten Welt haben gesiegt oder ihr Sieg ist zu

erwarten. Die Zeitung bereitet sich auf neue innenpoliti-
sche Aufgaben vor, Aufgaben, wie sie heute die Jusos in
Angriff genommen haben, die schrittweise Änderung des
ökonomischen Systems zugunsten der Mehrheit der Bevölkerung: systemverändernde Reformen. Die Chancen
dazu stehen 1970 nicht schlecht.

Im Mai feiern wir den 15. Jahrestag der Zeitung. Ein
stolzes Fest, zu dem unzählige Kisten Sekt in die Redaktionsräume geschleppt werden. Alle, alle sind geladen an
diesem 14. Mai. Auch alle ehemaligen gekündigten und
freiwillig gegangenen Mitarbeiter und jetzigen Gegner
des Blattes und seines Herausgebers, Ulrike ebenso wie
Holtkamp, Eckart Spoo ebenso wie Erika Runge. Alle
haben Generalpardon. Ein neuer Putsch ist nicht in Sicht.
Der Wind der Geschichte bläst in die richtige Richtung.
Die Auflage entwickelt sich weiter günstig. Was kann
uns schon geschehen?

Um 15.00 Uhr erheben wir die Gläser. Die meisten Hamburger Publizisten sind gekommen, Neugierige, Fotografen, ehemalige Mitarbeiter, nur keiner der Berliner. Ich
halte eine kurze Ansprache. Eine Minute später tritt eine
Sekretärin kreidebleich auf mich zu und sagt: Es ist eben
im Radio gemeldet worden: Andreas Baader ist mit
Waffengewalt befreit worden, es soll Tote gegeben haben. Ihre Frau soll dabei gewesen sein. Sie ist auf der
Flucht.

Alle waren wie vor den Kopf geschlagen. Man verabschiedete sich rasch. Ein bemerkenswertes Jubiläum für
KONKRET.

Mein erster Gedanke waren die Kinder. Ich mußte sofort

nach Berlin und die Kinder in Sicherheit bringen. Die nächsten Nachrichten besagten, daß der niedergeschossene Bibliotheksangestellte zwar noch lebe, aber eine bundesweite Fahndung nach Ulrike Meinhof und ihren Helfern angelaufen sei. Wo waren die Kinder? Ein Anruf in der Berliner Wohnung blieb ohne Ergebnis. Kein Berliner Bekannter hatte eine Ahnung, weder Wagenbach oder andere Bekannte Ulrikes noch persönliche Bekannte wie Nachbarn oder die Kinderärztin »Tante« Hanni, Ulrikes Patentante. Es ging kein Flugzeug mehr nach Berlin in dieser Nacht. Am nächsten Morgen würde ich aufbrechen und die Kinder suchen.

Jürgen Holtkamp verabschiedete sich nicht sogleich. Er trank noch einen Sekt mit mir und gratulierte mir zu den 15 harten, aber erfolgreichen Jahren. Er sah mir unbefangen in die Augen, grinste wie immer sein etwas befangenes, interessiertes Grinsen und wußte, wo meine Kinder, die nun siebenjährigen Zwillinge waren. Bei ihm. In Bremen.

Es stellte sich später heraus, daß er keineswegs der einzige unter den Teilnehmern unseres Jubiläums war, der Bescheid wußte. Leute, deren Verbindungen in die höchsten Spitzen des Hamburger Establishments reichten, wußten Bescheid und machten kein Hehl daraus, daß sie Ulrike sympathisch fanden und ihre Handlungen zumindest verständlich. Meine Sorge um die Kinder fanden sie unverständlich. Einige rieten mir noch am nächsten Tag, nach Berlin zu fahren und dort, in der 2,5 Millionenstadt, nach ihnen zu suchen, obwohl sie wußten, daß die Kinder längst Berlin verlassen hatten. Die Verwirrung der Geister begann.

Die Gesellschaft begann sich zu teilen. In einen Teil, der Verständnis für die Motive der Gruppe äußerte und höchstens »solidarische« Kritik daran zulassen wollte, bei dem es in den nächsten Monaten und Jahren ein schikkes und prickelndes Gesellschaftsspiel werden würde, zu erraten, bei wem Ulrike in dieser Nacht wieder übernachtet hatte, und in einen anderen Teil, der die Baader-Mahler Gruppe für schädlich, für Feinde der Linken und allen Fortschritts, für agents provocateurs einer Rechtsentwicklung hielt. Zu der letzteren Gruppe gehörte ich, ebenso wie viele bewußte und organisierte Linke. Zu der ersten Gruppe zählten nahezu alle Liberalen.

Die Zeitung begann mit der tiefgreifendsten, persönlichsten und folgenschwersten Kurskorrektur: sie nahm als einzige offen den Kampf gegen die Baader-Mahler-Gruppe auf, um deren Isolierung in der Linken, um den schmerzhaften, aber notwendigen Vorgang der Entsolidarisierung. Ich nahm den Kampf politisch und persönlich ernst. Wenn die Anarchisten geschrieben hatten: Macht kaputt, was euch kaputt macht, so forderte ich jetzt die Linken in der Bundesrepublik auf

> »Macht kaputt, was euch kaputt macht –
> macht den Anarchismus kaputt!«

Bei Hippies und Obdachlosen in Sizilien

Die nächsten Monate freilich konnte ich mich kaum um die Zeitung kümmern. Ich erhielt schon am 16. Mai vom zuständigen Amtsgericht in Berlin das Sorgerecht für die

Kinder und begab mich auf die Suche. Ich fuhr durch Deutschland und klapperte alle Adressen ab, bei denen sie hätten sein können. Ich veröffentliche ihre Bilder in der Presse, ich ließ sie in ganz Europa von Interpol suchen. Überall, wohin ich kam, fand ich nicht einmal eine Spur von ihnen. Oft genug wurde ich bewußt auf falsche Fährten gelenkt. Eine Frankfurter Kommune ließ wissen, die Kinder seien in Skandinavien, eine Sylter Frauenkommune gab mir zu verstehen, die Kinder seien gut aufgehoben, in Frankfurt. Sie gaben die Auskunft, und dann zerschnitten sie nachts drei Reifen meines Wagens, nicht ohne vorher ein rotes Schild auf die Windschutzscheibe geklebt zu haben: »Frauen erhebt euch und die Welt erlebt euch!« Ich habe sie erlebt. Ich bewahre ihrer Menschen- und Kinderfreundlichkeit ein immerwährendes Angedenken. Mein Bruder und andere Mitarbeiter unserer Zeitung gingen inzwischen in anderen Städten auf die Suche. Am Ende hatten wir unter allen Bekannten die Familie Holtkamp als die wahrscheinlichste Adresse ausgemacht. Wolfgang und Michels fuhren vor der Wohnung Holtkamps in Bremen vor, in der Nachbarn die Zwillinge gesehen hatten. Eine Stunde früher waren sie von zwei Gruppenmitgliedern abgeholt worden. Von nun an waren sie ganz verschwunden.

Monate der Suche vergingen. Ich nahm kaum etwas um mich herum wahr. Mein Bruder führte die Zeitung fast allein. Ich war nicht nur durch die Entführung der Kinder betroffen. Ich wollte die Eskalation der Gewalt und die Erklärung, daß auf Grund einer selbstgefertigten Kriegserklärung auf »Bullen« geschossen werden dürfe, diesen aus heiterem Himmel kommenden Schießbefehl nicht wahrhaben. Vor allem wollte ich nicht glauben, daß Ulrike daran freiwillig beteiligt sein sollte. War sie gezwungen worden, erpreßt worden, mitgegangen – mitgefangen? Jetzt war diese Privatsache, wie man die Auseinandersetzung zwischen mir und Ulrike noch bei der Hausbesetzung genannt hatte, keine Privatsache mehr. Die Baaderbefreiung, die Entführung meiner Kinder und die Erschießung von Menschen veränderte meine Einstellung. Der Spaß war vorbei. Die Revolution, die Spaß machen sollte. Der Spaß beim Aufbau des Sozialismus, beim Kampf um den Sozialismus, beim Kampf gegen die Feinde des Sozialismus, die Heiterkeit und Leichtigkeit und die Freundlichkeit vergingen mir. Auch der Haß gegen die Niedrigkeit verzerrt die Züge. Auch ich konnte jetzt nicht mehr freundlich und leicht sein, nicht einmal mehr ironisch. Ich wurde ein anderer Mensch, mir selbst fremd. Die Härte und die Abgebrühtheit, die jetzt und in den folgenden Jahren nötig wurden, hatte ich auch im Krieg nicht gelernt. Ich hatte ja nie einen Kriegseinsatz mitgemacht. Dieses aber war ein Krieg, und ich war – und bleibe noch – mitten drin.

Ich sah, ich habe gesehen, ich habe nicht vergessen.

Später, als man die Zeitung, für die ich 18 Jahre lang gelebt hatte, Stück um Stück demontierte und zerstörte, wurde ich ein Mann mit Stehvermögen genannt, ein Stehaufmännchen. Einer, den so leicht nichts umwerfen kann, der immer wieder hochkommt, zäh und nicht kaputt zu kriegen. Was aber waren alle Verleumdungen und Entwürdigungen, Abgründe menschlicher Schäbigkeit, alle Sorten von Erniedrigung und Niedrigkeit, Kleinlichkeit, Verlogenheit und Betrug, die ich beim Endkampf um KONKRET erlebt habe, alles, was nötig war, um diesen kräftigen und zählebigen Organismus KONKRET zu zerstören – was war das gegen das, was mit den Kindern, mit mir, mit Ulrike geschah? Ja, auch mit Ulrike geschah Unerhörtes, Unglaubliches.

Eine neue Zeitung konnten wir aufbauen, aus dem Stand, sie besteht nun schon wieder ein Jahr. DASDA. Das da kostete nur Mühe und Arbeit, Ideen und Initiative. Geld verloren – nichts verloren. Mußt rasch dich besinnen und Neues gewinnen. Aber die Illusionen unserer Anfänge und unserer Höhepunkte, der Glaube an die schöpferische Kraft und die Allmacht der Revolution waren nicht aufrechtzuerhalten. Das leicht in Kauf genommene Opfer des einzelnen für die dritte, gemeinsame Sache, die Gelassenheit beim Anblick von Menschenopfern, wollte sich nie wieder einstellen. Die ernüchternde Tatsache, daß der Fortschritt der Menschheit schwer zu machen, die Schritte in die neue Welt klein und mühsam sind, ernüchtert auch die Züge. Das Unrecht und die Ungerechtigkeit sind nicht von heute auf morgen zu beseitigen. Das läßt die meisten resignieren, die anderen kälter werden.

Die Gewichte verschieben sich. Leichtigkeit beginnt sich als Leichtfertigkeit zu decouvrieren. *Auf Bullen kann geschossen werden* wird als unvereinbar mit *Alle Menschen werden Brüder* erkannt, Lessing und Rosa Luxemburg werden als Wahlverwandte erlebt. Das Leben des Einzelnen, konkret erlebt in seiner Gefährdung, wird wieder

MORDVERSUCH
in Berlin
10.000 DM BELOHNUNG

Am Donnerstag, dem 14. Mai 1970, gegen 11.00 Uhr wurde anläßlich der Ausführung des Strafgefangenen ANDREAS BAADER in Berlin-Dahlem, Miquelstr. 83, und seiner dabei durch mehrere bewaffnete Täter erfolgten Befreiung der Institutsangestellte Georg Linke durch mehrere Pistolenschüsse lebensgefährlich verletzt. Auch zwei Justizvollzugsbeamte erlitten Verletzungen.

Der Beteiligung an der Tat dringend verdächtig ist die am 7. Oktober 1934 in Oldenburg geborene Journalistin

Ulrike Meinhof

geschiedene ROHL.

Personenbeschreibung: 35 Jahre alt, 165 cm groß, schlank, längliches Gesicht, langes mittelbraunes Haar, braune Augen.

Die Gesuchte hat am Tattage ihren Wohnsitz in Berlin-Schöneberg, Kufsteiner Str. 12, verlassen und ist seitdem flüchtig. Wer kann Hinweise auf ihren jetzigen Aufenthalt geben?
Für Hinweise, die zur Aufklärung des Verbrechens und zur Ergreifung der an der Tat beteiligten Personen führen, hat der Polizeipräsident in Berlin eine Belohnung von 10.000.- DM ausgesetzt. Die Belohnung ist ausschließlich für Personen aus der Bevölkerung bestimmt und nicht für Beamte, zu deren Berufspflichten die Verfolgung strafbarer Handlungen gehört. Ihre Zuerkennung und Verteilung erfolgt unter Ausschluß des Rechtsweges.
Mitteilungen, die auf Wunsch vertraulich behandelt werden, nehmen die Staatsanwaltschaft in Berlin, 1 Berlin 21, Turmstr. 91 (Telefon 350111) und der Polizeipräsident in Berlin, 1 Berlin 42, Tempelhofer Damm 1 - 7 (Telefon 691091) sowie jede andere Polizeidienststelle entgegen.

Berlin im Mai 1970

Der Generalstaatsanwalt
bei dem Landgericht Berlin

Fahndungsplakat

höher bewertet, und die Zukunft und schöne neue Welt, für die es ausgelöscht werden soll, fragwürdig. Alles muß noch einmal neu und von Anfang an durchdacht werden.

Wollt ihr Monster aus den Kindern machen!?

Schließlich schrieb ich einen Brief an Ulrike. Ich wußte zwar nicht ihre Adresse, aber die Anwälte mußten sie haben. Rechtsanwalt Hannover hatte ja eine Unterschrift Ulrikes dabei gehabt, als er versuchte, mir im Auftrag seiner – flüchtigen – Mandantin das Sorgerecht für die Kinder streitig zu machen. Es gab auch noch andere Anwälte. Ich schickte den Brief an alle denkbaren Adressen. Ich beschwor Ulrike, die Kinder herauszugeben, sie wüßte genau, daß sie am besten bei mir aufgehoben wären, bei ihrem Vater. In ihrer vertrauten Umgebung, in der Nähe ihrer Großeltern, ihrer Onkel und Tanten, ihrer Schwester Anja. Ich fügte hinzu, die Kinder würden von einer gemeinsamen Bekannten betreut werden, die dann zu uns ins Haus übersiedeln würde: der alten Genossin Emma Biermann, Wolf Biermanns Mutter. Gegen Emmi, meinte ich, konnte Ulrike wirklich nichts einwenden: verdiente Genossin, Arbeiterklasse vom reinsten Wasser, Kämpferin gegen den Faschismus und nun – im Gefolge ihres Sohnes – auch gegen den Stalinismus: eine integere und intakte Person.

Der Brief blieb ohne Echo. Die Kinder waren nun mehr als drei Monate verschwunden. Sie würden bereits die Schulklasse nachholen müssen. Während die anderen

Kinder an der See Ferien machten und in der Sonne herumtollten, würden sie im Hinterhof oder im Keller irgendeiner Anarchistenkommune versteckt gehalten, nahm ich an. Alle anderen sonnigeren Möglichkeiten schieden aus. Bei den zahlreichen guten Freunden, Bekannten und Verwandten Ulrikes waren sie nicht. Auch nicht in der DDR, wie mir Kaul glaubwürdig versicherte und auch andere DDR-Dienststellen mitteilten. Was sie nicht mitteilten: Ulrike hatte bereits wenige Tage nach der Baader-Befreiung um Asyl bzw. Unterschlupf in Ostberlin nachgesucht, hatte sich auch an Kapluck gewandt. Man wäre geneigt gewesen, sie aufzunehmen, sie allein. Man hätte vielleicht eine Art Angela Davis aus ihr machen können. Sie hatte ja eine Vita, die sich sehen lassen konnte, eine Vergangenheit, die man mit einigen Retouchen als »konsequent fortschrittlich« hätte hinstellen können. Aber Ulrike sollte sich von den mit ihr nach Ostberlin gekommenen Anarchisten trennen. Das wollte sie nicht. Also schob man sie ab. In den Nahen Osten. Wohlgemerkt: sie reisten nicht ohne Wissen der DDR – man schob sie ab, man war froh, sie los zu sein.

Mitte August gab ich die Suche nach den Kindern, in die ich auch ein Hamburger Detektivbüro eingeschaltet hatte, auf. Ich war ziemlich erledigt. Ich war kaum in der Lage, einige Stunden konzentriert in der Redaktion zu arbeiten. Ich fuhr ein paar Wochen nach Norditalien, nach Ronchi in der Nähe von Viareggio. Dorthin, wo Ulrike vor vielen Jahren einmal »io soono felice« gesagt hatte. Ich fuhr nicht nach Norwegen, nicht nach Frankreich, nach Bulgarien nicht, nicht in die Schweiz, Schweden oder Spanien – ich fuhr zufällig nach Italien.

Ich schärfte meinem Büro ein, niemandem meine Adresse zu geben. Ich wollte wenigstens zwei Wochen lang keine in- und ausländischen Journalisten mehr sehen. Die das Haus in Blankenese umlungerten, die mir in Deutschland ungerührt hinterherfuhren, die mir Fragen stellten wie: »Was meinen Sie, wo Ihre Kinder jetzt sein könnten?« Oder: »Was würden Sie tun, wenn Ulrike Meinhof nachts vor Ihrer Tür stehen würde?«

Also keine Adresse. Ich war keine drei Tage in Ronchi, da lag mittags plötzlich ein Telegramm auf dem Tisch: Sofort Rom anrufen, Numero trecento–quarto-seizerozero, die Nummer eines unserer Titelbildfotografen, der bei Rom ein Haus hat. Am Telefon war Stefan Aust.

Aust, der von der Schule zu KONKRET gekommen war, der den ganzen Aufbau mitgemacht hatte und den Laden zuletzt fast allein geschmissen hatte. Aust, der von Ulrike überzeugt worden war, daß er nur die Profitinteressen verinnerlicht habe, Aust, der von einem Tag auf den anderen gekündigt hatte, der gegangen war, aber ohne Zorn, seitdem nur in der Gegend herumgereist war und gerade mit Augstein-Freundin Stelly sein erstes Fernseh-feature machte. Aust sagte nur, die Verbindung war ziemlich undeutlich, und er schrie es noch einmal durch den Hörer: *Ich habe die Kinder* – Nein, schrie ich zurück, das glaube ich nicht. – Sie können sie hören, sagte er, und das piepsige Stimmchen von Regine sagte: »Pappi!«

»Kommen Sie schnell die Kinder abholen, kommen Sie heute noch, es ist hier zu gefährlich, die Gruppe ist hinter uns her und weiß schon, daß wir in Rom sind.«

Ich fuhr den ganzen Nachmittag und Abend mit der größten Geschwindigkeit, die der italienische Leihwagen hergab, wühlte mich durch den chaotischen Stadtverkehr und fand endlich den Treffpunkt, die Piazza Navona. Inmitten der ungeachtet der mitternächtlichen Uhrzeit radfahrenden Kinder, flanierenden Pärchen und malerisch hingelagerten Hippies entdeckte ich Aust. Wir gingen in eine kleine Wohnung, in der irgendwelche deutsche Bekannte hausten. Ganz hinten, in einer Küche, hockten meine siebenjährigen Zwillings-Mädchen auf dem Fußboden und malten. Sie sahen kaum hoch. Irgend jemand sagte, Papa ist da, er bringt euch nach Hause. O. k. sagten sie, aber wir müssen noch das Bild zu Ende malen. Sie standen auf und kamen mit. Sie weinten nicht, sie freuten sich nicht, sie fielen mir nicht in die Arme. Das kam alles erst später.

Wir fuhren noch in der gleichen Nacht los, Stefan drängte, es sei zu gefährlich, Mitglieder der Gruppe seien hinter ihm her, um die Kinder wieder zurückzuholen, die er mit List und Glück befreit habe, in Rom hätten sie genügend Helfer. So habe ich Rom nur eine halbe Stunde lang gesehen. Von der Riesenstadt kenne ich nur die Piazza Navona. Den allerdings werden wir nie vergessen, den Platz.

Die Kinder richteten sich bereits behaglich auf den Hintersitzen ein und lutschten Lollis. Ihre erste Befangenheit (oder Ungläubigkeit, daß nun alles zu Ende war) war verschwunden. Sie verhielten sich wie Siebenjährige, die man von einem etwas längeren Kindergeburtstag abholt. Sie fuhren mit ihrem Vater nach Hause. Sie waren knall-

braun, wie noch nie in einem Urlaub. Sie sahen ungeheuer erholt aus. Nach einer Weile begannen sie zu singen (wie alle Zwillinge sind sie gut aufeinander einge-
spielt, wie ein Chor, der dauernd übt). Sie sangen
rhythmisch und schnell »Auf der Mauer, auf der Lauer
sitzt ne kleine Wanze«. Dann sangen sie noch ein Lied,
genauso schnell und rhythmisch: *Bandiera rossa.* Bandiera rossa triumphera! Das kannte ich ja, das Lied: Die
Rote Fahne. 1952 bei Zamory auf der 78er Schellack-
platte. Da sang Ernst Busch und sang das später noch oft
für uns persönlich, ganz deutsch und ernst und nicht so
hastig und fröhlich wie jetzt meine Kinder:

> Avanti populo alla riscossa
> Bandiera rossa . . .

In der DDR-Übersetzung klang das wie ein deutsches
Marschlied:

> Es wird die Menschlichkeit
> Den Haß bezwingen.
> Die Rote Fahne
> Wird Frieden bringen.
> Die Rote Fahne vereint die Welt.

Das war nun sehr frei übersetzt! Auf Koexistenz ge-
trimmt. Triumphera heißt doch wohl: Wird siegen! Die
freieste Übersetzung aber kommt am Schluß:

> Blutrote Fahne bring überall
> Freiheit und Frieden dem Erdenball, sang Busch.

»Evviva communista – e liberta«, sangen meine Kinder.
Dann sangen sie noch einmal die kleine Wanze, und
dann wollten sie eine Cola. Sie quengelten nicht, sie
maulten nicht. Sie waren sehr vernünftig und sehr, sehr

erwachsen geworden. Sie heulten nicht gleich los. Sie hatten sich ausgeheult. Sechs Wochen, die ersten sechs Wochen, hatten sie ununterbrochen nur geweint. Jetzt empfanden sie ihren Aufenthalt in einem Barackenlager für Obdachlose als Abenteuer. Sie schwärmen noch heute davon. Man hatte sie von Holtkamps über die grüne Grenze nach Frankreich, von dort wieder über die grüne Grenze nach Italien gebracht, nach einem Zwischenaufenthalt in Rom nach Sizilien. Im Norden Siziliens steht eine schöne Villa am Meer. Mit Motorboot und Wasserski und Tauchgeräten. Sie gehört einem prominenten Italiener. Irgendwo in der Nähe ist ein Barackenlager für Erdbebenopfer. Dort machten ultra-linke italienische Gruppen »Basisarbeit« bei den Ärmsten der Armen. In der Villa des reichen Mannes waren die Mädchen eine Woche. In dem Barackenlager, in dem es nicht einmal Stühle und Tische, sondern nur Kisten gab, lebten sie, bei 45° im Schatten, drei Monate lang.

Ein Hippiepärchen diente als Babysitter. Die Gruppenmitglieder, die die Kinder gebracht hatten, sagten ihnen, in 14 Tagen kämen sie wieder. In 14 Tagen kommt Mama wieder. Die aber wurde inzwischen von der Polizei gejagt und kam vier Jahre nicht wieder, bis heute.

Die Hippies hatten ein Kilogramm Hasch mit und waren zunächst zufrieden. Sie schliefen am Tage und gewöhnten die Kinder daran, sie nicht zu wecken. Abends gingen sie schwimmen. Die Kinder waren praktisch freigeschwommen, als sie wiederkamen. Außer dem Klumpen Hasch hatten die Hippies in ihrem VW-Bus noch einen Sack Reis mit. So aßen die Kinder jeden Tag Reis. Mit

Thunfisch und Tomatensoße. Damit es nicht an Vitaminen fehlte, aßen sie reichlich von den reifen sizilianischen Zitronen. Das war schon o. k. Auch daß man sie mal am Joint ziehen ließ. Sie waren ja noch zu klein, um regelmäßig zu rauchen und dadurch geschädigt zu werden. Die Hippies hatten auf die Erziehung der Kinder den besten Einfluß. Zwischen den antiautoritären Kinderläden in Berlin, wo man Butter und Marmelade kiloweise an die Wände schmierte, und der strengen sozialistischen Moral Emma Biermanns (im Krieg haben wir auch keine Butter gehabt!) waren die Hippies das Verbindungsglied. Wenn die Kinder durch lautes Heulen störten, sagten sie: Haltet die Schnauze. Wir finden das unheimlich Scheiße, was ihr da macht. Wir wollen jetzt pennen! Im Kinderladen des Barackendorfes, dessen Namen wir nicht wissen – nennen wir es P, irgendwo bei Trapanni –, wurde nur italienisch gesprochen. Da war es gut, Zwilling zu sein. Im ganzen kann man sagen, daß der sizilianische Urlaub den Kindern nicht geschadet hat.

Was ihnen allerdings zugedacht war, war schlimmer. Es war so schlimm, daß einige Leute am Rande der Gruppe deshalb absprangen und Stefan Aust ermöglichten, die Kinder zu befreien. Baader hatte, den Berichten zufolge, auf die ich mich stütze, von Ulrike verlangt, sich von den Kindern zu trennen. Endgültig. Die Ensslin wies darauf hin, daß sie ihr Kind auch nicht mehr sähe. Es sei ein Relikt aus Ulrikes bürgerlicher Vergangenheit, noch immer an den Kindern zu hängen. Man verlangte ein Opfer. Zum Beweis ihres Willens, *etwas zu tun*. Beate Sturm, ein wie Homann und Ruhland abgesprungenes

Mitglied der Gruppe, berichtet, daß Ulrike immerzu von den Kindern gesprochen habe. (Ulrike hing an den Kindern mehr als eine Mutter: wie eine Glucke.) Es habe deshalb oft Streit gegeben. Später und ebenso häufig gab es Streit um die Frage der Menschenopfer.

Nach seiner eigenen Logik hatte Baader sogar recht: die Kinder waren ein Hindernis. Sie störten beim »Volkskrieg«. Es wurde beschlossen, die Kinder in ein palästinensisches Waisenlager zu geben: dort werden Kinder palästinensischer Eltern, die im Kampf gegen Israel gefallen sind, aufgezogen. Man kann ahnen, wie. Hier rekrutieren vermutlich die Todeskommandos ihre Kamikazekämpfer, die bereit sind, eine ganze Schulklasse, aber auch sich selber mit in die Luft zu sprengen.

Was in Palästina, Auge um Auge, Zahn um Zahn, billig ist, schien selbst dem Vertreter der El Fatah für die deutschen Kinder monströs.

»Would you like to make little monsters of them?« (»Wollt ihr kleine Monster aus ihnen machen?«) fragte er die Gruppenmitglieder. Schließlich erklärte man sich bereit, die Kinder ganz in arabische Obhut zu nehmen, aber nur unter einer Bedingung: Ulrike sollte sie nie wieder sehen. Ihre Identität sollte ausgelöscht werden. Sie würden neue Namen bekommen und im Flüchtlingslager aufwachsen.

Ende August wurde beschlossen, die Kinder auf dem Flughafen Palermo abzuholen und an einen anderen Ort zu bringen. Die Gruppenmitglieder, die sie abholen sollten, verfehlten die Kinder um eine Stunde. Stefan Aust war früher da. Er nahm die Kinder auf das vereinbarte Stichwort in Empfang. Er kannte es. Es hieß *Professor Schnake* (eine Gummipuppe der Kinder hieß so). Aust zahlte den Hippies noch 800,– Mark Verpflegungsgebühr für die Kinder aus. Das war mehr als gerechtfertigt. Die Hippies hatten nur mit 14 Tagen gerechnet. Geld und Haschisch waren ihnen ausgegangen, und sie taten für die Zwillinge etwas Unerhörtes: sie gingen arbeiten. Sie arbeiteten eine Zeitlang in einem Restaurant, um sich und die Kinder über Wasser zu halten. Der eintönige Speisezettel wurde durch das Restaurantessen aufgebessert.

Aust verließ Palermo mit dem Bummelzug. Er war gewarnt. Gruppenmitglieder suchten vergeblich nach den Kindern. Er fuhr eine Nacht und einen Tag durch Sizilien und Unteritalien, bis er Rom erreichte.

Soweit die gesicherten Tatsachen. Nun beginnt die Spekulation: War es nur das Mädchen am Rande der Gruppe, das Ort und Stichwort preisgegeben hatte, um die Kinder zu retten und sie ihrem Vater wiederzugeben? Oder war es Ulrike selbst, die schließlich den Brief mit dem Vorschlag *Emma Biermann* erhalten haben muß? Viele werden beides für möglich halten.

Ich bin davon überzeugt, daß Ulrike selber die Kinder dem ungewissen Schicksal in Jordanien entzogen hat und bei ihrer Rückführung mitgewirkt hat. Genauso überzeugt bin ich, daß Baader auch später noch Ulrike mit ihren Kindern erpressen konnte. Sie ist *kein* Monster.

Das palästinensische Waisenlager wurde übrigens bei dem späteren Vernichtungsfeldzug Husseins gegen die Guerilleros durch Bombenangriffe fast völlig vernichtet.

Den ballern wir ab!

Wir blieben noch in Ronchi. Zunächst mußten die Kinderpässe in Hamburg beschafft werden, sie waren ja illegal über die Grenze gegangen. Als sie endlich ankamen, flogen wir zunächst nach Köln, in Hamburg würden die Kinder zuerst gesucht werden. Wann würden sie überhaupt je vor einer neuen Entführung sicher sein? Solange nicht die ganze Gruppe verhaftet war, bestand die Gefahr weiter. Die Vorsichtsmaßnahme erwies sich als richtig: ein paar Tage später standen zwei prominente Gruppenmitglieder mit Revolvern vor der Tür von Aust und forderten seine Mitbewohner auf, die Adresse der Wohnung preiszugeben, in der sich Aust versteckte. »Den ballern wir ab!« war ihre wörtliche Formulierung. Die Situation war auf die Dauer nicht haltbar. Da kam unerwartete Hilfe. Eine Art deus ex machina. Aust teilte mir mit: Die El Fatah, auf deren zumindest moralische Unterstützung die Gruppe dringend angewiesen war, hatte den BM-Leuten bedeutet, die Finger von dieser Art von individuellem Terror zu lassen. Die Kinder »stünden unter ihrem Schutz«. Ich flog nach Hamburg zurück und schulte die Kinder ein – ein Klasse tiefer, als ihrem Alter entsprochen hätte: durch die chaotische Berliner Zeit und den sizilianischen »Urlaub« hatten sie zuviel versäumt.
Soll man die Geschichte vom Eingreifen der El Fatah in den Bereich der Fabel verweisen? Zogen die »Ballermänner« von Berlin vielleicht von selber ab, weil ihnen Hamburg zu gefährlich wurde, weil sie wußten, daß sie mit den Kindern ohnehin nichts anfangen konnte, weil

niemand sie aufgenommen hätte, weder die arabischen Länder noch Kuba noch die DDR? Wäre es absurd anzunehmen, daß jener arabische Student Jassir Arafat aus den Tagen von 1956 in Prag sich vielleicht an die Namen Rühmkorf – und Röhl erinnerte? Die Antwort könnte nur Arafat selber geben.

Was ist besser als KONKRET?
Das nächste KONKRET

Die Kinder gingen jeden Tag in die Schule und wurden von Emmi Biermann in rührender Weise umhegt und versorgt: mit süßen Quarkspeisen und Suppen und Geschichten über den Kampf der Genossen gegen Hitler und den Krieg. Sie vergaßen schnell alle unangenehmen Seiten ihres italienischen Aufenthalts und behielten das übrige in angenehmer Erinnerung. Eine Erklärung der Aktion gaben sie, nunmehr achtjährig, selbst: *Mammi hat etwas Gutes gewollt, aber das ist schiefgelaufen.* Ich widersprach nicht. Es war die Wahrheit, auf die kürzeste Formel gebracht.

Ich stürzte mich wieder in die Zeitungsarbeit. Es war viel liegengeblieben. Dennoch hatte KONKRET, nicht zuletzt dank der unerbetenen Public relation-Tätigkeit der Baader-Mahler-Gruppe, die in jedem zweiten Artikel der Springerpresse in einem Atemzug mit der Zeitung genannt wurde, den höchsten Bekanntheitsgrad seiner Geschichte erreicht: Im September verkauften wir 173 000 Exemplare. Auch das Anzeigenaufkommen stieg stieg an. Es wurde Zeit zu investieren.

Mit Rühmkorf zusammen entwickelte ich die Idee einer Kulturbeilage. Ansätze dazu hatte es schon in der Nettelbeck-Zeit gegeben. Gute Mitarbeiter standen zur Verfügung. Man müßte sie nur koordinieren, ihnen gute Honorare zahlen, genügend Platz im Heft schaffen und wir würden, als linke Zeitung, dem Kulturteil von *Spiegel* und *Zeit* ernsthaft Konkurrenz machen können. Anfang Mai 71 hatten wir wieder einen Putsch, diesmal von außen.

Es war damals viel von Redaktionsstatuten die Rede, mit denen sich die Lohnschreiber, meist Linke und Linksliberale, gegen die Allmacht ihrer meist rechten oder sogar rechtsradikalen Verleger wenigstens zur Wehr setzen und sich wenigstens eine Art redaktioneller Mitbestimmung sichern wollten. Häufig war schon davon die Rede gewesen, daß wir so etwas auch haben müßten. Ich sagte jedesmal sofort ja. Sollte mal einer einen Vorschlag machen. Bei uns gab es zwar schon Mitbestimmung, und die Zeitung war ohnehin eine linke Zeitung, aber warum kein Statut? Ja, warum nicht? Das schreibt sich so leicht dahin. Aber nützte uns das? Nein.

Plötzlich entwarfen einige jüngere Mitarbeiter, darunter auch Lothar Menne, ein Ultimatum: Es sei ihnen immer noch kein Statut »gegeben worden«, bis übermorgen wollten sie eines auf dem Tisch des Hauses sehen, sonst würden sie kündigen. Nun war ich damals noch nicht so schüchtern und zurückhaltend wie heute. Ich schrieb sofort zurück: Die Kündigung sei angenommen. Ich ließe mich nicht mit Ultimaten erpressen – und damit sei ihre Kündigungsdrohung wohl realisiert worden.

Darauf begann man draußen im Lande Unterschriften zu sammeln für einen Autorenboykott gegen KONKRET. Es kam wirklich eine ganze Menge Unterschriften zusammen. Vor allen Dingen von Autoren wie Enzensberger oder Geißler, die schon seit Jahren bei uns nichts mehr veröffentlicht hatten und das auch ablehnten. Andere, die in ihrem ganzen Leben noch nie etwas veröffentlicht hatten und auch nie dazu aufgefordert wurden, erklärten feierlich, sie würden so lange nicht mehr in KONKRET veröffentlichen, bis. Ich beschrieb den wichtigen Autoren (wie z. B. Peter Weiss, der in Schweden ahnungslos unterschrieben hatte) den wirklichen Sachverhalt.

Ich will es kurz machen. Die Putsche verliefen nach immer wiederkehrenden Grundmustern. Sie verliefen im Sande. Rauter eilte aus München zu Hilfe, Rühmkorf stand wie immer solidarisch zu uns (man warf ihm später mehrfach Nibelungentreue vor und hielt das offenbar für ein Schimpfwort), die Autoren schrieben weiter für KONKRET. Die guten Redakteure blieben angestellt (wie Lothar Menne, der jeden Putsch überstand, ich wies schon darauf hin), ein paar minder gute Redakteure blieben gekündigt. Wo sind ihre Namen hin? Wo sind sie geblieben? Im *Extradienst* kann man sie manchmal lesen, dort hat sich, als freie Mitarbeiter, schon eine ganze Menge KONKRET-Gekündigter angesammelt. Dort schreiben sie ihre kleinen Anti-Röhl- oder Anti-KONKRET-Geschichten, wenn Barthel es für politisch richtig hält, eine Anti-Röhl-Geschichte zu veröffentlichen. Mal schätzt er so ein, mal so.

Mit Weißwürstchen und Hakenkreuz gegen Strauß

Alle Putsche und Boykottversuche waren gescheitert, und die politisch wichtige Arbeit konnte weitergehen. Die Putsche waren nicht gescheitert, weil ich alles richtig gemacht hatte, sondern weil die Putschisten Fehler machten. Dabei lag es auf der Hand, wie sie es anders hätten anstellen müssen. Mehr als einmal sagte ich den erfolglosen Blattstürmern: wenn ihr das nächste Mal einen Putsch macht, laß mich mitmachen! Ihr habt zu viele Fehler gemacht. Endlich machte auch ich einen schwerwiegenden Fehler: Ich stellte einen Mann ein, der sich geschworen hatte, alle diese Fehler zu vermeiden. Peter Neuhauser. Jenen Neuhauser, der ganz ruhig und überlegt vorging, der es tatsächlich schaffen sollte, der einmal für zwei Wochen mein Chef werden würde, der die Türklinken an seinen Nebenzimmern abschrauben ließ, so daß ich ihn erst über eine Vorzimmerdame und einen Assistenten erreichen konnte: O. k. Boß, sagte ich ihm, das wird geändert, es gibt nur einen Sozialismus, und dann bin ich raus. Dann schraubte nur noch der Konkursverwalter die Türklinken ab.

Warum ich ihn nun doch einstellte, obwohl ich ihn kannte, obwohl ich ihn schon abgelehnt hatte? Ich kann keinen richtigen Grund für seine Einstellung angeben, die wieder gegen den erbitterten Widerstand meines Geschäftspartners Steffens durchgesetzt werden mußte. Vielleicht dachte ich, daß dieser rauhbeinige Typ mich wie ein Leibwächter gegen alle weiteren Putsche absichern würde. Daß ich ihm die angewachsene redaktionelle Kleinarbeit ganz überlassen könne und endlich, nach 16 Jahren, einmal zur Ruhe kommen könnte, zum Kulturteil, zum Schreiben. So etwas Ähnliches muß ich gedacht haben. Auf jeden Fall war es falsch. Schlecht, schlecht, schlecht so.

Neuhauser ging der Ruf voraus, »ungeheuer« arbeiten zu können, was »nageln« zu können, was »an Land ziehen« zu können, »ackern« zu können. Kurz, ein harter, ausdauernder Allround-Typ zu sein. Tatsächlich war er das im *Stern* auch gewesen. Als er zu uns kam, war er ziemlich ausgelaugt und brauchte Erholung. Ich aber brauchte einen schnellen Mann für die Routinearbeit, den täglichen Kleinkram. Ich war inzwischen schon mit etwas Neuem beschäftigt. Mit dem Buchverlag z. B., den wir gegründet hatten, der schon fast zwei Dutzend Titel herausgebracht hatte, der aber nach dem Weggang des ausgezeichneten Udo Heiland stagnierte. Außerdem bereitete ich ein Experiment vor: KONKRET ohne Mädchen. Ohne Sextitelbilder.

In einem *Arbeitspapier Nummer 1* legte ich allen dar, daß wir es mal versuchen müßten: Die halbe Auflage mit einem politischen Titel drucken, die andere Hälfte mit dem üblichen Titelbild. Dann wieder abwechseln. Dann die Ergebnisse auswerten. Gleichzeitig eine Leserumfrage starten. Alle waren begeistert. Sie waren so begeistert, daß wir beschlossen, alle eingebauten Sicherungen außer acht zu lassen. Nachdem wir das erste politische Titelblatt produziert hatten – Strauß in Farbe und im Hintergrund ein Hakenkreuz aus Weißwürstchen – und das Heft verkauft wurde und die Auflage nicht gleich absackte, ließen wir alle Vorsicht fahren und produzierten gleich fünf politische Titelbilder hintereinander. Warum sollte das nicht gutgehen, dachten wir. In Frankreich und Italien ging das ja auch. Der *Spiegel* erschien auch ohne Mädchentitel. Es ging nicht gut. Die Auflage sackte ab, und zwar von Heft zu Heft.

Die Leserumfrage, die erst viel später ausgewertet wurde, erklärte das: Es gab genauso viele Anhänger von Sexbildern und Sexgeschichten unter unseren Lesern wie z. B. Wallraff-Anhänger, eine ebenso große Gruppe. Die Wallraff-Leser hatten nichts gegen Mädchen einzuwenden, die Sex-Käufer nichts gegen Wallraff. Im Gegenteil. Die Sexkäufer, junge Bundeswehrsoldaten z. B., waren nur nicht bereit, die Zeitung allein wegen der Wallraff-Reportagen zu kaufen. Die dritte Käuferschicht, die linken Kulturkonsumenten, waren nur eine Minderheit.

Ende des Jahres hatten wir wieder ein riesiges Loch in der Kasse. Die Sextitelbilder wurden wieder eingeführt. Hier berichtet wieder eine Legende: Die Redaktion wollte politische Titelbilder, Röhl, besorgt um seine Reichtümer, führte wieder Sextitel ein. Die nachweisbare Wahrheit: Röhl führte politische Titelbilder ein, die Redaktion, besorgt um die Weiterexistenz der Zeitung, beschloß einstimmig (!), zu den Sextiteln zurückzukehren.

409

»Gib auf, Ulrike!«

Gegen Ende des Jahres (71) konnte man wieder ein reges Kommen und Gehen in unseren Redaktionsräumen beobachten. Wieder saßen wildfremde Menschen, diesmal aber keineswegs »Struppies« und »Schicke Linke«, an unseren Redaktionstischen und »arbeiteten«. Sie waren ernste, gesetzte Leute, sie redeten kein Soziologenblech, sondern journalistischen Fachjargon. Sie waren damit beschäftigt, neue Arbeitsplätze zu schaffen, ein »Konzept zu entwickeln«. Sie planten, aus dem *Spiegel* ausgezogen oder noch angestellt im *Spiegel*, eine Gegenzeitung, einen linken *Spiegel*. Sie planten »solidarisch« mit den anderen Kollegen in den Massenmedien, die sich alle emanzipieren und selbst verwalten würden. Sie wollten ein Beispiel setzen. Durch KONKRET. Ich fand das gut. Ich lernte zum ersten Male Gremliza und von Hoffmann kennen, immerhin den Leiter und den stellvertretenden Leiter der Deutschland-Abteilung im *Spiegel*. Ich billigte ihre Pläne für ein »verbreitertes und verbessertes KONKRET«. Zu spät erkannte ich, daß sie mich gar nicht mit eingeplant hatten. Im Grunde auch meine Zeitung nicht. Sie wollten gar kein besseres KONKRET. Sondern einen besseren *Spiegel*, einen besseren *Vorwärts*, eine bessere *UZ*. KONKRET sollte nur seinen eingeführten Titel und seinen Vertriebsapparat hergeben. Eine Neugründung hätten sie nicht geschafft, auch nicht mit Geld. Das hatte Paczensky ja bewiesen. Also waren sie bereit, KONKRET zu übernehmen. Sie dachten den gleichen Gedanken wie die jungen Genossen von 1958 noch einmal, nur gründlicher: Da ist etwas, es gefällt uns, also nehmen wir es in Besitz. Die Umstände kamen ihren Enteignungswünschen sehr entgegen. Sie trafen auf einen Herausgeber, der mit ganz anderen Dingen beschäftigt war, als einen linken *Spiegel* oder einen linken *Vorwärts* zu machen, der eigentlich immer etwas abwesend war, von anderen Themen fasziniert.

Der Grundgedanke: »Genossen, wir haben Fehler gemacht« ließ mich nicht mehr los. Ich war in jenen Jahren nur noch mit der Kritik innerhalb der linken Szene beschäftigt. War nicht alles, fast alles durch persönliche Erfahrung fragwürdig geworden? Die neue Sensibilität, die neue Kommunikation, die Kommunen, die Kinderläden, die Basisgruppen, die Gewalt gegen Sachen und vor allen Dingen die Baader-Mahler-Gruppe, mit denen die Mutter meiner Kinder durch die Lande zog. Immer schlimmere Dinge sprachen sich langsam herum, auch in der linken Szene. Solidarität, in der ersten Phase von zahlreichen Bekannten Ulrikes als humanitärer Akt gegenüber den Gejagten gedacht, wurde bei Linken oft mit durchgeladener Knarre erzwungen. Was die *Bild*-Zeitung für ihren Kampf gegen die ganze Linke aufbauschte und hetzerisch verallgemeinerte, war dennoch manchmal aus erster Hand. Was Böll empörte, ließ die informierten Linken nur resigniert mit dem Kopf schütteln: diese Gruppe war wirklich gefährlich – allerdings nicht für die bundesdeutsche Gesellschaftsordnung, wie man sagte, sondern für die Linke.

Es mußte etwas geschehen. Wenigstens Ulrike mußte herausgebrochen werden. Nicht ich mußte ihr das öffentlich klarmachen und an sie appellieren, sondern die Frau, von der ich annahm, daß sie ihr (außer mir) am nächsten stünde, die sie auch politisch lange als Autorität verehrt hatte: Renate Riemeck. Ich bat Renate Riemeck einen Offenen Brief: »Gib auf, Ulrike« für die Veröffentlichung in KONKRET zu schreiben. Sie sagte sofort zu.

Renate Riemeck argumentierte persönlich und sachlich, als Pflegemutter und politische Persönlichkeit:

»Du bist anders, Ulrike. Ganz anders, als die Leute meinen, die dein Bild auf dem Steckbrief gesehen und von dir in Presse, Funk und Fernsehen gehört haben. Wer dich näher kennt, weiß: du knallst nicht jeden nieder, der sich dir in den Weg stellt. Du hast Ängste, wie alle Menschen sie haben. Aber du bist tapfer, tapferer als die meisten. Und du stehst für deine Freunde gerade.

Du hast den Jüngeren unter deinen Genossen voraus, daß du schon politisch engagiert warst, als sie noch teilnahmslos die Schulbank drückten. In der Antiatombewegung 1958/59 bist du nach vorn gegangen. Du weißt also, daß politische Bewegungen plötzlich entstehen können, wieder abebben und daß man im Amoklauf nichts gewinnt. Dies zu wissen, ist viel.

Überleg mal, Ulrike: die Studenten, Schüler und Lehrlinge von 1967/68 haben zehn Jahre später als du politisches Bewußtsein entwickelt. Sie orientierten sich am politischen Landschaftsbild der Bundesrepublik, aber du wußtest bereits über die geologischen Formationen unserer Gesellschaft Bescheid. Dir konnte also nicht der Irrtum unterlaufen, den antiautoritären Aufstand mit dem Beginn einer großen Revolution zu verwechseln.

Wir waren uns – damals sprachst du ja noch gelegentlich mit mir – über die Berechtigung des Angriffs auf die Institutionen und Strukturen völlig einig. Du machtest dir über die tatsächliche Stärke des Machtapparates keine Illusionen. Es kam alles so, wie es vorauszusehen war: Als es der Protestbewegung nicht gelang, die Solidarisierung der lohnabhängigen Massen zustande zu bringen und die Revolution ausblieb, war der Eklat perfekt und die Enttäuschung unvermeidbar.

Dir brauche ich nicht zu sagen, wer daran interessiert ist, daß potentielle Revolutionäre rechtzeitig mit ›Stoff‹ kaputtgemacht werden, oder wem es nützt, wenn die Neue Linke sich durch stets vorhandene agents provocateurs zersplittern läßt. Du machtest den verzweifelten Versuch mit, wenigstens an einem Ort die auseinanderfallende Bewegung durch signalisierende Aktion zu koordinieren. Die Baader-Befreiung – wäre sie nach Plan verlaufen – sollte doch wohl dieses Ziel gehabt haben, andernfalls wäre sie nur ein Spektakel gewesen. Letzteres halte ich für undenkbar. Das wäre unter deinem Niveau. Aber die Sache ist schiefgelaufen.

Ich glaube dir aufs Wort, wenn du (und ich nehme an, daß du es warst) im ›Konzept Stadtguerilla‹ schreibst: ›Die Frage, ob die Gefangenenbefreiung auch dann gemacht worden wäre, wenn wir gewußt hätten, daß ein Linker (der Institutsangestellte) dabei angeschossen wird . . . kann nur mit einem Nein beantwortet werden. Ich glaube dir auch, daß das vom ›Spiegel‹ veröffentlichte Tonband nicht authentisch ist . . .

Die Bundesrepublik ist kein Pflaster für eine Stadtguerilla lateinamerikanischen Typs. Hierzulande sind höchstens die Voraussetzungen für ein Schinderhannes-Drama gegeben. Du weißt, Ulrike, daß ihr von unserer ›Öffentlichkeit nichts anderes zu erwarten habt als erbitterte Feindschaft‹. Du weißt auch, daß ihr dazu verurteilt seid, die Rolle einer Geisterbande zu spielen, die der Reaktion als Alibi für die massive Wiederbelebung jener antikommunistischen Hexenjagd dient, die durch die Studentenbewegung spürbar verdrängt worden war.

Wer – außer einer Handvoll Sympathisanten – hat noch Verständnis für den politisch-moralischen Impuls eures Handelns? Opfermut und Todesbereitschaft werden zum Selbstzweck, wenn sie nicht begreifbar gemacht werden können.

Ich bin überzeugt, daß du in der ›Roten-Armee-Fraktion‹ mitmachst, weil du ehrlich den ›Jugendlichen in Gefängnissen und Heimen, in Schulen und in der Ausbildung‹ helfen möchtest und dich an die richtest, ›denen es am dreckigsten geht‹ (Konzept Stadtguerilla). Du willst sie zum ›direkten Widerstand‹ auffordern und hoffst, daß auf diese Weise der Kampf gegen den Kapitalismus besser zu organisieren ist. Das ist irrational, Ulrike. Das kann man nur glauben, wenn man in den 5oer und 6oer Jahren jünger war als du. Der Tod von Petra Schelm und das Schicksal von Margit Schiller müssen dir doch an die Nerven gehen. Ihr habt nicht die Rechtfertigung der Tupamaros von Uruguay für Aktionen, bei denen geschossen wird und Menschen ihr Leben verlieren. Ihr müßt euch korrigieren.

Ich weiß nicht, wie weit dein Einfluß innerhalb der Gruppe reicht, wie weit deine Freunde rationalen Überlegungen zugänglich sind. Aber du solltest versuchen, die Chancen von bundesrepublikanischen Stadtguerillas einmal an der sozialen Realität dieses Landes zu messen. Du kannst es, Ulrike.«

Sicher hat Ulrike diesen Offenen Brief gelesen. Wie sie darauf reagierte, was sie darüber dachte, wissen wir nicht. Wenn er ihr zu denken gegeben hat, wenn sie vielleicht, und sei es noch so kurze Zeit, mit dem Gedanken spielte, auszusteigen oder die Tätigkeit der Gruppe wieder zu »legalisieren«, bleibt immer noch die Frage: Konnte sie überhaupt »aussteigen«? Wie weit reichte ihr Einfluß? Waren ihre »Freunde« rationalen Überlegungen zugänglich? War sie nicht von Anfang an nur mitgegangen, um für ihre Freunde geradezustehen, wie in ihrer Kinderzeit? Sie war ja planlos in die Illegalität mitgelaufen, »mitgelaufen« im buchstäblichen Sinne des Wortes.

Sie hatte die Kinder nur für wenige Tage bei Holtkamps untergebracht. Sie hatte nicht geplant, bei der Baaderbefreiung ihre legale Rolle – als diejenige, die mit Baader ein Buch schreiben und mit ihm Material studieren wollte – aufzugeben. *Daß sie an jenem Tag mit aus dem Fenster sprang, mit in den bereitstehenden Fluchtwagen sich zwängte, war nicht geplant!* Es war eine Kurzschlußhandlung, ausgelöst durch den ebenfalls nicht erwarteten Schußwechsel. Erschreckt durch die Eskalation der Tat, durch die Fahndung wegen Mordversuchs, zu einer Zeit, wo man nicht wußte, ob der Institutsangestellte Linke den Lebersteckschuß überleben würde, blieb sie in der Illegalität, die für die Fliehenden vorbereitet war.

Es gab keinen weiterreichenden Plan für eine Stadtgueril-laorganisation, nur vage Diskussionen darüber. Es gab nur einen einzigen Plan: die Befreiung Baaders. An ihr beteiligte sich Ulrike nicht weil Baader, wie es später hieß: ein wichtiger »Kader« war, sondern aus ganz persönlichen Gründen. Baader war nach einer Haftverschonung untergetaucht, wohnte mit der Ensslin in Berlin, zeitweise auch bei Ulrike, baute mit ihrem Wagen, ohne Papiere, einen Unfall und wurde wieder gefaßt. Er hatte nun eine ganze Menge abzusitzen, mit allem, was außer Warenhausbrandstiftung noch dazugekommen war. Die Ensslin beschwor Ulrike, bei seiner Befreiung mitzuwirken. Die Wirkung der Ensslin auf Ulrike war eine tief persönliche (Freundschaft zu einer Frau, etwas anderes als die ewige »Männerscheiße«, Zitat Ulrike) und eine politische. Die Ensslin sagte mehrfach: Du schreibst immer nur und *wir tun etwas*! Ulrike aber wollte immer *etwas tun*. Die Ensslin erklärte, »der Andreas geht im Knast vor die Hunde«, wir müssen ihn herausholen. Ulrike machte schließlich mit, erfüllt von schlechtem Gewissen und vollgesogen von Haß. Der Haß war ganz neu. Das schlechte Gewissen war alt. Haß und schlechtes Gewissen hatten einen aktuellen Anlaß: Am ersten Mai hatten Ulrike Meinhof und ihre Freunde eine Aktion im Märkischen Viertel gemacht. Sie hatten gekündigte Einwohner bewogen, in einer Art Hausbesetzung ihre Wohnungen zu »verteidigen«. Viele Bewohner waren ihr gefolgt, ganze Familien, auch Frauen und Kinder. Als die Polizei das Haus räumte, sah Ulrike mit tiefem Erschrecken und Entsetzen und sicher auch Angst, daß die Polizei die Familien aus den Wohnungen prügelte, auch Frauen und Kinder wurden verletzt. Die Angst und das Entsetzen darüber verwandelten sich in Haß. Es muß Schuldbewußtsein hinzugekommen sein: sie war es schließlich gewesen, die die Frauen und Kinder gewissermaßen als Schutzschild in die Schlacht geschickt hatte, und nun fuhr sie nach Überprüfung ihrer Personalien wieder in ihre Wohnung, zu ihren Kindern. Schuldgefühl, Betroffenheit und Haß gegen die »Bullen« machten sie für den Entschluß der Baaderaktion reif. Zwei Wochen später war es soweit.

Über ihre Gefühle und Motive in diesen Tagen sind wir nur durch Berichte informiert, allerdings aus erster Hand. Unser Gewährsmann für diesen Zeitabschnitt ist Peter Homann, zwischen 69 und 70 immerhin der Lebensgefährte Ulrikes, der Mann, der sich in fast mütterlicher Weise um meine Kinder sorgte, ihnen morgens Frühstück machte, sie zur Schule fuhr (Ulrike hatte die Kinder auf eine Privatschule gebracht, weil sie dort nicht den üblichen »Zwängen« ausgesetzt seien. Man mußte also durch die halbe Stadt fahren), mit ihnen spielte und Essen kochte. Er übernahm die Rolle, die anderswo die Ehefrau spielt – Ulrike verdiente dafür das Geld. In den letzten Wochen vor der Baaderbefreiung hatten sich Ulrike und Peter Homann getrennt, er blieb aber in Sichtweite, kümmerte sich weiter um die Kinder und erlebte vieles mit.

Eine längere illegale Tätigkeit war nicht geplant. Es gab keine Infrastruktur, keine Waffen, keine Stützpunkte, keinen Nachschub. Es war, vom Standpunkt einer ordentlichen südamerikanischen Stadtguerillaorganisation, reiner Dilettantismus, was sie trieben. Unter den Baaderbefreiern hatte einer eine Pistole, die anderen waren mit Gaspistolen bewaffnet. Die später benutzten illegalen Wohnungen waren zwar vorhanden, aber nicht von der »Gruppe« vorbereitet. (Es gab auch keine »Gruppe«.) Die Wohnungen bestanden schon viel länger. Es waren vor Jahren für Deserteure, besonders amerikanische Soldaten, geschaffene »tote Adressen«. Nach der Befreiung wurden sie ihnen aus Solidarität von anderen Personen zur Verfügung gestellt. Alles andere, Organisierte kam später. Erst einmal fuhr man nach Ostberlin, sondierte die Lage und fuhr wieder zurück. Ulrike soll, wenn man den Berichten folgen darf, plötzlich erklärt haben, sie hätte ihre Handtasche mit allen Papieren in Ostberlin in der S-Bahn liegenlassen. Sie blieb einige Stunden allein in Ostberlin, was von den anderen Gruppenmitgliedern mit großem Mißtrauen registriert wurde. Tatsächlich könnte sie hier jene Verhandlungen geführt haben, von denen uns belegt ist, daß sie scheiterten, daß man danach die Gruppe in den Nahen Osten abschob. Aber das sind Vermutungen, naheliegende Vermutungen, durch viele Einzelheiten gestützt, nichts Beweisbares.

Der Appell Renate Riemecks blieb ohne Wirkung. Durch mehrere Aussagen (unter anderem durch das abgesprungene Gruppenmitglied Beate Sturm) scheint aber festzustehen, daß es in der Gruppe zu diesem Zeitpunkt Differenzen gab, vor allem auch in der Frage verschärfter weiterer Gewaltaktionen (Sprengstoffattentate). Ulrike hätte vorgeschlagen, zunächst eine Weile zu »pausieren« und alles gründlich zu überdenken, eine »Theoriediskussion« zu führen. Baader hätte das strikt abgelehnt und Ulrike aufs unflätigste beschimpft.

Wenn man sich die Situation in einer solchen illegalen Gruppe, ihre Zwänge, den Psychoterror, ohne den die Gruppe nicht zusammengehalten werden konnte, genau vorstellt, wird man begreifen, daß ein Versuch, aufzugeben, die Tätigkeit zu beenden, bei der herrschenden Femeathmosphäre nur in einer einzigen Form überhaupt hätte unternommen werden können: als Vorschlag, »erst einmal ein halbes Jahr zu pausieren und über alles gründlich nachzudenken«.

Aber es war schon zu spät für solche Ansätze. Ulrike war 1971 offenbar auch zu schwach, um sich gegenüber der Brutalität und der primitiven »Propaganda der Tat« Baaders durchzusetzen. Denn Baaders Interessen müssen damals in eine ganz andere Richtung gegangen sein. Nach den langen Vorbereitungen, die nur der Finanzierung der »Infrastruktur« (= Bewaffnung, Nachschub, Schlupfwinkel, Transportmittel) gegolten hatten, plante er nun einige spektakuläre »Aktionen«: individuellen Terror. Er handelte, innerhalb der Strukturen seines irrwitzigen politischen Denkens, nur konsequent. Die Gruppe mußte – auch nach außen sichtbar – etwas »machen«, ein Signal setzen, beispielhaft zuschlagen, wenn nicht die ganze Vorbereitungszeit als reiner Selbstlauf, eine Tätigkeit von Bankräubern ohne ernsthaften politischen Hintergrund dastehen sollte.

Während Ulrike auf den Aufruf nicht reagierte, reagierten andere. Es kamen Leute, um den Urheber jenes Riemeck-Briefes, der Kampagne »Gib auf, Ulrike« zur »Rechenschaft zu ziehen«.

Es tauchten Leute auf, die ich noch nie zuvor gesehen hatte. Sie hatten menschliche Gestalt. Aber sie kamen nicht aus unserem alten Europa oder aus der Normalzeit. Sie kamen auch nicht aus der Vergangenheit, aus Rußland oder aus China. Sie kamen vom Mars. Oder von irgendeinem anderen Planeten oder Sternsystem. Oder aus der Zukunft. Sie sahen aus wie du und ich, aber sie waren anders. Sie waren humanoid, aber das garantierte für nichts. Sie kamen nachts um elf . . .

Eines Abends war Zamory bei mir zu Besuch, der mir in seiner Eigenschaft als Betriebsratsvorsitzender noch einmal die Vorzüge eines »Redaktionsstatuts«, einer Verfassung für die Redaktion, pries und eindringlich auf seine Anwendung drängte. Sie hatten Ende 71 nun endlich ihr Redaktionsstatut, daß ich weitgehend selber entworfen hatte, weil niemand sonst es tat. Es wurde dann, wie schon erwähnt, das fortschrittlichste der Welt. Gremliza und Neuhauser waren baff, als sie meinen Entwurf sahen. Er enthielt für den Gründer und Eigentümer der Zeitung überhaupt keine Rechte, wenn man es hart auslegte. Ich zählte mich einfach nicht zu den Verlegern. Eher zählte ich den Minderheitengesellschafter (30 %) Steffens dazu, gegen den ich dauernd Rechte für die Redaktion durchsetzte. Aber ich selber war doch Redakteur, der Gründer des Blattes, der immer noch die Zügel in der Hand hielt, 90 % aller neuen Ideen, Themen, Titel einbrachte, die ein solches Blatt ständig brauchte, um neben

1.   Diese Redaktionsverfassung gilt für die
Zeitschrift KONKRET. ~~Eigentümer~~ Heraus-
geber und Redaktion sind in gleicher
Weise daran gebunden.

2.   a. KONKRET versteht sich als ein Forum linker
Emanzipationsbewegungen. Die Redaktion der
Zeitschrift arbeitet unabhängig von partei-
politischen, wirtschaftlichen und anderen
Gruppen- oder Einzelinteressen.

     b. Die ~~besan~~ Konzeption der Zeitschrift wird
~~im Einzelnen~~ von den festangestellten Redakteuren zusammen mit dem Herausgeber er-
arbeitet und schriftlich festgelegt.

3.   a. Oberstes beschlußfassendes Gremium der
Zeitschrift ist die Redaktions~~versammlung~~.
Ihr gehören an: der Herausgeber, die festangestellten Redakteure, ~~redaktionelle Mit-~~
~~arbeiter die in einem Vertragsverhältnis~~
~~mit der Zeitschrift KONKRET stehen,~~ redaktionelle Mitarbeiter die im Impressum
~~ausgewiesen sind und~~ ein gewählter Vertreter der ~~redaktionellen~~ regelmäßigen
freien Mitarbeiter.

Von Röhl entworfenes handkorrigiertes Redaktions-statut

Spiegel, Stern und *Zeit* als Sonder-Objekt sich zu behaupten, als Sondermischung, für die ich das Geheimrezept besaß, die man nicht nachahmen konnte, die Röhlsche Mischung, die allein sich verkaufte. Nie würden wir also ernsthafte Differenzen haben, nie würde es zu Kampfabstimmungen kommen, alle waren ja guten Willens. Weshalb also Sicherungen in den Vertrag einbauen, wie man sie gegen Feinde einbaut? Zamory hatte noch ein paar unwesentliche Anträge, ich sagte zu, bald würde das Statut Realität sein, KONKRET würde die erste deutsche Zeitung mit uneingeschränkter »Mitbestimmung« sein.

Um 23.00 Uhr verließ Zamory das Haus. Emma Biermann und ich wollten schlafen gehen. Plötzlich klingelte es. Ungewöhnlich um diese Zeit. Sollte Zamory etwas vergessen haben? Vor der Tür standen ein Junge und ein Mädchen. Vielleicht sechzehn oder achtzehn Jahre alt. Sie fragten sehr freundlich nach einer Adresse, die ich nicht kannte. Dann sagten sie, vielleicht sei es auch die falsche Nummer, sie suchten einen Klaus Rainer Röhl. Das bin ich, sagte ich, leicht verwundert. Ob sie mich einen Augenblick sprechen könnten, sie hätten da nur eine einzige Frage. Ich erklärte, ich hätte wirklich keine Zeit, müsse morgen früh zum Flughafen und wolle gerade schlafen gehen. Sie sagten, es geht ja schnell. Nun kamen öfter mal junge Leute aus Blankenese zu mir, Oberschüler, die einen Jugendclub gründen wollten, die wegen des Drogenkongresses etwas wissen wollten oder vielleicht bei uns anfangen wollten. Also sagte ich, kommen sie rein, aber es muß schnell gehen. Ja, sagten sie, aber da wären noch ein paar Freunde, die stünden draußen in der

Kälte, ob die auch für die fünf Minuten reinkommen dürften. Hier hätte ich stutzig werden müssen. Aber es herrschte eine Außentemperatur von 10 Grad Kälte. Ich sagte leichthin, also los, holen Sie sie herein.

Plötzlich entstand draußen eine leichte Bewegung. Es tauchten etwa ein Dutzend junge und auch ältere Leute auf, sie marschierten ins Haus, wurden immer mehr, 'der Strom riß nicht ab, immer mehr Leute drängten herein, nun schon grinsend und drohend, stießen mich ins Zimmer, während Emmi nach oben flüchtete: etwa 45 Männer und Frauen, die das große Zimmer bis auf den letzten Quadratmeter füllten. Zwei Mann setzten sich ans Telefon, klinkten den Apparat aus, je zwei bewachten Fenster und Türen. Sie stellten sich nicht vor, keine Namen, sie nannten keine Gruppe, zu der sie gehörten, sie blieben anonym bis zuletzt, sie kamen nicht, um zu diskutieren, sie kamen, um mich zu verhören, wegen des Artikels »Gib auf, Ulrike!« in meiner Zeitung. Es war mein erstes Verhör in einem Terrorregime. Es gab keinen Verteidiger und keinen Richter, es gab nur Ankläger. 45 Männer und Frauen. Kurzhaarschnitt, unauffällig gekleidet, höflich und eisig. Ein etwa 30jähriger führte das Wort, befahl den anderen, kein Wort mit mir zu wechseln. Da sei also dieser Artikel von dieser Renate Riemeck (wer ist das überhaupt, diese Sau, sagte einer) oder ist das nur ein Deckname? Haben das die Bullen geschrieben? Hast du das geschrieben? Ich sagte, das ist die Pflegemutter von Ulrike und eine bekannte linke Politikerin. Sie gröhlten vor Lachen, der Wortführer befahl wieder Schweigen. Dann erklärte man mir, dieser Artikel diskri-

miniere die »proletarische Gewalt«, er sei schädlich. Obwohl sie die Aktionen der Baader-Mahlergruppe (sie
sagten RAF = sprich Raff) nicht für richtig hielten, *zu
diesem Zeitpunkt*. Aber ich hätte die revolutionäre Gewalt in Frage gestellt. Ich hätte den Widerspruch zwischen Kapital und Arbeit nicht erkannt, den Grund-
widerspruch. Das sagte ein Junge von etwa 18 Jahren.
Ich verschluckte meine Entgegnung, diesen Grundwider-
spruch hätte ich einige Jahre vor seiner Geburt erkannt.
Statt dessen sagte ich, sie sollten nicht so laut schreien.
Die Kinder schliefen. Ulrikes Kinder. Diese Mitteilung
berührte sie etwa so stark, als wenn ich gesagt hätte, ich
hätte Meerschweinchen im Haus.
Das Verhör wurde schärfer. Ich bemerkte, daß sie nicht
einmal zwei Jahre ältere Ausgaben von KONKRET
kannten. Von Ulrikes politischer Tätigkeit in der Studentenbewegung, von ihren Kolumnen bei uns wußten
sie nichts. Aber sie wußten, was sie wollten. Ich solle sofort, morgen gleich, den Artikel widerrufen. Einen Gegenartikel drucken, mich von der Riemeck distanzieren.
Ich selber müßte den Artikel schreiben. Das müsse ich
jetzt noch durch meine Unterschrift ihnen bestätigen,
sonst passiere was.
Durch die Glastür sah ich Emma, ihr Leben lang gejagt
als Kommunistin, verfolgt von der Polizei des Nazire-
gimes, unschlüssig, ob zum ersten Mal in ihrem Leben
sie die Polizei holen solle, wie sie es ja auch bei gewöhn-
lichem Einbruch oder Diebstahl getan hätte. Ich winkte
ihr ab. Ich sagte, die dicht um mich gedrängten jungen
Gesichter der Reihe nach ansehend: diese Unterschrift

und den verlangten Artikel werden sie heute und auch in Zukunft nicht bekommen, und wenn sie mich jetzt totschlagen.

Ich sagte ihnen einige Worte über Ossietzky. Sie kannten ihn nicht, natürlich nicht. Ich sagte, ich hätte mich in meinem Leben noch nie zu irgend etwas zwingen lassen, weder durch Geld noch durch Drohungen. Möglicherweise hätte ich viele Fehler, aber den Fehler hätte ich nie gehabt, gegen meine Überzeugung zu schreiben.

Darauf sagte der Anführer nur: Genossen, er ist uneinsichtig. Wir werden die Konsequenzen daraus ziehen. Um Punkt eins müssen wir alle zurück sein. Los, Genossen, wir gehen. Sie verschwanden, wie sie gekommen waren. Schlagartig. Die selbstgebastelten Aschbecher nahmen sie mit. Kein Stäubchen Asche war auf meinen Teppichen. Sie verschwanden spurlos. Ich habe sie auch später nicht identifiziert. Es langte mir auch so. Ich wußte, für welche Staatsform ich mich in Zukunft aussprechen würde, in was für einer Gesellschaft ich meine Kinder aufwachsen lassen wollte.

In einer demokratischen. In einer Demokratie, in der die Unverletzlichkeit der Person und der Wohnung garantiert sind. In einer Demokratie, in der man die gesellschaftlichen Verhältnisse verändern müßte, aber auf demokratische Weise: durch den Demokratischen Sozialismus.

Letzte Ausfahrt Magdeburg

Irgendwo gab es da aber noch einen ungelösten Rest. Die DDR. Ich hatte sie jetzt sieben Jahre nicht mehr gesehen. Ich war neugierig, was aus ihr geworden war, wie ich auf sie, auf die neue Wirklichkeit, die dort entstanden war, reagieren würde. Vor sieben Jahren hatte mein Freund Volker Braun drüben von einem Stück gesprochen, daß er für die Weigel geschrieben hatte, das sollte damals im Berliner Ensemble uraufgeführt werden. Ein Stück über die Braunkohlenarbeiter, über die *Kipper* besser gesagt, das sind Arbeiter, die den Sand wegbaggern von den großen Braunkohlentagebauten, eine besonders frustrierende und freudlose Arbeit. Aber gerade über das Lebensgefühl dieser Kipper wollte Braun schreiben, das faszinierte ihn, er hatte selber dort auch gearbeitet, zur Bewährung glaube ich, wegen irgendwelcher Abweichungen.

Anfang 72 las ich eine winzige Zeitungsnotiz, daß Volker Brauns *Die Kipper* während der Leipziger Messe in Leipzig und gleichzeitig in Magdeburg uraufgeführt würde. Ich trug diesen Zeitungsausschnitt dauernd mit mir herum, notierte den Termin und buchte einen Flug nach Leipzig, es gab seit kurzem zur Messe Flüge, über West- und Ostberlin. Wegen eines orkanartigen Sturms machte ich die Buchung rückgängig und fuhr mit einem normalen, endlos dahinbummelnden D-Zug nach Leipzig. Allein der Grenzübergang dauerte stundenlang. Irgendeine Oma hatte vergessen, ihren Paß verlängern zu lassen; andere hatten überhaupt nur Ausweise mit. Nach langem Hin und Her entschied der oberste Offizier, daß alle mitdürften. Sie bekamen provisorische Papiere, die mit größter Sorgfalt und Langsamkeit ausgefüllt wurden. Vorher mußten sie alle ein Foto von sich machen lassen. Der Grenzpolizeioffizier erklärte uns, das sei ganz einfach, denn sie hätten hier seit kurzem einen nagelneuen Fotomaton-Apparat. Es war ein amerikanisches Fabrikat, das auf DDR-Münzen programmiert war. Geld aber hatten die Reisenden nicht. Durften sie auch gar nicht, weil sie ja noch nicht offiziell gewechselt hatten.

Der oberste Grenzschützer entschied, um möglichst unbürokratisch zu verfahren, die Markstücke auszulegen. Die Münzen wurden eingeworfen, der Apparat begann zu rattern, aber spuckte keine Bilder aus. Noch ein Versuch und noch ein Versuch, während alle Reisenden mit Anschlußzügen, der Zugführer eingeschlossen, wie auf Kohlen standen. Ein Mechaniker stellte fest, daß die Rolle mit Fotopapier zu Ende gegangen war. Eine Ersatzrolle existierte nicht. Wahrscheinlich würde es Tage dauern, bis eine solche beschafft war. Schließlich sprang der Grenzoffizier über seinen eigenen Schatten und erklärte, die Reisenden dürften mit besonderem Vermerk, ohne Foto, fahren. Es war ja Messe. Er wollte den Betrieb nicht aufhalten. Versehen mit den besten Wünschen für »einen guten Messebesuch« und einem anschwellenden Haufen Papier in der Brieftasche: Einreisebescheinigung, Messebescheinigung, Aufenthaltsgenehmigung, fuhren wir weiter.

Es irritierte mich, daß dies das erste Erlebnis in der DDR war. Es machte mich nachdenklich. Es berührte mich nicht feindlich, es berührte mich peinlich, wie es mich schon vor sieben Jahren peinlich berührt hatte – als Sozialist. Wie einen eine mißglückte Laienspielaufführung vor Peinlichkeit fast in den Boden versinken läßt, in der der eigene Bruder mitspielt. Neues Grenzbewußtsein, Paß und Foto, der amerikanische Apparat und der fehlende Nachschub an Papier und die versuchte Würde bei allem. Aber nur keine Vorurteile! Der erste Eindruck mußte nicht repräsentativ sein, es hatte sich so vieles geändert, sagte man. Da der Zug, auch noch durch Sturmschäden aufgehalten, doppelt so lange fuhr als vorgesehen, gingen verschiedene Sorten von Spirituosen und Speisen, die es laut Karte in dem Speisewagen geben sollte, aus. Die ostdeutschen Reisenden nahmen das mit großem Gleichmut zur Kenntnis und bestellten irgend etwas anderes, die Westdeutschen brachen in übertriebenes Gezeter aus, als seien alle abendländischen Werte bedroht. Ich fand das dumm und töricht. Ich stellte mich sofort um. Freute mich, statt ungarischen Wein ein Radeberger Pils zu trinken und statt Filet Stroganoff noch Bratkartoffeln mit Sülze zu erobern. Es war die letzte Portion, dann gab es nur noch Bockwurst mit Brot. Ich war sofort angepaßt, gar nicht enttäuscht, eher belebt durch den plötzlichen ungewohnten Lebenskampf. Der im Krieg und in den Nachkriegsjahren erprobte Mechanismus rastete ein, die Fähigkeit, unter schwierigen Bedingungen nicht nur zu überleben, sondern sogar Lebensfreude zu entwickeln. Es blieb während des ganzen DDR-Aufenthalts so. Man schenkt den kleinen Dingen des Lebens wieder mehr Aufmerksamkeit, man entwickelt einen Ehrgeiz, mit ihnen fertig zu werden, kleine Vorteile zu ergattern, man sieht

428

das normale Leben plastischer, spürt die Mühsamkeit, mit der die moderne Zivilisation zusammengehalten wird. *Laßt die Züge pünktlicher fahren!* erinnerte z. B. an die große Mühe, die die Einhaltung des Fahrplans kostete, ebenso wie *Bemüht um die reibungslose Versorgung unserer Bevölkerung mit einem breiten Sortiment an Frischgemüsen durch den Bau neuer Wärmeaggregate!* Natürlich, um diese Jahreszeit kommt der Salat ja aus dem Treibhaus, da muß Wärme sein, und täglich muß die Bevölkerung damit versorgt werden! Darüber hatte ich gar nicht nachgedacht, so kompliziert war das Leben, von den kleinsten bis zu den größten Dingen.

Freilich, mein Verlangen, bereits am nächsten Tag eine Sonderreise nach Magdeburg zu bekommen, mit Tagesaufenthaltsgenehmigung, das war »ziemlich kompliziert« (= ostdeutsch für: geht nicht, kommt nicht in Frage). Dennoch ging es. Dank alter, inzwischen zu hohen Posten gekommener Bekannten aus der Frühzeit. Außerdem war ich westdeutscher Journalist. Dennoch war ich der einzige westdeutsche Besucher bei Volker Brauns Magdeburger Premiere, ich fuhr in einem Erste-Klasse-reisezug als einziger Westdeutscher nach Magdeburg, fand das Inter-Hotel, ein wolkenkratzerhohes Bauwerk der Superklasse, wie es sie inzwischen in jeder größeren Stadt gibt, und fuhr gleich weiter zum Theater, wo mich Volker Braun erwartete.

Er war sehr in Eile (wegen der Premiere) und etwas verlegen, ich hatte ihn als Jüngling kennengelernt und sah einen reifen, abgeklärten, schon grauhaarigen, ernsten Mann vor mir. Wir trafen noch ein paar DDR-

Dramaturgen und Kritiker, dann begann das Stück. Eine herrlich popfarbene, phantasievoll angelegte Inszenierung des Versuchs, der niederdrückenden Banalität der Kipperexistenz durch genialischen Schwung shakespearehafte Dimensionen zu geben (das Buch ist bei Suhrkamp erschienen). Aber das Publikum! Aussehend und angezogen wie die Besucher der dritten Volksbühnenaufführung in Hamburg, nämlich »elegant zum Theater angezogen«, erwartete es ein adäquates Bühnenerlebnis. Es wäre bei *Minna von Barnhelm* ebenso glücklich gewesen wie bei Sartres *Fliegen*, aber nicht bei den *Kippern*. Ich erlebte, daß bei dieser auf mich ganz ungewöhnlich faszinierend wirkenden, mit viel Schwung gespielten Premiere ein Drittel der Zuschauer nach der ersten Pause das Theater verließ und der Rest einen lauwarmen, lustlosen Beifall spendete. Entsprechend war die Premierenfeier, bei der wir die Schauspieler trafen, zusammen mit ein paar Parteileuten und Kritikern. Alle waren sehr – unfröhlich, nicht entspannt, resigniert oder zynisch. Über westdeutsche Kulturphänomene, Zuschauergewohnheiten, Moden, Trends, Zeitschriften und Kritiker wußte kaum einer Genaues. Woher auch? Nur die Privilegierten unter ihnen dürfen den *Spiegel* lesen oder andere Westzeitungen, wie beispielsweise KONKRET. Dies hier aber waren keine Privilegierten.

Später saßen wir mit Volker Braun und seiner Frau noch im Hotel und tranken eine Flasche Krimsekt. Er erzählte mir vom Schicksal des Stücks, wie es erst angenommen, dann von den Berliner Parteigrößen abgelehnt, ganz und gar verdammt wurde (es kommt in ihm der Satz vor,

daß die »DDR das langweiligste Land der Erde ist!«).
Wie er es immer wieder umgearbeitet habe, schließlich,
nach sieben Jahren, einen günstig gesinnten Parteisekre-
tär in Leipzig gefunden habe, der hatte diese Premiere
ermöglicht. Ich lud ihn ein, nach Hamburg zu kommen,
da hatten wir einmal am Steindamm chinesisch gegessen
und Horrorfilme gesehen. Er lächelte in halber Hoffnung. Im Westen würde das ein Erfolg sein, meinte ich,
und Volker Braun lächelte halb-gläubig: er, den Hans
Werner Richter nicht eingeladen hatte, weil er zu linientreu, zu wenig »am Text orientiert« war, eben zu
sehr Kommunist. Ihn hatte der Schwung und die Jugend-
lichkeit von damals ganz und gar verlassen, der Glaube,
Berge versetzen zu können, war der Resignation über die
Sandberge des ostdeutschen Braunkohlenbergbaus gewi-
chen, selbst seine ganz junge Frau wirkte schon irgendwie
weise und vernünftig, man war sich klar, in einem ziemlich miesen, zähflüssigen Alltag zu leben wie die Kipper,
und daran würde sich so bald nichts ändern, auch künst-
lerisch nicht.
Ich erwachte am Morgen in dem nichtssagenden Hotelzimmer, das fast 100 Mark kostete. Mit Fernsehen, das
nicht funktionierte, mit Radio, das lief, mit einem tröp-
felnden Wasserhahn, der warmes Wasser gab, und einem
anderen, mit Plastik reparierten, der auch nur lauwar-
mes Wasser gab. Ich sah, daß oben die Decke an einer
Ecke durchgefeuchtet war. Wahrscheinlich tröpfelte auch
dort ein Wasserhahn, ich stellte mir genau vor, wie jetzt
die »Hotelkader« die Reparaturbrigaden zu dieser wenig
repräsentativen Arbeit zu überreden suchen würden.

Nein: Volker Brauns Problem war nicht gelöst, sein Spaß mit den Kippern kam nicht über die Rampe, weil es in Wirklichkeit keinen Spaß gab. Ich verzichtete auf weitere Besichtigungen und floh nach Westen.

Die Rückfahrt im besten DDR-Interzonenzug gab mir den Rest. In diesem nagelneuen Zug war alles kaputt, alles verschmutzt, keine einzige Toilette war benutzbar, sie waren verstopft, gaben kein Wasser oder waren abscheulich verdreckt. Ich kann nicht alle Erlebnisse dieser drei Tage schildern, es gab noch Hunderte von der gleichen Art. Die ganze Entwicklung ging voran, aber, das war ja gerade das Schlimme: sie ging unendlich langsam voran, alles wurde von einer lustlosen Bevölkerung getan, und kaum etwas machte Spaß. Als ich wieder über die Grenze fuhr, war ich fast erleichtert. Alles war mir verhaßt und vertraut: Springerpresse, Strauß-Reaktion, Herrschaft des Menschen über den Menschen, Unterdrückung und Entfremdung. Aber das da drüben war offenbar nicht der richtige Weg, das alles los zu werden. Als ich in die Redaktion zu meinen DKP-Konvertiten und Volksfrontsympathisanten zurückkam, fragten sie mich neugierig: Na! Wie war's denn in der DDR? Toll was? Da hat sich was getan, was? Ich sagte nur: Es war so, daß ich meinen Eintritt in die SPD erklären werde! So wie dort geht es nicht, wir müssen es anders versuchen. Zusammen mit den Jusos und Leuten wie Jochen Steffen.

Macht den Anarchismus kaputt!

Das war im März. Im Mai detonierten in sechs Großstädten selbstgebastelte Bomben, zu denen, wie es hieß, die Baader-Gruppe sich bekannte. Baader siegelte es mit seinem unverwechselbaren Daumendruck in der Bildzeitung. Drei Polizeibeamte und drei RAF-Mitglieder waren schon tot. Die Bomben töteten vier weitere Menschen.

Offensichtlich hatte Baader Ernst gemacht. Eine neue, nicht mehr hinzunehmende Eskalation des politischen Wahnsinns. Das waren keine gezielten Schüsse mehr, kein »Wir schießen nur, wenn auf uns geschossen wird, weil wir uns nicht verhaften lassen«, das war ungezielter Mord: Eine Bombe, gleich, ob sie von oben fällt oder von unten gezündet wird, explodiert ohne Rücksicht auf die Zivilbevölkerung. Kinder können zufällig vorbeikommen. Hier gab es kaum Platz für eine »solidarische Kritik«. Hier half kein »Genossen, wir haben einen Fehler gemacht!« Das waren nicht unsere Genossen, es waren niemandes Genossen. »Macht kaputt, was Euch kaputt macht!« hatten sie geschrieben. »Macht den Anarchismus kaputt«, schrieb ich zurück, im Mai 72.

Alles zusammen ergab ein ziemlich klares Bild. Am 1. Juni schickte ich ein Telegramm an den Bundeskanzler Willy Brandt: »Aus Protest gegen die Eskalation des sich ausbreitenden politischen Terrors und in der Hoffnung, daß auch Sozialisten in der SPD ihren Platz haben können, erkläre ich meinen Eintritt in die Sozialdemokratische Partei Deutschlands«.

»Glashütte Süßmuth« findet nicht statt

Am 1. Januar 1972 war das Redaktionsstatut abgeschlossen worden. (Siehe Faksimile). Neben den Herausgeber trat als gleichberechtigter Chefredakteur ein *gewählter* Produktionsleiter. Produktionsleiter wurde Hermann Gremliza. Der stellvertretende Chef der Deutschland-Redaktion des *Spiegel,* der seit Januar bei uns war. Mit ihm mußte ich mich arrangieren. Es bestand gegenseitiges Vetorecht, d. h. Zwang zur Einstimmigkeit. Kam die nicht zustande, würde die Zweidrittelmehrheit der Redakteure endgültig entscheiden. Da Gremliza die Zweidrittelmehrheit – noch – nicht besaß, mußte auch er sich mit mir arrangieren. Die redaktionelle Linie verwischte sich.

Die Auflage ging vom Tage der Unterzeichnung des Redaktionsstatuts an langsam, aber sicher zurück. Mehr als einmal machte sich der Einfluß Gremlizas bemerkbar. Nicht durch ausgesprochen schlechte Artikel oder Titel. Sondern durch ein zaghaftes, spießiges Mittelmaß, auf das wir gezwungen waren, uns zu einigen. Gremliza stöhnte nur, wenn er gezwungen war, zwecks Absprache der Blattmischung mit mir zusammenzusitzen. Sein Gesicht verzog sich zu bitteren Falten, wenn wieder »Konsumscheiße« (sprich = ein verkäufliches Heft) produziert werden sollte. Ich kam ihm so und so oft entgegen, einfach, weil ich ein freundliches Gesicht sehen und gutes Einvernehmen aufrechterhalten wollte. So begann sich das Bild der Zeitung zu wandeln. Jeder, der die Jahrgänge 1972 und 73 aufbewahrt hat, kann nachprüfen, wie die Stammleser mehr und mehr abgestoßen oder mißachtet wurden. Die Langweiler aus der Zeit von 1957/58 feierten wieder Auferstehung. Nur, daß aus den alten KPD- und Friedenstanten-Langweilern nun DKP- oder Wibke-Bruhns-Langweiler geworden waren. Schon begann sich im Haus eine neue DKP-Fraktion zu bilden. Die Hauptursache dafür war, daß ich zu dem Drogenkongreß *Sucht ist Flucht* im März 72 außer Jochen Steffen auch meinen alten Kumpel Kapluck geladen hatte. Vor dessen Wirkung aber war niemand sicher (ich erwähnte es schon). Viele waren begeistert von ihm und wurden zu Konvertiten. Sie verwechselten seine persönliche Ausstrahlung und seine unbezweifelbare Integrität mit der der »Partei«. So entstand zwischen 72 und 73 der groteske Zustand, daß wieder, wie dereinst, um prokommunistische Artikel oder »Antiostartikel« gestritten wurde. Einen gegenüber der DDR kritischen Artikel durchzusetzen, wurde immer schwieriger, schwieriger als zur Zeit, in der ich Parteimitglied war. 1973 z. B. eröffnete Zamory eine großangelegte CSSR-Diskussion. Es wurden Pro- und Kontra-Prag-Artikel bestellt, und den angeforderten Beitrag des ehemaligen Ministers Jiri Pelikan warf man einfach hinaus.

Die andere Seite bestand aus einer hausgemachten Jusoposition, die zwischen bierernstem Stamokap und modischem Blabla à la Wibke Bruhns schwankte. Beiden Gruppen gemeinsam war eine anbiederische, scheinkritische Art der Berichterstattung über die DDR, oft humorig vorgetragen, die mich fatal an jene erste FDJ-Delegation erinnerte, die 1956 auf unsere Einladung Hamburg besuchte und deren Leiter, der heutige Stoph-Vertraute von Berg, auf die Frage: »Ja, haben Sie denn nicht *irgend etwas* an der DDR zu kritisieren?« geantwortet hatte: »Doch, doch. In den letzten Monaten gab es bei uns einige Schwierigkeiten bei der Zwiebelversorgung.« So kam es denn schon im Mai (dem traditionellen Putschmonat) zu einem zaghaften Angebot einiger gutbetuchter KONKRET-Redakteure (wie Gremliza, dem Sohn eines leitenden Angestellten der Daimler-Benz-Werke), der Zeitung »aus der Klemme zu helfen«.

Wir hätten finanzielle Schwierigkeiten, hieß es. Einige Belegschaftsmitglieder seien bereit, Geld aufzubringen und die Zeitung zu übernehmen. Führende Verlagsmitglieder reisten – auf KONKRET-Kosten versteht sich – in der Gegend herum, um die Lösung: *Bankrotte Firma wird von ihren Belegschaftsmitgliedern übernommen!* zu propagieren. Das Modell der Glashütte Süßmuth gab zu solchen Hirngespinsten Anlaß. Steffens wies alle diese Versuche zurück. Wir waren nicht bankrott und auch keine 65 Jahre alt, wie der Besitzer der Glashütte Süßmuth. Noch hielten sich die Verluste in Grenzen. Durch eine konsequente journalistische Arbeit konnten wir sie jederzeit wieder aufholen. Um die Firma zu »übernehmen«, mußte sie tiefer heruntergewirtschaftet werden. Das geschah denn auch im folgenden Jahr. Wenn es systematisch geschehen ist, ist es kriminell gewesen, wenn nicht, fahrlässig. Guter Wille ist in jedem Fall auszuschließen.

Besuch bei Ehmke: Freies Geleit für Ulrike!

Ich war mit anderen Dingen beschäftigt, vergaß die Gefahren für die Zeitung. Ich mußte Ulrike aus der Baadergruppe herausbrechen, ihre Verhaftung war, nach den Bombenattentaten, nur noch eine Frage der Zeit. Sie mußte freies Geleit erhalten, in ein anderes Land. Da selbst Algerien die Aufnahme der Gruppenmitglieder abgelehnt hatte, gab es in meinen Augen nur einen Ort, der in Frage kam: die DDR. Hier hätte Ulrike eine wie auch immer geartete nützliche Tätigkeit ausüben können. Hier konnte sie, als ehemaliges Parteimitglied, wieder eine gewisse Identität finden.

Ich mußte mich beeilen. Berichte, die mich über vier Ecken aus der linken Szene erreichten, sprachen davon, daß sie nervlich vollkommen am Ende sei, körperlich furchtbar heruntergewirtschaftet, nur noch durch Psychopharmaka einigermaßen aufrechterhalten. Selbst Leute, die sie gut kannten, wollten sie kaum wiedererkannt haben.

Es mußte etwas für sie geschehen. Aber was? Die Zwillinge, inzwischen fast zehn, erfuhren von allem nichts, außer, daß ihre Mutter noch immer gesucht wurde und sich noch nicht der Polizei gestellt hatte. Mit allen erdenklichen Mitteln konnte ich verhindern, daß sie die von Zeit zu Zeit auftauchenden Schlagzeilen in der Springerpresse sahen. Es war schwer, sie ganz davon abzuschirmen, aber es gelang. Im April 72 beispielsweise erschien die *Bild*-Zeitung mit einer Riesenschlagzeile »Beging Ulrike Meinhof Selbstmord?« Gerüchte

wollten wissen, Ulrike sei tot, bereits heimlich einge-
äschert. Entweder sei der Tod durch Krebs eingetreten
oder durch Selbstmord angesichts einer unheilbaren
Krebserkrankung. Als ich die Schlagzeile sah (von der ich
kein Wort glaubte), rief ich sofort einen Bekannten an,
der die Kinder noch am Vormittag aus der Schule holte.
Wir setzten uns in ein Auto und fuhren aufs Land, irgendwohin, wo wir hofften, daß es keine Kioske mit der
Bild-Zeitung gab. Es stellte sich heraus, daß ein solcher
Ort in der Bundesrepublik nicht existierte.

Schon auf der Elbchaussee fuhren wir mindestens zehnmal an den auffälligen Selbstbedienungskästen der Bildzeitung mit der knalligen Überschrift vorbei. Aber wir
lenkten die Kinder jedesmal ab, und das Unternehmen
gelang. Am Abend fuhren wir wieder nach Hause, und
am nächsten Tag war die Schlagzeile verschwunden. So
lebten die Kinder unberührt von der Springerhetze,
selbst auf dem Höhepunkt der Fahndung. In der Schule
wußte niemand, daß es Ulrike Meinhofs Kinder waren,
außer der Lehrerin und einigen Eltern, die ich kannte. Sie
hießen ja Röhl, nicht Meinhof. Kurz vor der Verhaftung
Ulrikes kam Regine mit einer ziemlich langen Schürf-
wunde nach Hause. Wo hast du die denn her, sagte ich. –
Aoch, wir haben Baader-Meinhof-Gruppe gespielt, und
ich bin über eine Hecke gesprungen und dabei hab ich
mich geschrammt. –

Andere spielten indessen das Spiel mit echten Toten weiter. Einmal ging eine anonyme Warnung bei mir ein,
mündlich und schriftlich. Sie kam aus der linken Szene.
Es sei beabsichtigt, die Kinder zu entführen, unter An-

wendung von Waffengewalt, aber nicht, um sie Ulrike Meinhof zuzuführen. Verschiedene Umstände ließen darauf schließen, daß die Warnung ernst genommen werden mußte. Das konnte nur bedeuten, daß der extreme Flügel um Baader und Ensslin Ulrike erneut mit den Kindern erpressen wollte.

Zum Weitermachen, wie ich glaubte. Natürlich hätten es auch Rechtsradikale sein können, die sich in den Besitz der Kinder setzen wollten. Aber daran glaubte ich nicht. Auf jeden Fall nahm ich die Kinder schon Ende Mai aus der Schule und tauchte mit ihnen unter. Am 1. Juni wurden Baader, Holger Meins und Jan-Carl Raspe verhaftet. Am 7. Juni Gudrun Ensslin, in einer Hamburger Boutique. Man hatte offenbar schon einen Teil der Gruppenmitglieder und Wohnungen unter Kontrolle. Ulrikes Verhaftung war nur noch eine Frage der Zeit. Die Gefahr bestand, daß aus der Verhaftung eine Erschießung werden würde.

Es mußte sofort etwas geschehen. Ich ließ mich gleichzeitig bei Ulrikes Rechtsanwalt Hannover in Bremen, bei Prof. Kaul in Ostberlin, bei Manfred Kapluck in Düsseldorf und beim Bundeskanzler anmelden und fuhr los. Mein Ziel: Freies Geleit für Ulrike zur Ausreise aus der Bundesrepublik – Asyl für Ulrike in der DDR. Manfred Kapluck sagte sofort zu, er versprach, das im Parteivorstand vorzubringen (alle Maßnahmen der DDR in bezug auf Westdeutsche bedürfen der Zustimmung der hiesigen KP, zumindest wird formell deren Votum eingeholt). Der Bundeskanzler Brandt ließ sich nicht sprechen. Er verwies mich weiter an Minister Ehmke, den Chef des Bundeskanzleramtes.

Ehmke, Danziger wie ich und etwa im gleichen Alter, hatte ich noch nie zuvor gesehen, obwohl unsere Familien entfernt bekannt waren. Der alte Dr. Ehmke war seit meiner frühesten Kindheit Hausarzt unserer Familie in Danzig gewesen. Die Väter schrieben sich gelegentlich, auch über ihre Söhne, die so verschiedene Wege gegangen waren. Nun trafen sie sich hier, im Zimmer des Herrn Ministers.

Wir kamen ohne Umschweife zur Sache. Ein freies Geleit für Ulrike ins Ausland käme gar nicht in Frage, sagte Ehmke. Es würde sich auch niemand finden, der sie aufnehmen würde. Weder Schweden noch die arabischen Länder noch Kuba. Schon gar nicht die DDR. (Das stimmte. Ein paar Tage später ließ Kapluck mich wissen, es ginge nicht, mein Plan sei abgelehnt.) Im übrigen sei es nur noch eine Frage der Zeit, wann die letzten Mitglieder der Gruppe verhaftet würden. Ich gab zu bedenken, daß man noch weiteres Blutvergießen verhindern müsse. Ehmke sagte nach einigem Überlegen, die einzige Möglichkeit, die Sache schnell und unblutig zu beenden, sei, Ulrike müsse sich stellen, unverzüglich. Nur so könne sie noch einen Rest von gutem Willen unter Beweis stellen und ihre Abkehr von der Gruppe. Ihre Chance bestehe darin, sich von den kriminellen Gewalttätern in der Gruppe ausdrücklich zu distanzieren und ihre eigenen, *politischen* Motive in einem späteren Prozeß herauszustellen.

Ich trug ihm das gerade von den BM-Anwälten in dieser Zeit immer wieder angeführte Argument vor, Ulrike *könne*, selbst wenn sie wolle, sich gar nicht stellen, ohne um ihr Leben zu fürchten. Durch die Todesopfer war auf beiden Seite eine solche Hysterie entstanden, daß Ulrike hätte Angst haben müssen, erschossen zu werden, selbst wenn sie mit erhobenen Händen auf eine Polizeiwache zugegangen wäre. Das fürchtete im letzten Jahr der Fahndung tatsächlich jedes Gruppenmitglied: die Vollstreckung der abgeschafften Todesstrafe durch einen vor Angst außer Kontrolle geratenen Beamten.

Ich schlug deshalb vor, man solle Ulrike auffordern, sich, wie ihr früherer Lebensgefährte Homann, in der Praxis von Rechtsanwalt Josef Augstein in Hannover zu stellen. Ich bat Ehmke, sich für eine vorübergehende Aufhebung der Großfahndung zu einem bestimmten Zeitraum und an bestimmten Stellen einzusetzen. Er konnte dafür keine Zusage geben, versprach aber, es zu versuchen.

Das war am Freitag, dem 9. Juni. Am nächsten Morgen war ich bei Rechtsanwalt Hannover in Bremen, um ihm die Aufforderung an Ulrike, sich zu stellen, zu überbringen. Er war sehr reserviert und sagte, er hätte überhaupt keine Verbindung zu Ulrike. Dann begann er mir von seinen Schwierigkeiten als politischer Anwalt zu erzählen, wie er diffamiert werde und daß Polizei und Justiz verrückt spielten. Ich unterbrach ihn und fragte ihn, ob er die Botschaft übermitteln würde. Er sagte nochmals, er hätte keine Verbindung, aber er könne sich denken, daß Ulrike mit meiner Aktion gar nicht einverstanden sein würde. Ich sagte ziemlich erregt: Herr Rechtsanwalt, es liegen bereits 10 Tote auf der Straße. Genügt das nicht? Ich sagte: Ulrike ist die Mutter meiner Kinder, ich will, daß sie lebt. Helfen Sie mit dabei, weitere Tote zu verhindern. Leiten Sie das Angebot weiter. Er wurde nachdenklich und versprach, alles zu unternehmen, um das Angebot weiterzuleiten. Es würde aber etwas dauern.

Ich weiß nicht, ob Hannover bei seinen Bemühungen erfolgreich war. Wir wissen auch nicht, ob Ehmke die Lokkerung der Straßensperren nach Hannover durchsetzen konnte. Noch weniger wissen wir, ob Ulrike die Absicht hatte, zu Josef Augstein nach Hannover zu fahren und sich dort zu stellen. Wir wissen nur, daß Ulrike einige Tage später, am 15. Juni 1972, verhaftet wurde. In Hannover.

Als Ulrike, am Ende ihrer Kräfte, in die Haftanstalt abgeführt wurde, war ich auch ziemlich am Ende. Die Kinder, die ich wochenlang mit mir herumgeschleppt hatte, konnten nun endlich informiert werden. Mammi ist verhaftet, sagte ich, wahrscheinlich hat sie sich doch noch gestellt. Bald könnt ihr sie besuchen.

Eine Enteignung wird vorbereitet

Das Ende ist schnell erzählt: Der Anfang vom Ende begann auf Sylt, in der schönen kleinen Pension von Frau Schugardt. Ich fuhr mit meinen Kindern dorthin, um ein wenig zur Ruhe zu kommen. Ich war kaum eine Woche da, als sich zwei Herren aus meinem Verlag zum Besuch anmeldeten. Der eine ein altvertrauter Freund und Kampfgefährte durch dick und dünn – der andere ein erbitterter Gegner: Klaus Steffens und Hermann Gremliza. Beide wollten das gleiche von mir: *Die Zustimmung zum wöchentlichen Erscheinen.* Wir diskutierten tagelang, dann sagte ich *nein.* Ich wußte, daß es nicht gutgehen konnte. Ich wußte, daß die Zeitung immer noch viel Improvisation, viel neue Ideen, viele, immer wieder neue Impulse brauchte. Ich würde nicht die Kraft haben, mit einer doppelt so großen Redaktion umzugehen, wie es dann nötig gewesen wäre – autoritär oder jedenfalls energisch. Mein Konzept durchsetzend, die Röhlsche Mischung, für Golo Mann und für die Hausfrau von Hannover. (Die es gibt, sie ist 45 und die Frau eines Lokomotivführers.) Mein Entschluß stand fest: kein wöchentliches Erscheinen. Steffens beschwor mich, meine Meinung noch zu ändern. Er wollte den Umsatz verdoppeln und endlich eine vollwertige Wochenzeitung machen. Er machte die Rechnung ohne die Gäste. Dazu hätte man einen Haufen guter Genossen oder Freunde gebraucht. Wir aber hatten nur einen Haufen zu allem entschlossener Gegner.

Sie hatten ihre Absicht sogar veröffentlicht. In KONKRET Ende 1971, in der gleichen Nummer, in der der Renate Riemeck-Aufruf »Gib auf, Ulrike!« stand. Da stand auch ein Aufsatz mit dem Titel »Kampfanleitung für Journalisten«. Er stammte von Neuhauser. Und von Gremliza, der damals noch im *Spiegel* war. Dort stand deutlich zu lesen: Seid nicht fair, das überlaßt dem Verleger, seid konspirativ, laßt euch auf kein vertrauliches Gespräch mit dem Verleger ein, macht über alles heimliche Aktennotizen, sagt eure Absichten nicht offen, seid nicht unvorsichtig, sauft nicht, laßt den Verleger saufen und sich eine Blöße geben. Und viele ähnliche Kampfanweisungen beim Kampf der Journalisten um die Mitbestimmung. Ich hatte das als Kampfanleitung für linke Journalisten gegen die Willkür eines geschäftemachenden Rechtsverlegers betrachtet. Ein solcher Kampf jedoch wurde nie versucht. Benutzt wurden die Kampfanleitungen gegen KONKRET.

Gremliza wußte, daß die Verdoppelung der Redaktion das Redaktionsstatut zur Farce machen würde. Noch besaß ich eine Sperrminorität in der Redaktion. Hatte er einmal die Zweidrittelmehrheit, konnte er mich ganz ausschalten, ja, das Redaktionsstatut selber ändern. So wollte es ein Paragraph dieses wahrhaft denkwürdigen Statuts, meiner genialen Eigenschöpfung.

Eine Woche lang lehnte ich das wöchentliche Erscheinen ab. Dann kam Gremliza noch einmal. Allein. Mit der Zusicherung allerbester loyaler Zusammenarbeit und der dringenden Bitte um mein Vertrauen. Er gewann meine Zustimmung. Wir verstehen uns doch. Wir halten zusammen. Wir machen die erste linke Wochenzeitung mit Massenauflage. Wir, Kameraden, wir.

Das Startzeichen zur Endrunde war gegeben. Mit Feuereifer machten sich die zukünftigen Blattbesitzer an die Arbeit, die Redaktion mit ihren, meist aus dem *Spiegel* kommenden Leuten zu besetzen. Wenn das immer noch nicht ausreichte, den alten Stamm der Mitarbeiter zu überstimmen, machte man Sekretärinnen zu Assistentinnen, Assistentinnen zu Redakteuren und technische Hilfskräfte zu Assistenten mit Redaktionsstimmrecht. Nachts fanden Geheimsitzungen statt, auf denen die Stimmver-

444

hältnisse ausgezählt und beraten wurde, wie man weiter verfahren wollte. Mein Freund Jochen Ziem, Harry Rowohlt, der bei uns Kulturredakteur war, mein Bruder Wolfgang und ich, die wir zusammen im 3. Stock saßen, fühlten uns mehr und mehr in unserer Handlungsfreiheit eingeengt und unsere Mitarbeiter wie Wallraff, Rauter, Zwerenz, Haffner, Rühmkorf, Deschner und Robert Neumann schrieben nur noch sporadisch.

Aber immer konnten sie noch nicht offen die Macht ergreifen, mußten noch in den sauren Apfel beißen und sich mit der frei gewährten, vertraglich gesicherten *Mitbestimmung* zufrieden geben, mußten also mit der alten Redaktion zusammenarbeiten.

Das führte immer häufiger zu Kompromissen, die naturgemäß in der Mitte, auf dem kleinsten gemeinsamen Nenner lagen. Der kleinste gemeinsame Nenner – das war die größte Mittelmäßigkeit. Er bedeutete bodenlose Langeweile und dauernde Änderung der Blattmischung. Die Zeitung begann hin und her zu schwanken wie eine Rakete, deren automatische Steuerung ausgefallen ist und deren Notsteuer von zwei sich erbittert bekämpfenden Parteien hin- und hergerissen wird. Die Auflage sackte langsam aber sicher ab. Von den ehemals 173 000 verkauften Exemplaren (vierzehntägig) waren drei Jahre nach Neuhausers Kommen und kurz nach dem wöchentlichen Erscheinen knapp 90 000 übrig. Ein Abfallen unter die Deckungsauflage würde das Redaktionsstatut außer Kraft setzen. Steffens drängte mich, endlich etwas zu tun, um den drohenden Verfall der Zeitschrift zu bremsen. Doch die anderen warteten unsere Schritte nicht ab.

Als ich Ende März in Urlaub fuhr, schlugen sie zu: Sie überreichten Steffens ein Ultimatum. Ich sollte ganz abtreten. Sie wollten die *Alleinherrschaft* über KONKRET. Steffens und ich sollten aber Verleger bleiben, also weiterhin das »Geschäft machen«. Das heißt, ich sollte weiter für die Schulden aufkommen, auf die sie zwangsläufig zusteuerten. Indem sie nur noch eine Zeitung für linke Gruppen machten, nicht eine von Linken gemachte Zeitung für ein großes Publikum. Ich gebrauchte später diesen Vergleich: Eine Firma stellt Zahnpasta her, und die Mannschaft beschließt in freier Selbstbestimmung, die Tuben fortan mit Zement zu füllen. Die Käufer bleiben aus, den Verlust trägt der Inhaber.

Sie forderten meinen Rücktritt ultimativ während der Umbruchtage, andernfalls wollten sie streiken. Das hätte den Ausfall einer Nummer bedeutet, wirtschaftlich also das Ende. Kapitulation war noch nie mein Fall gewesen. Also kündigten wir, fristlos, aus wichtigem Grund, aus Gründen der juristischen Gleichbehandlung die ganze Mannschaft.

Ein unerhörter, nie dagewesener Vorgang. Ebenso unerhört wie die Absetzung eines Herausgebers durch eine von ihm eingestellte Redaktion. Eine Welle von verständlicher Sympathie für die Gekündigten ging durch die Bundesrepublik. Aber sie *waren* nicht einmal gekündigt. Ein Hamburger Arbeitsgericht hob die Kündigungen auf und erklärte das Redaktionsstatut für gültig. Es gab nur noch eine Möglichkeit, es termingerecht zu kündigen, mit Zweimonatsfrist.

Zwei Monate waren Gremliza und Neuhauser nun Alleinherrscher. Sie füllten die Tuben mit Zement. Ohnmächtig mußte ich mit ansehen, wie die Auflage noch einmal auf 70 000, schließlich auf fast 60 000 herunterging. Mit jedem Heft, das sie noch produzierten, entstand ein Verlust von ca. 20 000 bis 30 000 Mark. Die Bank sperrte die Kredite. KONKRET war nicht mehr zu retten.

Irgendwann im Mai betrat Klaus Hübotter die Szene. Er war nicht mehr der kleine gehemmte FDJler und Jurastudent, er war ein höchst erfolgreicher Häusermakler, ein angesehener Bürger Bremens. Er hatte Geld, viel Geld. Er erklärte sich bereit, KONKRET zu kaufen, für die »Mannschaft«. Wir stimmten zu. Aber Hübotter hatte eine fixe Idee, die entweder kaufmännischem Kalkül entsprach oder einem Bedürfnis, nach 18 Jahren für die erlittene Schmach von 1955 Rache zu nehmen. Er erklärte: »Es geht nicht ohne Röhl!« Ich müsse in der Zeitung bleiben. Als Redakteur, ja sogar in wichtiger Funktion, als Ideenspender und Anreger, als »Blattmacher«. Ich sollte nie wieder ein eigenes Blatt machen, hier, diese Suppe hätte ich auszulöffeln! Hübotter handelte einen Preis aus, der überhaupt kein Preis war. Er war exakt so bemessen, daß wir mit der einen Hälfte unsere Steuerschulden bezahlen konnten (die andernfalls der Verlag hätte zahlen müssen), die andere Hälfte, zwang man uns, als Bürgschaft für ein Darlehen zu geben, das KONKRET jetzt brauchte. Man zwang uns: Es war die Bedingung des Kaufvertrages. Eine weitere Bedingung war, daß ich Angestellter und Mitinhaber der Firma blieb.

Es war kaufmännisch und psychologisch gut durchdacht: Ich war gezwungen, nicht nur mitzuarbeiten, sondern alle Kräfte, alle Initiativen, alle Ideen, die mir einfallen würden, uneingeschränkt der Zeitung zur Verfügung zu stellen. Alle Eingriffe, alle Zensur würde ich mir gefallen lassen müssen, um nicht mein letztes Geld und meinen Job zu verlieren.

Die kluge und kühle Kalkulation hatte nur einen Fehler: sie berücksichtigte, wie viele Kalkulationen orthodoxer Kommunisten, nicht den »Faktor Mensch«. Das Bedürfnis des Menschen, nicht gedemütigt und unfrei zu leben. So konnte die Rechnung nicht aufgehen. Außerdem sabotierten Gremliza und Neuhauser den Hübotterschen Kompromiß. Auch Rühmkorf, noch einmal zu Hilfe gerufen, konnte keine Zusammenarbeit in der Redaktion zustandebringen. Kaum einen Monat in der Redaktion, wurde er im eigenen Blatt angepöbelt. Er verließ die Redaktion schon am Monatsende.

Auch ich legte die Herausgeberschaft nieder. Letzten Ausschlag gab das Schreibverbot für die langjährigen KONKRET-Autoren Rauter, Ziem und Deschner, das von den neuen Machthabern verhängt wurde. Mein Bruder wurde wegen eines Zeitungs-Interviews, das er gegeben hatte, gerügt und später gekündigt.

Im September gründeten Peter Rühmkorf und Wolfgang Röhl eine Firma, die Röhl Verlagsgesellschaft mbH. Hier erschien eine neue Zeitschrift, in der wir unsere unterbrochene Arbeit fortsetzen konnten. Von Anbeginn machten alle freien Mitarbeiter, die seit vielen Jahren mit uns zusammengearbeitet hatten, wieder mit:

Günter Wallraff, Jochen Steffen, Peter Rühmkorf, Jochen Ziem, Gerhard Zwerenz, Robert Neumann, Karlheinz Deschner, Hubert Fichte, Peggy Parnass, Franz Josef Degenhardt, Bernt Engelmann, Hermann Piwitt, Rolv Heuer, Freimut Duwe, Nikolas Born, Peter Homann und Bernd Michels.

Die neuen Blattbesitzer gaben noch weitere Hefte heraus, auf denen der Titel *konkret* stand. Zuletzt wurden noch über 40 000 Stück verkauft, bei einer Deckungsauflage von 85 000. Im November 1973 meldete *konkret* Konkurs an.

Ende September erschien das erste Heft DAS DA, noch unter dem Titel *sprit*. Wenn dieses Buch erscheint, besteht die neue Zeitung schon ein Jahr. Sie setzt eine lange Tradition fort.

Nachwort von Jochen Steffen

Fünf Finger sind keine Faust. Das wissen alle. Einige wissen, wie man sie zur Faust macht. Sie glauben zu wissen, wer sie zur Faust ballen müßte. Dies Buch ist ein subjektiver Bericht über eine Gruppe, in der man zu wissen glaubt. Sie erlebt Harlekinaden oder ein makaber sinnloses Trauerspiel, wenn sie, statt zu vermitteln, wie und wo man müßte, selbst eine Faust sein will. Es ist ein Milieu, dessen Symbol derangierte Finger sind.

Diese Gruppe ist ein versprengter Orden von Individualisten. Die Wurzeln liegen im alten deutschen Bildungsbürgertum, gedüngt mit einem starken Schuß von Liberalität. Von den Musen berührt, werde der Mensch edel, hilfreich und gut. Aber der gesellschaftliche Humus erweist sich als vergiftet. Die Reaktionen dieser Gruppe sind das Produkt gesellschaftlicher Umweltzerstörung durch modernen Kapitalismus. Man hängt an der alten ästhetischen Form. Der reale Inhalt stinkt. Dieser Gruppe stinken Wirtschaft, Staat, Gesellschaft und Politik.

Es ist ein weit verzweigter Orden. Seine Mitglieder können bürgerlich respektabel sein. Erfolgreich als Juristen, Verleger, soziale Erfinder, Ärzte, Beamte. Aber sie selbst respektieren nicht, was sie tun. Sie haben sich partiell, materiell engagiert. So kann man das Ganze um so gesicherter verachten.

Angehörige des Ordens können erklärte Nonkonformisten sein. Berufsprotestanten, rabaukige Verächter der

Umgangsformen, Verehrer der Drogen. Die mythisierte Arbeiterklasse ist der Knüppel, der die Welt des Vaters zerschlagen soll.

Angehörige des Ordens schlüpfen in das zu große Gewand Savonarolas. Können Puristen, Asketen, aus Glaubenslosigkeit Dogmatiker sein. Glaubend an selbstverfertigte Fetische, ahnend, daß es solche sind; aber der Gestank der alten fördert das Glaubensbedürfnis.

Alle Angehörigen des versprengten Ordens tragen etwas von den Möglichkeiten aller in sich. Sie leiden an dem selbst erzeugten Leid der Gesellschaft. Geben es zurück, zynisch, mit lauter Verachtung, mit giftigem Gegengift. Sie alle haben noch eine kleine Hoffnung auf die große Hoffnung. Der Humus möge entgiftet werden. Der Inhalt möge werden entsprechend der Form. Handeln möge sein gleich dem Denken. Das wäre die Wirklichkeit der ideal-humanen Möglichkeit. Der olle Winkelmann statt in klassischen Holzpantinen im Tempo unserer Zeit. Der Klaus Rainer Röhl mittendrin. Von Feinden umgeben. Wenige Freunde, die ihn meist falsch verstehen. Noch weniger Lichtgestalten, denen er sich ganz ergibt. Mitglied des Ordens der Versprengten, angesiedelt zwischen Subkultur und Geschäft. Ideenproduzent, Propagandist, Organisator, erfolgreicher Blattmacher. Kränkend und sich gekränkt fühlend. Immer den Gestank des Ganzen in der Nase. Mit ihr wittert er das Kommende, Bedarf und Bedürfnisse, alles nervös sensitiv befingernd. Er will machen, umsetzen in soziale Triebkraft.

Sozialist, Ästhet, Individualist. Wo immer politisch unterdrückt, geschurigelt, in die Ecke gedrängt wird, was links ist oder sich dafür hält, taucht er als Helfer auf. Zuerst sind die Kommunisten dran. Längst an der Basis zur sterilen in-group geworden, politisch-gesellschaftlich tot. Ihr schlichter Glaube versetzt keine Berge. Aber er macht einrollende Panzer, die ihre prinzipiellen Zwecke selbst zermalmen, unsichtbar. Aber schließlich gab es auch einmal Babel und Eisenstein. Es gab den gewaltigen Überschwang der Experimente, die große Hoffnung zu verwirklichen. Zwar gab es auch Stalin. Aber konnte er alles, was einmal gehofft und geglaubt wurde, zur vertrockneten Girlande der Apparatherrschaft gemacht haben? Es dauert Jahre, bis er es widerwillig zugibt. Vertrocknete Girlanden ... Bis dahin begegnet er der proletarischen Wirklichkeit im goldenen Westen mit leninistischem Bewußtsein und stalinistischer Apparatpraxis. Es ist eine unromantische Wirklichkeit. Das proletarische Streben geht nach Teilhabe am Glanz, Komfort und Luxus. Es hält den Inhalt für unproblematisch. Es will auch haben, was dem versprengten Orden stinkt. Leninistisches Denken baut Brücken, wo Abgründe Welten trennen. Zur Machtfrage wird um-interpretiert, was eine Frage nach Sinn und Ziel, nach Form und Inhalt ist. Schlichtes Apparatdenken wird zunächst als proletarische Nüchternheit verklärt. Jedoch ist immer noch die Nase da mit der Witterung für Gestank.

Als nützlicher Idiot erhält Röhl den für ihn als nützlich erachteten Spielraum. Die Geldbrünnlein der SED fließen. Sie bewässern ideologische Wiesen, auf denen für Neo-Stalinisten Giftblumen blühen. Trotzkismus aller Schattierungen, Anarchismus, Spontaneität, Radikaldemokratismus bis hin zum organisierten Terrorismus, dem später verstoßenen legitimen Sproß Lenins. Selten hat ein stalinistischer Apparat so viel Geld zur Förderung seiner ketzerischen Intimfeinde ausgegeben. Als man wegen Gehorsamsverweigerung die Brunnen verstopft, sind die Wiesen bewässert und die nicht gewollten Blumen entfalten sich zur Blüte. Der »linke Rand« dieser Gesellschaft hat so viel gesehen und denkend verarbeitet, daß die Rückkehr zu jenem Glauben, der Okkupationsarmeen übersehen macht, nicht mehr möglich ist.

Die Zeitschrift KONKRET war einer der Punkte, von dem aus das Geschiebe der ideologisch-theoretischen Schollen im »linken Rand« mitgeschoben wurde. Sie war sicher nicht *der* feste Punkt. Sie war mitbewegter Beweger. Wenn es um *den* festen Punkt geht, folgt der Orden der Versprengten dem Gesetz der Sprengung. Es setzt ein, wenn der Punkt real festgemacht werden soll, an dem die große Hoffnung sich entfalten kann. Das zerstörte KONKRET, zerstörte Menschen. Ulrike Meinhof, subjektiv als neue Rosa Luxemburg überfordert, zerstört sich und andere, als sie Stürme im Wasserglas zu revolutionären Wogen machen will. Den Rest besorgt das Spiel »Verleger-versenken«, das bei vielen jene präzisierende Denk-Form-Kraft glaubt, die der einzelne nicht aufzubringen vermag. Einer der Punkte, von dem mitgeschoben wurde, geht im Schollengeschiebe unter.

Trotzdem: KONKRET hat viel postuliert und formuliert, das in den Formelgebrauch der etablierten Politik eingegangen ist. In dieser amorphen Gesellschaft ohne humane Vergesellschaftung benötigen »links« wie

»rechts« fiktive Fixpunkte. Wenn das Suchen und das Machen die Frage längst getötet haben, wonach man sucht und wozu man macht, benötigt jene Geschäftigkeit, die als Politik verstanden wird, die Postulierer und Formulierer. Sie existieren an den Rändern des unstrukturierten Breis einer politischen »Mitte«. Von dort werden die fiktiven Fixpunkte entwickelt, dort werden sie aufgepflanzt. Röhl war einer von diesen Postulierern und Formulierern.

Wer vom Orden der Versprengten als treibender Getriebener zu ihnen gehört, ist gleichzeitig Mitglied der Schickeria. Ohne sie wird nichts gemacht. Wer machen will, wird durch sie machen müssen. Der Versprengte ist gegen sie, aber in ihr. Er ist Fleisch von ihrem Fleisch. Er ist nicht Geist von ihrem Geist. Die Schickeria handelt, vermarktet, knetet, modelt, verpackt die Hoffnung der Versprengten. Sie teilt die Hoffnung nicht. Für sie ist alles bereits gegessen, bevor es gekocht wurde. Gefragt ist neue Ware. Nicht gefragt wird, ob die alte schon gemacht wurde. Nicht die Wirklichkeit ist interessant, interessant ist ihr Abbild oder ihre Möglichkeit als Ware.

Die Schickeria ist Vermarktung an sich. Wer mehr will, als Sekten predigen, wird sich in diesen Prozeß drängen müssen. Die Schickeria plätschert in den Wogen eines kurzlebigen Zeitgeistes, den sie in ihrer eigenen Badewanne erzeugt. Sie kann für Weltrevolution beim Fünf-Uhr-Tee sein und wählt liberal, weil alles andere schlecht für die Einkommenssteuer wäre. Am Abend auf der Gartenparty kann sie für starke Männer, Recht und Ordnung schwärmen. Vor allem dann, wenn das ökonomische System bebt, auf dem man steht. Subventionen sind erwünscht, aber nicht der Einfluß jener, die sie aufbringen. Man pinselt dafür jene, die sie zu bewilligen bereit sind.

Röhls fünf Finger, die keine Faust sind, stecken überall drin. Er schnuppert die Fäulnis. Er sagt uns auch, wie wir den Geruch beurteilen sollen. So jagt er seiner Hoffnung auf die große Hoffnung weiter nach. Böse auf Anarchisten, die sich wie solche benehmen. Enttäuscht von Stalinisten, die keine Sozialisten sind. Grimmig-giftig über die Schickeria, an der er teilhat. Als Mensch einer zerbrochenen Ehe nachtrauernd, selbst angeknackst im Zusammenbruch menschlicher und politischer Erwartungen. Alles sehr subjektiv, ehrlich, überbordet und nüchtern zugleich. Im Hinterkopf dämmert, daß auch Demokratischer Sozialismus nicht heiter, beschwingt und fröhlich ist. Sondern Reparatur eines fahrenden Autos von außenbords. Es jagt Serpentinen hoch, die Fahrenden prügeln sich, treten Gas und Bremse. Viele Insassen schlagen dem außenbords hängenden Reparierer auf Kopf und Hände, weil er Ruhe und Ordnung stört. Und da, so fragt Röhl, sollte man nicht die fünf Finger zu einer Faust machen?

St. Peter-Ording, im Juli 1974